Norwegen
Der Süden

Michael Möbius · Annette Ster

Gratis Download: Updates & aktuelle Extratipps der Autoren

Unsere Autoren recherchieren auch nach Redaktionsschluss für Sie weiter. Auf unserer Homepage finden Sie Updates und persönliche Zusatztipps zu diesem Reiseführer.

Zum Ausdrucken und Mitnehmen oder als kostenloser Download für Smartphone, Tablet und E-Reader.
Besuchen Sie uns jetzt!
www.dumontreise.de/norwegen-sued

Reise-Taschenbuch

Inhalt

Norwegens Süden persönlich	6
Lieblingsorte	12
Schnellüberblick	14

Reiseinfos, Adressen, Websites

Informationsquellen	18
Wetter und Reisezeit	20
Anreise und Verkehrsmittel	22
Übernachten	25
Essen und Trinken	27
Einkaufen	29
Aktivurlaub und Sport	30
Feste und Unterhaltung	34
Reiseinfos von A bis Z	36

Panorama – Daten, Essays, Hintergründe

Steckbrief Südnorwegen	42
Geschichte im Überblick	44
Eis als Landschaftsgestalter	49
Durch den Wald und in die Berge – Flora und Fauna	51
Schwimmendes Gold vor Norwegens Küsten – Aquakultur	55
Vom Land der Fischer und Bauern zur reichen Petro-Nation	58
Licht und Schatten im Paradies – der Wohlfahrtsstaat	61
Fast verwirklicht – die Gleichberechtigung von Mann und Frau	63
Umweltschutz aus Überzeugung – norwegische Lebensart	66
Hoffnung für eine belastete Beziehung	68

Inhalt

Rot, weiß, blau – Norwegens Nationalfeiertag	70
Im Land der Trolle und Nisser	73
Kunst in Norwegen – national-romantisch bis nordisch klar	76

Unterwegs in Südnorwegen

Oslo und Umgebung 82
Karl Johans gate 85
Rings um die Universität 89
Die Front zum Oslofjord 91
Museumsinsel Bygdøy 95
Rings um Oslo 101

Rings um den Oslofjord 112
Halden 114
Auf dem Halden-Kanal durch Wald und Wiesen 117
Fredrikstad 117
Von Fredrikstad nach Oslo, Horten 125
Borre, Åsgårdstrand 127
Tønsberg 129
Sandefjord 131

Durch das Sørland ins Fjordland 134
Skien/Porsgrunn, Kragerø, Die Schären 137
Risør 142
Tvedestrand 146
Arendal, Grimstad 147
Lillesand 149
Kristiansand 151
Entlang dem Nordsjøveien 156
Flekkefjord 159
Egersund 163
Durch Jæren 165

Rogaland, Stavanger und Ryfylke 166
Stavanger und Umgebung 168
Ryfylkevegen 180
Am Lysefjord 181
Preikestolen: Wanderung zum ›Predigerstuhl‹ 183

Inhalt

Wanderung auf den Kjerag	185
Am Tysdalsvatnet	188
Nach Hjelmeland	189
Sand	191

Hordaland – Hardangerfjord und Bergen

Hordaland – Hardangerfjord und Bergen	194
Røldal	197
Folgefonn und Låtefoss, Odda	198
Kvinnherad, Maurangerfjord	200
Rosendal	201
Sørfjord	205
Wege nach Bergen	210
Folgefonn-Gletscher, Jondal	212
Bergen	214

Über die Hardangervidda in die Telemark

Über die Hardangervidda in die Telemark	230
Von Bergen zur Hardangervidda	232
Eidfjord	233
Vøringsfoss	234
Hardangervidda-Nationalpark	237
Radwandern auf dem Rallarvegen	241
Geilo	243
Oberes Hallingdal	245
Dagali	250
Im Uvdal	251
Numedal	252
Kongsberg	254
Telemark	259
Von Kongsberg nach Sauland, Tuddalsstraße	260
Gaustatoppen: Wanderung	262
Rjukan	263
Nach Dalen	266
Von Åmot nach Haukeliseter	268

Das Setesdal

Das Setesdal	270
Über die Setesdalsheia	272
Hovden	273
Entlang der Otra, Bykle	277
Valle	281
Das untere Setesdal	283
Byglandsfjord, Evje	285

Sprachführer Norwegisch	288
Kulinarisches Lexikon	291
Register	292
Abbildungsnachweis/Impressum	296

Inhalt

Auf Entdeckungstour

Das Wikingerschiff-Museum auf Bygdøy	92
Gigantisch – die Vigeland-Anlage	98
Auf dem Oldtidsveien zu Zeugnissen der Frühgeschichte	122
Auf dem Telemarkkanal ins Herz der Bergwelt	138
Im Ölmuseum – Geschichte und Zukunft des Petro-Landes	174
An der Gletscherzunge des Buarbreen	202
Auf den Spuren der Deutschen Hanse durch Bergen	218
Von ›Rosen‹ überwuchert – Rosenmalerei in Ål	248
Ein Himmelsschiff vor Anker – die Stabkirche von Heddal	256
Die Hofanlage von Rygnestad	278

Karten und Pläne

s. hintere Umschlagklappe, Innenseite

▶ Dieses Symbol im Buch verweist auf die Extra-Reisekarte Norwegen Der Süden

Liebe Leserin, lieber Leser,

Wir sitzen im Klappstuhl auf dem Oberdeck der Fähre, die Beine gegen die vibrierende Reling gestemmt, und können kaum glauben, was wir jenseits des Hardangerfjords zu sehen bekommen: Unerwartet steil steigen die bewaldeten Felsflanken des Fjords von den bunt blühenden Ufersäumen zum Hochplateau der Hardangervidda an, über deren gletscherweiße Abbruchkante ergießen sich tosende Wasserfälle in die Tiefe – ein geradezu überwältigender Anblick! Selbst nach all den Jahren verschlägt uns die Schönheit unserer Wahlheimat immer wieder die Sprache.

Neben atemberaubenden Landschaftsbildern und der intakten Natur bietet die ›Schweiz am Meer‹ aber auch in kultureller Hinsicht zahlreiche Attraktionen, so etwa die weltberühmten Stabkirchen oder malerische Holzhausstädtchen. Selbst Badelustige kommen hier auf ihre Kosten: Südnorwegen bietet herrliche Sandstrände am offenen Meer und an den Fjorden sowie unzählige Seen. Dank seines milden Klimas mit für Skandinavien ungewöhnlich hohen Durchschnittstemperaturen gilt es zudem als ›Sonnenland des Nordens‹.

Für uns ist Norwegen einfach das schönste Land auf Erden, und damit auch Sie zu dieser Überzeugung gelangen, möchten wir Sie mit diesem Buch auf Ihrer Entdeckungsreise zu den herausragenden Highlights von Natur, Kultur und Geschichte im Süden des Königreichs begleiten. Wir stellen Ihnen bekannte und weniger bekannte Sehenswürdigkeiten vor und helfen Ihnen bei der praktischen Umsetzung Ihrer Reise: Unser Buch sagt Ihnen, wo die schönsten Campingplätze, Hotels und Herbergen zu finden sind, wo die Restaurants und Cafés, Kneipen und Discos, in die einzukehren sich lohnt, wo und wann man fischt, es informiert über Wanderungen und Bergbesteigungen, Kanu- und Fahrradtouren ebenso wie über die schönsten Routen durchs Land, über Fjordfahrten und geführte Gänge aufs Blaueis sowie vieles andere mehr.

Wir wünschen Ihnen einen erlebnisreichen Aufenthalt im Süden des hohen Nordens und freuen uns auf Ihre Rückmeldung!

Annette Ster und Michael Möbius

Einmalige Naturattraktion: das Fjordland in Westen des Landes

Leser fragen, Autoren antworten
Südnorwegen persönlich – unsere Tipps

Nur wenig Zeit? – Südnorwegen zum ersten Kennenlernen
Wer nur 10 bis 14 Tage Zeit hat, sollte dorthin reisen, wo sich die Natur in ihren ›norwegischsten‹ Erscheinungsformen zeigt: in der Welt der Fjorde im Westen des Landes. Sie gelten als Inbegriff norwegischer Landschaftsmajestät, weltberühmt sind vor allem der **Hardangerfjord** mit der ehemaligen Hansestadt **Bergen** sowie der **Lysefjord** bei Stavanger. Verbindendes Glied ist die Nationale Touristenstraße **Ryfylke**, die ebenso wie die im Osten an den Hardangerfjord angrenzende **Hardangervidda** Höhepunkte jeder Norwegenreise bilden.

Die Kältesteppe der Vidda leitet in die seit uralten Zeiten besiedelten Bauerntalungen **Hallingdal** und **Numedal** über, zu deren kulturellen Attraktionen u. a. zahlreiche Stabkirchen zählen. Auch die Rosenmalerei ist hier beheimatet, nirgends sonst im Königreich werden heute noch die traditionellen Handwerkstechniken so sehr gepflegt (s. S. 248). **Oslo** hingegen punktet vor allem mit moderner, teils extravaganten Architektur.

Welche Städte sind besonders spannend?
Die rund 1000 Jahre alte Residenzstadt **Oslo** beherbergt mit Abstand

Die wichtigsten Reiseziele

Südnorwegen persönlich – unsere Tipps

Nationale Touristenstraßen im Süden

die meisten Sehenswürdigkeiten des Landes und ist auch in kultureller Hinsicht unumstrittener Mittelpunkt des Königreichs.

Als schönste Stadt des Landes aber gilt **Bergen**, bekannt auch als ›Königin der Fjorde‹ und ebenfalls reich an bedeutenden Sehenswürdigkeiten – allen voran das zum Weltkulturerbe erklärte einstige Hanseviertel Brygge.

In der ›Ölmetropole‹ **Stavanger** liegen Modernes und Altes dicht beieinander. Dieser Kontrast macht neben zahlreichen Sehenswürdigkeiten sowie einem beachtlichen Ausflugsangebot zu Wasser und zu Lande den besonderen Reiz dieser rings um die Hafenbucht ausgebreiteten Stadt aus.

Was sind die kulturellen Highlights?

Abgesehen von Oslo, Bergen und Stavanger gehört für uns der Besuch der Stabkirchen zu den Höhepunkten einer Reise. Sie markieren die höchste Entwicklungsstufe in der sakralen Holzbaukunst. Die **Stabkirche von Heddal** ist die größte und berühmteste, während sich im nahen **Numedal** landesweit die größte Dichte an diesen uralten Gotteshäusern findet.

Die ältesten und vielleicht schönsten Gehöfte des Nordens findet man im **Setesdal**, und als die am besten bewahrten Holzhausstädtchen des Landes gelten **Lillesand** und **Mandal**.

Was gibt es Neues?

Oslo bietet seit Kurzem gleich zwei neue Attraktionen: Im ehemaligen Hafenviertel begeistert das **Astrup Fearnley Museum für moderne Kunst**. Konstruiert wurde es in Form eines großen Glassegels und je nach Blickwinkel stiehlt es unserer Ansicht nach sogar der grandiosen Oper die Show. Ebenso hochkarätig ist die Ausstellung im lichtdurchfluteten Innern.

Ein absoluter Publikumsrenner sind die neuen **Mathallen** im Szeneviertel Grünerløkka. Unter dem riesigen Glasdach dieser Halle finden sich rund 20 Restaurants, 20 Feinkostgeschäfte sowie ein halbes Dutzend Pubs und Bars, die teilweise bis in die frühen Morgenstunden geöffnet haben.

Welches sind die landschaftlich schönsten Strecken?

Norwegens Natur ist einzigartig, und dem hat das staatliche Norwegische Straßenbauamt Rechnung getragen, indem es insgesamt 18 Wegstrecken zu Nationalen Touristenstraßen ernannt hat. Sie erschließen als ›Grüne Straßen‹ die schönsten Naturschätze des Landes abseits der Hauptverkehrsadern und bieten all denjenigen, denen es nicht darum geht, ein Ziel so schnell wie möglich zu erreichen, ein Maximum an Naturgenuss. Dabei hat jeder Streckenabschnitt einen ganz eigenen Charme und erzählt eine ganz eigene Geschichte. In Südnorwegen finden sich vier dieser Touristenstraßen – **Jæren**, **Ryfylke**, **Hardangerfjord** und **Hardangervidda**. Aneinander-

Neuester Blickfang in Oslo: das Astrup Fearnley Museum für moderne Kunst

gereiht ermöglichen sie das Kennenlernen der Region in ihren vielleicht schönsten Abschnitten.

Unterwegs mit öffentlichen Verkehrmitteln?

Die Distanzen innerhalb Südnorwegens sind zwar groß und viele Sehenswürdigkeiten und landschaftlich schöne Strecken werden nur unregelmäßig von öffentlichen Verkehrsmitteln bedient, aber wer genügend Zeit zur Verfügung hat, kann auch per Schiff, Bus und/oder Bahn die Region erkunden. Vor allem der Zug erscheint uns dabei das ideale Transportmittel, ist Bahnfahren doch wie geschaffen zum Genießen der Landschaft. Mit folgenden zwei Linien lässt sich zum Beispiel ab Oslo eine landschaftlich höchst abwechslungsreiche Rundtour unternehmen:

Mit der **Bergenbahn** geht es zunächst von Oslo auf einer wahren Traumstrecke zur alten Hansestadt; während der rund 7-stündigen Fahrt mit dem supermodernen Expresszug rauschen alle Landschaftsformen Norwegens wie im Zeitraffer an den Panoramafenstern vorüber (s. S. 242).

In Bergen angekommen, verbinden Busse oder Schnellboote die Fjordmetropole mit Stavanger. Dort beginnt die küstennahe Bahnstrecke der **Sørlandsbahn,** die via Egersund und Flekkefjord nach Kristiansand verläuft und von dort aus weiter via Arendal und Skien sowie Larvik, Sandefjord und Tønsberg nach Oslo zurückführt.

Was sind die besten Standorte für einen Aktiv-Urlaub?

Gleich drei große Outdoor-Zentren liegen im Süden Norwegens: Odda am Hardangerfjord, Geilo auf der Hardangervidda und Rjukan am Fuße

Mit der Bahn rings um Südnorwegen

Südnorwegen persönlich – unsere Tipps

der Vidda. Alle drei bieten Sport- und Naturbegeisterten eine immense Vielzahl an Möglichkeiten:

Odda empfiehlt sich für einen Besuch der Gletscherzunge des Buarbreen, die Blaueisquerung des Folgefonn sowie für die Höhenwanderung zur Trollzunge. **Geilo** wartet mit den abgefahrensten MTB-Trails des Landes auf und ist Ausgangspunkt für eine Fahrt auf dem Rallarvegen, Norwegens berühmteste Radstrecke. Sie verläuft quer über die Hardangervidda bis hinunter an den Sognefjord. Mit über 1200 km markierten Wanderwegen bildet die Region um Geilo zudem das gelobte Land des Wandertouristen. Auch von **Rjukan** aus hat man Anschluss an dieses Wegnetz, aber vor allem ist es die Besteigung des 1883 m hohen Gaustatoppen, um die sich hier fast alles dreht.

Ein weiteres Muss für Aktivurlauber ist der **Ryfylkevegen**, punktet er doch u. a. mit spektakulären Aussichtspunkten wie dem **Preikestolen** und **Kjerag**. Wildromantische Schluchten und dramatische Wasserfälle bietet hingegen der **Eidfjord**.

Welche Bootstouren sind am schönsten?

Eine Fahrt auf dem 105 km langen **Telemarkkanal** von der Küste bis ins Herz der Bergwelt gehört unbestritten zu den Höhepunkten einer Norwegen-Reise – egal ob man mit einem der historischen Boote unterwegs ist oder mit dem eigenen Kanu.

Ebenfalls ein Highlight ist der Tagesausflug **»Norwegen in einer Nussschale«** (s. S. 223): Mit der Bergenbahn von Bergen auf die Hardangervidda hinauf, mit der Flåmbahn an den Sognefjord hinunter, von dort mit dem Schiff über den auf der World Heritage List geführten Nærøyfjord und sodann per Bus zurück.

Bei einer Fahrt ins Fjordland sollte eine Tour auf dem **Lysefjord** nicht fehlen, an der Südküste lockt der **Schä-**

Aktiv-Urlaub im Süden Norwegens

Die Holzhausstädtchen an der Südküste sind vor allem im Sommer beliebte Ziele

renkanal **Blindleia** (s. S. 149). Der 70 km lange **Haldenkanal**, dem man auch mit dem Kanu folgen kann, bildet eine der großen Attraktionen am Oslofjord.

Was ist ein guter Standort für einen Badeurlaub?

Norwegens Klima ist weitaus besser als sein Ruf, und am besten, also im Sommer am sonnigsten, ist es entlang der **Skagerrak-Küste** zwischen dem Oslofjord und Stavanger. Hier reihen sich traditionsreiche Küstenplätze aneinander. Von früher Wikingerzeit an waren sie Norwegens Tore zur Welt, heute erfreuen sie sich als prächtig herausgeputzte Holzhausstädtchen größter Beliebtheit bei sonnenhungrigen Badegästen. Ferienorte gibt es hier wie Sand am Meer: **Risør** und **Kragerø** sind die beliebtesten norwegischen Seebäder, **Mandal** wirbt mit besonders schönem Strand.

Und noch ein ganz persönlicher Tipp zum Schluss!

Rund neun von zehn Norwegen-Besuchern sind individuell im Land unterwegs, die meisten von ihnen mit dem eigenen Fahrzeug, vorzugsweise mit dem Wohnmobil. Und das nicht ohne Grund, denn Norwegen ist für ›planloses‹ Reisen ganz ohne zuvor schon fixierte Übernachtungsziele geradezu prädestiniert und auf diese Weise gar nicht einmal so teuer. Ein Stellplatz für Zelt, Wohnmobil oder Caravan ist im ›Teuerland‹ Norwegen viel billiger als in vermeintlichen ›Billigländern‹, auch die den meisten Campingplätzen angeschlossenen Übernachtungshütten sind vergleichsweise preiswert. Viele Individualtouristen machen zudem von der Möglichkeit des sogenannten ›Jedermannsrechts‹ Gebrauch – kostenlos inmitten der freien Natur übernachten zu dürfen (s. S. 67).

NOCH FRAGEN?

Die können Sie gern per E-Mail stellen, wenn Sie die von Ihnen gesuchten Infos im Buch nicht finden:
info@dumontreise.de
Auch über eine Lesermail von Ihnen nach der Reise mit Hinweisen, was Ihnen gefallen hat oder welche Korrekturen Sie anbringen möchten, würden wir uns freuen.

An Norwegens Südkap:
Lindesnes Fyr, S. 161

Der Kjerag – Norwegens spektakulärster
Aussichtsplatz, S. 186

Lieblingsorte!

Am Bandak-See – die ›Seele baumeln
lassen‹, S. 267

Im Antlitz von Bergen, S. 226

Lorry – die wohl ausgefallenste Kulturinstitution Norwegens, S. 105

Søndre Sandøy – Radeln, Wandern und Genießen, S. 119

Die Reiseführer von DuMont werden von Autoren geschrieben, die ihr Buch ständig aktualisieren und daher immer wieder dieselben Orte besuchen. Irgendwann entdeckt dabei jede Autorin und jeder Autor seine ganz persönlichen Lieblingsorte. Dörfer, die abseits des touristischen Mainstream liegen, eine ganz besondere Strandbucht, Plätze, die zum Entspannen einladen, ein Stückchen ursprünglicher Natur – eben Wohlfühlorte, an die man immer wieder zurückkehren möchte.

Landschaftspark der Baroniet Rosendal, S. 206

Sessvatn, dem Himmel nah, S. 275

Schnellüberblick

Hordaland – Hardangerfjord und Bergen
Natur und Kultur schön vereint, das macht den Reiz des berühmtesten südnorwegischen Fjords aus. Malerische Ferienstädtchen sind Ausgangspunkte für Wanderungen in Fels und Eis, und die ehemalige Hansestadt Bergen wartet auf mit einzigartigen Kunstsammlungen und dem traditionsreichen Hanseviertel Brygge. S. 194

Über die Hardangervidda in die Telemark
Der Eidfjord mit seinen wilden Schluchten zählt zu Norwegens Bilderbuchfjorden. Die Hardangervidda bietet Wanderern und Radfahrern ein Eldorado, während in den angrenzenden Bauerntalungen vor allem Kulturfreunde auf ihre Kosten kommen. Die Telemark beeindruckt mit einer vielgestaltigen Natur und einer überreichen Kulturgeschichte. S. 230

Rogaland
In der Ölmetropole Stavanger liegen Alt und Neu dicht beieinander, und die Ryfylke mit ihren Fjorden, Wasserfällen und Felsweiten ist ein Höhepunkt jeder Norwegen-Reise. S. 166

Das Setesdal
Das Märchental des Südens präsentiert sich mal furchteinflößend wild, mal lieblich, und so ist es kein Wunder, dass das Setesdal das meistbesuchte Tal des Südens ist. S. 270

14

Oslo und Umgebung
Die am Fjord gelegene Metropole trumpft mit der größten Anzahl an Sehenswürdigkeiten im Königreich und ausgedehnten Grünflächen mitten im Zentrum auf. Dazu ein Mix aus Shopping, Kultur und Nachtleben – und fertig ist die ›schönste Hauptstadt der Welt‹ – wie die Norweger meinen. S. 82

Rings um den Oslofjord
Das Gebiet rings um den 100 km langen Arm des an Stränden und Schären reichen Oslofjords präsentiert sich als sanftes Bauernland. Siedlungsgeschichtlich ist es der älteste Teil Norwegens, und burggekrönte Städte, Festungswälle und Felszeichnungen, Runensteine und Grabhügel erinnern an die Vergangenheit. S. 112

Durch das Sørland ins Fjordland
Die Küste zwischen Oslofjord und Stavanger ist die sonnenverwöhnteste Region des Landes. Im Schutz Tausender Schären laden malerische Holzhausstädtchen und herrliche Strände zum Bummeln und Baden ein, und die zahllosen Inseln sind Ziel unvergesslicher Bootsausflüge. Landeinwärts öffnen sich liebliche Bauerntäler in die Bergwelt. S. 134

15

Reiseinfos, Adressen, Websites

Der Vigeland-Park gehört zu den meistbesuchten Grünanlagen Oslos

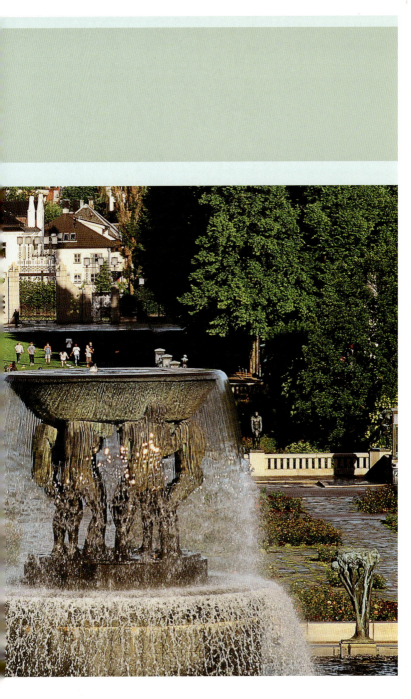

Informationsquellen

Infos im Internet

Zusammen mit den anderen skandinavischen Ländern ist Norwegen weltweit Spitzenreiter in Sachen Internet, und entsprechend ist nahezu jedes Unternehmen der Tourismusbranche mit einer eigenen Seite im Web vertreten. Meist kann man gleich online buchen.

Die Landeskennung lautet .no, auch .com-Adressen sind verbreitet, und die größte norwegische Suchmaschine ist www.kvasir.no.

www.visitnorway.de
Die Seite des norwegischen Fremdenverkehrsamtes lässt in Sachen Reise und Touristik keine Wünsche offen.

www.norwegen.no
Die offizielle Website Norwegens in Deutschland mit Hunderten Seiten an Hintergrundberichten zu allen Themen. Ein Reiseteil ist ebenso zu finden wie eine Liste aller Webcams im Land. Das umfassendste und beliebteste deutschsprachige Norwegen-Portal im Internet.

www.clickwalk.com
Laut Eigendarstellung bietet diese norwegische Website die weltweit erste auf Panoramen basierte Visual-Reality überhaupt. Die wichtigsten Städte des Südens können ›begangen‹ werden – Oslo z. B. im Rahmen von rund 650 Panoramen. Nach und nach soll die Seite komplett aktualisiert werden.

www.norwegenportal.de
Das Norwegen-Portal der Deutsch-Norwegischen Freundschaftsgesellschaft e.V., die sich zum Ziel gesetzt hat, die kulturellen, gesellschaftlichen und touristischen Beziehungen zwischen der Bundesrepublik Deutschland und dem Königreich Norwegen zu fördern.

www.norwegenlinks.de
Umfangreiche, aber dennoch übersichtlich gestaltete Norwegen-Linkdatenbank zum Mitmachen.

www.norwegianlight.com
Aufwendig gestaltete und musikalisch untermalte Fotogalerie, u. a. mit mehr als 600 Naturfotos.

www.trollbarna.de
Liebevoll gestaltete Norwegenseite mit zahlreichen Informationen und Tipps.

www.reuber-norwegen.de
Nicht kommerzielle Seite der Norwegen-Liebhaber Mechthild und Otto Reuber, die wie keine deutschsprachige Seite sonst über die einzelnen Gebiete, Routen und Städte des Landes informiert; außerdem die wahrscheinlich umfassendste Linksammlung (nach Themen sortiert) deutscher Sprache zum Königreich.

Apps

Die Zahl der Anwendungsprogramme für Smartphones und Tablet-Computer wächst ständig, und es ist nur noch eine Frage der Zeit, bis jeder touristisch relevante Ort in Norwegen die Infos auch über eigene Apps anbieten wird. Oslo z. B. hat 2012 eine kostenlose, auch auf Deutsch verfügbare App veröffentlicht, die zahlreiche Informationen zu Attraktionen, Sightseeing, Restaurants, Events, Unterkunft usw. bietet. Auch andere Städte und selbst kleine Orte bieten mittlerweile kostenlose Apps an, die man

Informationsquellen

sich entweder übers Netz oder aber über in Broschüren oder auf Plakaten abgedruckte Strichcodes (so etwa am Osloer Flughafen Gardermoen) downloaden kann.

Fremdenverkehrsämter

... in Deutschland

Das Norwegische Fremdenverkehrsamt in Hamburg ist auch für Österreich und die Schweiz zuständig.

Norwegisches Fremdenverkehrsamt
Caffamacherreihe 5
20355 Hamburg
Tel. 040 229 41 50
Fax 040 22 94 15 88
germany@invanor.no
www.visitnorway.de

Alljährlich Ende Dezember erscheint jeweils das neue große »Norwegen-Infopaket« für das kommende Jahr, das u. a. den umfangreichen Norwegen-Katalog enthält mit Autokarte und vielfältigen Reiseinformationen. Auch zahlreiche Broschüren sind erhältlich sowie Veranstalter- und Destinationskataloge; viele Kataloge kann man über die Internetseite auch downloaden.

Fremdenverkehrsämter in Südnorwegen

Mit allen Fragen wende man sich vertrauensvoll an die Fremdenverkehrsbüros, die sich oft noch in den kleinsten Ortschaften finden. Sie sind ausgeschildert, und es wird in aller Regel Englisch, oft auch Deutsch gesprochen. Schriftliches Informationsmaterial (oft auch auf Deutsch) bestellt man am besten per Fax oder E-Mail. Die allermeisten Orte haben darüber hinaus auch eine eigene mehrsprachige Website (s. die jeweiligen Angaben im Reiseteil dieses Buches).

Lesetipps

Folgende Bücher bieten sich – neben den Klassikern von Hamsun, Ibsen oder Undset – für eine Einstimmung an.

Ingvar Ambjørnsen: Elling. Frankfurt a. M. 2008. Der größte Erfolg gelang Ambjørnsen bislang wohl mit der Tetralogie um den Eigenbrötler Elling, der versucht, in einer Welt, die ihm über den Kopf gewachsen ist, nicht unterzugehen. Ambjørnsens Figuren sind bevorzugt Randexistenzen, Havarierte in der Glitzerwelt des Konsums oder Verweigerer. Sein neuestes Werk heißt »Eine lange Nacht auf Erden« (Berlin 2013).

Lars Saabye Christensen: Der Halbbruder. München 2003. Das bekannteste Werk des vielseitigen norwegischen Autors ist eine Familiensaga vom Zweiten Weltkrieg bis in die Gegenwart. Das neueste Buch von Christensen ist »Die unglaublichen Tricks des Herrn Hval« (München 2012).

Nina Freydag: Elche, Fjorde, Königskinder: Norwegische Glücksmomente (Wien, 2004) und Lesereise Norwegen (Wien, 2010). Die Reisejournalistin Nina Freydag fängt den Zauber Norwegens ein und erzählt von den Sitten und liebenswerten Eigenschaften der Norweger.

Norwegische Krimis im Web

Auf www.nordische-krimis.de dreht sich alles rund um nordische Krimis, nach Ländern geordnet, nach Autoren sortiert, mitsamt Biografien, Buchbesprechungen und persönlichen Anmerkungen der Redakteure. Der Name www.schwedenkrimi.de ist irreführend, denn die Seite ist die umfangreichste auch zu norwegischer Kriminalliteratur; u. a. mit Leseproben.

19

Jostein Gaarder: Sofies Welt. München 1993. Teils melancholisch, teils fantasievoll nähert sich dieser derzeit international berühmteste norwegische Schriftsteller den Wundern des Denkens; sein neuestes Werk, ein Briefroman, ist »Die Frau mit dem roten Tuch« (München 2010).

Trygve Gulbranssen: Und ewig singen die Wälder/Das Erbe von Bjørndal. München 2000. Diese beiden Romane von 1935 und 1936 zählen trotz ihres Heimatschnulzen-Images zu den stärksten Dichtungen Skandinaviens.

Anne Holt: Kammerflimmern. München 2013. Der neueste Roman der wohl bekanntesten norwegischen Krimi-Autorin, deren Bücher schon verfilmt wurden.

Ralph Tuchtenhagen: Kleine Geschichte Norwegens. München 2009. Norwegen hat sich von einem Staat am Rande Europas zu einem der erfolgreichsten Wohlfahrtsstaaten der Gegenwart entwickelt. Dieses Buch erläutert die Hintergründe.

Herbjørg Wassmo: Das Buch Dina. München 2008. In die Zeit des 19. Jh. und an die Küste ihrer norwegischen Heimat versetzt die Autorin den Leser dieses Romans um eine starke Frau. Ihr neuestes Werk ist »Deutschenkind: Die Tora-Trilogie Band 1« (Hamburg, 2012).

Wetter und Reisezeit

Klima

Dank Golfstrom ist Norwegen der am meisten begünstigte Raum Nordeuropas. Erst jenseits der von Süd nach Nord verlaufenden Kaledonischen Gebirgsbarriere lässt der ozeanische Einfluss nach, das Klima wird kontinentaler und damit extremer. Das bedeutet relativ kalte Winter, aber auch relativ warme Sommer. So ist (Süd-)Norwegen meteorologisch weniger in Süd und Nord als vielmehr in West und Ost zu unterscheiden. Und dies auch in Bezug auf die Niederschlagsmenge: Fallen an der Westseite des Kaledonischen Gebirgszugs, etwa an der Küste des Fjordlandes, durchschnittlich 2000 mm Regen im Jahr, so empfangen die Regionen im Lee des Gebirges nur 400–700 mm. Entsprechend hoch ist dort auch die jährliche Sonnenscheindauer, und misst man entlang der Skagerrak-Küste im tiefen Süden ein Maximum von 2100 Std. jährlich, so an der nördlichen Westküste nur etwa 1400 Std. Eine ausführliche Wetterprognose erhält man auf der Internetseite www.yr.no (s. Kasten links).

Reisezeiten

Frühling

Die Museen, die größtenteils erst jetzt öffnen, melden den Wiederbeginn der Saison. Im Fjordgebiet und in den Tälern erblühen Blumen und Bäume, doch die Berge tragen noch weitgehend ein Schneekleid. Die Tage sind fast 20 Stunden lang, es regnet wenig, und die Wahrscheinlichkeit, Sonne genießen zu können, ist am größten. So

---

Das Wetter im Internet

Das meteorologische Institut von Norwegen informiert unter www.yr.no über das Wetter. Dank der Symbole ist die Seite außerordentlich informativ, auch die Vorhersage für die kommenden Tage ist mit einem Klick sichtbar.

20

Wetter und Reisezeit

wird es schon warm genug, dass man ohne zu frieren den Anblick des Bergwinters bewundern kann, aber wer im Meer baden möchte, sollte, wie Bergwanderer auch, den Monaten Juli und August den Vorzug geben.

Sommer
Dann allerdings kann es auf den Straßen und Zeltplätzen teilweise etwas eng zugehen; die Ferienhütten in den Urlaubszentren, vor allem entlang der Südküste, sind jetzt meist komplett ausgebucht. Es herrscht Hochsaison, denn nicht nur Mitteleuropa, auch ganz Skandinavien hat Schulferien. Ab Mitte August ist der ›Rummel‹ vorbei, auch wenn dem Sommer in klimatischer Hinsicht noch mindestens vier Wochen verbleiben.

Herbst
Anfang bis Mitte September dann streift das Land sein farbenfrohes Herbstkleid über. In den Bergen fällt bald Schnee, über den ersten Passstraßen gehen wieder die Schlagbäume nieder, doch in den geschützten Landesteilen kann man mittags durchaus noch ein warmes Sonnenbad genießen und sogar noch einmal einen Sprung ins Wasser riskieren. Ende September aber wird der Himmel von Tag zu Tag wetterwendischer. Sturm und Regen wechseln sich mit mehr oder weniger kurzen Sonnenperioden ab.

Winter
Oft mit Sturm und sintflutartigen Regenfällen dämmert das Land ab Oktober/November in den schneereichen Winter hinüber, der z. B. in den Bergen bis in den Mai währt, in den Tälern bis Anfang April. Von Mitte Februar bis Ende März herrscht Wintersportsaison, doch die ›Schneeferien‹ (Ende Februar bis Anfang März) sowie die Ostertage sollte man meiden: Die Preise für alles sind dann bis zu 50 % höher als üblich.

Kleidung und Ausrüstung

Einen warmen Anorak und Puli sollte man auch im Sommer stets im Gepäck haben, aber ruhig auch Badesachen, natürlich Regenzeug. Ansonsten ist man mit sportlicher Kleidung gut bedient. Sinnvoll ist die Mitnahme von Bettwäsche, die man in Jugendherbergen, Privatzimmern, Billighotels und Campinghütten gut gebrauchen kann; dort wird häufig ein Preisaufschlag für Bettwäsche und Handtücher verlangt. Auch ein kleines Zelt kann nicht schaden, denn dank des Jedermannsrechts (s. S. 67) darf man es aufbauen, wo es einem gefällt. Was man an sonstiger Ausrüstung mitbringen sollte, hängt von den geplanten Aktivitäten ab. Als Minimalausrüstung empfehlen sich bereits eingelaufene Wanderschuhe, die hier bei fast jedem Gang abseits der Straße erforderlich sind.

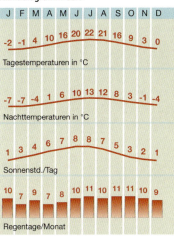

Klimadiagramm Oslo

Anreise und Verkehrsmittel

Einreisebestimmungen

Jeder Reisende, auch Kleinkinder, benötigt einen gültigen Personalausweis bzw. eine Identitätskarte oder einen Reisepass. Bei Fahrzeugen ist das Nationalitätskennzeichen Pflicht, die Internationale Versicherungskarte (Grüne Karte) nicht, wird aber empfohlen. Der nationale Führerschein ist ausreichend, auch um ein Auto vor Ort zu mieten. Beim Zoll ist für Hunde und Katzen der blaue EU-Pass vorzulegen. Weitere Infos: Mattilsynet, Postboks 383, N-2381 Brumunddal, Tel. 23 21 68 00, www.mattilsynet.no.

Zollvorschriften

Alkohol: Ab 18 Jahren dürfen 2 l Bier und 3 l Wein (bis 22 %) eingeführt werden, ab 20 Jahren 2 l Bier, 3 l Wein oder 1,5 l Wein und 1 l Spirituosen (bis 60 %). Zusätzlich zu den zollfreien Waren darf man noch 10 l Bier und 4 l Spirituosen gegen Verzollung einführen.
Tabakwaren: Ab 18 Jahren darf man 200 Zigaretten oder 250 g Tabak und 200 Stck. Zigarettenpapier einführen.

Anreise

... mit dem Auto

Die Øresundverbindung zwischen Dänemark und Schweden ist mautpflichtig und weder billiger noch schneller als die Fähre (www.oeresundsbron.com, Tel. 0045 70 23 90 60, 45 €/Pkw, 90 €/Wohnmobil).

... mit der Fähre

Color Line: Norwegenkai, D-24143 Kiel-Gaarden, Tel. 0431 730 01 00, www.colorline.de. Kiel/D–Oslo/N; Hirtshals/DK–Kristiansand/N; Hirtshals/DK–Larvik/N, Strömstad/S–Sandefjord/N.

Fjord Line: Nizzestraße 28, D-18311 Ribnitz-Damgarten, Tel. 03821 709 72 10, www.fjordline.de. Hirtshals/DK–Kristiansand/N, Hirtshals/ DK–Stavanger/N, Hirtshals/DK–Bergen/N, Hirtshals/DK–Langesund/N.
Scandlines: Am Bahnhof 3a, D-18119 Rostock, Tel. 1802 11 66 99, www.scandlines.de. Rostock/D–Trelleborg/S; Sassnitz/Rügen/D–Trelleborg/S; Puttgarden/D–Rødby/DK; Rostock/D–Gedser/DK. Buchung in allen deutschen Bahnhöfen. Günstig sind die sog. Durchtickets mit den Fährkombinationen: Puttgarden/D–Rødby/DK und Helsingør/DK–Helsingborg/S oder Rostock/D–Gedser/DK und Helsingør/DK–Helsingborg/S.
Stena Line: Schwedenkai 1, D-24103 Kiel, Tel. 01805 91 66 66, www.stena line.de. U. a. Fredrikshavn/DK–Oslo/N.
TT-Line: Zum Hafenplatz 1, D-23570 Lübeck-Travemünde, Tel. 04502 801 81, www.ttline.de. Rostock/D–Trelleborg/S; Travemünde/D–Trelleborg/S.

... mit dem Flugzeug

Fliegen ist mit Abstand die günstigste und natürlich schnellste Möglichkeit (2 Std.) nach Norwegen zu gelangen.

Air Berlin bietet bis zu 3 x tgl. die Verbindung Berlin-Tegel–Oslo. Da man mit Air Berlin von den meisten Großstädten in Deutschland, der Schweiz sowie Österreich gleichzeitig Anschluss hat, bietet diese Gesellschaft ein dichtes Netz zu günstigen Preisen. Ab Berlin zahlt man je Weg ab etwa 40 €. Buchen online (www.airberlin.com), über Reisebüros oder Tel. 01805 73 78 00 (Deutschland), 0820 73 78 00 (Österreich), 0848 73 78 00 (Schweiz).

SAS fliegt täglich von Mitteleuropa aus nach Bergen und Oslo. Informationen und Reservierung über www.

flysas.com sowie Tel. 01805 11 70 02 (Deutschland), 0049 1805 11 70 02 (Österreich), Tel. 0848 11 71 00 (Schweiz), Tel. 0 54 00 (Norwegen).

Norwegian verkehrt ab etwa 80 € auf den Strecken von München, Hamburg, Köln, Berlin, Wien und Genf nach Oslo und Bergen. Man bucht online (www.norwegian.no) oder über Tel. 0047 21 49 00 15 bzw. 81 52 18 15 (innerhalb Norwegens).

Ryanair bedient die Strecken von Bremen nach Oslo-Torp (bei Sandefjord) sowie von Berlin, Frankfurt-Hahn und Düsseldorf-Weeze nach Oslo-Rygge (bei Moss) ab ca. 20 €. Ab Torp Buszubringer nach Oslo (www.torpekspressen.no; 2 Std., 220 NOK) sowie stdl. Zug nach Oslo (2 Std., 245 NOK) und zum Flughafen Gardermoen (2,5 Std., 345 NOK); ab Rygge per Zug im Stundentakt nach Oslo (1 Std., 151 NOK), außerdem mit dem Flughafenbus (www.rygge-ekspressen. no; 1 Std. 160 NOK).). Buchung über: www.ryanair.com, Tel. 0900 116 05 00 (Deutschland; 0,62 €/Min.), 0900 21 02 40 (Österreich; 0,62 €/Min.).

… mit der Bahn

Die Anreise per Bahn ist mit Abstand die teuerste Alternative. Den ScanRail Pass gibt es nicht mehr, es wird nun der Interrail-Pass empfohlen (www.raildude.com), der auch von Erwachsenen gekauft werden kann. Informationen in allen DB-Reisezentren sowie unter www.bahn.de.

… mit dem Bus

Oslo kann man von den meisten Großstädten Deutschlands, der Schweiz und Österreichs aus erreichen (je Strecke ca. 40–80 € ab Berlin). Es wird fast immer nachts gefahren. Anbieter sind die Deutsche Touring (Am Römerhof 17, 60486 Frankfurt, Tel. 069 790 35 01, www.eurolines.de).

Anreise und Verkehrsmittel

Verkehrsmittel in Südnorwegen

Flugzeug

Die Preise sind moderat, und die günstigsten Tarife für Inlandflüge bietet Norwegian. Die Strecke Oslo–Bergen gibt es ab 199 NOK. Weitere Anbieter sind Widerøe (Tel. 81 00 12 00, www.wideroe.no) sowie SAS. Adressen SAS und Norwegian s. links.

Bahn

Von Bedeutung sind die **Sørlandsbahn,** die Oslo via Kristiansand, Flekkefjord und Egersund mit Stavanger verbindet (insgesamt 585 km, 7,5 Std.), sowie die **Bergenbahn,** die von Oslo nach Bergen führt (etwa 470 km, 7 Std.; siehe Unser Tipp S. 242). Informationen und Buchungen bei Norske Statsbaner (NSB, www.nsb.no, Tel. 23 62 00 00 sowie 81 50 08 88 – dann ›4‹ wählen für englischsprachiges Personal).

Bus

Mit dem weit verzweigten Express-Busnetz kann man alle Städte in Südnorwegen erreichen. Kleinere Orte, die nicht von diesen komfortablen Luxusbussen angefahren werden, sind durch lokale Buslinien verbunden. Infos bei NOR-Way Bussekspress, www.nor-way.no, Tel. 81 54 44 44.

Hilfe bei der Reiseplanung

Den umfassendsten Service bietet die Website www.rutebok.no: Sie dient als Reiseplaner, ist kinderleicht zu bedienen und eben auch in deutscher Sprache abrufbar. Unter **Tel. 177** erreicht man in jeder Fylke (etwa: Bundesland) einen stets mehrsprachigen Informationsdienst, wo alle Fragen zu Abfahrtszeiten, Preisen etc. erschöpfend beantwortet werden.

Reiseinfos

Taxi
An Taxen herrscht kein Mangel, eine Stadtfahrt von ca. 3 km kostet etwa ab 180 NOK.

Mietwagen
Pkws der üblichen internationalen Verleihfirmen sind in jeder größeren Stadt und auf allen Flughäfen erhältlich und können bereits von zu Hause aus gebucht werden. Die Preise aber sind happig (um 1500 NOK für einen Kleinwagen/Tag), viele Vermieter geben ihre Fahrzeuge nur an Personen über 25 Jahre ab – der nationale Führerschein ist ausreichend. Am günstigsten (ab 645 NOK/Tag) mietet man in Norwegen ein Auto bei Rent a Wreck (www.rent-a-wreck.no).

Autofahren

Verkehrsbestimmungen: Auch tagsüber ist in Norwegen mit Abblendlicht zu fahren, die Promillegrenze liegt bei 0,2. Die erlaubte Geschwindigkeit beträgt 50 km/h in geschlossenen Ortschaften, 80 km/h außerhalb. Eine Überschreitung der Höchstgeschwindigkeit kann teuer werden: 6 km/h zu schnell kostet schon ca. 1000 NOK.

Tanken: Die Treibstoffpreise liegen zzt. bei ca. 14–16 NOK pro Liter Benzin bzw. um 13–14 NOK für Diesel.

NAF-Notrufzentrale: Sie ist 24 Std. zu erreichen unter Tel. 0 85 05. Die reine Pannenhilfe ist, wie international üblich, für Mitglieder der deutschen Automobilclubs kostenlos.

Fahrzeugmaße: Die auf norwegischen Straßen genehmigte Wagenbreite beträgt 2,55 m. Auf zahlreichen Gebirgsstraßen ist das Fahren mit Wohnwagengespannen und Bussen verboten! Welche Straßen davon betroffen sind, kann man einer Karte entnehmen, die vom Norwegischen Fremdenverkehrsamt herausgegeben wird.

Mautpflicht: Die Höhe der Gebühren schwankt zwischen 15 NOK (Mautring Bergen) und 150 NOK (Finnfast/Rogaland) für Fahrzeuge bis 3,5 t.

Fähren transportieren in Südnorwegen Passagiere über Fjorde und Seen

Übernachten

Ob Sie sich in einem altehrwürdigen Hotel aus der Zeit der Belle Epoque dem Luxus hingeben oder auf einem Bauernhof die Freuden des einfachen Lebens genießen wollen, ob Sie in Privat-, Pensionszimmern oder lieber in Jugendherbergen nächtigen möchten, ob Sie die Freiheit eines eigenen Ferienhauses suchen oder Ihr Urlaubsglück eher auf Campingplätzen, wenn nicht mitten in der freien Natur finden möchten: Norwegen macht's möglich. Wer sich über alle Unterkunftsmöglichkeiten und die zahlreichen Spezialtarife ausführlich informieren will, sollte das Norwegische Fremdenverkehrsamt kontaktieren (s. S. 19).

Hotels

Buchungsportale wie www.hrs.de lohnen sich kaum für Norwegen, da es hier günstiger kommt, selbst online zu buchen oder die Vorteile eines Hotelpasses zu nutzen. Der Standard der norwegischen Hotels ist hoch. Die Preise sind es allerdings auch. Außerhalb der Saison sind etwa 160–200 € für ein DZ meist inkl. Frühstück durchaus normal, doch gibt es im Sommer stark vergünstigte Spezialpreise und Rabattsysteme. Lohnend ist u. a. der **Rica Seniorenpass** der in fast jeder Stadt mit einem Haus vertretenen Hotelkette: Er gilt ganzjährig für alle über 60 und bietet Preise ab 450 NOK/Pers. inkl. Frühstück, außerdem ist jede fünfte Nacht kostenlos, Einzelzimmerzuschlag ist ab 200 NOK erhältlich. Auch das kostenlose **Rica Hotel fordelsprogramm** bietet zahlreiche Vorteile. Informationen über das Rica Service Centre in Norwegen, Tel. 66 85 45 60, www. rica. no. Flexibel reist man auch mit dem Rabattsystem **Fjordpass** (150 NOK

Stilvoll wohnen

Aus der Pionierzeit des Tourismus, als das Reisen noch ein rein aristokratisches Vergnügen war, sind in Norwegen einige einzigartig schöne Beherbergungsbetriebe erhalten. Knapp 50 von ihnen haben sich unter der Bezeichnung ›De Historiske Hotel‹ organisiert, Schwerpunkt Südnorwegen, wo etwa zwei Dutzend dieser Häuser einladen. Stets finden sich diese Belle-Epoque-Hotels in landschaftlich herausragender Lage, alle bieten historisches Ambiente und modernen Komfort zu Preisen, die in Anbetracht des Gegenwertes mitunter außerordentlich moderat sind. Informationen und zentrale Buchung über De Historiske Hotel, Postboks 196 Sentrum, N-5804 Bergen, Tel. 55 31 67 60, Fax 55 31 91 01, www.dehistoriske.com.

für zwei Erwachsene und deren Kinder unter 15 Jahren), der in fast 150 Übernachtungbetrieben akzeptiert wird und den Übernachtungspreis um bis zu 50 % reduziert, sodass man dann nur noch ab 350 NOK pro Person und Tag zahlt. Informationen über Fjord Tours, Strømgt. 4, N-5015 Bergen, Tel. 81 56 82 22, www.fjordpass.no.

Gasthäuser, Pensionen, Privatzimmer

Unterkünfte, die sich nicht als Hotel bezeichnen dürfen, können in Norwegen unterschiedliche Namen tragen. Etwa *Pensjon* (Pension), *Gjestgiveri* (Gasthaus), *Hospits* (Hospiz), *Turistheim, Gjestgård* oder

Reiseinfos

Gård (Gasthof) sowie – meist im Gebirge – *Fjellstue* (Bergstube) oder Seter (Almhütte). Allen gemeinsam ist, dass sie weniger Komfort bieten als Hotels (aber dennoch durchaus von hohem Standard sein können) und natürlich preislich auch günstiger sind (um 600–1000 NOK/DZ). Die Zimmer sind üblicherweise mit Dusche und Bad ausgestattet, Mahlzeiten können, müssen aber nicht unbedingt angeboten werden.

Die günstigsten Unterkünfte verbergen sich hinter Aufschriften wie Rom, *Overnatting* oder *Værelser* – allesamt Umschreibungen für private Übernachtungsmöglichkeiten –, und während der Saison ist es nie ein Problem, an den Hauptstraßen solche Schilder auszumachen. Aber auch in den lokalen Touristenbüros kann man in aller Regel Adresslisten abrufen, in denen die Privatquartiere (EZ ab 400 NOK, DZ ab 500 NOK) aufgeführt sind, sowie oft gleich buchen.

Ferienhäuser

Feriehytter gibt es überall im Land. Sie bestehen üblicherweise aus Küche, mehreren Schlafzimmern, WC und Wohnzimmer (meist mit Kamin). Die Preise liegen zwischen 4000 und 20 000 NOK/Woche – je nach Ausstattung, Lage, Mietdauer und Saison. Eine durchschnittliche Hütte für 4–6 Pers. ist in der Hochsaison für ca. 4500–6000 NOK/Woche zu haben.

Anbieter sind u. a. **Atraveo** (Tel. Deutschland 0211 668 87 81 00, www.atraveo.de), **Norgesbooking** (Tel. 32 08 57 10, www.norgesbooking.no), **Novasol** (Tel. Deutschland, 040 688 71 51 82, www.novasol.de) und **DanCenter** (Tel. Deutschland 040 309 70 30, www.dancenter.de). Detaillierte Informationen erteilt das Norwegische Fremdenverkehrsamt.

Camping/Campinghütten

Die meisten der landesweit rund 1000 Campingplätze haben oft auch einfach eingerichtete Holzhütten mit 2–4 Betten. Das Bettzeug ist meist selbst mitzubringen bzw. kann ausgeliehen werden. Sie kosten ab etwa 300 NOK/Nacht. Die Parzellenpreise liegen im Durchschnitt bei 150–250 NOK/Nacht, was im europaweiten Vergleich immer noch recht günstig ist.

Auf vielen Plätzen ist die **Camping Card Scandinavia** obligatorisch. Sie kann direkt vor Ort erstanden werden, des Weiteren online über www.camping.no, kostet 130 NOK/Jahr und gilt in ganz Skandinavien.

Weitere Informationen sowie kostenlose Campingführer kann man abrufen beim Norwegischen Fremdenverkehrsamt sowie über www.camping.no und www.nafcamp.com.

Jugendherbergen

Die Familien- und Jugendherbergen in Norwegen (*vandrerhjem*) stehen jedem offen (unabhängig von Mitgliedschaft oder Alter) und sind mit Übernachtungspreisen von etwa 250–350 NOK im Schlafsaal und 500–800 NOK im Doppelzimmer (teils mit Bad/WC) günstige Unterkünfte. Mitglieder erhalten zusätzlich 10 % Rabatt.

Landesweit gibt es rund 80 dieser modernen, nahezu stets schön gelegenen Häuser. In den meisten werden auch günstige Mahlzeiten serviert, das Frühstück ist meist inklusive (sonst um 60 NOK). Der Komfort entspricht mitunter durchaus dem eines Mittelklassehotels. Man kann telefonisch reservieren, in den meisten Häusern auch online. Weitere Infos über **Norske Vandrerhjem**, Hostelling International Norway, Tel. 23 12 45 10, www.hihostels.no.

Essen und Trinken

Hausmannskost, kulinarisch verfeinert

Die typisch norwegische Küche entstammt der ländlichen Küche und ist entsprechend weder berühmt noch berauschend, sondern bodenständig. Kulinarische Feinheiten waren früher nicht gefragt, in den letzten Jahren hat sich das Angebot aber in Richtung Feinschmeckerküche entwickelt. Dabei wurde die Spitzengastronomie insbesondere von Frankreich beeinflusst, doch aus Italien sowie Spanien wurden ebenfalls kulinarische Bereicherungen in die sogenannte neonorwegische Küche aufgenommen. Auch die japanische Sushi-Tradition hat viele Freunde gewonnen, die leichte Thai-Küche ist schon seit Jahren hip, schon gar chinesisch und indisch, und so multikulturell wie zumindest das urbane Südnorwegen heute ist, wird auch gekocht und gespeist.

Fisch, was sonst?

Wer Risiken scheut und etwas ganz Ausgezeichnetes sucht, wählt fisk (Fisch), der in Norwegen, dem Land der Lachse und Forellen, Dorsche und Steinbeißer, Heringe, Makrelen, Schollen und Flundern, Schellfische, Steinbutts etc. natürlich stets frisch auf den Tisch kommt.

Die bekannteste und teuerste Fischspezialität aus Norwegen ist *røkelaks* (Räucherlachs), die vielleicht populärste und billigste heißt *fiskeboller* (aus Fischmehl oder durchgedrehter Fischmasse bestehende Klößchen) oder auch *fiskepudding*, und die beiden gewöhnungsbedürftigsten *rakørret* und *lutefisk*. Bei *rakørret* handelt es

sich um gesalzene und angegorene Forelle, die mehrere Monate in einer Salzlake liegen muss. Das hört sich übel an, schmeckt aber durchaus erträglich. Anders *lutefisk* (in Lauge gewässerter aufgequollener Stockfisch), der den meisten Touristen buchstäblich den Magen umdreht, doch bei den Norwegern so beliebt ist, dass er gar als Weihnachtsessen auf die Festtafel kommt.

Nicht nach jedermanns Geschmack sind auch *torsketunger* (Dorschzungen), die meist gebraten oder gekocht serviert und mit saurer Sahne aufgetragen werden: Innen haben sie eine gallertartige Konsistenz.

Aus Fischköpfen und Meeresfrüchten bereitet man *fiskesuppe*, die zwar nicht so raffiniert ist wie die berühmte Bouillabaisse, jedoch von sehr gutem Geschmack. Sie fehlt in keinem norwegischen Fischrestaurant, wie sich auch die spanische bzw. portugiesische Klippfischspezialität *bacalao* bzw. *bacalhau* großer Beliebtheit erfreut.

Fleischgerichte

Kjøttkaker (Hackbällchen, ähnlich Frikadellen), meist mit Erbsenpüree und dicker brauner Sauce serviert, hat fast schon den Rang eines Nationalgerichts inne und steht nahezu überall auf der Speisekarte. Ebenso

Eine Frage der Etikette
Bei einem Restaurantbesuch ist es in Norwegen üblich zu warten, bis ein Kellner kommt und einen Tisch zuweist. Den Tisch sollte man zuvor telefonisch oder per Mail reservieren.

Reiseinfos

fårikål, Weißkraut mit Hammelfleisch, das auch ähnlich preiswert ist. Wo immer *fenalår* – gesalzene und geräucherte Hammelkeule – angeboten wird, sollte man zuschlagen, denn der Geschmack ist köstlich, wie auch *pinnekjøtt*, gedämpfte oder gebratene Hammelrippe, nichts zu wünschen übrig lässt. *Spekemat* (gepökeltes Dörr- oder Rauchfleisch) ist ebenfalls einen Versuch wert, gut und immer günstig ist *betasuppe* (Gemüsesuppe mit Fleisch), und als das Leckerste des Leckersten gilt *elgstek* (Elchbraten), meist mit *tyttebær* (Preiselbeeren) serviert, was auch zu *reinsdyr* (Rentier) zu empfehlen ist.

Käse, Grütze und Brot

Die drei Käsesorten *fløytemysost*, geitost und *gudbrandsdalsost* (die erste aus Kuh-, die andere aus Ziegenmilch, die dritte aus Kuh- und Ziegenmilch) überraschen mit einem Geschmack nach Erdnussbutter und Karamell, werden aus Molke hergestellt und in Norwegen in gigantischen Mengen verzehrt, insbesondere zur Zwischenmahlzeit-Spezialität *vaffler* (Waffeln).

Rømmegrøt ist eine Art Grütze, von gelber Farbe, stets sehr fettig, die aus saurer Sahne plus Grieß (bzw. Reis oder Vollkornmehl) zubereitet und mit Zucker, Zimt und Butter gewürzt wird. Brot ist entweder *loff* (Weißbrot), *kneippbrød* (Grauweißbrot) – mit Backpulver aufgetrieben – *flatbrød* (papierdünnes und trockenes Fladenbrot) oder *lefser*. Letzteres ist eine süße Fladenspezialität, die mit Butter und/ oder Sahne genossen wird.

Getränke

Kaffee, insbesondere Kochkaffee (seltener Filterkaffee) wird in Nor-

Norwegische Restaurantpreise

Würstchen mit Brot starten bei etwa 30 NOK, Burger bekommt man kaum unter 80–100 NOK, für Lunchgerichte muss man gut 130–160 NOK ansetzen, wohingegen das mittags angebotene Tagesgericht, das oft Brot, Wasser und Kaffee beinhaltet, meist nur etwa 100–120 NOK kostet. Bestellt man in besseren Restaurants à la carte, sind 120 NOK für eine Vorspeise eher günstig, und für ein Hauptgericht muss man ca. 250–350 NOK ansetzen. Soft Drinks und Mineralwasser liegen um 25 NOK für 0,33 l, aber auch 40 NOK sind durchaus üblich. Wenn es etwas gibt, das in Norwegen billiger ist als zu Hause, dann ist es Kaffee, den man sich häufig aus Thermoskannen selbst einschenkt. Für die erste Tasse muss man ab 25 NOK ansetzen, weitere Tassen sind oft umsonst oder wenigstens nur halb so teuer wie die erste, und wenn man sich nicht sicher ist, welche Regelung gilt, frage man nach *påfyll*, was übersetzt ›Nachgießen‹ bedeutet.

wegen in Unmengen genossen. Wer Tee bestellt, bekommt meist ein Glas heißes Wasser mit Teebeutel. Milch ist preiswert, man hat die Wahl zwischen *H-melk* (Vollmilch), *lettmelk* (Magermilch), *skummetmelk* (Buttermilch) und *Cultura* (Leicht-Buttermilch).

Alkoholfreie Getränke bekommt man in allen Lokalen, Alkoholisches hingegen meist nur in Hotel-Restaurants sowie den wenigen Lokalen, die eine entsprechende Lizenz haben. Dann wieder gibt es Restaurants, in denen Bier und Wein nur zu den Speisen serviert werden, und lediglich in den norwegischen Kneipen bekommt man garantiert auch *Øl* (ausgesprochen ›öll‹), also Bier, das hier nach dem Reinheitsgebot gebraut wird. Es gibt solches mit 7 % Alkohol (gulløl, bokkøl), anderes mit 4 % (pils, bayerøl), solches mit 2,5 % (lettøl) und gänzlich alkoholfreies (zero); an Malzbier erinnert das ebenfalls alkoholfreie vørterøl.

Wein (vin) trinken die Norweger auch, und in den besseren Restaurants kann man oft aus Dutzenden Lagen aller Wein produzierenden Länder dieser Welt auswählen. Die bekannteste nordische Spirituose ist Aquavit, sie trägt auch im Ausland einen guten Namen, insbesondere dann, wenn von Linje oder von Gilde gebrannt.

Einkaufen

In dem Nicht-EU-Land Norwegen sind die Preise für Lebensmittel ca. 30–50 % höher als in den Mitgliedsländern der Union. Man muss das System kennen, also wissen, dass man einerseits nur in den größeren Ortschaften/Städten einkaufen sollte, andererseits nur in großen Supermärkten (meist Mo–Fr von 9–20/21 Uhr, Sa bis 18 Uhr geöffnet), sind doch die kleinen oft mit Matsenter, Landhandel, Daglivarer oder Handel angeschriebenen Läden nicht selten bis zu 50 %, die den Tankstellen oder Campingplätzen angeschlossenen sogar bis über 100 % teurer!

Schließlich sind Preisvergleiche in den Supermärkten vor Ort von enormem Vorteil: Es gibt häufig mehrere, meist schön nebeneinander an der Peripherie gelegen, und es ist nicht die Ausnahme, sondern die Regel, dass die Preise für absolut identische Waren von Laden zu Laden extrem unterschiedlich sein können.

Wochenmärkte gibt es in Norwegen nur selten außerhalb der Großstädte, und generell sind sie kaum billiger als Supermärkte, eher schon teurer. Auch die Straßenstände, wo im Sommer Obst und Gemüse feilgeboten werden, haben zumeist ein hohes Preisniveau, und nur die mobilen Fischhändler, die während der Sommersaison unterwegs sind und in den Städten meist auf dem torget (Marktplatz) stehen, fallen teils unter die Kategorie ›günstig‹.

Bier, Wein & Co.

Wein, Bier und Spirituosen sind überaus teuer, denn wie alle Skandinavier haben auch die Norweger ein etwas gestörtes Verhältnis zum Alkohol. Der Stoff, der das Walhalla der Wikinger erst zum Paradies machte, floss einst so reichlich durch des Nordmanns Kehle, dass gegen Ende des 19. Jh. Zigtausende Familien vor dem Ruin standen. In der Folge entstanden zahlreiche Abstinenzbewegungen, und heute sind Spirituosen sowie Wein nur noch zu hohen Preisen und eben nur in den rar gesäten (staatlichen) Alkoholläden mit Namen Vinmonopolet erhältlich. Man findet sie nur in Städten mit Stadtrechten, sie sind meist Mo–Fr von 10–16/17 Uhr aus 13/14 Uhr geöffnet. Leichtbier bekommt man auch in den Supermärkten, doch ob dort auch Bier verkauft wird (nur bis 15 Uhr!), hängt von der jeweiligen Kommune ab. Wenn nicht, dann steht der Gerstensaft im Ølutsalg zum Verkauf.

Das Mindestalter für den Kauf von Bier und Wein beträgt 18 Jahre, um Spirituosen erwerben zu dürfen, muss man mindestens 20 Jahre alt sein. Man erhält eine Flasche Wein kaum unter 80 NOK, eine Dose Bier (0,5 l) kostet ab 25 NOK, Spirituosen im Durchschnitt ab 350 NOK die Flasche, und nur Leichtbier ist mit rund 5 NOK für 0,33 l relativ erschwinglich.

Aktivurlaub und Sport

Für den Aktivurlauber ist Südnorwegen ein wahres Traumziel, und die örtlichen Touristeninformationen sowie das Norwegische Fremdenverkehrsamt geben detaillierte Auskünfte zu den unterschiedlichen Aktivitäten.

Angeln

Ausführliche Informationen und Gebietsbeschreibungen bietet die Broschüre »Norwegen – Meeres- und Süßwasserangeln«, zu bestellen über das Norwegische Fremdenverkehrsamt (s. S. 19). Ein Download ist auf www.visitnorway.de möglich. Südnorwegen ist eine der wasserreichsten Landschaften der Erde, kein Wunder also, dass es eines der bedeutendsten Angelparadiese Europas ist. Meerangeln darf man, wo und wie oft man will, Lizenz und Angelschein sind nicht erforderlich. Angeln kann man mit Rute oder Handschnur vom Boot oder mit Wurfangeln von Land aus. Lebende Köder sind in Norwegen verboten. Ruderboote (ab 120 NOK/Std.) und Motorboote (ab 200 NOK/Std.) kann man eigentlich überall entlang der offenen und der Fjord-Küsten ausleihen. Im Bereich der Südküste am Skagerrak und an der Nordsee werden zudem Hochsee-Angeltrips organisiert.

Ausfuhrbeschränkung für Fisch
Da Jahr für Jahr mehr Sportangler nach Norwegen reisen, immer mehr Fisch fangen und vor allem mit nach Hause nehmen, hat die norwegische Regierung ein Gesetz erlassen, welches die Ausfuhr von ganzen Fischen und Filets auf 15 kg pro Kopf und Reise begrenzt.

Fürs Süßwasserangeln muss für Personen, die älter als 16 Jahre sind, nur noch für wandernde Fischarten (Lachs, Meerforelle, Meersaibling) bzw. für den Krebsfang eine staatliche Fischereigebühr (*fiskeravgift*) entrichtet werden. Sie kostet 240 NOK/Jahr, kann in jeder Postdienststelle erworben werden oder online über www.dirnat.no/fiskeravgift. Zusätzlich wird ein Angelschein benötigt (*fiskekort*), der über die lokalen Fremdenverkehrsämter zu beziehen ist und für das Angeln in einem bestimmten Gewässer Gültigkeit besitzt.

Top-Reviere: Als die besten Forellenreviere in Südnorwegen gelten das Gebiet rings um Kristiansand, der Mandalselv sowie die Gebirgsseen der Hardangervidda. Hecht, Brasse und Felchen kommen insbesondere in den niederen Flussläufen des Sørland vor, während Mandalselv und Audneelv auch für Aale bekannt sind. Als die besten Lachsflüsse des Südens gelten Numedalslågen, Drammenselv, die Ogna, Håelva, der Figgjoelva, Suldalslågen und Mandalselv. Die beste Fangzeit für Forellen und Saiblinge ist nach der Schneeschmelze (April–Juni), die offizielle Lachssaison beginnt am 1. Juni und endet am 1. September.

Bergsteigen und Klettern

Natürlich kann man im ›Land der steilsten Berge‹ bergsteigen, vor allem im Fjordland im Westen mit Schwerpunkt Ryfylke und Hardangerfjord (insbesondere Jondal), wo sich so mancher Gipfel anbietet. Will man Gletschertouren unternehmen, führt kein Weg am Folgefonn vorbei, dem drittgrößten Gletscher Norwegens, wo auch die Infrastruktur (wie etwa

Aktivurlaub und Sport

Eine Radtour über die Hardangervidda ist ein unvergessliches Norwegen-Erlebnis

geführte Gletscherwanderungen) nichts zu wünschen übrig lässt und sich zudem das größte Sommerskizentrum des Südens findet. Geilo bietet sich als Ausgangspunkt für Erkundungen des Hardangerjøkul an. Klettern erfreut sich in Norwegen mittlerweile großer Beliebtheit, Zentren dieses Extremsports sind u. a. das Setesdal (mit über 200 Routen), das Hardangerfjord-Gebiet, Ryfylke, die Südküste bei Hauge sowie Ål bei Geilo.

Radwandern

Mit dem Fahrrad unterwegs entlang dramatischer Fjordstraßen oder übers Hochgebirge, durch Wälder und Täler, mit Pausen, wo immer es gefällt, und mit Wasser frisch vom Bach: Ein Norwegen-Urlaub mit dem Fahrrad ist einfach unübertroffen, und obendrein ist die Infrastruktur nicht einfach gut, sondern schlicht perfekt: Es gibt Dutzende ausgeschilderte Fahrradrouten quer durchs Land, auch kann man überall Fahrräder ausleihen, und sogar Rückgabe am Zielort ist hier häufig möglich.

Die Top-Routen des Südens sind die viele hundert Kilometer lange Küstenroute von der schwedischen Grenze bis Bergen, die 280 km lange Numedalsroute von Larvik nach Geilo, die nahe Oslo beginnende ›Märchenstraße‹, die 115 km lange Tour entlang dem Telemarkkanal von Ulefoss bis Dalen (s. S. 138), der über die Hardangervidda führende Rallarvegen (ca. 80 km, s. S. 241) und die 250 km messende Setesdalsroute.

Zu all diesen und vielen anderen gibt es spezielle Fahrradführer (sykkelguider), die vom Norwegischen Fremdenverkehrsamt (s. S. 19) herausgegeben werden und u. a. alle wesentlichen Angaben bzgl. Radler-Unterkunft, Radverleih etc. beinhalten (auch im Internet unter www.visitnorway.de downloadbar). Umfassende Informationen erhält man ansonsten über Sykkelturisme i Norge (Fax 55 23 04 42, www.cyclingnorway.no), hilfreich ist auch die Website www.ecf.com.

Reiseinfos

Wandern

Wandern kann man in Südnorwegen schlicht überall und auf jedem Niveau: von Waldgründen bis zu wilden Gebirgszügen, von kleinen Gipfeln bis zu den weiten Ebenen der Hardangervidda, dem gelobten Land des Fernwanderers. Aber der Urlauber findet hier nicht nur unzählige Wandermöglichkeiten vor, sondern auch eine Infrastruktur, die in Europa ihresgleichen sucht: Ein dichtes Netz von Wanderhütten (insgesamt über 400) und markierten Wanderwegen von insgesamt weit über 10 000 km Länge – allein im Gebiet um Oslo wurden rund 1200 km Wanderwege angelegt – erschließt alle wichtigen Regionen des Landes. Wer will, kann auf Schusters Rappen sogar ganz Norwegen durchqueren, und bei den jeweiligen Touristenbüros bekommt man alles, was man an Informationen nur benötigen mag (u. a. ganz brauchbares Kartenmaterial). Als Minimalausrüstung sollte man bereits eingelaufene Berg- oder Trekkingschuhe mitbringen, die bei jedem Gang abseits der Straßen erforderlich sind.

Karten

Auf der Grundlage topografischer Karten hat das norwegische Landesvermessungsamt spezielle Wander- und Skikarten im Maßstab 1 : 25 000 bis 1 : 100 000 herausgegeben, die alle relevanten Reviere abdecken. Die Karten im Maßstab 1 : 50 000 sind für Wanderer und Kanuten empfehlenswert. Alle Karten sind im Buchhandel oder im Internet bei www.nordland-shop. de sowie www.geobuchhandlung. de erhältlich. Für Wanderungen über die Hardangervidda empfiehlt sich der DuMont-aktiv-Band »Wandern in Norwegen« mit detaillierten Tourenkarten.

Der norwegische Wanderverein

Über Wanderungen etc. informiert umfassend der norwegische Verein für Bergwandern. Er unterhält u. a. auch alle Wanderhütten, organisiert Gletscher- und Bergsteigerkurse, Hundeschlitten- sowie Skitouren, kurze Wanderungen ebenso wie wochenlange: **Norske Turistforening**, Tel. 40 00 18 68, www.turistforeningen.no. Vertretung in Deutschland:
Nach Norden, Neuheim 31, 48155 Münster, Tel. 0251 32 46 08, www. huettenwandern.de.

Wassersport

Mit dem Kanu ruhig auf einem See dahinzugleiten ist für viele eines der beeindruckendsten Naturerlebnisse überhaupt. Andere wiederum schätzen das Befahren von Wildwasser, das Segeln entlang der Schärenküste, Tauchen in der Nordsee, Kajakfahren oder Rafting im Schatten monumentaler Fjordwände. Südnorwegen kann all diese Wünsche erfüllen. Østfold etwa, insbesondere Halden, wo der Halden-Kanal beginnt (s. S. 117), ist für idyllische Kanutouren geradezu prädestiniert, denn dort ermöglichen Flüsse, Seen und Kanäle lange, zusammenhängende Fahrten. Ansonsten findet man auch auf den Seen und Kanälen der Telemark optimale Möglichkeiten – etwa auf dem über 100 km langen Telemarkkanal zwischen Skien/Porsgrunn und Dalen (s. S. 138) –, des Weiteren im Setes- und Numedal – um nur die populärsten Kanureviere zu nennen. Kanuverleihe sind dort überall zu finden, es werden sogar organisierte Touren mit Übernachtung durchgeführt. Um das Meer zu befahren, benötigt man einen Seekajak, Verleihstationen gibt es von Jahr zu

32

Aktivurlaub und Sport

Jahr mehr entlang der gesamten Südküste des Landes (Schwerpunkt Schärenküste beidseits von Kristiansand) sowie in der Ryfylke-Region und im Großraum Hardangerfjord.

Diese Landesteile sind auch zum Segeln wie geschaffen, und insbesondere die Südküste, wo man kleine und große Segelboote ausleihen kann, ist neben dem Oslofjord das Top-Revier für Freizeit-Kapitäne. Wer das Extrem sucht, mag Canyoning und Rafting sowie Riverboarding nebst Wildwasser-Kayakking, wofür sich u. a. das Setesdal, das Seterdal bei Dagali sowie Geilo in Outdoor-Kreisen herumgesprochen haben.

Die norwegische Küste mit ihren äußerst klaren, sauberen und fischreichen Gewässern ist ein attraktives Tauchrevier, sehr beliebt ist u. a. Wracktauchen. Im gesamten Küsten- und Schärengebiet finden sich zahlreiche Taucherzentren, die Kurse und Exkursionen anbieten, Ausrüstung verleihen und Flaschen auffüllen; wer eigene Flaschen mitbringt, muss ein Tauchzertifikat vorweisen. Infos und ein Verzeichnis aller Tauchzentren erhält man über Norges Dykkeforbund (Tel. 21 02 97 42, www.ndf.no).

Wintersport

Südnorwegen, wo das Skifahren seine Heimat hat und die meist ungemein schneereichen Winter teils bis in den Mai hineinreichen, erfreut sich nicht erst seit den Olympischen Winterspielen in Lillehammer großer Beliebtheit bei Wintersportlern jeder Couleur. Als Hochsaison gelten die Osterferien, wenn die Sonne schon wieder für mehr als zwölf Stunden am Himmel steht und die Schönwetter-Wahrscheinlichkeit groß ist. Doch ist zu dieser Zeit ›halb‹ Norwegen reisend unterwegs, und die Preise für Unter-

kunft, Skilifte etc. sind mit Abstand am höchsten. Auch während der einwöchigen Winterferien Anfang Februar kann es in den Wintersportorten schon mal ein wenig eng zugehen, doch von diesen Ausnahmen abgesehen, ist Pistenrummel eigentlich kaum zu beklagen.

Voller Service wird in den großen Wintersportzentren ab November/Dezember geboten, Après-Ski allerdings eigentlich nur in Geilo, dem – nach Lillehammer – bekanntesten Wintersportort des Landes. Ob man nun Lang- oder Abfahrtslauf, Snowboarding oder Rodeln, Schlittschuhlaufen oder Hundeschlittentouren, Pferdeschlittenfahrten oder Schneescooter-Safaris interessiert ist: Geilo wird allen Ansprüchen gerecht und gilt als eines der abwechslungsreichsten Wintersportzentren Skandinaviens. Diesen Ruf verdankt es nicht zuletzt auch den nach Dutzenden zu zählenden Nebenrevieren im nahen Hallingdal und Numedal. Die Kältesteppe der östlich angrenzenden Hardangervidda gilt als Eldorado für Wintertreks. Auch der Südrand der Vidda zwischen Haukeligrend und Røldal erfreut sich steigender Beliebtheit im Winter, das im oberen Setesdal gelegene Hovden hat in diesem Landesteil die Spitzenposition inne. In der Telemark konkurrieren Rauland und Rjukan als Wintersportzentren von internationalem Zuschnitt. Wer nichts als märchenhafte Winterlandschaften in Ruhe genießen möchte, dem sei das gesamte Binnenland oberhalb von etwa 300–400 m Höhe empfohlen. Infos erhält man über die Wintersportorte, das Norwegische Fremdenverkehrsamt, über Den Norske Turistforening (s. Kasten S. 32, organisiert Touren in allen Wintersportarten) sowie u. a. über die Skiportale www.skiinfo.no und www.norskespor.com.

Feste und Unterhaltung

Feste und Traditionen

Nationalfeiertag

Der Nationalfeiertag erinnert an den 17. Mai 1814, als die norwegische Verfassung verabschiedet wurde (s. auch S. 70). An diesem Tag tragen im Land Erwachsene, Jugendliche und Kinder die traditionellen Trachten. Mit Abstand am buntesten und auch größten ist natürlich der Umzug in Oslo, der dann die Karl Johans gate hinaufzieht und vor dem Schloss eine Runde dreht. Anschließend wird vor allem gut gegessen, auch getrunken, Letzteres vor allem von den *russ* (Abiturienten), deren feucht-fröhliche Abitursfeiern am 17. Mai ihren Höhe- sowie auch Endpunkt erreichen.

Mittsommer

Mittsommer, dieses typisch skandinavische Fest, in Norwegen *Jonsok* oder St. Hans genannt, fällt hier stets auf den 24. Juni. Doch nicht der Tag ist von Bedeutung, sondern vielmehr der Vorabend, St. Hansaften, an dem – rechnerisch nicht ganz korrekt – traditionsgemäß die kürzeste Nacht des Jahres gefeiert wird. Am ausgelassensten geht es dann in Südnorwegen zu, Schwerpunkt Oslofjord und Südküste, doch überall wird alles mit Birkenzweigen geschmückt und werden abends riesige Feuer angezündet. Das Akkordeon spielt auf, es wird getanzt und geflirtet, vor allem auch hemmungslos getrunken, und niemand torkelt zu Bett, bevor nicht die Sonne wieder am Himmel steht.

Ostern

Ostern, norwegisch påske, wird, ganz ähnlich wie in Deutschland, im Familienkreis mitsamt Festessen gefeiert, und traditionell fahren die, die es sich

Festkalender

Mai

Bergener Festspiele: Ende Mai bis Anfang Juni, Bedeutsamste Kulturveranstaltung des Landes mit über 200 Vorstellungen und Konzerten.
Nationalfeiertag: 17. Mai. Umzüge und Feiern in allen Orten.

Juni

Sildajazz: Anfang/Mitte Juni, Haugesund. Jazzfestival mit über 300 Musikern 60 verschiedener Gruppen.
St. Hansaften: 23. Juni, Landesweit Mittsommerfeiern mit großen Feuern.
Risør Kammermusikfest, Ende Juni/Anfang Juli, Risør

Odderøya Live Festival: Anfang Juli, Kristiansand. Größtes Rockspektakel.

Juli

Kongsberg Jazzfestival: Anfang Juli, Kongsberg. Sehr anspruchsvoll.
Telemarkfestival: Mitte/Ende Juli in Bø, internationales Volksmusikfestival.

August

International Chamber Music Festival: erste Augusthälfte, Stavanger.
Øya Festival: erste Augusthälfte, Oslo. Rockfestival.
Oslo Kammermusikkfestival: 10 Tage, Mitte August.

Feste und Unterhaltung

leisten können, über die Ostertage in Skiurlaub. In den Wintersportorten sind dann meist alle Betten ausgebucht.

Weihnachten

Weihnachten, hier *jul* genannt, wird, genau wie in Deutschland, im engsten Familienkreis gefeiert, doch kommt hier nicht der Weihnachtsmann oder das Christkind, sondern der auf die nordische Mythologie zurückgehende *julenisse*, dem man aus Dank für die Gaben, die er bringt, eine Schüssel mit Grütze in die Scheune stellt. Das Festtagsessen besteht meist aus *kalkun* (Truthahn), wenn nicht aus *pinnekjøtt* (s. S. 28) oder – in den Küstenorten – *lutefisk* (s. S. 27), und traditionell trinkt man zuvor, dazu und danach Aquavit.

Silvester

Silvester, norwegisch *nyttårsaften*, unterscheidet sich in seinem Ablauf durch nichts von dem, was mittlerweile nahezu weltweit üblich ist. Es wird gegessen, getrunken und geknallt, was das Zeug hält.

Festivals und Events

Mit St. Hans (s. o.) wird die Sommersaison eingeleitet, halb Norwegen ist nun vorwiegend bis Anfang August reisend unterwegs bzw. verbringt die Zeit im Ferienhaus, und in diesen Wochen gibt es auch in allen Orten von touristischer Bedeutung ein dichtes Angebot an Sommer-Festivals. Insbesondere in den Ferienorten entlang der Skagerrak-Küste sowie dem Hardangerfjord folgen dann die Festivitäten aufeinander, und immer gehen sie einher mit Musik- und Tanzveranstaltungen sowie Programmen für Kinder. Über Termine und Orte informiert die Website www.norwayfestivals.com.

Wer im September noch unterwegs ist, darf es sich nicht nehmen lassen, am Schafabtrieb von den Almen (norwegisch *seter*) in die Talungen teilzunehmen, denn das meist mehrere Tage dauernde Spektakel ist ein Gaudi für sich, und immer endet es mit einem regelrechten Volksfest, in dessen Verlauf man große Chancen hat, noch ein letztes Stück lebendig gebliebenes ›altes‹ Norwegen mitsamt Trachten, Volksmusik und traditionellen Tänzen miterleben zu können. Insbesondere im Setesdal (s. S. 272) und im Sirdal (s. S. 158) hat sich diese Tradition erhalten.

Nachtleben

Im Sommer, wenn die lichten Abende die Nächte mit umfassen, lebt man zeitlos in Norwegen und werden Touristen wie Einheimische schnell zu Nachtmenschen. Von einem Nachtleben im üblichen Sinn kann aber außerhalb der wenigen Großstädte des Landes dennoch keine Rede sein, denn Sommernachtleben in Norwegen, das steht vor allem für Lagerfeuerromantik und Grillfreuden, ›Nacht‹-Wanderungen und -Bootstouren.

Wenn man ausgeht, dann in die Natur, und lediglich in den urbanen Zentren wie Oslo, Bergen und Stavanger unterscheidet sich das Nightlife nicht wesentlich von demjenigen in Mittel- und Südeuropa. Die Unterschiede verwischen, doch anders als in den meisten anderen Ländern Europas ist hier Jugendlichen unter 18 Jahren in aller Regel der Eintritt in erklärte Nachtlokale strikt untersagt, wie ja auch der Ausschank von Alkohol an das Mindestalter 18 gebunden ist. Ausweis-Kontrollen sind die Regel, und oft wird in den Nachtlokalen Eintrittsgeld verlangt (um 100–150 NOK), das nicht gegengerechnet wird.

Reiseinfos von A bis Z

Apotheken

Die meisten Medikamente bekommt man nur auf Rezept eines norwegischen Arztes. Touristen müssen (wie die Norweger auch) ihre Medizin erst einmal bar bezahlen (eine Erstattung erfolgt später evtl. von der heimischen Krankenkasse). In Ortschaften, in denen es keine Apotheke gibt, bekommt man Medizin im *Medisin-Utsalg* (Medizinverkauf), der häufig zum Supermarkt gehört (Hinweis draußen).

Ärztliche Versorgung

Wer ärztliche Hilfe benötigt, wende sich an eine Ärztestation (*legesenter* oder *legekontor*) oder das örtliche Krankenhaus (*sjukehus* oder *sjukestue*) bzw. an einen Zahnarzt (*tannlege*) oder eine Zahnarztstation (*tannhelsetjenesten*). Die Telefonisten sprechen (wie die Ärzte) oft Deutsch, auf jeden Fall Englisch.

Zusätzlich zur Europäischen Versicherungskarte empfiehlt sich der Abschluss einer privaten Auslandskrankenversicherung, denn zahnärztliche Behandlung in Norwegen wird nicht von den Krankenkassen abgedeckt.

Diplomatische Vertretungen

Botschaft von Deutschland
Oscarsgate 45, N-0244 Oslo
Tel. 23 27 54 00, Fax 22 44 76 72
www.oslo.diplo.de
Botschaft von Österreich
Thomas Heftyesgt. 19, N-0244 Oslo
Tel. 22 55 23 48, Fax 22 55 43 61
www.bmeia.gv.at/botschaft/oslo
Botschaft der Schweiz

Bygdøynesveien 13, N-0244 Oslo
Tel. 22 54 23 90, Fax 22 44 63 50
www.eda.admin.ch/oslo

Feiertage

Feiertage sind der 1. Januar, der Gründonnerstag sowie Karfreitag und Ostermontag, der 1. Mai, der 17. Mai (Nationalfeiertag), Christi Himmelfahrt, der Pfingstmontag sowie der Mittsommertag (24. Juni), schließlich der 25. und 26. Dezember.

Geld

In Norwegen zahlt man mit Norwegischen Kronen (generell mit NOK abgekürzt) und Øre. Das kleinste Geldstück ist 50 Øre, das größte 20 NOK; es gibt 50-, 100-, 200-, 500- und 1000-NOK-Scheine, 1 NOK entspricht etwa 0,12 € (1 € = 8 NOK).

Bargeld kann bei vielen, aber nicht allen Banken (teils auch Postämtern) getauscht werden. Geldautomaten finden sich in fast jedem Ort, die meisten akzeptieren die gängigen Kreditkarten (Visa und Eurocard, seltener American Express) und ec/Maestro-Karten. Mit Kreditkarten kann man in Norwegen fast überall bezahlen.

Internet

Wer ein Smartphone oder einen Laptop dabei hat, kann in den allermeisten Hotels, Pensionen etc. gleich im Zimmer über WLAN ins Netz gehen. In den meisten Unterkünften ist es außerdem problemlos möglich, gegen Entgelt zu surfen. Auch in Bibliotheken, am Flughafen, im Bahnhof, im Busbahnhof sowie in den lokalen

36

Reiseinfos von A bis Z

Fremdenverkehrsbüros und anderen öffentlichen Gebäuden kann man aufs Internet zugreifen. Die Preise liegen bei etwa 40 NOK/Std. – Günstiger kommt es mit einer norwegischen SIM-Karte im Handy (s. S. 39) bzw. mit einem Surf-Stick): Ab 20 NOK Tagestarif kann gesurft werden.

Kinder

Die Norweger sind äußerst kinderfreundlich, in vielen Restaurants gibt es Wickelräume und Kinderstühle, Spielplätze finden sich häufiger als in heimischen Breiten. Kinder unter vier Jahren haben in Museen meist kostenlosen Eintritt und dürfen auch kostenlos die öffentlichen Verkehrsmittel benutzen.

Medien

Zeitungen und Zeitschriften in deutscher Sprache kann man während der Saison (Mitte Juni–Mitte August) in den größeren Kiosken finden.
Deutsche Welle: 6075 kHz, 49,0 m und 31,0 m
Deutschlandfunk: 6090 kHz, 49,0 m
Radio Bremen: 6190 kHz, 48,5 m
Südwestfunk: 6030 kHz, 49,8 m

Notruf

Polizei: Tel. 112
Krankenwagen: Tel. 113
Feuerwehr: Tel. 110
Sperrung von EC- oder Kreditkarte: Tel. 0049 116 116

Öffnungszeiten

Geschäfte: Mo–Sa 9/10–16/17, Do bis 19/20 Uhr.
Supermärkte: Mo–Fr 9/10–20 und Sa 10–18 Uhr.
Banken: Mo–Mi und Fr 8.15/8.30–15/ 15.30, Do 8.30–15/17 Uhr.
Post: Mo–Fr 8/8.30–16/16.30, Sa 8–13 Uhr.
Alkoholläden: Mo–Mi 10–16/17, Do bis 17, Fr 10–16, Sa 9–13/14 Uhr.

Rauchen

Es ist verboten, in öffentlichen Verkehrsmitteln zu rauchen, und in allen öffentlichen Gebäuden sowie an anderen öffentlich zugänglichen Plätzen herrscht absolutes Rauchverbot (gilt auch für Restaurants und Cafés, Bars, Kneipen, Discos etc.). Um in Norwegen Tabak oder Zigaretten kaufen zu dürfen, muss man über 18 Jahre alt sein.

Reisen mit Handicap

Nahezu alle öffentlichen Einrichtungen und Hotels, aber auch Eingänge, Gehsteige, Lifts etc. sind auf die Belange von Rollstuhlfahrern zugeschnitten. Obendrein gibt es in Norwegen Hunderte Übernachtungsbetriebe, die behindertengerecht eingerichtet sind, und die NSB (norwegische Eisenbahn) hat eigens für Körperbehinderte eingerichtete Wagen. Weitere Informationen gibt es bei **Norges handikapforbund**, Schweigaardsgt. 12, N–0185 Oslo, Tel. 24 10 24 00, www.nhf.no.

Reisekosten

Zwar gilt Norwegen als eines der teuersten Länder der Erde, aber dieser Ruf lässt sich relativieren, da in Norwegen dank dem Jedermannsrecht (s. S. 67) das Übernachten in der freien Natur zum Nulltarif möglich ist. Das billigste Bett schlägt mit mindestens 200 NOK zu Buche, im Durchschnitt eher mit 250–300 NOK, und die Restaurantpreise sind auch nicht ohne (s. Kasten S. 28). Die meisten Grundnahrungs-

Reiseinfos

Bunte Mineralien als Souvenirs gibt es im Setesdal-Mineralienpark

mittel sind 30–50 % teurer als in heimischen Regionen, Alkohol ist extrem teuer (s. Einkauftipps S. 29).

Sicherheit

Diebstahl ist (fast) kein Thema in Norwegen, doch tut man, insbesondere in den Großstädten, natürlich gut daran, stets die üblichen Sicherheitsvorkehrungen zu treffen. Insbesondere vollgepackte Autos sollten nicht unbeobachtet abgestellt werden; Fahrräder sind stark gefährdet und sollten deshalb immer angekettet werden.

Souvenirs

Überall im Land laden Kunstgewerbegeschäfte ein – oft mit ›Husfliden‹ angeschrieben – mit traditionell norwegischen Produkten. So etwa die berühmten Strickpullover, -jacken etc. im Norweger-Muster, überhaupt Strickwaren jeder Art sowie Bronze-, Glas- und Zinnwaren, Tafelsilber und Porzellan, gewebte Wandteppiche nebst handbemalten Holzgegenständen, Schmuck und Textildrucken, Keramiken etc. Auch Trolle sind natürlich im Souvenir-Angebot, überall bieten Sportgeschäfte eine üppige Auswahl an Messern von hoher Qualität an.

Tax-free-System

Bei Waren im Wert ab 315 NOK kann man sich in Geschäften mit Tax-Free-Aufkleber einen Tax-free-Scheck ausstellen lassen, mit dem man an Flughäfen, Fähren und größeren Grenzübergängen die bezahlte Mehrwertsteuer abzüglich einer Gebühr in bar zurückerhält. Auskünfte über das System erteilt www.taxfreeworldwide.com.

Telefonieren

Vorwahl Deutschland: 0049
Vorwahl Österreich: 0043
Vorwahl Schweiz: 0041
Vorwahl Norwegen: 0047
Münzfernsprecher werden mehr und

Reiseinfos von A bis Z

mehr durch Kartentelefone bzw. kombinierte Münz-/Karten- und auch Kreditkarten-Telefone ersetzt. Telefonkarten gibt es u. a. in Kiosken und an Tankstellen zu kaufen. Die Gebühren für ein dreiminütiges Gespräch nach Deutschland liegen bei etwa 22 NOK, in jeder Telefonzelle findet sich eine Anleitung (auch auf Deutsch).

Für Auslandsgespräche wählt man erst einmal die 00, gefolgt von der Vorwahlnummer des Landes, gibt dann die Ortskennzahl ohne die 0 ein, schließlich die Teilnehmerzahl. Die Online-Telefonauskunft erreicht man über www.gulesider.no, sie bietet Suchfunktionen auf Norwegisch und Englisch über Name, Adresse und Telefonnummer.

Ortskennzahlen gibt es nicht in Norwegen, alle acht Zahlen der Rufnummer müssen gewählt werden. Telefonnummern, die mit 800 beginnen, sind Freinummern. Für Mobiltelefone gibt es ebenfalls keine Vorwahlen, Mobilnummern erkennt man an der ersten Ziffer, die entweder eine ›9‹ ist oder aber eine ›4‹. Genutzt werden können die Systeme GSM 900 und GSM 1800 sowie UTMS. Die größten norwegischen Netzbetreiber sind Netcom (www.netcom.no), Tele 2 (www.tele2.no) und Telenor Mobil (www.telenor.no).

Wer nicht permanent über die heimische Rufnummer erreichbar sein muss, sollte sich eine norwegische Prepaidkarte zulegen. Das ist wesentlich billiger, funktioniert jedoch nur bei Handys ohne SIM-Lock. Die Bedienungsanleitung ist auf Norwegisch, aber problemlos zu meistern. Kärtchen mit Aufladecode *(påfyllkort)* gibt es u. a. in Kiosken und an Tankstellen. Sie kosten ab 150 NOK, ein Startpaket *(startpakke)* mit Sim-Karte und etwas Guthaben kostet ab 99 NOK. Am günstigsten telefoniert man so mit My Call (www.mycall.no).

Umgangsformen

Der Handschlag ist hier nur beim erstmaligen Treffen oder nach/vor längerer Abwesenheit üblich, nicht jedoch im täglichen Umgang, wie man auch in aller Regel nur *god morgen* oder *god dag* sagt ohne Zusatz des Namens. Das ›Du‹ als Anrede zieht sich in Norwegen durch alle Alters- und Gesellschaftsschichten, und auch als Tourist wird man hier oft geduzt.

Ellenbogenmentalität ist in Norwegen mit einem Tabu behaftet: Man drängelt nicht, stellt sich bei Schlangen hinten an. Beim Betreten eines Postamtes, einer Bank, diverser Behörden und Geschäfte ohne Selbstbedienung ist es außerdem vielerorts üblich, einen Nummernzettel aus dem Automaten zu ziehen und dann so lange zu warten, bis die gezogene Nummer auf dem Display erscheint.

Spartipps

Bis zu 50 % der Zimmerpreise lassen sich mit Hotelpässen sparen (s. S. 25), wie auch Seniorenpässe einen ähnlichen Rabatt gewähren. Wer Hotelzimmer online bucht, bekommt in aller Regel die günstigsten Tarife. Jugendherbergen, die in Norwegen jedem offenstehen, bieten meist die billigsten Betten sowie auch Einzelnebst Doppelzimmern, und auf dem Land kann man dank Jedermannsrecht (s. S. 67) überall in der freien Natur kostenlos zelten. In den beiden großen Metropolen des Landes bringen der Oslo-Pass (s. S. 111) bzw. die Bergen-Karte (s. S. 229) Rabatte auf Transport und Sightseeing, Shopping und Ausflüge.

Panorama – Daten, Essays, Hintergründe

Endlose Weite eröffnet sich auf der Hochgebirgsebene Hardangervidda

Steckbrief Südnorwegen

Lage: Zu Südnorwegen rechnet man die Region südlich des 60. Breitengrades, der im Osten Oslo tangiert, im Westen in etwa durch Bergen verläuft.
Fläche: knapp 70 000 km², Gesamtnorwegen 323 758 km²
Einwohner: Norwegen insgesamt ca. 5,1 Mio., etwa 9 % der Bevölkerung wurde im Ausland geboren. Ca. 70 % der Bevölkerung leben in Südnorwegen, also etwa 3,5 Mio. Menschen.
Hauptstadt: Oslo (ca. 630 000 Einw.)
Größte Städte: Bergen 270 000 Einw., Stavanger 130 000 Einw., Kristiansand 85 000 Einw., Fredrikstad 78 000 Einw., Drammen 65 000 Einw.
Amtssprachen: Bokmål und Nynorsk
Zeitzone: MEZ und Sommerzeit

Geografie und Natur

Norwegen erstreckt sich am Westrand der skandinavischen Halbinsel über mehr als 14 Breitengrade vom Kap Lindesnes bei 57° bis zum Nordkap bei 71°, und in der Luftlinie misst es 1752 km Länge sowie 6,3–430 km Breite. Rund 23 % der Landesfläche sind bewaldet, 74 % bestehen aus Gebirgs- und Ödland sowie Gewässern, nur 3,5 % sind landwirtschaftlich nutzbar. Ein Viertel der gesamten Landesfläche liegt höher als 1000 m über dem Meeresspiegel, die durchschnittliche Höhenlage beträgt rund 500 m.

Die Länge der Küstenlinie ohne Fjorde, Buchten und Inseln beträgt 2650 km, inklusive Fjorde und Buchten misst man 25 148 km, allein die Küstenlinie der rund 150 000 Inseln (ca. 2000 davon bewohnt) beläuft sich auf 58 133 km. Die höchsten Berge sind der Galdhøpiggen (2469 m), Glittertind (2464 m) und Skagastølstind (2405 m). Die längsten Fjorde heißen Sognefjord (204 km), Hardangerfjord (179 km) und Trondheimsfjord (126 km). Die längsten Flüsse sind die Glomma (617 km), Tana (360 km) sowie Numedalslågen (337 km). Rund 1700 Gletscher bedecken über 3300 km², die größten sind der Jostedalsbreen (487 km²), der Svartisen (368 km²) und der Folgefonn (212 km²).

Südnorwegen lässt sich grob gesagt in vier pflanzengeografische Regionen einteilen. Die gemäßigte Zone, die Laubwaldregion, geht nach Norden hin oder in höheren Lagen in eine Mischwaldregion über, an die sich das Taiga genannte montane Waldgebiet mit seinen dominierenden Nadelbäumen anschließt. Wieder ein Stückchen weiter gen Norden oder höher hinauf erstreckt sich die arktische/alpine Region, das Tundral bzw. Oreal.

Geschichte

Erste Spuren menschlicher Besiedlung finden sich in Norwegen etwa ab 10 000 v. Chr. Etwa 500 v. Chr. beginnt die Eisenzeit, die um 500 n. Chr. in die Wikingerzeit übergeht, während derer die norwegischen Stämme zu einem Reich vereint werden. Harald Hårfagre (9. Jh.) gilt als erster König norwegischer Nation. Ab 1380 wird Norwegen von Dänemark abhängig und bleibt es bis 1814, als Norwegen im Vertrag zu Kiel Schweden zugesprochen wird. Noch im gleichen Jahr, am 17. Mai, dem heutigen Nationalfeiertag, gibt sich Norwegen eine eigene Verfassung als selbstständiges Königreich mit eigenem Parlament, und am 7. Juni 1905 sagt es sich von Schweden los.

Im Ersten Weltkrieg verliert das Land trotz Neutralität fast die Hälfte seiner Handelsflotte durch deutsche U-Boot-Angriffe, 1940 erfolgt im Verlauf des Zweiten Weltkriegs der deutsche Angriff auf Norwegen. In der Nachkriegszeit tritt Norwegen der UNO bei (1945), 1949 der NATO, doch bislang nicht der EU. Heute engagiert sich Norwegen außenpolitisch unermüdlich für friedliche Lösungen bei internationalen Konflikten.

Staat und Politik

Norwegen, eine konstitutionelle Erbmonarchie, wird auf parlamentarisch-demokratischer Basis regiert. Staatsoberhaupt ist König Harald V., die Regierung bildet seit 2009 eine rot-grüne Koalition aus Arbeiterpartei (35,4 %), Sozialistische Linkspartei (6,2 %) und Zentrumspartei (6,5 %). Die nächste Wahl findet im Herbst 2013 statt.

Wirtschaft und Tourismus

Norwegen ist dank seiner Öl- und Erdgasvorkommen mit einem Pro-Kopf-Einkommen von knapp 600 000 NOK (2012) eines der reichsten Länder der Welt, und der Mammutanteil des Bruttoinlandproduktes wird in Südnorwegen erwirtschaftet, insbesondere im Großraum Oslofjord; die Arbeitslosigkeit liegt bei 3,2 %, die Inflationsrate bei 1,5 %. Der gesamte Energiebedarf wird durch Wasserkraft gedeckt. Der Tourismus ist nach dem Ölgeschäft der profitabelste Wirtschaftssektor; über 70 % aller Reisenden sind Norweger, rund ein Viertel der ausländischen Gäste kommen aus Deutschland.

Bevölkerung und Religion

Südnorwegen ist der am dichtesten besiedelte Teil des Landes: Hier leben etwa 3,5 Mio. Menschen. Das entspricht einer Bevölkerungsdichte von etwa 50 Einw./km^2 (Norwegen insgesamt: 15 Einw./km^2), in Oslo gut 1200 Einw./km^2. Rund 80 % der Norweger bekennen sich zur evangelisch-lutherischen Kirche.

Sprachen

Norwegen kennt zwei Sprachen, Bokmål und Nynorsk (sowie im hohen Norden Samisch), wobei sich Nynorsk durch mehr Diphthonge und vokalreicheren Klang auszeichnet. Gesprochen wird hauptsächlich Bokmål; Englisch versteht fast jeder. Mitarbeiter in den Touristeninformationen und Hotels sprechen meist sehr gut englisch, manchmal sogar deutsch.

Südnorwegen

Geschichte im Überblick

Steinzeit

ab 13 000 v. Chr.
Die Eismassen der letzten Kaltzeit schmelzen ab, es finden sich erste Spuren menschlicher Anwesenheit in Norwegen.

8000–4000 v. Chr.
Im Bereich des Oslofjords tritt die Nøstvet-Kultur auf (benannt nach dem gleichnamigen Ort in der heutigen Provinz Akershus), die bereits das Töpferhandwerk ausübt und Handel mit Steinwerkstoffen und Steinwerkzeugen entlang der Küste betreibt.

4000–3000 v. Chr.
Während der Jüngeren Steinzeit kommt es zu einer deutlichen Verbesserung des Klimas, was Ackerbau und Viehzucht ermöglicht. Die Besiedlung wird dichter, und man kann eine Bewegung von den Küsten bis auf die Fjellhochflächen verfolgen.

Bronzezeit

1500–500 v. Chr.
Wichtigste Dokumente der Bronzezeit sind die *helleristninger* (Felszeichnungen), die insbesondere entlang der Küste vorkommen.

Eisenzeit

500 v. Chr.– 500 n. Chr.
Die Kunst der Verhüttung von Sumpfeisen wird erlernt. Es tritt eine drastische Klimaverschlechterung ein, die – wie manche Wissenschaftler meinen – die große germanische Völkerwanderung auslöst.

Wikingerzeit

500–800
Im Nachbarland Schweden kämpfen zwei Geschlechter um die Herrschaft. Das unterlegene, das der Ynglingar, wandert nach Westen ab, findet am Oslofjord eine neue Heimat, und über Königin Åsa führt die Linie dieser Ynglingar direkt zu Harald Hårfagre.

872
Harald Hårfagre vereint die norwegischen Stämme. Er gilt als erster norwegischer König, und wer nicht für ihn ist, muss das Land verlassen, wodurch die Besiedlung Islands und Grönlands ihren Anfang nimmt und in der Folge die nordamerikanische Küste entdeckt wird. Nach dem Tod Haralds zerfällt das Reich.

997
Olav Tryggvason, ein zum Christentum übergetretener, direkter Nachfahre Haralds, stellt die nationale Einheit wieder her und gründet Nidaros, das spätere Trondheim, wo er eine erste Kirche errichten lässt. Doch der Widerstand gegen das Christentum ist stark, drei Jahre später fällt Olav im Kampf gegen eine ›heidnische‹ Allianz aus Norwegern, Dänen und Schweden.

1015
Olav Haraldsson besteigt den norwegischen Thron und versucht, das Land erneut unter dem Christentum zu einen.

1030 Olav Haraldsson stirbt in der Schlacht von Stiklestad, wird in der Folge als Märtyrer im Kampf für das Reich und das Christentum heiliggesprochen und zum *rex perpetuus* Norvegiae, zum ewigen König Norwegens, erklärt. Sein Grab wird zur Wallfahrtsstätte.

Mittelalter
ab 1030 Mit der endgültigen Christianisierung Norwegens gilt die Wikingerzeit als beendet. Die wikingische Holzschnitzkunst lebt weiter: In den folgenden 300 Jahren werden über 700 Stabkirchen errichtet.

13. Jh. Norwegen, das nun auch die Færøer, die Shetland- und Orkney-Inseln sowie die Isle of Man unter seiner Krone vereint, besitzt jetzt die größte Ausdehnung seiner Geschichte.

1250 Mit der Lübecker Hanse wird ein Handelsvertrag abgeschlossen.

ab 1278 1278 erhält die Hanse die ersten schriftlich fixierten Privilegien in der Königsstadt Bergen. Der Handel blüht auf, bringt aber im Jahr 1349 auch die Pest nach Norwegen, der mehr als die Hälfte aller Landesbewohner (damals rund 350 000) zum Opfer fallen.

1299 Oslo wird die neue Hauptstadt des Königreichs.

Dänische Herrschaft
1380 Das durch die Pest geschwächte Norwegen wird mit König Olav VI., der über Dänemark und Norwegen herrscht, vom wirtschaftlich, militärisch und auch kulturell überlegenen Dänemark abhängig.

Die drei Schwerter bei Stavanger erinnern an Harald Hårfagre

bis 1814	Norwegen wird praktisch zu einer Kolonie des südlichen Nachbarn, und bald schon haben die Norweger sowohl im Handel als auch in der Verwaltung jegliches Mitspracherecht verloren.

Schwedische Herrschaft

1814	Nach den napoleonischen Kriegen wird der Siegermacht Schweden im Vertrag zu Kiel Norwegen zugesprochen. Eine vom Volk gewählte Nationalversammlung tagt in Eidsvoll und gibt Norwegen eine eigene Verfassung als selbstständiges Königreich mit einem Parlament, und am 17. Mai, dem heutigen Nationalfeiertag, wird diese Verfassung verabschiedet. Schweden akzeptiert dies, und in der Folge bilden Norwegen und Schweden eine Union formell gleichberechtigter Staaten, in der Schweden jedoch die Außenpolitik bestimmt.
1905	Am 7. Juni sagt sich Norwegen von Schweden los.

Das unabhängige Norwegen

1905	Da Norwegen gemäß dem Grundgesetz von 1814 ohne Adel war, die Verfassung jedoch die Monarchie festschreibt, wählen die Norweger Prinz Carl von Dänemark zu ihrem neuen König.
1914–1918	Trotz enger Beziehungen zum Deutschen Reich pocht Norwegen am Vorabend des Ersten Weltkriegs auf Neutralität. Dennoch verliert das Königreich durch U-Boot-Angriffe fast die Hälfte seiner Handelsflotte, muss ständig mit einem deutschen Angriff rechnen und wird durch die Blockade in eine schwierige Situation gebracht.
1920	Der Völkerbund wird ins Leben gerufen, der zum Teil von Norwegen bzw. dessen Delegationsmitglied Fridtjof Nansen mitgeprägt wird.
ab 1935	Zur Zeit der Weltwirtschaftskrise steht Norwegen ökonomisch vergleichsweise stabil da und entwickelt sich mehr und mehr zum Wohlfahrtsstaat. Die nationalsozialistische Nasjonal Samling-Partei (Nationale Sammlung), die fünf Jahre später eine verhängnisvolle Rolle spielen sollte, ist innenpolitisch mit nur 2 % der Stimmen bedeutungslos.
1940	Wie im Ersten Weltkrieg erklärt Norwegen seine Neutralität, unterschätzt aber, wie gefährdet es aufgrund seines Erzhafens Narvik und der Lage gegenüber den Britischen Inseln ist. Am 9. April erfolgt der deutsche Angriff auf Norwegen, der am 10. Juni zur Kapitulation der letzten norwegischen Truppen führt.
1945	Die deutsche Kapitulation am 8. Mai bringt die Befreiung Norwegens. Das Ausmaß der Zerstörung durch die Deutschen wird offenbar.

1945–1949	Im November 1945 tritt Norwegen der UNO bei und stellt mit Trygve Lie den ersten Generalsekretär der UNO, bevor Norwegen am 4. April 1949 als eines der ersten Länder den NATO-Vertrag unterzeichnet.
ab 1953	Norwegen tritt dem Nordischen Rat bei, 1960 auch der EFTA. Die Sozialdemokraten (bis 1965 ununterbrochen an der Regierung) führen Norwegen vom Agrarland zu einer unabhängigen Industrienation. Spätestens seit den Ölfunden in der Nordsee Ende der 1960er-Jahre beginnt ein immenser Wirtschaftsaufschwung.
1972	Um den ›Ausverkauf Norwegens‹ zu vereiteln, sprechen sich 1972 53,5 % der Norweger gegen die bereits vereinbarte EWG-Mitgliedschaft ihres Landes aus.
1994	Auch bei der Abstimmung im November siegen die Europagegner; 52,3 % der Wähler bestimmen: »Nei til EU«. Im selben Jahr aber trifft Norwegen eine Vereinbarung mit der EU über den europäischen Wirtschaftsraum (EWR) und muss sich seitdem einer Flut von Vorschriften fügen, ohne ein Mitbestimmungsrecht zu haben. Mittlerweile mehren sich deshalb im Land die Stimmen für eine Vollmitgliedschaft.
2003	Norwegen steht dem Einmarsch der USA im Irak kritisch gegenüber, überall im Königreich kommt es zu Friedensdemonstrationen.
2006	Die regierende Arbeiterpartei erhöht die Entwicklungshilfe auf 1 % des Bruttoinlandprodukts – ein Weltrekord.
2007	Norwegen engagiert sich stark für den Klimaschutz und plant u. a., bis 2050 der erste ›Null-Emissions-Staat‹ weltweit zu werden.
2008	Zehn der 19 Ministerposten sind von Frauen bekleidet, womit Norwegen erstmals eine Frauenmehrheit in der Regierung hat. Auch das für 2008 gesteckte Ziel, dass Frauen in den Gremien staatlicher Betriebe und privater Aktiengesellschaften mit mind. 40 % vertreten sind, wird erreicht.
2011/2012	Bei einem Massaker auf der Insel Utøya (Oslofjord) und einem Bombenanschlag in Oslo im Juli 2011 sterben 77 Menschen. Der rechtsgerichtete Andreas Breivik wird im August 2012 zu 21 Jahren Gefängnis mit anschließender Sicherheitsverwahrung verurteilt, der Höchststrafe im norwegischen Rechtssystem.
2013	In der Barentssee werden neue Gas- und Ölvorräte von so gigantischem Ausmaß gefunden, dass sich Norwegens Energievorräte unter dem Meeresboden auf einen Schlag um gut 15 % vermehrt haben.

Dank dem Gletscherschliff der Eiszeiten hebt sich Südnorwegen mit seiner außergewöhnlichen Vielfalt an Landschaftsformen deutlich von allen anderen Ländern Europas ab und offenbart mit unzähligen Bergen und Fjorden, Tälern und Wasserfällen, Gletschern und Schäreninseln überall seine geologische Vergangenheit.

Urzeitliches Gebirge

Die Landschaften Norwegens lassen einen immer wieder Einblicke ins faszinierende Buch der Erdgeschichte nehmen und sind, aus heutiger geologischer Sicht betrachtet, das Ergebnis einer langsamen Bewegung riesiger Platten, aus denen die Oberflächenschichten der Erde bestehen. Dieser durch die Erdzeitalter andauernde Prozess faltet durch Plattenkollision, bei denen unvorstellbare Kräfte wirksam sind, nicht nur Gebirge auf, er lässt auch Ozeane entstehen und vergehen, zerbricht und verformt ganze Kontinente. So soll es auch vor etwa 600 Mio. Jahren geschehen sein, als sich in einer Schwächezone der Erdkruste das Kaledonische Gebirge auffaltete, das heute das Herzstück Norwegens bildet.

Trolltunga, die Trollzunge, bei Tyssedal erhebt sich hoch über den Sørfjord

Von Eismassen erdrückt

Dieser Bergbogen nun wurde in den folgenden Jahrmillionen maßgeblich von der Erosion sowie den Eiszeiten geprägt. Kontrovers diskutiert wird dabei, warum die Eiszeiten entstanden, deren letzte vor etwa 70 000 Jahren begann und vor rund 13 000 Jahren den Rückzug antrat. Vereinfachend gesagt, trat die Vereisung als Folge von Klimaverschlechterungen ein, wobei diese freilich nicht Ursache, sondern Wirkung waren. Mit dem Einbruch der Kaltzeit fiel die Schneegrenze um bis zu 1200 m. Die Schneemassen häuften sich an, am höchsten natürlich in den Gipfelzonen der Berge, wandelten sich nach Überschreiten eines Grenzwertes in Firn, dann in Eis, das sich nach Erreichen einer bestimmten Mächtigkeit als Gletscher in Bewegung setzte. Die einzelnen Gletscherströme vereinigten sich zu einer Eiskappe, die den gesamten europäischen Norden bedeckte – sie soll bis zu 3 km dick gewesen sein. Unter diesem gigantischen Gewicht wurden große Teile Skandinaviens auf ein Niveau unter dem heutigen Meeresspiegel gedrückt, und als das Eis sich schließlich zurückzog, hob sich auch das Land wieder, und zwar an manchen Stellen bis zu 300 m, wovon Strandlinien zeugen, die z. B. bei Oslo 200 m über dem heutigen Meeresspiegel liegen.

Eis als Landschaftsgestalter

Strukturen der Eiszeit

Aber die Eiswalze stauchte das Land nicht nur zusammen, sondern veränderte auch seine Oberflächengestalt. Indem sie die in Richtung des Eisstroms gelegenen Täler vertiefte und verbreiterte, entstanden Trogtäler, die – wenn längs der Küste gelegen – nach Abschmelzen des Eises und Anstieg des Meeresspiegels zu dem wurden, was wir Fjorde nennen.

Am Ende eines Fjordes wölbt sich häufig ein Wall auf, der quer zum Wasserbecken verläuft. Es handelt sich hierbei um die Moräne eines während der Schmelzzeit zwischenzeitlich wieder vorgestoßenen Gletschers. Hinter ihr staut sich oft ein Süßwassersee auf, der meist nur wenige Meter über dem Meeresspiegel gelegen ist. Diese Moräne wird Eid genannt, eine Bezeichnung, die häufig in Ortsnamen wiederkehrt. Auch die Schären, jene meist in Gürteln auftretenden nackten Felsklippen, von denen Tausende und Abertausende der norwegischen Küste vorgelagert sind, wurden durch die Gletschererosion geschaffen, und sie gelten, da sie der Schifffahrt häufig als Wellenbrecher dienen, als eine besondere Gunst des Naturraums.

Seitentäler hingegen, die der Eisfräse nicht so stark ausgesetzt waren, wurden zu sogenannten Hängetälern, aus denen sich heute die monumentalsten Wasserfälle des Landes ergießen. Und wo der Eispanzer nicht durch vorgegebene Felsrinnen schürfen konnte, da rundete und glättete er das Gestein und schuf so den Relieftypus des Fjell, worunter man die hügeligen Regionen oberhalb der Baumgrenze versteht. Drei Arten werden unterschieden: Das allgemeine Fjell umfasst die für ganz Skandinavien charakteristische Buckelberg-Landschaft, die zweite Variante ist das von Tälern nur mäßig reliefierte Plateaufjell, etwa die Hardangervidda, und schließlich das alpine Fjell, das eigentliche Hochgebirge, dessen Formenschatz in Südnorwegen aber nur einzelnen höheren Gebirgsstöcken vorbehalten bleibt.

Eiszeitliche Geo-Highlights

Die Schönheit der geologischen Eigenarten Südnorwegens liegt weit außerhalb des Üblichen, und zu jeder eiszeitlichen Landschaftsform findet man hier faszinierende Beispiele.

Trogtal: Eines der landschaftlich eindrucksvollsten Trogtäler des Südens ist das Setesdal, insbesondere zwischen Bykle (s. S. 277) und Valle (s. S. 281).

Fjord: Der bekannteste Fjord Südnorwegens ist der weite, mild konturierte Hardangerfjord (s. S. 194), der steilste und spektakulärste der Lysefjord (s. S. 181).

Moräne: Der Name Eidfjord (s. S. 233) ist sprechende Bezeichnung für die Lage dieses Ortes auf der Moräne zwischen dem gleichnamigen Fjord sowie dem See Eidfjordvatnet.

Schären: Die Schärenküste bei Tvedestrand (s. S. 146) zählt zu den schönsten des Landes. Empfehlenswert ist auch eine Fahrt durch den Schärenkanal Blindleia (s. S. 149).

Fjell: Die Hardangervidda (s. S. 230) ist Europas größtes Hochfjellplateau.

Gletscher: Der Folgefonn (s. S. 190) ist der drittgrößte Gletscher Norwegens, der Hardangerjøkul (s. S. 240) der sechstgrößte.

50

Durch den Wald und in die Berge – Flora und Fauna

Je weiter man von Süden nach Norden oder von tieferen in höhere Lagen vorstößt, desto unterschiedlicher präsentieren sich Vegetation und Tierwelt, die stets Abbild der klimatischen Gegebenheiten sind. Jeder Zone kann somit ihre eigene Vegetationsstufe und Fauna zugeordnet werden, wobei die einzelnen Gürtel natürlich nicht durch klare Linien getrennt, sondern die Übergänge mehr oder weniger fließend sind.

Zwischen Küste und Mischwald

In unserem Gebiet bedeckt die nordeuropäische Laubwaldzone nur einen schmalen Streifen an der Süd- und Südostküste. Dort ist die Rotbuche bestandbildend, doch da diese dicht besiedelte Zone stark vom Menschen geprägt ist, mussten die namengebenden Laubwälder größtenteils dem Ackerbau weichen bzw. wurden durch ökonomisch interessantere Nadelwaldanpflanzungen ersetzt.

Ganz ähnlich sind die Verhältnisse auch in der sich anschließenden nordeuropäischen Mischwaldzone, die sich in einem Streifen parallel zur Südküste bis etwa zu einer gedachten Linie Oslo-Flekkefjord erstreckt. Bei dieser oft auch ›Südtaiga‹ genannten Pflanzenformation handelt es sich um eine Übergangsform zwischen Nadel- und Laubwald. An Laubbäumen kommen hier insbesondere Stieleiche, Spitzahorn, Esche, Winterlinde und Ulmengewächse vor, außerdem Laubbaumarten, die auch in der Nadelwaldzone heimisch sind: insbesondere Birke, Esche, Schwarz- oder

Rot-Erle sowie mehrere Weidengewächse und Kirschen. Infolge der forstwirtschaftlichen Maßnahmen dominieren hier aber heute die Nadelhölzer, deren Anteil bereits bei 70–80 % liegt. Was durch die Wälder dieser Zone streift, ähnelt stark der Fauna in der Taiga. Insbesondere der Elch ist hier anzutreffen, vereinzelt auch der Biber.

In der Taiga

Dort wo der Mischwald in die kaltgemäßigte Region übergeht, beginnt das Reich der Kiefern und Fichten sowie Birken, das nach einer aus der Geografie Sibiriens übernommenen Bezeichnung auch Taiga genannt wird. Diese boreale Nadelwaldzone dehnt sich bis über den Polarkreis hinaus aus und sticht in Norwegen (wie auch in Finnland und Schweden) durch große Artenarmut hervor, was aus der langen pleistozänen Vereisung resultiert. Reich vertreten sind hingegen Kräuter und insbesondere Zwergsträucher, allen voran die Heidekrautgewächse Heidelbeere und Preiselbeere. Nicht zu vergessen die zahlreichen Moose sowie die Flechten, die von der Rentierflechte dominiert werden.

In puncto Tierwelt ist vor allem der Elch zu nennen, der als größter Hirsch des Landes im 19. Jh. nahezu ausgerottet war, doch heute mit einer Population von über einer halben Million Exemplare als Landplage in ganz Skandinavien gilt. Dieses bis 500 kg schwere, größte freilebende Wildtier Europas schädigt die Holzwirtschaft ganz ungemein, und obendrein werden jährlich Tausende Verkehrsunfälle registriert, in die Elche verwickelt sind. Insbesondere in der Morgen- und Abenddämmerung hat man beste Gelegenheit, diesem Koloss (gerade auch auf Straßen) zu begegnen, und wo immer Verkehrsschilder vor Elchen warnen, sollte man sofort den Fuß vom Gaspedal nehmen.

Auch die großen Raubtiere Wolf, Luchs und Braunbär, die alle unter Naturschutz stehen, sind in der Nadelwaldzone heimisch, doch ist ihre Zahl im Süden des Landes derart gering, dass es einem Sechsertreffer im Lotto gleichkäme, einem Vertreter dieser Gattungen zu begegnen. Der Vielfraß hingegen, der ebenfalls unter Naturschutz steht, ist hier häufig anzutreffen. Er gilt als das listigste und

vor allem auch gefräßigste Tier des Nordens. Sogar an Elchen vergeht er sich mitunter, obwohl der Biber, der bis hinunter in die Mischwaldzone vorkommt, wesentlich häufiger auf seinem Speiseplan steht – ebenso der Schneehase.

Leben im Fjell

Je höher es hinaufgeht, desto seltener und kleinwüchsiger präsentieren sich die Bäume, und bald erinnert das Land an einen Flickenteppich von verkrüppelten Birken und Zwergsträuchern auf einem Boden aus Rentierflechten und Moosen. Wir befinden uns hier in der Vegetationsstufe des Oreal (griech.: *oros* = Berg, Gebirge), das in Norwegen, einem der gebirgisten Länder Europas, als *fjell* bezeichnet wird. Relativ trockene Partien sind mit Flechten und Moosen, Gräsern und Zwergstrauchheiden bedeckt, während sich dort, wo das Oberflächenwasser nicht ablaufen und wegen der langen Frostperiode nicht einsickern kann, Moore bilden. Explosionsartig entwickeln sich hier im Sommer Flechten, Moose, Gräser und Seggen, zwischen denen der Alpensilberwurz,

Herbstliche Moorlandschaft im Fjell nördlich von Oslo

das breitblättrige Weidenröschen sowie zahlreiche Steinbrech- und Läusekrautarten farbige Akzente setzen.

Diese Pflanzenformation nimmt landesweit große Flächen ein und reicht an der Ostabdachung des Kaledonischen Gebirges weit nach Schweden hinüber. In Südnorwegen gilt die Hardangervidda als eindrucksvollster Vertreter dieser Landschaft, in der sich alle Pflanzen perfekt an die extremen klimatischen Bedingungen angepasst haben. Sie schmiegen sich eng an den Boden, wachsen in dichten Polstern oder schützen sich durch dicke Blatthäute und flaumig behaarte Stängel. Auch die Tiere begegnen den lebensfeindlichen Faktoren dieser Region mit unterschiedlichen Strategien. Das Rentier (das man außer auf der Hardangervidda sonst nur im höchsten Norden Norwegens antrifft) ist durch ein dichtes Haarkleid und ein zusätzliches Fettdepot vor Wärmeverlust geschützt, der etwa 10–15 cm lange

Beerenstark
Kaum ein Gang abseits der Straße, von dem man zwischen Juni und September nicht etwas Schmackhaftes aus dem Wildgarten der nordischen Natur mitbringen könnte, denn tonnenweise wachsen hier insbesondere Blaubeeren sowie Preiselbeeren. Nur nach einer einzigen Beere ist die Nachfrage größer als das Angebot: nach der Moltebeere. Deshalb ist sie geschützt, fällt also nicht unter das Jedermannsrecht (s. S. 67) und darf nur zum sofortigen Verzehr gepflückt werden. Die kirschgroße orangegelbe Frucht der 10–15 cm hohen Pflanze besitzt einen hohen Vitamin-C-Gehalt.

Lemming lebt im Winter unter der schützenden Schneedecke, und Eisfuchs sowie Schneehase tragen ein weißes Fell. Andere Arten ziehen im Herbst bis ins boreale Waldgebiet hinunter, während wechselwarme Wirbeltiere wie auch Wirbellose in Winterstarre fallen und die Vögel mit Beginn der kalten Jahreszeit nahezu ausnahmslos wärmere Quartiere aufsuchen.

Die Nationalparks

Insgesamt stehen in Norwegen (ohne Spitzbergen) zurzeit rund 15 % der Landesfläche unter Naturschutz. Im Bereich von Südnorwegen liegen drei Nationalparks: der 354 km2 große Ytre Hvaler-Nationalpark (s. S. 120; der erste Meeres-Nationalpark Norwegens), der rund 545 km2 große Folgefonn-Nationalpark (s. S. 199) – der einzige im Land, der vom Meeresniveau bis hinauf zu den Gletschern reicht – und der 3420 km2 messende Hardangervidda-Nationalpark (s. S. 237). Eine erste Fläche von 572 km2 wurde am 21. Dezember 1962 in Norwegen zum Naturschutzgebiet erklärt, das 1970 in Verbindung mit einem neuen Naturschutzgesetz den Status eines Nationalparks erhielt. In den Jahren bis 2003 kamen 20 weitere Schutzgebiete hinzu, und heute gibt es insgesamt 42 Nationalparks. Weitere Nationalparks und sonstige Schutzgebiete sind bereits geplant, mehrere schon bestehende Refugien sollen erweitert werden, und das Ziel lautet, das Leben in freier Natur zu sichern und die biologische Vielfalt zu bewahren. Ausführliche Informationen (auch auf Englisch) erhält man auf der Internetseite des Direktorat for naturforvaltning www.dirnat.no.

Schwimmendes Gold vor Norwegens Küsten – Aquakultur

Norwegen ist der größte Zuchtlachsproduzent der Welt, und während Zuchtlachs lange Zeit als minderwertig galt, hat sich das zumindest in Norwegen drastisch geändert. Der Fisch aus den Farmen ist heute von allerbester Qualität und nahezu antibiotikafrei. Dennoch birgt er Gesundheitsrisiken, aber nur für die Wildlachsbestände.

Vergangen sind die Zeiten, da Herbst für Herbst die Flüsse kochten, weil *salmo salar,* der atlantische Lachs, aus dem Meer zum Laichen in seinen Heimatfluss zurückkehrte. Maßloses Überfischen in Verbindung mit der Verschmutzung und Übersäuerung der Gewässer haben den Bestand reduziert bis ausgerottet. Damit der Luxusfisch delikat gebeizt oder geräuchert auf Frühstücks- und Partybufetts auch weiterhin serviert werden kann, hat man sich in Norwegen wie auch in Irland, Schottland, Kanada und den USA auf eine über 4000 Jahre alte, von den Chinesen zur Mehrung des Karpfens ersonnene Tradition besonnen: die Fischzucht.

Diese Alternative zur Fischerei, heute Aquakultur genannt, ist an der Küste nördlich von Stavanger ›der‹ boomende Erwerbszweig überhaupt. Wurden Anfang der 1970er-Jahre, als alles begann, noch weniger als 5000 t Edelfisch (meist Lachs und Lachs-Forelle) auf diese Weise produziert, waren es ein Jahrzehnt später schon knapp 80 000 t. Heute zählt man Jahr für Jahr bereits über 1,1 Mio. t. Dieser Erfolg beruht auf der grundsätzlichen Trennung der komplizierten Zucht in Süßwasseranlagen und der anschließenden

55

Frischesten Fisch erhält man auf dem Fischmarkt in Bergen

Intensivmast der Satzfische in verankerten Netzkäfigen im Meer.

Allerhöchste Standards

Der Geschmack des ›Königs der Fische‹, der wie Schwein und Rindvieh gehalten wird, ist gut, selbst Gourmets können das bescheinigen, und wie die Stiftung Warentest zu berichten weiß, ist der in Deutschland erhältliche Zuchtlachs sogar qualitativ wesentlich besser als der Wildlachs. »Im Lachsfarming hat sich in den letzten Jahren eine Revolution vollzogen«, bestätigt auch Harald Rosenthal, Aquakultur-Experte vom Institut für Meereskunde der Universität Kiel, und insbesondere Norwegen hat gewaltige Fortschritte in der Aquakultur erlangt: Hier wird Lachs mit modernsten Zuchtmethoden aufgezogen, sodass seit Ende der 1990er-Jahre vor allen Dingen der Antibiotika-Verbrauch in den Fischzuchtanlagen um 98 % (!) reduziert werden konnte. Die Lachse werden heute in einem frühen Stadium geimpft, was den Ausbruch von Krankheiten verhindert.

So gilt Fisch aus norwegischen Farmen als ein hochwertiges Lebensmittel, das strengsten Kontrollen unterliegt. Es liefert nicht nur viel bekömmliches Eiweiß, sondern ist auch reich an Vitaminen, Mineralstoffen und Spurenelementen sowie Omega-3-Fettsäuren. Um diesen Qualitätsstandard zu halten, wachen eine Reihe von Institutionen darüber, dass die Zuchtbedingungen den natürlichen Bedürfnissen der Tiere entsprechen, und diese Vorgaben schließen selbstverständlich ein entschiedenes Nein zu gentechnischen Veränderungen ein!

Gefahr für die Wildlachsbestände

Völlig unbedenklich aber ist die Aquakultur dennoch nicht, denn jedes Jahr entweichen Zuchtlachse in großer Zahl aus den Gehegen. Konkret beträgt der Anteil der entflohenen Lachse an der Wildpopulation in Norwegen mittlerweile bereits 25 %, und wenn diese sich dann mit ihren wilden Verwandten mischen, verändert das die Erbmasse sowie evtl. auch die Überlebensfähigkeit. Außerdem besteht die Gefahr, dass Wildlachse sich mit Krankheiten und Parasiten infizieren, die für Zuchtlachse trotz aller Impfungen typisch sind. Im Gehege können sie (mit chemischen Mitteln) bekämpft werden, doch Wildlachse gehen ungeschützt daran zugrunde. Die Wildlachsbestände sind entsprechend gefährdet, und wie der Biologe Tim Waver in seiner Veröffentlichung »Ökonomische und ökologische Aspekte der Aquakultur« (Universität Münster) bereits im Jahr 2000 zu berichten wusste, »stiegen 1980 noch in 1288 norwegischen Flüssen Lachse zum Laichen auf, im Jahr 2000 waren es nur noch 667«.

Schöne neue Welt

Andererseits ist das Lachs-Business eines der größten Exportgeschäfte des Landes (knapp 30 Mrd. NOK jährlich), und weil Anzahl, Standorte und Größe der Lachsbetriebe durch eine staatliche Konzessionsordnung geregelt sind, konnten durch den neuen Wirtschaftszweig landesweit zahlreiche Dauerarbeitsplätze in einer breiten räumlichen Streuung geschaffen werden. Das stellt natürlich einen wesentlichen Beitrag zur Erhaltung der Lebensqualität in Marginalräumen dar, und so sehen Regierung und Storting in der Aquakultur einen wichtigen Wachstumsmotor, der auch in Zukunft mit Milliarden Kronen an Forschungsgeldern rechnen darf. Lange wird es nicht mehr dauern, bis ›Made in Norway‹ auch für Seewolf, Heil- und Steinbutt, Seezunge, Dorsch und viele andere Sorten aus der Zuchtanlage stehen wird. Und wer weiß: Vielleicht wird aus der planmäßigen Bewirtschaftung des Wassers einmal jene ›blaue Revolution‹ hervorgehen, die – einstweilen nur in Science-Fiction-Romanen – die Nahrungsversorgung der Menschheit für alle Zeiten sichert.

Fisch auf den Tisch

Fischmärkte machen sich rar in Südnorwegen, und nur am Torget in Bergen (s. S. 214) und Stavanger (s. S. 172) sowie an der Fiskebrygge in Kristiansand (s. S. 151) kann man stets fündig werden. Ansonsten bieten sich Supermärkte an, deren größte Filialen Frischfisch-Abteilungen umfassen. Informationen zum Fischeinkauf und zur Aquakultur findet man auf folgenden Internetseiten.
www.norwegenfisch.de: Die Seite des Norwegian Seafood Export Council bietet unter Fakten Informationen zu Zuchtlachs und unter Archiv Rezepte.
www.greenpeace.de: Auf dieser Website kann man sich einen jährlich aktualisierten Fisch-Einkaufsratgeber downloaden.
www.test.de: Gibt man in der Suchmaske das Stichwort Zuchtlachs ein, kommt man zu dem interessanten Artikel »Zuchtlachs besser als Wildlachs«.

Dank der Wasserkraft sowie den Erdöl- und Erdgasquellen in der Nordsee gelang dem ›Aschenputtel Europas‹ der Aufstieg zu einer der reichsten Nationen der Welt.

Gegen Mitte des 19. Jh., als Länder wie Deutschland, Frankreich und England längst in wirtschaftlichem Wandel begriffen waren, bestand in Norwegen noch eine weitgehend vorindustrielle Wirtschaftsstruktur, die ebenso primitiv wie kümmerlich war. Die Menschen lebten zu rund 90 % auf dem verkehrsgeografisch kaum erschlossenen Land als Fischer und Bauern meist

führen. Die Voraussetzungen zur Ausnutzung der ›weißen Kohle‹ waren ideal in Norwegen – dem Land mit dem größten Wasserkraftpotenzial Europas –, und so wurden ab Ende des 19. Jh. Dutzende Wasserkraftwerke insbesondere im Süden des Landes errichtet. Anwendung fand die nun reichlich zur Verfügung stehende Energie vor allem in der Herstellung von Düngemitteln, und plötzlich war Norwegen in Sachen Kunstdünger-Produktion die Nummer eins in der Welt.

Industriell wichtige Metalllegierungen, deren Herstellung ebenfalls extrem energieintensiv ist, wurden bald

Vom Land der Fischer und Bauern zur reichen Petro-Nation

von der Selbstversorgung. Wichtigste Grundnahrungsmittel waren Hafer und Gerste.

Der ›weißen Kohle‹ sei Dank

Doch lange sollte es nicht mehr dauern, bis Norwegen sein wirtschaftliches Hinterwäldlerdasein abschütteln konnte. Bedingung dafür war die ›Erfindung‹ der hydroelektrischen Energie, denn solange die industrielle Entwicklung im Wesentlichen von der Leistung mit Kohle geheizter Dampfmaschinen abhängig war, musste Norwegen – das keine ausreichenden Kohlevorkommen besaß – zwangsläufig ein industrielles Schattendasein

der zweite Eckpfeiler der norwegischen Wirtschaft, und in Kürze avancierte das Land zum größten Magnesium- und zweitgrößten Aluminiumexporteur der Welt und hatte bald auch im Transformatoren- und Wasserkraftwerksbau einen führenden Platz inne.

Mit ›schwarzem Gold‹ an die Weltspitze

Mit dem wachsenden Ex- und Importvolumen entwickelte sich die Handelsflotte des Landes bald zur drittgrößten der Welt und blieb es bis in die 1970er-Jahre. Dann aber ließ ein

Angesagt: das ehemalige Werftgelände Aker Brygge in Oslo

Petrokronenbillionär

Mit einem Pro-Kopf-Einkommen von rund 600 000 NOK (2012) bei 0 NOK Staatsschulden, einem jährlichen Überschuss im Staatshaushalt in Milliardenhöhe und einer Inflationsrate von ca. 1,5 % bei 3,2 % Arbeitslosigkeit ist Norwegen eines der reichsten Länder der Welt! Damit dies auch in Zukunft so bleibt, werden die gesamten Erträge aus dem Öl- und Gasgeschäft größtenteils in einen Sondertopf gesteckt, und dieser Staatliche Pensionsfond (früher: Ölfond) hat seit seiner Etablierung im Jahr 1990 mittlerweile einen Marktwert von nahezu 500 Mrd. € (2013) erreicht.

erheblicher Rückgang der Öl- und Erztransporte das einstige Ausmaß des Geschäfts stark schrumpfen, doch nun erwiesen sich die ergiebigen Erdöl- und Erdgas-Funde in der Nordsee als goldener Rettungsanker für die Reederkönige.

Freilich nicht nur für sie, sondern für das ganze Land, das dank der Ölproduktion, die im Jahr 1972 aufgenommen wurde, die durch den Erdölschock von 1973 ausgelöste Wirtschaftskrise der westlichen Industrienationen unbeschadet überstand. Norwegen schwamm damals gewissermaßen über Nacht im Reichtum. Neue Öl- und Gasfunde übertrafen bald die kühnsten Erwartungen, und heute ist es weltweit einer der größten Erdgassowie Ölproduzenten und das einzige westliche Land, das mehr Öl fördert, als es selbst verbraucht. Aber das Öl wird nicht nur verkauft, sondern auch im Lande verarbeitet, und Norwegen

verfügt über die, wie es heißt, effizienteste petrochemische Industrie der Welt, weil diejenige mit dem geringsten CO_2-Ausstoß.

Land der Fischer und Bauern?

Die Fischerei hingegen, über Jahrhunderte hinweg Haupterwerbszweig des Landes und noch in den 1930er-Jahren mit rund 15 % am Exportaufkommen beteiligt, macht heute zusammen mit der Fischzucht (Lachs) nur noch knapp 0,5 % des Bruttoinlandsproduktes aus. Dass Norwegen also ein Land der Fischer und Bauern sei, wie im Ausland häufig angenommen wird, entbehrt jeglicher Grundlage, obwohl es Regionen gibt, wo ein Großteil der Bevölkerung noch immer in der Fischereiwirtschaft tätig ist. Dennoch aber kann sich Norwegen auch heute noch problemlos mit Fisch selbst versorgen, denn die Fangmengen der Fischerei belaufen sich auf rund 2,5 Mio. t pro Jahr. Ganz vorne in der Statistik stehen u. a. Hering und Dorsch, obwohl die Aquakultur (s. S. 55) mit über 1,1 Mio. t Speisefisch mittlerweile bereits den Mammutanteil an den Exporterlösen hat und in etwa ebenso viel einbringt wie die gesamte Landwirtschaft.

Der Agrarsektor leidet seit jeher darunter, dass Norwegen – nach Island – weltweiter Spitzenreiter in Sachen Ödland ist: Nur 3,5 % der gesamten Landesfläche sind als Ackerland nutzbar. Aber trotz des Missverhältnisses zwischen Gesamt- und Nutzfläche kann sich Norwegen zu immerhin rund 50 % selbst mit Lebensmitteln versorgen. In Südnorwegen gelten die Region Østfold als Korn-, Kartoffel-, Gemüse-, und Viehkammer, der Hardangerfjord als Fruchtkorb des Landes.

Licht und Schatten im Paradies – der Wohlfahrtsstaat

Ausgangspunkt des norwegischen Wohlfahrtsstaates ist das sozialdemokratische Modell eines staatlich kontrollierten Kapitalismus. Er baut auf Gleichheit und Gerechtigkeit auf und ist zudem in puncto Sozialleistungen führend. Norwegen hält den weltweit höchsten Lebensstandard!

Das norwegische Wohlfahrtsmodell basiert auf *rettferd,* dem norwegischen Wort für Gleichheit und Gerechtigkeit. Dass es auch hier, um es mit George Orwells »Farm der Tiere« zu sagen, »einige Tiere, die gleicher sind als andere« gibt, wird allgemein akzeptiert, denn nach norwegischem Verständnis bedeutet *rettferd* eben auch, dass nicht die Reichen weniger bekommen sollen, sondern die Armen mehr. Dies ist der Kernsatz des Modells, das, auch wenn es natürlich Schattenseiten kennt, doch noch immer den goldenen Mittelweg zwischen kapitalistischer Produktion und sozialistischer Umverteilung markiert.

Soziale Sicherheit für alle

Mehr sollen die Armen vor allem in puncto *trygghet* bekommen, dem norwegischen Begriff für soziale Sicherheit. *Trygghet* bedeutet, dass alle das Recht auf gleiche soziale Leistungen haben, unabhängig davon, wie viel und ob sie überhaupt etwas verdienen. So sind Systeme wie das unserer Kranken-, Renten- und Arbeitslosenversicherung nicht bekannt, denn die staatliche Versorgungskasse trägt für alle Sozialleistungen die Kosten.

Bei Erreichen der gesetzlichen Altersgrenze (67 Jahre) oder bei Erwerbsunfähigkeit hat jeder Anspruch auf eine gut bemessene Mindestrente (ca. 165 000 NOK/Jahr), die jährlich angepasst wird. Mutterschaftsurlaub wird ebenso gewährt wie ein Mindesteinkommen für nicht berufstätige Alleinerziehende. Eltern, die ihre Kleinkinder nicht in einer Kindertagesstätte unterbringen, erhalten monatlich rund 3500 NOK Betreuungsgeld, auch das Kindergeld ist mit (mindestens) 970 NOK/Monat reichlich bemessen, wie auch die Höhe des Arbeitslosengeldes und die Zuschüsse für Familien und Einzelpersonen, die den Lebensunterhalt nicht selbst bestreiten können oder deren Einkommen unter einer bestimmten Grenze liegt, nichts zu wünschen übrig lässt. Ansonsten trägt die gesetzliche Sozialversicherung auch alle Kosten für eventuelle Umschulungen, Fortbildungen etc., umfasst zudem den öffentlichen Gesundheitsdienst, und alles in allem ermöglicht die Fülle gewährter Unterstützungen jedem im Land einen soliden Lebensstandard.

Im Jahr 2012 befand die UNO zum mittlerweile bereits zehnten Mal, dass Norwegen weltweit den höchsten

Die optimale Kinderbetreuung in Norwegen wird aus öffentlichen Mitteln finanziert

Lebensstandard hält (zum Vergleich: Deutschland landete auf Platz 5). Wie der Human Development Report zeigt, fallen dort Wohlstand, Bildung und Lebenserwartung am besten aus.

Alles hat seinen Preis

Diese Wohlfahrt, die allein schon mehr als ein Drittel des gesamten Staatsbudgets schluckt, hat natürlich ihren Preis. Entsprechend bilden direkte und indirekte Steuern und Abgaben den Großteil der staatlichen Einnahmen, wobei die Mehrwertsteuer in Höhe von 25 % die wichtigste ist. Zusätzlich gibt es eine Reihe von Sondersteuern (z. B. auf Alkohol, Tabak, Kraftfahrzeuge, Benzin, Unterhaltungselektronik) sowie die Einkommenssteuer, die zwischen 20 % und 54 % beträgt. Hinzu kommen noch die Sozialabgaben (7,8–11 %, ebenfalls verdienstabhängig) sowie Steuern für Zinserträge und sonstige Einkommen (28 %). Eingedenk dieser hohen Abgaben blüht natürlich der Tauschhandel mit Dienstleistungen (›reparierst du mir mein Auto, flicke ich dir dein Dach‹). Das weiß auch der Staat, das wird auch mehr oder weniger geduldet, wohingegen die Steuerhinterziehung als eines der schwersten Vergehen gegen *rettferd* unnachgiebig bestraft wird. Beim Eintreiben der Steuer – die hier *skatt*, ›Schatz‹ heißt – lässt der Staat nicht mit sich spaßen, und dann spielt auch die Privatsphäre des Einzelnen nur noch eine unbedeutende Rolle. Schon gar das ›Bankgeheimnis‹, das man hier eigentlich gar nicht kennt, wie auch ein Verdienst-, Vermögens- und Steuergeheimnis völlig unbekannt ist: Einmal im Jahr werden die entsprechenden Daten der einzelnen Kommunen in den jeweiligen Tageszeitungen publiziert. – Das soll der Ehrlichkeit auf die Sprünge helfen.

Fast verwirklicht – die Gleichberechtigung von Mann und Frau

Was die politische Mitbestimmung, ökonomische Selbstständigkeit, den Mutterschutz und die Gesundheit der Frauen angeht, steht Norwegen laut UN-Report weltweit auf Platz eins, aber auch die Gleichberechtigung des Mannes in Norwegen dürfte weltweit kein Pendant finden, wie hier zudem die Situation für Schwule und Lesben einzigartig ist.

Norwegen, kein Puppenheim

Nur wenig mehr als ein Jahrhundert ist es her, dass Henrik Ibsen mit seinem Theaterstück »Nora oder ein Puppenheim« die Männerwelt in Aufruhr versetzte, denn Nora war es plötzlich leid, in ihrem Puppenheim zu verkümmern, raffte die langen Röcke und entwich ihrem Mann Thorwald in die Freiheit.

Seitdem hat sich viel getan in Norwegen, und schon zu Beginn des 20. Jh. entstanden hier die ersten Frauengewerkschaften, 20 an der Zahl; ab 1882 durften norwegische Frauen studieren, 1913 erkämpften sie sich das Wahlrecht (die Männer erhielten es 1898), 26 Jahre später wurde die erste Frau Ministerin in Oslo. 1979 wurde die Gleichstellung von Mann und Frau im Gesetz festgeschrieben, 1981 übernahm Gro Harlem Brundtland als erste Frau in der Geschichte Skandinaviens die Regierung (1986, 1990 und

1993 wiedergewählt), und seit 1988 stehen Vergewaltigung, Prügel und Psychoterror in Ehe und Freundschaft unter Strafe.

Gegen Diskriminierung

1983 kam es zur Gründung einer Etablierungsschule für Frauen – weltweit ein einzigartiges Projekt zur Verbesserung der Berufschancen –, und im gleichen Jahr führte man den Posten einer Gleichstellungsombuds-Frau ein, die seitdem über die Einhaltung der Gleichberechtigung zu wachen hat. Eine ihrer Aufgaben ist es u. a., die geschlechtergerechte Stellenvergabe im öffentlichen und privaten Sektor zu kontrollieren. In Norwegen ist es zum Beispiel nicht erlaubt, per Anzeige nach einem Busfahrer oder Ingenieur zu suchen, denn alle Stellenanzeigen müssen geschlechtsneutral sein. Des weiteren stellt die Ombudsfrau sicher, dass Werbung nicht diskriminiert. Unbekleidete Frauen (oder Männer) dürfen z. B. nicht als Blickfang für Produkte verwendet werden, die nichts mit dem Körper zu tun haben. Frauen im Bikini auf der Motorhaube eines Wagens etwa sind schon seit Jahrzehnten verboten, und im Jahr 2002 führte die norwegische Regierung Richtlinien für Staatsbedienstete ein, die Erwerb und Annahme sexueller Dienstleistungen verbietet. Damit setzte sie ein Signal hinsichtlich ihrer ethischen und moralischen Grundsätze.

**Ziele der Geschlechter-
gleichstellung**
- gleiche Möglichkeiten, Rechte
  und Pflichten in allen Gesell-
  schaftsbereichen
- gewaltfreie partnerschaftliche
  Beziehungen
- gleichmäßige Verteilung von
  Macht, Einfluss und Fürsorge
- wirtschaftliche Unabhängigkeit
  für beide Geschlechter
- gleiche Möglichkeiten auf dem
  Arbeitsmarkt
- geteilte Verantwortung bei der
  Arbeit im Haushalt und bei der
  Kinderbetreuung
- gleicher Zugang zu Ausbildung
  und bei der Entwicklung von
  Talenten und Fähigkeiten

Quotenregelung für Frauen

1988 gelang dann der vielleicht wichtigste Durchbruch seit Verabschiedung
des Gleichberechtigungsgesetzes: In
der Politik und im öffentlichen Sektor
wurde eine Quotenregelung eingeführt. Die Folge: Etwa die Hälfte aller
Ministerposten im Kabinett sind von
Frauen besetzt (2009 sogar 10 von 19),
Frauen stellen mindestens ein Drittel
aller Gemeinderäte, sind in den Be-
zirksregierungen mit über 40 % vertreten, haben rund die Hälfte aller
Lehrstühle an den Universitäten inne,
dringen auch verstärkt in traditionelle Spitzenbastionen der Männer vor,
leiten etwa Banken und Bohrinseln,
Konzerne und Verlage, arbeiten als
Polizeipräsidentinnen und Universi-
tätsrektorinnen sowie als Bischöfinnen
(1993 wurde die erste Bischöfin ernannt) und sind seit 2008 kraft Geset-

zes auch mit mindestens 40 % in den
Gremien aller staatseigenen Betriebe
sowie privater Aktiengesellschaften
vertreten. Inzwischen sind ca. 1,2 Mio.
Norwegerinnen (und 1,3 Mio. Norweger) erwerbstätig, und auch Hausfrau-
en steht hier eine Rente zu.

Typisch Mann?

Aber auch an die Männer und ihre
Rolle in der Familie ist gedacht, denn
ab 1986 setzte sich der Männerrol-
lenausschuss für eine gerechte Verteilung der Arbeit in und außerhalb
der Familie ein. In der Folge rief die
Regierung das Ministeramt für Gleichstellung ins Leben, und 1993 wurde
die Mutterschaftsgesetzgebung da-
hingehend abgeändert, dass sie den
Mann berücksichtigt, auf dass Vater
und Kind im ersten Lebensjahr mehr
Zeit miteinander verbringen können.
So geschah es beispielsweise, dass
der norwegische Finanzminister Va-
terschaftsurlaub nahm und die norwegische Ministerin für Kinder und
Gleichstellung den größten Teil ihres
eigenen Mutterschaftsurlaubs ihrem
Mann überließ.

Im Jahr 2002 dann wurde für die
Bemühungen um Geschlechtergleich-
heit ein staatlich gefördertes Hilfszen-
trum für Männer eingerichtet. Es soll
dabei helfen, die Ressourcen der Männer auf Gebieten zu mobilisieren, die
traditionell nicht mit der männlichen
Geschlechterrolle verbunden sind.

Bleibt als letzte Neuigkeit von der
Gleichberechtigungsfront zu vermel-
den, dass im Februar 2009 die norwegische Ministerin für Kinder und
Gleichstellung dem Parlament den
weltweit ersten Bericht über die Gleichstellung von Männern in der Gesellschaft vorlegte. Aufgabe des Berichts

soll sein, die Rolle der Männer in der gleichgestellten Gesellschaft zu stärken. Auch die zurzeit angestrebte Änderung des Gleichstellungsgesetzes zielt in diese Richtung: Männern soll dadurch zukünftig eine positive Sonderbehandlung zustehen, die ihnen in typischen Frauenberufen, etwa im Pflege- und Gesundheitssektor, Vorrang einräumt.

Gleichbehandlung von Lesben und Schwulen

Aber nicht nur die Gleichbehandlung von Frauen und Männern sollen die Norweger einfordern können, auch die Rechte von Schwulen und Lesben zu sichern ist erklärtes Ziel der Regierung. Von offizieller Seite erhalten Schwule und Lesben Unterstützung dabei, offen leben zu können und Diskriminierung entgegenzuarbeiten. Lesben und Schwule haben sowohl einen Anspruch auf zivilrechtlichen als auch strafrechtlichen Schutz vor Diskriminierung. Das Arbeitsschutzgesetz untersagt eine diskriminierende Behandlung am Arbeitsplatz aufgrund von sexueller Orientierung, und die Wohnungsgesetzgebung schützt vor Diskriminierung auf dem Wohnungsmarkt. Bei Verstoß gegen diese Richtlinien besteht die Möglichkeit, mit Hilfe des Gleichstellungs- und Diskriminierungsbeauftragten unentgeltlich Klage einzureichen. Des Weiteren ist es strafrechtlich verboten, sich jemandem wegen seiner homosexuellen Lebensform gegenüber diskriminierend zu äußern oder aufgrund dessen Waren oder Dienstleistungen zu verweigern. Diese Richtlinien werden mit Hilfe des Rechtsapparates durchgesetzt.

In Norwegen kein ungewöhnlicher Anblick: Männer mit Kinderwagen

Umweltschutz aus Überzeugung – norwegische Lebensart

Kaum ein Volk in Europa hat ein derart inniges, ja fast schon metaphysisch anmutendes Verhältnis zur Natur wie die Norweger, und so kommt es nicht von ungefähr, dass Norwegen in Sachen Umweltschutz eine führende Position innehat.

Die Bewunderung für die Natur ist in Norwegen mehr als eine Einstellung – sie ist ein lebendiger Bestandteil der nationalen Identität. Zwar lebt die überwiegende Zahl der Norweger in Einfamilienhäusern und großen Wohnungen, die mit allen erdenklichen modernen Geräten und Installationen ausgestattet sind, nichtsdestotrotz messen die Norweger der Nähe zur Natur und einem einfachen Lebensstil großen Wert bei. Über die Hälfte der Bevölkerung verbringt das Wochenende und die Ferien in einer Hütte, die idealerweise in der Wildnis versteckt sein sollte, die Schulen veranstalten obligatorische Skitage, und sich so oft wie möglich an der frischen Luft aufzuhalten gehört zur Vorstellung von einem guten Leben. Kein Wunder, dass die Norweger aktiv auf eine intakte Umwelt achten.

Vorreiter im Umweltschutz

So ist es mehr als folgerichtig, dass 1972 in Oslo das erste Umweltministerium der Welt eingerichtet wurde und Norwegen 2012 im Umwelt-Ranking weltweit auf Platz drei lag. Maßnahmen, die die Einleitung von schädlichen Stoffen ins Meer verringern, haben dabei allerhöchste Priorität, weshalb hier, ebenfalls einzigartig in der Welt, sogar mit Hilfe von Radarsatelliten Jagd auf Umweltsünder gemacht wird – insbesondere auf Kapitäne, die unerlaubt Öl verklappen. Die Industrie muss einen Teil ihrer Bruttoinvestitionen für den Umweltschutz abzweigen, der Einsatz von Stickstoffdünger und Spritzmitteln soll durch eine gezielte Preispolitik zugunsten des Bio-Anbaus stark reduziert werden. Ironisch daran ist freilich, dass Norwegen der größte Kunstdünger-Produzent der Welt ist.

In der FCKW-Frage gingen die Norweger ebenfalls radikale Schritte bis hin zum Abbau der Produktion. Obendrein bemüht man sich intensiv um die Stabilisierung der Treibhausgaskonzentration in der Atmosphäre und ist voll und ganz seinen Verpflichtungen zum Kyoto-Protokoll nachgekommen: Man hat die Emission der Treibhausgase im Zeitraum von 2008–2012 auf weniger als 1 % über dem Stand von 1990 begrenzt. 2007 verpflichtete sich Norwegen, die Klimagasemission bis 2020 um 30 % zu senken und bis 2050 der erste Null-Emissions-Staat weltweit zu werden.

Der importierte Umwelttod

Doch all das wird, absolut betrachtet, nicht viel helfen, denn Norwegen gehört, wie auch Schweden und Finnland, zu den sogenannten Nettoimporteuren. Alle drei Länder sind nämlich weniger Täter als vielmehr Opfer der globalen Umweltzerstörung, und aufgrund der geografischen Lage ist Norwegen am schlimmsten dran. Denn es importiert von Polen, Deutschland und Großbritannien, den drei Spitzenreitern in Sachen Umwelttod, unter anderem sauren Regen. Die Niederschläge

an der Westküste weisen in Extremfällen pH-Werte bis 2,8 auf (normal wäre um 7, in Deutschland sind es durchschnittlich 4), das ist dann faktisch Säure. Die Folge ist, dass u. a. auch milliardenschwere Infrastrukturinvestitionen Gefahr laufen, von den Säuren zerstört zu werden – so u. a. Stahlkonstruktionen, Kabel und Leitungen, die ins Erdreich eingegraben oder ins Wasser versenkt wurden. Umfassende Informationen über den Stand des Umweltschutzes in Norwegen bietet die Website www.environment.no.

Draußen zu Hause – das Jedermannsrecht

Das über Jahrhunderte gewachsene Jedermannsrecht garantiert in Norwegen allen Menschen freien Zugang zur Natur (gilt nicht für Gruppen). Es legt u. a. fest, dass man sich zu Fuß oder auf Skiern in allen Wäldern, auf Wiesen, Tundren und über das Gebirge bewegen darf, auch wenn dies privates Land ist. Auch darf man überall einige Nächte zelten, sofern sich der Standort nicht auf landwirtschaftlicher Nutzfläche oder in der Nähe von Besiedlungen oder eines Wohnhauses befindet. Auch darf man alle Gewässer befahren und an allen Stränden baden – allerdings nicht an privaten Stegen oder Bojen anlegen. Verboten ist alles, was der Natur Schaden zufügt; dazu gehören u. a. Offroadfahrten, das Fällen von Bäumen sowie Abschälen von Rinde, das Entfachen von Feuer auf Klippen, die durch die Hitze zerspringen würden, sowie zwischen Mitte April und Mitte September in der Nähe von offenem Wald.

67

Die deutsche Besatzung während des Zweiten Weltkriegs bedeutete eine tiefe Zäsur in der traditionell sehr engen Beziehung zwischen Norwegen und Deutschland, die sich noch lange in erheblichen psychologischen Vorbehalten gegen Deutschland manifestierte. Heute aber zeichnet sich sowohl im politischen als auch kulturellen Bereich wieder eine stärkere Orientierung norwegischer Politik auf Deutschland ab.

Die Enttäuschung – der Zweite Weltkrieg

Am 9. April 1940, dem Tag der Okkupation des neutralen Norwegen durch Nazi-Deutschland, trat die Wende ein. In den darauffolgenden fünf Jahren des Terrors änderte sich das Verhältnis der Norweger zu den Deutschen grundlegend. Den meisten Menschen war es unbegreiflich, dass diejenigen,

Hoffnung für eine belastete Beziehung

Knut Hamsun hat einmal gesagt, dass »jeder einzelne der großen und stolzen Namen, den Norwegen auf dem Gebiet der schöpferischen Künste besitzt, erst durch das teutonische Deutschland entdeckt werden musste«. In der Tat gründete sich sein eigener Welterfolg auf Übersetzungen ins Deutsche, hat Henrik Ibsen die Bühnentechnik in Deutschland erlernt, ließ sich Bjørnstjerne Bjørnson in deutschen Landen inspirieren, wäre die nationalromantische Kunstepoche ohne die Düsseldorfer Schule undenkbar. Bis zum Zweiten Weltkrieg herrschte unter norwegischen Lehrern und Studenten eine große Deutschlandbegeisterung, in den höheren Schulen war Deutsch die wichtigste Fremdsprache. Auch die Arbeiterbewegung bezog ihre entscheidenden Impulse aus Deutschland, und dem norwegischen Gesetzgeber diente die Sozialpolitik des deutschen Kaiserreichs als Vorbild.

die ihnen als führendes Kulturvolk galten, so tief sinken konnten. Und die Deutschen, die gekommen waren, um das – wie Hitler meinte – »artverwandte Norwegen« einem »Großgermanischen Bund« einzuverleiben, trugen tatkräftig dazu bei, die alte Freundschaft zu zerstören. Die Barbarei der Besatzer gipfelte gegen Ende des Krieges in der ›Aktion verbrannte Erde‹, während der die Wehrmacht alle Dörfer und Städte sowie jedwede Infrastruktur im hohen Norden zerstörte.

Dann erfolgte die deutsche Kapitulation, und bis in die 1960er-Jahre galt der Deutsche in Norwegen als der klassische Feigling, der sich in den Hinterhalt legt und seinem angeblichen Freund das Bajonett in den Rücken sticht, der nur angreift, wenn er in der Übermacht ist, und wimmernd um sein Leben schreit, wenn seine letzte Stunde geschlagen hat.

Annäherung als Handelspartner

Auch heute ist der Krieg noch nicht vergessen, aber die meisten Norweger haben eingesehen, dass mehr als ein halbes Jahrhundert eine lange Zeit ist. Das einst so gute Verhältnis der zwei Völker ist dennoch gestört, denn seine traditionelle Bedeutung als kulturelles Vorbild hat Deutschland für Norwegen eingebüßt. Stattdessen haben sich die wirtschaftlichen Beziehungen – vor dem Zweiten Weltkrieg ziemlich bedeutungslos – entwickelt: Deutschland ist seit 2008 nicht nur der größte Handelspartner Norwegens, sondern wird von den Norwegern auch als wichtigster Partner in der Europäischen Union betrachtet.

Startschuss für einen neuen Austausch

Aber einen Handelspartner liebt und versteht man nicht unbedingt, und dies in Richtung auf eine bessere Zukunft hin zu ändern, ist erklärtes Ziel der Deutschland-Strategie der Norwegischen Regierung, die 1999 verabschiedet wurde (s. auch www.norwegen.no/germany). Mit ihr will Oslo zur »Wiederentdeckung des nahen Nachbarn Deutschland« beitragen und insbesondere die zwischengesellschaftlichen Beziehungen beider Länder ausbauen. Gerade auch die Jugendlichen sollen motiviert werden, sich mehr mit Deutschland, seinen Menschen und seiner Kultur zu beschäftigen. Wichtiger Meilenstein auf dem Weg zu einer neuen Freundschaft zwischen den beiden Ländern ist das Deutsch-Norwegische Jugendforum (s. Kasten), das 2007 in Essen von Königin Sonja eröffnet wurde.

Deutsch-norwegische Kontakte

Deutsch-norwegisches Jugendforum: Das Forum bietet unter www.dnjf.org eine Internetplattform, auf der sich norwegische und deutsche Jugendliche austauschen und für Treffen, Workshops und Austauschprogramme anmelden können.

German Norwegian Network: Das Netzwerk für junge Führungskräfte lädt seine Mitglieder halbjährlich zu Versammlungen ein, bei denen bilaterale Themen behandelt werden (www.germannorwegian.net).

Deutsch-Norwegische Gesellschaft: Die ideelle und politisch unabhängige Organisation pflegt die gegenseitigen Beziehungen (www.norsk-tysk-selskap.com).

Der Nationalfeiertag erinnert an den 17. Mai 1814, als in Eidsvoll die norwegische Verfassung verabschiedet wurde, und dieser Tag ist auch der einzige, an dem man überall im Land Erwachsene, Jugendliche und Kinder in traditionellen Trachten sieht. Wer keine hat, trägt zumindest Pullover in den Landesfarben, niemand, der nicht Norwegen-Fähnchen schwenken würde, und kein Fahnenmast, an dem nicht die Flagge gehisst wäre.

litärparaden begangen, werden auch keine großen politischen Rathausreden geschwungen, sondern stehen vielmehr die Kinder im Zentrum des Geschehens. Los geht es frühmorgens mit dem Anlegen der Volkstracht, bevor sich alle auf dem Schulhof versammeln, um dem Hissen der Flagge beizuwohnen, ehe es unter der Fahne der jeweiligen Schule und mit einer Blaskapelle voraus auf einen Umzug durch die Straßen von Dorf und

Rot, weiß, blau – Norwegens Nationalfeiertag

Seit alters suchen die Menschen, ihre Zeit durch Feste und Feiern in Zyklen zu gliedern. Dabei brachten die Bräuche Werte wie etwa Nationalgefühl zum Ausdruck. Doch mit den Zeiten ändern sich die Werte, die im Wohlfahrts-Norwegen unserer Tage natürlich andere sind als früher. Entsprechend kann es ›das alte‹ Norwegen, das der archaischen Bräuche und Riten, nicht mehr geben. Dennoch aber lassen viele Feste von heute einen Rückblick auf die Vergangenheit zu, auf überlieferte norwegische Traditionen, und das mit Abstand bedeutendste dieser Traditionsfeste ist der Nationalfeiertag – der 17. Mai.

Hurra for 17. mai!

Doch anders als in den meisten anderen Ländern wird der Nationalfeiertag in Norwegen nicht mit Pomp und Mi-

Stadt geht. Das Volk steht Spalier, jeder schwenkt seine Fähnchen in Landesfarben, und immer wieder ertönt ein lautstarkes, von allen Stimmen getragenes ›Hurra for 17. mai‹, das Motto dieses Tages, an dem Norwegen sowohl seine Befreiung von der rund 400 Jahre währenden dänischen Herrschaft feiert als auch und vor allem die Proklamation der noch heute gültigen norwegischen Verfassung.

Die Geburtsstunde der Nation

Beides geschah im Jahr 1814 und geht zurück auf die Weigerung der Norweger, den am 14. Januar dieses Jahres geschlossenen Kieler Vertrag anzuerkennen, der festschrieb, dass Däne-

17.-Mai-Umzug auf dem Weg zum Schloss in Oslo

Kleidungsstücke mit Geschichte: Trachten

Wie jedes Volk, so zeigen auch die Norweger mit ihrer Volkstracht, der *bunad*, ihre lokale, regionale sowie nationale Zugehörigkeit. So gibt es in Norwegen nicht nur eine Volkstracht, sondern unzählige Spielarten, die aber bei allen Unterschieden gemeinsam haben, dass sie aus der Alltagskleidung der Landbevölkerung hervorgegangen sind. Nichts anderes auch sagt *bunad* aus, was übersetzt schlicht Kleidung bedeutet. Wer eine Tracht kaufen möchte, sollte sich in den mit *husflid* angeschriebenen Geschäften sowie auf der Website www.norskflid.no umsehen (nur auf Norwegisch).

mark, das als Verbündeter Napoleons zu den Verlierern der Napoleonischen Kriege zählte, Norwegen an Schweden abtreten müsse. Das Volk war empört, überall wurden Proteste gegen die Abtretung laut, weil niemand, wie es hieß, das Recht habe, Norwegen einem fremden Land zu überlassen. In aller Eile wurden jetzt Wahlen für eine konstituierende Versammlung abgehalten, die Gemeinden schworen den Eid, die Unabhängigkeit Norwegens zu verteidigen und Leben und Blut für ihr Vaterland zu opfern, und am 10. April 1814 trat die *Riksforsammling* bei Eidsvoll (nördlich von Oslo) zusammen. Am 16. Mai beschloss sie die Verfassung des Königreiches Norwegen, das fortan selbstständig, frei, unteilbar und unveräußerlich sein sollte. Als Regierungsform wählte man eine konstitutionelle Monarchie, die Legislative wurde dem Volk bzw. dessen Stellvertreter (= storting) übertragen.

Einen Tag später, dem heutigen Nationalfeiertag des Landes, wurde die Verfassung ausgerufen.

Alles für Norwegen – das Königshaus

Mit Abstand am größten und buntesten ist natürlich der große 17.-Mai-Umzug in Oslo, der dann die Karl Johann hinaufzieht zum Schloss, wo er von König Harald V. begrüßt wird, der die nationale Einheit des Landes symbolisiert. »Alt for Norge« lautet sein Wahlspruch, und »Alles für Norwegen« war auch Leitsatz seines Großvaters, der als erster König des selbstständigen Norwegischen Königreiches im Jahr 1905 den norwegischen Thron bestieg und damit die im Mittelalter unterbrochene Königslinie weiterführte. Aber Norweger war er nicht, zumindest kein gebürtiger, denn bevor ihm 1905 vom Storting der Thron angetragen wurde, hieß er Prinz Carl von Dänemark, und er gehörte dem deutschen Hause Schleswig-Holstein-Sonderburg-Glücksburg an.

Vorausgegangen war die Auflösung des seit 1814 bestehenden Unionsvertrages mit Schweden und damit das Ende einer über fünf Jahrhunderte währenden Fremdherrschaft. Weil aber Norwegen dank dem Grundsetz von 1814 ein Land ohne Adel war, die Verfassung jedoch die Monarchie festschreibt, musste ein Herrscher her. ›Ein Königreich für einen König‹ also, und Prinz Carl, unsicher, ob ihn die Norweger als Staatsoberhaupt wirklich wünschten, bat um eine Volksabstimmung. 1905 wurde er mit solider Mehrheit zum ersten Volkskönig Norwegens gewählt, und als Håkon VII. begründete er die noch heute in Norwegen herrschende Dynastie.

Im Land der Trolle und Nisser

Norwegen ohne Trolle und Nisser, Unholde bzw. listenreiche Kobolde aus der germanischen Mythologie, das wäre wie der Blocksberg ohne Hexen, und als geschnitzte Figuren gehören vor allem Trolle zum Kunsthandwerk und touristischen Erscheinungsbild Norwegens einfach dazu.

Wenn große zerfaserte Quellwolken über den unruhigen Himmel ziehen und gelblich-schwarz die Berge umhüllen, wenn im Krachen des Donners der alte Thor seinen gewaltigen Hammer wirft, der Sturm dröhnt und lacht, wenn dann die Angst aufsteigt – dann kommen die Trolle! Schwer, dunkel und überwachsen stampfen sie daher, wie Berge, die wandern, »mit Augen, so groß wie zinnerne Teller und Nasen, so lang wie Hackestiele«. Ihre Zahl ist Legion, viele sind als Menschenfresser verschrien und allen gemeinsam ist ihre Gier nach Gold und Silber sowie ein Hass auf alle Christen.

Gefürchtete Monster

Der *skogtroll* (Waldtroll), ein zotteliger Zyklop, ist vielleicht der fürchterlichste von allen. Als der hinterlistigste gilt der *nøkk*, der Süßwassertroll, der in Seen, Teichen und Tümpeln lauert

Nisser sehen harmlos aus, können im Haus aber viel Unheil stiften

Nebel ist ein bevorzugter Aufenthaltsort der unsichtbaren Völker

und die üble Angewohnheit hat, Menschen mit seinen schwarzen Klauen in die Tiefe zu zerren, um ihnen die Seele zu stehlen. Im Meer lebt der außerordentlich bösartige *draug*, Schrecken aller Fischer und Wiedergänger derer, die in den Fluten ertrunken sind.

Einer weniger erschreckenden Sorte Troll gehört der *fossegrimen* an, der unter Wasserfällen haust und mit einem großen Stück blutigen Fleisches so milde gestimmt werden kann, dass er dem, der es ihm bringt, meisterhaftes Fidelspielen zu lehren vermag.

Listenreiche Kobolde

Nicht zu vergessen auch die *nisser*, listenreiche Kobolde – alt, aber rüstig, klein, aber stark, bescheiden und hilfreich, wenn sie geachtet, doch mürrisch, ja gefährlich, wenn sie übersehen werden. Sie spielen im norwegischen Volksglauben eine wichtige Rolle, sorgen als *kirkenisser* in Gotteshäusern für Ordnung, als *fjøsnisser* in den Ställen, als *gårdnisser* in Haus und Hof. Dies aber nur, solange man ihnen kleine Opfergaben darreicht – eine Schüssel voll Grütze in die Scheune oder auf den Dachboden gestellt, insbesondere zu Weihnachten, kann schon ausreichen. Das Lied ›*På låven sitter nissen med sin julegrøtt*‹ (›In der Scheune sitzt der Nisse mit seiner Weihnachtsgrütze‹) zeugt von diesem Brauch. Aber so nützlich nisser auch sein mögen: Weg bekommt man sie nicht, was immer man anstellen mag.

Ein besonders beliebter Vertreter ist der *julenisse*, der Weihnachtsmann. Er ist sanft und nett, beschenkt reichlich für den Glauben, den man pflegt, und hat noch nie jemandem ein Leid angetan.

Die Verhüllte

Anders die *huldra*, ein weiblicher Troll, goldblond, wunderschön und von großer Grazie, doch mit Kuhhintern und Rinderschwanz ausgestattet. Ähnlich der Loreley, bezirzt sie Männer und Jünglinge und stürzt sie ins Verderben. Ihre Geschichte reicht bis in die Schöpfungszeit zurück. Wie es heißt, kam eines schönen Tages Gott persönlich zu Besuch ins Paradies, um Adam und Eva und deren Kinder wiederzusehen. Aber in Evas Haushalt ging es drunter und drüber, viele der Kleinen waren noch nicht gewaschen und gekämmt. Aus Scham präsentierte sie lediglich die, die schon besuchsfertig waren. Das erzürnte den Herrn, der alle sehen wollte, und er stieß einen grässlichen Fluch aus: »Wie du mir viele deiner Kinder vorenthalten hast, werde ich von jetzt an manche meiner Kinder vor den Augen der Menschen verstecken.« So geschah es, und seit jener Zeit gibt es Huldras – ›die Verhüllten‹ –, deren Existenz nach Meinung der ›Trollologen‹ allerdings mit Freudschen Gedankengängen zu erklären sind: Huldra also, ein Produkt der Furcht des Mannes vor der Macht schöner Frauen …

Schöne Troll-Künste

Auf der Vorlage norwegischer Trollmärchen schuf Henrik Ibsen (s. S. 77) seine weltberühmte Dichtung »Peer Gynt«, für die Edvard Grieg (s. S. 78) die »Peer Gynt-Suiten« komponierte, die heute zu den bekanntesten Orchesterstücken der romantischen Musik zählen. Nun hatte der Troll Einzug in die Weltliteratur und klassische Musik gefunden, doch auch bildende Künstler wurden inspiriert. Es war der Maler Theodor Kittelsen (1857–1914), der das Trollmotiv mit zahlreichen berühmt gewordenen Zeichnungen zur Blüte brachte. Die meisten seiner Troll-Werke werden heute in der Nationalgalerie in Oslo aufbewahrt, und sie erlebten Anfang der 1990er-Jahre eine Renaissance, als sie u. a. von der Black-Metal-Band Burzum für CD-Cover verwendet wurden.

Kunst in Norwegen – national-romantisch bis nordisch klar

Die unberührte norwegische Natur gilt als maßgebliches Element im gesamten norwegischen Kulturschaffen seit Mitte des 19. Jh., und bis in unsere Tage hinein sagt man der norwegischen Kunst nach, dass sie vor allem von der Natur inspiriert sei.

Nach der Trennung Norwegens von Dänemark 1814 begann Norwegen auch kulturell wieder auf eigenen Füßen zu stehen. Es brach eine Zeit großer nationaler Begeisterung an, und so erstrebten die Bohemiens des Landes auch eine eigenständige, sich von Dänemark wie von Schweden abgrenzende Kultur, etwas ganz speziell ›Norwegisches‹. Sie fanden es in den spektakulären Naturlandschaften ihrer Heimat, die bald von Poeten mit dramatischen Worten beschrieben, von Komponisten in wild-romantische Musik gefasst und von Malern mit bewegenden Pinselstrichen auf Leinwand gebannt wurden.

Dramatische Worte

Es begann das goldene Zeitalter der norwegischen Kunst, und bis in un-

Das vermutlich berühmteste norwegische Kunstwerk – »Der Schrei« von Edvard Munch kann im Osloer Munch-Museum bestaunt werden

sere Tage hinein haben die meisten norwegischen Künstler diese raue und mächtige nordische Natur in ihre Werke integriert, die heute als das maßgebliche Element im gesamten norwegischen Kulturschaffen seit Mitte des 19. Jh. gilt. Schon Henrik Ibsen (1826–1906), der in seinen Dichtungen die konsequentesten Individualisten der dramatischen Literatur überhaupt schuf, behauptete einmal, dass, wer sein Werk wirklich verstehen wolle, Norwegen kennen müsse, »diese großartige und doch strenge Natur, die die Menschen dort umgibt«.

Auch sein Zeitgenosse Bjørnstjerne Bjørnson (1832–1910), der andere Große der norwegischen Klassik und erster norwegischer Literatur-Nobelpreisträger (1903), ging von der nationalen Norwegennatur-Begeisterung getragene Wege. In seinem zum Nationallied gewordenen Gedicht *Ja vi elsker dette landet* (Ja wir lieben dieses Land) ist nicht von höheren Werten oder Gott die Rede, sondern von einem Land, das alle lieben, da es so wunderschön ist, und so drückte er pointiert die Heimatliebe seiner Generation aus.

Vor allem auch Knut Hamsun (1859–1952) wurde von Bjørnson beeinflusst, und er sollte der zweite norwegische Dichter werden, der mit dem Literatur-Nobelpreis bedacht wurde. Heute gilt er als der Vater der modernen Literatur, und mit seiner nüchternen Erzählkunst setzte er dem typischen Norwegen-Bild ein literarisches Denkmal. Seine prägenden Eindrücke empfing der Autodidakt, der keinerlei Schulbildung genossen hatte, in der spektakulären Nordland-Natur der Lofotennahen Insel Hamarøy, der er in vielen seiner zahlreichen Romane Gestalt verlieh. Immer wieder verdammt er mit giftgetränkter Feder »Lärm und

Gedränge« der Städte, lässt seine Figuren von dort, vor »Zeitungen und Menschen« fliehend, in rauschende Wälder zurückkehren, wo sie ihr wahres Ich finden und sich durch ursprüngliches Leben erneuern. 1917 kam »Markens Grøde« (»Segen der Erde«) heraus, und mit diesem weltberühmt gewordenen Buch – einer Huldigung der vielleicht primitiven, doch ursprünglichen und darum ›richtigen‹ Kultur des Menschen – festigte Hamsun seinen Weltruf: Es brachte ihm den Literatur-Nobelpreis ein (1920). Im Jahr 2009 stand Norwegen mit landesweiten Kulturveranstaltungen im Zeichen des Hamsun-Jahres.

Der dritte, bislang auch letzte Literatur-Nobelpreis ging 1928 an die Neorealistin Sigrid Undset (1882–1949), deren bekanntestes Werk die im Mittelalter spielende Trilogie »Kristen Lavransdatter« ist.

Die Bergener Festspiele

Die 1953 gegründeten Festspillene i Bergen sind die älteste und mit Abstand bedeutendste Kulturveranstaltung des Landes und haben sich in den letzten Jahren zu einem der führenden Mehrsparten-Kunstfeste Europas entwickelt. Zwischen Ende Mai und Anfang Juni finden unter dem Motto ›Nordische Impulse‹ mehr als 200 Musik-, Ballett-, Theater- und Folklore-Veranstaltungen statt – darunter immer Musik von Edvard Grieg sowie Schauspiele von Henrik Ibsen. Parallel dazu bietet das ca. 60 Konzerte umfassende Nattjazz-Festival Ohrenschmaus für Jazz-Enthusiasten. Informationen über www.fib.no und www. nattjazz.no.

Norwegische Musik zum Reinhören

Die Website www.mic.no des norwegischen Musikinformationszentrums in Oslo führt online auf eine musikalische Reise durch Norwegen und ist auch auf Englisch abrufbar. Beim digitalen Musikladen www.musikkonline.no kann man Soundfiles von typisch norwegischer Musik einkaufen und herunterladen. Eine andere Website, an der man als Musikliebhaber ebenfalls nicht vorbeiklicken sollte, lautet www.nordische-musik.de – sie ist allen musikalischen Strömungen des Landes gewidmet.

Wildromantische Klänge

Auch in der Musik – insbesondere der von Edvard Grieg (1843–1907), dem berühmtesten norwegischen Komponisten der Klassik – stellt sich Norwegen typisch vor. Inspiriert von der ›heroischen‹ Landschaft und der Volksmusik seiner Heimat gelang es Grieg, diese Einflüsse in eine eigene musikalische Sprache umzusetzen und zu verdichten. Seine Werke gelten als in Musik umgesetzte Natur, und was Sibelius für Finnland, Wagner für Deutschland, das ist Grieg für Norwegen. Mit seiner farbenreichen und lyrischen Tonsprache steht er bis heute einzigartig da, insbesondere »Solveigs Lied« aus der weltberühmten »Peer Gynt Suite« führte bei vielen Mitteleuropäern zu einem – sehr romantisierenden – Bild von Norwegen, ähnlich wie die Interpretationen des genialen Bergener Violin-Virtuosen Ole Bull (1810–1880).

Jazz – nordisch klar

Doch nicht nur Klassik und Volksmusik genießen in Norwegen hohes Ansehen, sondern auch der Jazz, der hier sogar maßgeblich mitgestaltet wurde und wird. Wie ganz Skandinavien seit den 1950er-Jahren eine starke Verbindung zum amerikanischen Jazz hatte, so auch Norwegen, wo 1963 John Coltrane ein Debüt-Konzert gab, das heute als eines der bedeutendsten Konzertdokumente des frühen Free Jazz gilt und das Interesse insbesondere der Jugend an diesem Genre erregte.

In den kommenden Jahren gelang einer neuen Generation von norwegischen Musikern im kulturellen Zusammenhang mit der 68er-Studentenbewegung der Sprung von der Imitation des amerikanischen Jazz zu einer emanzipierten, eigenständigen Spielart, die an keine traditionellen Muster wie Swing, Blues etc. gebunden war und daher zu einer für den Jazz einmaligen Freiheit des Ausdrucks gelangte. Musiker wie der Gitarrist Terje Rypdal, der Drummer Jon Christensen sowie – vor allen anderen sonst – der mittlerweile zu Weltrum gelangte Saxophonist Jan Garbarek waren maßgeblich an dieser Entwicklung beteiligt, und teils gemeinsam, teils parallel kreierten sie Wege und Möglichkeiten, die norwegische Volksmusik in ihren Jazz zu integrieren.

Diese typisch norwegische Spielart wird heute meist als nordisch klar bezeichnet, und sie ist u. a. geprägt von einer schwermütigen Grundstimmung und weiten Klangflächen, die von oft klagenden Melodielinien durchweht werden. Dass auch die norwegische Klassik Jazzthema sein kann, hat Geir Lysne gezeigt, der mit »The Grieg Code« (2009) eine Hommage an Edvard Grieg geschaffen hat.

Bewegende Pinselstriche

In der bildenden Kunst bannte Johan Christian Clausen Dahl (1788–1857) das typische Norwegen-Bild auf Leinwand. Der als Vater der norwegischen Malerei gerühmte Künstler und Freund von Caspar David Friedrich bekannte sich zu einem romantischen Subjektivismus und nahm so die Nationalromantik der Literatur vorweg. Ein Kunstwerk war ihm ein »aus der Natur geholtes Gedicht«, und so ernst und melancholisch, wie sich die norwegische Landschaft präsentiert, sind auch seine Bilder. Das Dramatische herrscht vor, und ein Symbol Norwegens und der Norweger waren dem Künstler vom Sturm zerzauste Bäume.

Dazu im Gegensatz stehen die Werke von Adolph Tidemand (1814–1876), der Norwegens Landschaft oft in lieblicher Eleganz darstellte. Sein berühmtestes Werk, das Gemälde »Braut in Hardanger«, komponierte er zusammen mit Hans Gude (1825–1903), und es spiegelt den Höhepunkt norwegischer Nationalromantik.

Auch Edvard Munch (1863–1944), der international wohl bekannteste norwegische Maler, bezog aus der Natur reiche Inspiration. Er verstand es wie kein anderer sonst, ihre Formen und Farben ins Expressive zu transponieren, wofür seine Gemälde »Eisenbahnrauch«, »Weiße Nacht« und »Winterlandschaft Kragerø« beispielhaft stehen.

Die bedeutendsten Kunstsammlungen des Südens sind die Nationalgalerie in Oslo (www.nasjonalmuseet.no, s. S. 90), das Munch-Museum in Oslo (www.munch.museum.no, s. S. 97), das Bergen Kunstmuseum in Bergen (www.kunstmuseene.no, s. S. 221) sowie das Rogaland-Kunstmuseum bei Stavanger (www.museumstavanger.no, s. S. 177).

Der norwegische Jazzpianist Bugge Wesseltoft auf dem Punkt Festival in Kristiansand

Unterwegs in Südnorwegen

Die Schönheit Südnorwegens vermittelt sich oftmals am besten auf einer Bootstour

Das Beste auf einen Blick

Oslo und Umgebung

Highlight!

Oslo: Im Zentrum rauschen die Wälder, vor dem Rathaus öffnet sich der Fjord, und der Badespaß beginnt mitten in der Stadt. Oslo fällt als grünste Metropole Europas in jeder Hinsicht aus dem Rahmen. Die norwegische Hauptstadt ist zudem kulturelles Zentrum des Königreichs. S. 84

Auf Entdeckungstour

Wikingerschiff-Museum: Nirgendwo sonst bietet sich die blutrünstige Geschichte der Wikinger, aber auch ihre reiche kulturelle Tradition und ihr Erbe als Schiffsbauer und Schnitzmeister so eindringlich dar wie in diesem Museum, wo drei umfangreiche Grabfunde aus dem 9. Jh. präsentiert werden. 21 S. 92

Vigeland-Anlage: Die Vigeland-Anlage ist als Glanzstück der Bildhauerkunst weit über die Grenzen Norwegens hinaus berühmt, und dies nicht nur wegen der sprichwörtlichen Monumentalität dieser Verherrlichung des menschlichen Lebens. 26 S. 98

Kultur & Sehenswertes

Nobel-Friedenszentrum: Alfred Nobel und der Friedensnobelpreis haben die Welt verändert. Das Zentrum ist dem Thema Frieden gewidmet. 12 S. 91

Opernhaus: Es gilt als eines der architektonisch ansprechendsten auf Erden und wurde 2008 zum ›Kulturgebäude der Welt‹ erkoren. 19 S. 95

Museumshalbinsel Bygdøy: Auf Bygdøy finden sich die bedeutendsten Dokumentationen norwegischen Volkstums, Entdeckergeistes und der Seetüchtigkeit dieser Nation. 20 – 24 S. 95

Aktiv unterwegs

Badestrände im Zentrum: Bygdøy bietet die schönsten Badestellen. 1 S. 97

Wandern, Skifahren, Rodeln: Die Marka bietet 1200 km markierte Wanderwege und 2600 km präparierte Loipen nebst 14 alpinen Pisten und einer 2 km langen Rodelbahn. 2 S. 97

Genießen & Atmosphäre

Aker Brygge: Einkaufs- und Vergnügungsmeile im Stil der Londoner Docklands mit luxuriösen Shoppingarkaden und über hundert Kneipen und Cafés, Pubs und Nightclubs. 13 S. 91

Krishnas Cuisine: Das Preisniveau der Restaurants in Oslo kann einem schon mal die Tafelfreuden vermiesen – wiederfinden kann man sie in diesem schlichten Restaurant ayurvedischer Esskultur. 5 S. 106

Theatercafé: Eines der letzten originalgetreuen Jugendstil-Kaffeehäuser Europas. 7 S. 90

Abends & Nachts

Ohrenschmaus: Oslo gilt als Musikmetropole des Nordens; sowohl Klassik- als auch Jazzliebhaber kommen hier voll auf ihre Kosten. S. 109

Europas grünste Hauptstadt – Oslo!

Wer das geografische Zentrum Oslos sucht, gerät in rauschende Wälder; direkt vor dem Rathaus öffnet sich der Fjord, und der Badespaß beginnt mitten in der Stadt, die in manchen Abschnitten aussieht wie eine Weltausstellung der neusten Architekturtrends im Hochpreissegment. Ebenso außergewöhnlich wie die unvergleichlichen Naturschönheiten des Landes ist auch dessen 1000 Jahre alte Hauptstadt. *Uusluu*, wie der Osloer sagt, fällt aus jedem gewohnten Rahmen heraus, was schon seine Lage zwischen Fjell und Wasser, Wiesen und Wäldern am Ende des 100 km langen Oslofjords offenbart. Die laut Prospekt »schönste Hauptstadt der Welt« ist mit ca. 630 000 Einwohnern die kleinste Skandinaviens, doch mit einer Ausdehnung von 454 km^2 eine der größten Europas und gleichzeitig – weil zu über 50 % mit Wald bedeckt – die grünste des Kontinents.

Genau 20 Minuten fährt die Straßenbahn von der City bis in die von 1200 km Wanderwegen erschlossene Wildnis, in der nicht weniger als 343 Seen zum Baden einladen. Auch die Strände am Oslofjord sind zur Erholung vom Großstadtleben wie

Infobox

Reisekarte: ▶ H 9; Karte 2

Touristeninformation
Internet: www.visitoslo.com
Callcenter: Tel. 81 53 05 55, Mo–Fr 9–16 Uhr, Hotelbuchung und allgemeine Infos.
Turistinformasjonen ved Rådhuset: Fridtjof Nansens Plass 5, Eingang von der Roald Amundsens gate aus, tgl. 9–16, Mai–Sept. tgl. 9–18 Uhr. Geldwechsel, Hotelbuchung, Verkauf der Oslo-Karte, Stadtrundfahrten, Infos zu ganz Norwegen, Souvenir- und Kartenverkauf, Vermittlung von Privatzimmern.

Stadtverkehr
Oslos Verkehrsnetz ist vorbildlich. Wer viel mit Bus und Bahn fährt, wendet sich an **Trafikanten** (vor dem Hauptbahnhof), wo man Mo–Fr 7–22, Sa, So 8–22 Uhr kostenlose Fahrpläne für Bus und Bahn erhält. Auch das Service-Telefon hilft weiter (Tel. 177; auch auf Englisch), und im Internet informiert die Website www.ruter.no, über die man exakte Wegbeschreibungen auch auf Deutsch abrufen kann. Die Tickets sind für alle Transportmittel gültig und kosten 30 NOK je Fahrt inkl. Umsteigen im Zentrum (1 Zone), sofern man sie an den Automaten kauft (sonst 50 NOK). Diese akzeptieren Mastercard und Visa, jedoch keine ec-Karten.

Taxis sind teuer (mind. 116 NOK), Bestellung über Tel. 0 23 23.

Eigenes Auto: Die Ein- und Ausfahrt in die Innenstadt ist gebührenpflichtig (27 NOK). An Parkhäusern herrscht kein Mangel, aber die Preise sind hoch (2 Std. im Zentrum kosten 66 NOK; kostenlos mit dem Oslo-Pass, s. S. 111).

Karl Johans gate

Das Storting – von hier aus werden die Geschicke des Landes gelenkt

geschaffen, und wenn ab Dezember die Stadt verschneit ist, dann gilt Oslo mit über 2600 km an präparierten Loipen und mehr als einem Dutzend Abfahrtspisten bis in den März hinein als ›Winterhauptstadt Europas‹ mit dem besten Après-Ski der Welt.

Wo sonst kann man von der Slalompiste oder aus dem Waldesdunkel per U-Bahn in die Disco fahren? Oslo ist cool, denn so sportbegeistert die Osloer sind, so lebenslustig sind sie auch, und nach Jahrzehnten des Dornröschenschlafs kommen jetzt sogar die Schweden und Dänen hierher, um sich in Nordeuropas neuer Nachtmetropole so richtig zu amüsieren. Mehr als 1000 Lokale laden zu Nightlife ein, unter ihnen einige der kultigsten Bars und Clubs des Nordens überhaupt, und auch über den ›Gastro-Himmel‹ wehen längst nicht mehr nur die Nordlichter.

Diesem einzigartigen Mix aus unberührter Natur und pulsierendem Großstadtleben verdankt Oslo sein ganz spezielles Flair, dem sich kaum ein Besucher entziehen kann. Eine Stadt zum Verlieben, eine Stadt auch für Romantiker und nicht zuletzt eine hochkarätige und moderne Kulturmetropole mit Dutzenden Sehenswürdigkeiten.

Karl Johans gate

Jede erste Bekanntschaft mit Oslo sollte an der Karl Johans gate beginnen. Sie leitet in gerader, knapp 2 km langer Linie vom Hauptbahnhof zum Schloss und wurde 1814 auf Geheiß des schwedischen Königs Karl Johan als Prunk-Boulevard erbaut. Majestätisch ihr Name, majestätisch auch ihr Gepräge, dem einige der schönsten Bauwerke der Stadt Ausdruck verleihen. »Via Veneto des Nordens« wird der Boulevard genannt, und er war und ist noch immer die Hauptschlagader der Stadt.

Günstigster Ausgangspunkt für einen Stadtrundgang ist Oslos **Haupt-**

Oslo

Sehenswert
1. Dom
2. Storting
3. Grand Hotel
4. Eidsvollpark
5. Studenterlunden
6. Universität
7. Nationalgalerie
8. Historisches Museum
9. Königliches Schloss
10. Nationaltheater
11. Rathaus
12. Nobel-Friedenszentrum
13. Aker Brygge
14. Tjuvholmen
15. Astrup Fearnley Museum
16. Akershus-Festung
17. Forsvarsmuseet
18. Hjemmefrontmuseet
19. Opernhaus
20. Norsk Folkemuseum
21. Vikingskipshuset
22. Fram-Museum
23. Kon-Tiki-Museum
24. Norsk Maritimt Museum
25. Munch-Museum
26. Vigelandspark
27. Vigeland-Museum
28. Henie Onstad Kunstsenter

Übernachten
1. Radisson SAS Scandinavia Hotel
2. Grand Hotel
3. Anker Hotel
4. Cochs Pensjonat
5. Anker Hostel
6. Oslo Vandrerhjem Haraldsheim
7. Sjøltyst Marina Bobilpark
8. Ekeberg Camping
9. Bogstad Camping

Essen & Trinken
1. Det Gamle Rådhus
2. Engebret Café
3. D/S Louise Restaurant & Bar
4. Støtorvets Gjæstgiveri
5. Krishnas Cuisine
6. Vega Vegetarisk Restaurant
7. Theatercafé
8. Lorry
9. Mathallen Oslo

Einkaufen
1. Friends Fair Trade
2. Norway Design
3. Fenaknoken

Aktiv
1 Huk
2 Marka, Holmenkollen, Korketrekkeren, Tryvann Winterpark
3 Tusenfryd
4 Boatsightseeing
5 Citysightseeing

Abends & Nachts
1 Herr Nilsen Jazzclub
2 Blå
3 Last Train
4 The Villa
5 Beer Palace
6 London Pub
7 Ett Glass
8 Oslo Konserthus

87

Oslo und Umgebung

Ibsen-Zitate
Seit Ende 2008 können Fußgänger auf ihrem Weg durch die Innenstadt insgesamt 69 markante Zitate des Dramatikers Henrik Ibsen (s. S. 77) auf dem Straßenpflaster studieren. »Feinkultur auf Straßenniveau« lautet der Name dieses Projekts. Die meisten der in rostfreien Stahlbuchstaben ausgeführten Zitate finden sich auf der Karl Johans gate, direkt vor dem Grand Café, einst Stammcafé des Künstlers.

Vom Bahnhof aus ist es nicht weit zum Dom, an seinem Backsteinturm (die Turmuhr aus dem Jahr 1718 ist die älteste noch funktionierende in Norwegen) unschwer zu erkennen. Er wurde 1694–99 errichtet, in der Vergangenheit mehrfach restauriert und zuletzt 2010 neu eröffnet. Sehenswert in der Bischofskirche sind vor allem das Altarbild, die Kanzel, der Königsstuhl (alle 1700) und die 1950 fertiggestellte Gewölbedekoration. Das monumentale Werk in Ei-Öl-Tempera nimmt eine Fläche von 1500 m^2 ein.

bahnhof (Sentralstasjon), wo es nebst Touristeninfo und Trafikanten (Verkehrsinformation), Geldwechsel und Post auch ein Parkhaus gibt.

Dom 1
Stortorvet, www.oslodomkirke.no,
tgl. 10–16, Sa auch 0–6 Uhr,
Eintritt frei

Storting 2
0026 Oslo, www.stortinget.no, Führungen, auch auf Englisch, Mo–Fr
24. Juni–16. Aug. tgl. 10 und 13 Uhr,
sonst nur Sa, Eintritt frei

Drei weitere Shopping-Blöcke sind zu bewältigen, dann erhebt sich linker Hand das 1861 im Stil der Neugotik errichtete Storting. Architektonisch ist das

Oslos Schokoladenseite mit dem imposanten Backsteinkomplex des Rathauses

Rings um die Universität

Parlamentsgebäude nicht gerade ein Highlight, aber dafür beeindruckt das Innere mit einer reichen künstlerischen Ausstattung. Sehenswert ist u. a. das die Verfassungsgebende Versammlung darstellende Gemälde im Plenarsaal.

Grand Hotel 3
In unmittelbarer Nähe des Parlamentsgebäudes prunkt in der Karl Johans gate 31 das altehrwürdige Grand Hotel, ganz Kind des 19. Jh., mitsamt dem Grand Café (s. S. 103), in dem alle Künstler von Ibsen bis Munch verkehrten. Dargestellt ist die illustre Künstlerschar im Innern auf einem großformatigen Gemälde von Christian Krogh.

Rings um die Universität

Die nun wieder verkehrsumbrandete Promenade wird zur Rechten von weiteren Prunkbauten aus der norwegischen Gründerzeit flankiert, während sich linker Hand das satte Grün des von Wasserspielen aufgelockerten **Eidsvollpark** 4 auftut, wo sich Studenten der nahe gelegenen Universität und Stadtstreicher gerne ihre Zeit vertreiben. Jenseits der Roald Amundsen gate heißt der Park **Studenterlunden** (Stortingsgata 12); hier finden sich zahlreiche Biergärten. Links angrenzend liegt das Nationaltheater (s. u.), ihm gegenüber die **Universität** 6, ein klassizistischer, von Säulen getragener Bau – sehenswert insbesondere die Aula mit einem Wandgemälde von Edvard Munch (Karl Johans gate 47, im Sommer Mo–Fr 10–15 Uhr).

Nationalgalerie und Historisches Museum
Die Fortsetzung des Rundgangs führt zum Schloss, aber zuvor sollte man nicht versäumen, der Universitetsgata

Oslo und Umgebung

Unser Tipp

Theatercafé 7

Das Theatercafé im Hotel Continental ist ein Wahrzeichen Oslos und eines der wenigen noch originalgetreuen Jugendstil-Kaffeehäuser Europas. Einst Knut Hamsuns Stammlokal, heute Prominententreff und sternchenverdächtige Sehenswürdigkeit. Um Reservierung und angemessene Garderobe wird gebeten. Empfehlenswert und auch erschwinglich sind die Mittagsgerichte (Mo–Sa 11–15 Uhr) zu 175 NOK; Hauptgerichte ab 250 NOK (Theatercafeen, Stortingsgt. 24–26, nahe dem Nationaltheater, Tel. 22 82 40 50, www.hotel-continental.no, Mo–Sa 11–23, So 15–22 Uhr, Hauptgerichte ab 250 NOK).

ca. 150 m nach rechts zur **Nationalgalerie** 7 zu folgen. In der wichtigsten Kunstsammlung Norwegens sind neben allen bedeutenden Malern des Landes auch Kunstwerke von Manet, Degas, van Gogh, Renoir, Gauguin und Picasso zu bewundern (Universitetsgata 13, www.nasjonalmuseet.no, Di, Mi und Fr 10–18, Do bis 19, Sa, So 11–17 Uhr, 50 NOK).

Angrenzend und direkt hinter der Universität befindet sich in einem der schönsten Jugendstilbauten der Stadt das **Historische Museum** 8 . Die Altertumssammlung zeigt u. a. Funde aus der Wikingerzeit sowie Portale von Stabkirchen, die ethnografische Abteilung ist dem Leben fremder Völker gewidmet, und das Münzkabinett besticht mit einer umfassenden Münz- und Medaillensammlung (Stortingsgata 12, www.khm.uio.no, Di–So 11–16 Uhr, 50 NOK).

Königliches Schloss 9

Slottsplassen 1, www.kongehuset. no, nur 22. Juni–12. Aug. Führungen (Erw. 95 NOK) auf Englisch Mo–Do und Sa um 12, 14 und 14.20, Fr/So 14, 14.20 und 16 Uhr, 55 Min. Dauer. Nur wenige Tickets pro Tag am Schloss, sonst ab 1. Mai im Vorverkauf bei den Postämtern des Landes sowie unter www.billettservice.noÜber die Frederiksgate geht es auf die Karl Johans gate zurück, die nun, vom königlichen Park umschlossen, am Karl-Johan-Reitermonument vorbei, direkt zum im Empire-Stil errichteten Schloss führt. Schutzlos den Fotoangriffen der Touristen ausgeliefert sind die Palastwachen (Wachablösung tgl. um 13.30 Uhr), die ebenso elegant gekleidet sind wie ihre Kollegen vor dem Buckingham-Palast. 15 repräsentative Räume im eklektizistisch ausgestatteten Schloss sind der Öffentlichkeit zugänglich.

Zum Nobel-Friedenszentrum

Die parallel zur Karl Johans gate verlaufende Stortingsgata führt zum 1895 erbauten **Nationaltheater** 10 am Johanne Dybwads plass 1. Den Haupteingang schmücken zwei in Erz gegossene Skulpturen von Henrik Ibsen und Bjørnstjerne Bjørnson.

Nach ca. 100 m zweigt rechts die Roald Amundsen gate ab, wo man von einer ganz anderen, kalt bedrängenden Welt empfangen wird. Aus Backstein errichtet sind die schmucklosen Nutzbauten rechts und links, und aus dem gleichen Material das 1950 fertiggestellte **Rathaus** 11 (Rådhuset, Rådhusplassen 1), in dem die Friedensnobelpreise verliehen werden. Über den architektonischen Wert dieses zweitürmigen Bauwerks streiten sich die Osloer bis heute. Von Größe geprägt ist auch die innere Ausstattung, an der 28 Künstler gearbeitet haben (tgl. 10–18 Uhr, im Sommer mehrmals tgl. Führungen).

Vis-à-vis des Rathauses erhebt sich das **Nobel-Friedenszentrum** 🟥**12**, anlässlich der Feiern zur 100-jährigen Selbstständigkeit Norwegens 2005 im einstigen Hauptbahnhof nahe der Pipervika mit Aker Brygge eröffnet. Neben einer ständigen Ausstellung zu den Arbeiten aller Friedensnobelpreisträger seit 1901 gibt es Wechselausstellungen zum Thema Frieden. Darüber hinaus bietet das Zentrum Hintergrundinformationen zu Alfred Nobel (1833–96) sowie zu aktuellen Konfliktherden und internationalen Friedensinitiativen (Brynjulf Bulls Plass 1, www.nobelpeacecenter.org, Mitte Juni–Ende Aug. tgl. 10–18 Uhr, sonst nur Di–So, 80 NOK).

Die Front zum Oslofjord

Aker Brygge 🟥**13**
0250 Oslo, www.akerbrygge.no
Nach der Johans gate, der klassischen Flanier- und Shoppingmeile der Stadt, sollte man sich die ›Schokoladenseite‹ Oslos vornehmen: die Front zum Oslofjord. Diese als Pipervika bekannte Uferzone wird von zwei Polen geprägt; über ihrem Ostrand erhebt sich die Festung Akershus (s. S. 95), im Westen ragen die postmodern schimmernden Glastürme der Aker Brygge auf. Die Osloer sind stolz auf dieses Viertel im ehemaligen Werftgelände, das im Stil der Londoner Docklands gestaltet ist und den Städtern mit seinen Kai-Cafés und durchgestylten Restaurants, Designerclubs und coolen Bars als *der* Schmelztiegel der Freizeitlust dient. Auf schwimmenden Plattformen oder auf dem Kai wird Eis geleckt, auf ausrangierten Ausflugsbooten getafelt. In luxuriösen Shoppingarkaden machen sich edle

Boutiquen Konkurrenz, und aus über hundert Kneipen und Nightclubs tönt Dixie oder Freejazz, Norwegen-Pop oder Klassisches nach draußen, wo sich die Straßencafés aneinanderreihen und auf Freilicht-Auktionen Kitsch und Kunst unter den Hammer kommen.

Tjuvholmen und Astrup Fearnley Museum
Direkt angrenzend liegt das ehemalige Hafenviertel **Tjuvholmen** 🟥**14**, das nach jahrelangen Bauarbeiten die Vielfalt verschiedenster architektonischer Ausdrucksformen aufzeigen will und sich als ein Paradebeispiel der zeitgenössischen europäischen Architektur präsentiert (0252 Oslo, www.tjuvholmen.no).

Herzstück der ehemaligen Hafenanlage ist das über 90 Mio. € teure **Astrup Fearnley Museum für moderne Kunst** 🟥**15**. Es wurde in Form eines großen Glassegels nach den Entwürfen des italienischen Stararchitekten Renzo Piano (Schöpfer u. a. des Centre Pompidou in Paris) konstruiert und schon kurz nach seiner Eröffnung im Herbst 2012 als eines der herausragenden neuen Museen weltweit gefeiert. Je nach Blickwinkel stiehlt es sogar der grandiosen Oper (s. S. 95) die Show. Auch die ambitionierte Ausstellung im lichtdurchfluteten Innern bietet höchsten Genuss, liest sich doch der Sammlungskatalog dieses Privatmuseums wie ein Who's Who der Kulturelite der Nachkriegszeit (Strandpromenaden 2, www.af museet.no, Di, Mi und Fr 12–17, Do bis 19, Sa/So 11–17 Uhr, 100 NOK).

Akershusstranda
Zwischen dem gläsernen Architekturensemble der Aker Brygge und der Akershus-Festung verläuft die ca. 1 km lange Uferpromenade ▷ S. 95

91

Auf Entdeckungstour:
Das Wikingerschiff-Museum auf Bygdøy

Die blutrünstige Geschichte und reiche kulturelle Tradition der Wikinger, ihr Erbe als Schiffsbauer und Schnitzmeister bietet sich nirgendwo sonst so eindringlich dar wie in diesem Museum in Oslo, wo gleich drei reiche Grabfunde aus dem 9. Jh. präsentiert werden.

Infos: Vikingskipshuset [21], Huk Aveny 35, www.khm.uio.no, Mitte Mai–Sept. tgl. 9–18, sonst 10–16 Uhr, 60 NOK.
Anfahrt: Ab Anleger Rådhusbrygge mit Fährboot Nr. 91 (April–Sept.) bis Endstation (kurzes Wegstück), außerdem mit Bus Nr. 30 bis vor die Haustür.
Wikinger im Web: Ausführliche Infos bietet www.wikinger.org, die größte deutschsprachige Seite über Wikinger.

Das in einem kirchenähnlichen Gebäude auf Bygdøy untergebrachte Wikingerschiff-Museum ist gut gefüllt. Ehrfürchtig schieben sich die Besuchermassen durch die lichtdurchflutete Halle auf das berühmte **Osebergschiff** zu, das 1904 in einem Grabhügel am westlichen Oslofjord bei Tønsberg gefunden wurde. Angesichts der nahezu kultischen Präsentation dieses 22 m langen und 5 m breiten Prunkstücks der Ausstellung versteht man, von welch herausragender Bedeutung die Wikingerzeit, die dem Land den heroischen Höhepunkt seiner Geschichte brachte, für die Norweger auch heute noch ist. Mit seinen reichen Schnitzarbeiten gehört es zum Bewundernswertesten, was je ein Volk aus Holz geschaffen hat.

Tritt man näher, wird offenbar, dass das in typischer Klinkerbauweise gezimmerte Langschiff aus Eiche an Bug und Heck, ja bis an den Kiel hinab mit kunstvollen Schnitzereien versehen ist. Da erkennt man in Schleifen gebundene Ornamentik, eng ineinander verbissene zoomorphe Körper und detailliert geschnitzte Drachenköpfe. Angesichts dieses prachtvollen Zierrats offenbart sich, dass es sich bei dem Osebergschiff um eine königliche ›Yacht‹ oder ein sogenanntes Zeremonialschiff gehandelt haben muss. Erbaut wurde es um 820 und im Jahre 834 dem Grab der Wikingerkönigin Åsa beigelegt. Zusammen mit anderen Gaben, die man der Herrscherin auf ihre Reise nach Walhall mitgegeben hatte, gilt es als der reichste Grabfund aus der Wikingerzeit, der je in Norwegen gemacht wurde.

Die ›Geißel Gottes‹

Aus den Nebelschwaden der Nordsee, getränkt mit dem Geruch von Blut und salziger See, taucht die Geschichte Norwegens wie der Furcht einflößende Drachenkopf des alten Oseberg-Schiffes auf. Denn erst mit den Eroberungszügen der ›Nordmänner‹, die sich nach ihren angestammten Sitzen in den *viken* (Buchten) Wikinger nannten, tritt das Land ins Licht der Geschichte Europas, dem es bis dahin kaum bekannt war. Glaubt man den christlichen Annalen, beginnt alles im Frühjahr des Jahres 793, als eine Schar heidnischer Nordmannen das Kloster Lindisfarne vor der Küste Nordostenglands angreift: »Sie verheerten alles durch schreckliche Plündereien, zertrampelten mit gottlosen Füßen die geheiligten Stätten, rissen die Altäre heraus und bemächtigten sich aller Schätze«.

Dieses Gemetzel ist der Auftakt für einen kurzen, aber brutalen Siegeszug durch das gesamte Abendland, rechnet man die Taten der schwedischen Wikinger mit ein, sogar bis nach Bagdad und Byzanz. Wo immer die wilden Horden auftauchen – in Schottland oder Irland, vor Paris, in der Camargue, am Rhein, in Marokko oder Italien –, hinterlassen sie eine blutige Spur, die das Bild vom Wikinger als einer ›Geißel Gottes‹ für lange Zeit geprägt hat.

Händler und Entdecker

Nach und nach aber wandelten sich die wahrscheinlich durch Überbevölkerung und Landknappheit in Norwegen ausgelösten Raubzüge der Wikinger

zu Handelsfahrten und Expeditionen, während derer u. a. die heutige Normandie, die Shetland- und Orkney-Inseln, Teile Schottlands, Englands und Irlands besiedelt sowie zahlreiche Königreiche gegründet wurden. Um 870 entdeckten und besiedelten sie Island, 980 stieß Erik der Rote nach Grönland vor, und 1002 erreichte dessen Sohn Leiv Erikson sogar Nordamerika. Und all dies mit Schiffen jener Bauart, wie sie hier im Wikingerschiff-Museum ausgestellt sind. Insbesondere das in einem Seitenflügel der Ausstellung aufgebaute **Gokstad-Schiff** gilt als ein Wunder an Seetüchtigkeit, wie es der spätere norwegische Seefahrtdirektor Magnus Andersen überzeugend nachweisen konnte: 1893 fuhr er mit der ›Viking‹, einer exakten Kopie des Gokstad-Schiffes, von Norwegen aus innerhalb von 28 Tagen über den Atlantik, um an der Weltausstellung in Chicago teilzunehmen. Der bislang letzte Gokstad-Nachbau, die ›Gaia‹, querte 1990 den Atlantik und wird auch heute noch Jahr für Jahr von Enthusiasten genutzt.

Der schnittige Bootskörper misst rund 24 m x 5 m, hatte 16 Ruderpaare, ein Segel von wahrscheinlich 110 m² Fläche und machte damit, wie man berechnen konnte, gut und gerne 12 Knoten Fahrt, also immerhin gut 20 km/h (zum Vergleich: das neueste Schiff der Hurtigrute macht max. 18 Knoten).

Das dritte Schiff der Ausstellung ist das 1867 in einem Hügelgrab bei Fredrikstad entdeckte 22 m lange **Tuneschiff**, das um 890 gebaut wurde und der Bestattung eines adligen Wikingers gedient hat. Doch sehenswerter als dieses nur in Fragmenten erhaltene Exponat sind die separat ausgestellten vier **Schlitten** und der wahrscheinlich aus dem 8. Jh. stammende **Wagen** aus Eiche, der über und über mit feinsten Schnitzereien versehen und der einzige aus der Wikingerzeit ist, der jemals in Norwegen gefunden wurde.

Aus Ahorn geschnitzter Tierkopf-Pfosten aus dem Oseberg-Fund

Akershusstranda, vorbei an vor Anker liegenden Kreuzfahrtschiffen, Frachtern und prachtvoll herausgeputzten Oldtimer-Booten. Sie führt direkt unter den Festungsmauern entlang, aber aufgrund der Straßenführung muss man einen ca. 700 m langen Umweg via Kongens-, Mynt- und Kirkegate in Kauf nehmen, um in das Bollwerk hineinzukommen. Wem das zu umständlich ist, kann ab der Akerbrygge (Vestbaneplassen) die Straßenbahn Nr. 12 Richtung Disen bis nach Christianiatorv nehmen (3 Min.); von hier aus sind es nur wenige Minuten zu Fuß zur Festung.

Akershus-Festung

Das gewaltige Bollwerk der **Akershus-Festung** 16 wurde in den ersten Jahren des 14. Jh. von Håkon V. als Palastburg errichtet und im 17. Jh. im Stil der Renaissance umgebaut. Mit Abstand am beeindruckendsten ist die weite Aussicht von den Festungswällen auf das angrenzende Hafengebiet, die Aker Brygge und die Pipervika bis hinüber zur Museumsinsel Bygdøy (www.akershusfestning.no, tgl. 6–21 Uhr).

Innerhalb der auch heute noch unter Militärverwaltung stehenden Festung gibt es mehrere Sehenswürdigkeiten. Das im Stil der Renaissance erbaute Akershus slott beeindruckt u. a. mit prachtvoll ausgestatteten Repräsentationssälen, der alten Schlosskirche und dem königlichen Mausoleum (0150 Oslo, www.nasjonalefestningsverk.no, Mai–Aug. Mo–Sa 10–16, So ab 12 Uhr, sonst nur Sa/So 12–17 Uhr, 70 NOK inkl. Audioguide, Führung 50 NOK extra).

Im **Forsvarsmuseet** 17 (Verteidigungsmuseum) wird die norwegische Militärgeschichte von der Wikingerzeit bis in die Gegenwart nachgezeichnet, eine Cafeteria bietet Erfrischungen (0150 Oslo, www.forsvarsmuseet.no,

Mai–Aug. Mo–Fr 10–17, Sa, So 11–17, sonst Di–Fr 11–16, Sa, So 11–17 Uhr, Eintritt frei).

Bleibt als letztes Highlight das **Hjemmefrontmuseet** 18 (Widerstandsmuseum). Der Standort ist trefflich gewählt, denn auf dem Platz davor fällte ein deutscher Marinerichter seine Todesurteile. Nüchtern und bar jeden Hasses erinnert die Ausstellung an den Widerstand gegen die Besatzer und ihre Gräueltaten (0150 Oslo, www.forsvarsmuseet.no, Juni–Aug. Mo–Sa 10–17, So ab 11, sonst tgl. 10/11–16 Uhr, 50 NOK).

Opernhaus 19

Kirsten Flagstads plass 1, www.operaen.no

Von der Akershus-Festung ist es nur ca. 10–15 Min. langes Wegstück um die östlich an die Pipervika angrenzende Bjørkvika herum zum neuen Opernhaus, das 2008 fertiggestellt wurde und sich als spektakulärer Blickfang aus Glas und Beton in Form eines Eisberges präsentiert. Es gilt als eines der architektonisch ansprechendsten auf Erden und wurde auf dem World Architecture Festival in Barcelona gleich nach seiner Eröffnung zum »Kulturgebäude der Welt 2008« erkoren. Es ist nur im Rahmen von Führungen zu besuchen (je nach Saison tgl. 12 oder 13 Uhr, 100 NOK).

Museumsinsel Bygdøy

Oslo ist eine Stadt der Gegensätze, und neben den Sehenswürdigkeiten sind es diese Kontraste, die einen Aufenthalt zum Erlebnis werden lassen. Zwei Kilometer sind es von der Aker Brygge bis Bygdøy, einer Halbinsel im Oslofjord: üppige Rosengärten vor weißen Luxusvillen aus Holz, weidende Kühe auf sattgrünen Wiesen, Eichenwälder, Badestrände und – deshalb kommen die

Oslo und Umgebung

Touristen täglich zu Tausenden hierher – die bedeutendsten Dokumentationen norwegischen Volkstums, norwegischen Entdeckungsgeistes und der Seetüchtigkeit dieser Nation.

Im Sommer verkehrt alle paar Minuten das Fährboot Nr. 91 ab dem Anleger Rådhusbrygge vor dem Rathausplatz; wer mit dem eigenen Fahrzeug anreisen will, folge von der E 18 Richtung Drammen aus den Hinweisschildern nach links; wer den Bus vorzieht, gelangt mit der Nr. 30 nach Bygdøy.

Norsk Folkemuseum [20]

Museumsvei 10, www.norskfolkemu seum.no, Mitte Mai–Mitte Sept. tgl. 10–18, sonst Mo–Fr 11–15, Sa, So bis 16 Uhr, 110 NOK, Folkloredarbietungen im Telemarkstunet Ende Juni– Mitte Aug. tgl. 10–18 Uhr

Vom Anlegesteg der Fähre führt ein ausgeschilderter Weg zum Norsk Folkemuseum, das 1902 als erstes norwegisches Freilichtmuseum eröffnet wurde. Es vermittelt ein ebenso großartiges wie umfassendes Bild norwegischer Kultur. In der 14 ha großen Freilichtabteilung finden sich 155 Gebäude, zusammengetragen aus dem ganzen Land und hier wieder aufgebaut: Stadthäuser, Bauernhöfe, Speicher, Fischerhütten, Kirchen, unter ihnen auch die Stabkirche von Gol. Das breite Spektrum der auch regional höchst unterschiedlichen Kulturgüter zeigt sich ebenso im Innern der Häuser, in denen Hausrat, Werkzeug und sakrale Kunstgegenstände ausgestellt sind.

Wikingerschiff-Museum [21]

s. Entdeckungstour S. 92

Fram-Museum [22]

Bygdøynesveien 36, www.frammuse um.no, Juni–Aug. tgl. 9–18, Mai, Sept. 10–17, sonst 10–15 Uhr, 80 NOK

Wer müde ist, kann zum Fähranleger zurückkehren und das Schiff erneut besteigen, um an der nächsten Station wieder an Land zu gehen. Auf der Straße (ausgeschildert) sind es ca. 10 Min. Fußweg zu gleich drei besuchenswerten Museen. Mit seinem extrem hochgezogenen Dreiecksdach am auffälligsten präsentiert sich das Fram-Museum. Mit dem nur 35 m langen und 1892 von Collin Archer aus Eiche erbauten Polarschiff ›Fram‹ machte sich Fridtjof Nansen auf, den Nordpol zu erreichen. Roald Amundsen lieh sich den dickleibigen Dreimastschoner aus, um an den Rand der Antarktis vorzustoßen, von wo aus er 1911 als erster Mensch zum Südpol gelangte. Das eindrucksvolle Schiff darf betreten und von innen betrachtet werden. In der lichtdurchfluteten Halle werden neben zahllosen Zeitungsausschnitten auch Fotos, Ausrüstungsgegenstände und Karten von den Polarfahrten ausgestellt. Die ›Gjøa‹, mit der Amundsen 1903–06 die berüchtigte Nordwestpassage bezwang, ist vor dem Fram-Haus aufgebockt.

Kon-Tiki-Museum [23]

Bygdøynesveien 36, www.kon-tiki. no, Juni–Aug. tgl. 9.30–18, April, Mai, Sept. tgl. 10–17, sonst 10–16 Uhr, 80 NOK

Gegenüber liegt das Kon-Tiki-Museum, in dem das Balsaholzfloß ›Kon-Tiki‹ aufgebaut ist, auf dem sich der norwegische Zoologe Thor Heyerdahl zusammen mit fünf Gefährten im Jahre 1947 in 101 Tagen von Peru nach Polynesien treiben ließ (4200 Seemeilen), um zu beweisen, dass Altperuaner schon im Mittelalter im Stillen Ozean gekreuzt sein könnten. In der Halle sind zudem Gebrauchsgegenstände aus Südamerika und Polynesien sowie Steinskulpturen von der Osterinsel ausgestellt.

In der Nachbarhalle befindet sich das Papyrus-Boot ›Ra II‹, der Nachbau eines Schiffes aus dem Alten Ägypten,

Museumsinsel Bygdøy

auf dem Thor Heyerdahl 1970 mit einer siebenköpfigen Mannschaft von Marokko aus in 57 Tagen den Atlantik überquerte.

Norsk Maritimt Museum 24

Bygdøynesveien 37, www.marmuseum.no, Mitte Mai–Ende Aug. tgl. 10–17, sonst 10–15 Uhr, 60 NOK
Das Norwegische Seefahrtsmuseum stellt die Geschichte der norwegischen Schifffahrt von den Anfängen bis zur Gegenwart durch Modelle, Karten, Bilder und maritime Ausrüstungen dar. Auch eine Fischerei-Abteilung gibt es, Walfang eingeschlossen.

Badebucht Huk 1

Die Halbinsel Bygdøy bietet nicht nur einige der meistbesuchten Museen des Landes, sondern auch die populärsten Badetreffs am Oslofjord. ›Der‹ Tipp für einen warmen Sommertag ist die am Südzipfel gelegene Badebucht **Huk**, die mit Felsküste, Uferwiesen und drei Sandstränden zur Erfrischung einlädt (Naturreservat Hukodden: Bygdøy/Frogner, Bus Nr. 30 bis ›Huk‹ oder Fährboot Nr. 91 bis ›Bygdøynes‹).

Wandern

Mit über 1200 km an markierten Wanderwegen und mehr als drei Dutzend, teils bewirtschaf- ▷ S. 101

Unser Tipp

Munch-Museum 25

Zu einer Begegnung mit Norwegens berühmtestem Maler lädt das Munch-Museum im Osten von Oslo ein. Edvard Munch (1863–1944) gilt als einer der Wegbereiter des Expressionismus. Was er mit genialer Pinselführung auf die Leinwand brachte, waren innere Gesichter, in denen existenzielle menschliche Erfahrungen zum Ausdruck kommen – Not und Angst, Liebe und Hass, Einsamkeit und Tod. Munchs virtuoser Einsatz künstlerischer Ausdrucksformen begründete seine überragende kunsthistorische Bedeutung als Pionier der Moderne, Seite an Seite mit so berühmten Künstlerkollegen wie van Gogh, Cézanne und Gauguin.

Das Museum nennt über 18 000 Grafiken, 4500 Zeichnungen und 1100 Gemälde des Meisters sein Eigen. Eingedenk dieses Monumentalwerks ist es naheliegend, dass immer nur ein Teil ausgestellt werden kann. Doch die bekanntesten Gemälde sind in aller Regel stets zu betrachten, und seit Sommer 2008 kann das Museum endlich auch die beiden berühmtesten Bilder des Malers wieder der Öffentlichkeit präsentieren: »Skrik« (Der Schrei) und »Madonna«, die 2004 von zwei bewaffneten Männern gestohlen und dabei erheblich beschädigt worden waren. Zwei Jahre später konnten die beiden Bilder, deren Gesamtwert auf ca. 90 Mio. € geschätzt wird, wieder sichergestellt werden, doch dauerte es zwei weitere Jahre, bis die Meisterwerke weitestgehend restauriert waren (Munch-museet, Tøyengt. 53, Tel. 23 49 35 00, www.munch.museum.no, Sept.–Mai Di–Fr 10–16, Sa, So 11–17, Juni–Aug. tgl. 10–18 Uhr, Apr.–Sept. Di–Fr 10–16 Uhr, 95 NOK, hin mit dem Bus Nr. 20 bis Haltestelle ›Munch-museet‹, U-Bahn bis Tøyen stasjon).

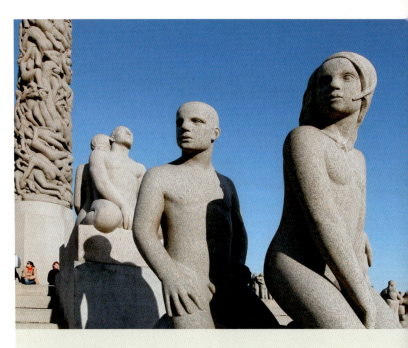

Auf Entdeckungstour:
Gigantisch – die Vigeland-Anlage

Die Vigeland-Anlage ist als ein Glanzstück der Bildhauerkunst weit über die Grenzen Norwegens hinaus berühmt, und dies nicht nur wegen der sprichwörtlichen Monumentalität dieser Verherrlichung des Menschseins.

Anfahrt: Straßenbahn Nr. 12 (Haltstelle ›Vigelandsparken‹)
Vigelandspark 26: Frognerparken, www.vigeland.museum.no, durchgehend geöffnet, Eintritt frei.
Einkehrmöglichkeit: Kafe Vigeland, www.kafevigeland.no, Juni–Aug. tgl. 9–20.30, sonst 10–16 Uhr; der Frognerpark ist auch ideal zum Picknicken.
Vigeland-Museum 27. Nobels gate 32, www.vigeland.museum.no, Juni–Aug. Di–So 10–17, sonst 12–16 Uhr, 60 NOK.

Es war einmal der Bildhauer Gustav Vigeland (1869–1943); der hatte den Traum, das menschliche Leben von der vorbewussten Kindheit bis zur nachsinnenden Ruhe des Alters, mitsamt Glück und Trauer, Hoffnung und Verzweiflung, in all seinen Phasen darzustellen und so ein steinernes Gleichnis des Lebens selbst zu schaffen. Um diese Vision zu verwirklichen, vermachte er all seine bisherigen Werke der Stadt Oslo und bekam dafür als Gegenleistung ein Atelier und die erforderlichen Mittel.

So ging er an die Arbeit, die fast die gesamten letzten 22 Jahre seines Lebens in Anspruch nahm, und schuf einen Skulpturenpark wahrhaft monumentaler Art: die Vigeland-Anlage, in der sich – in Gruppen zusammengefasst – rund 200 Skulpturen mit etwa 650 Figuren auf einer 850 m langen Achse aneinanderreihen. Sie brachte ihm höchstes Lob wie auch größten Tadel ein: Dünkt der Künstler den einen als ein »Michelangelo der Neuzeit«, so sah der französische Kunstkenner Sylvain Pivot in ihm einen »Rodin de Néandertal«.

Die Kindheit – Schlüssel zum Werk

Die meisten Besucher aber sind fasziniert: Durch das aus Granit und Schmiedeeisen gefertigte siebentorige **Hovedportalen (1,** Hauptportal) am Kirkevei ›kunstwandeln‹ die begeisterten Besucher zur 100 m langen und 15 m breiten **Broen (2,** Brücke), die von 58 Bronzeskulpturen flankiert wird (geschaffen zwischen 1926 und 1933). Dargestellt sind Kinder, Männer und Frauen, allein oder in Gruppen. Dominantes Motiv ist das Verhältnis zwischen Mann und Frau sowie zwischen Eltern und Kindern; betrachtet man die einzelnen Skulpturen aus der Nähe, so drängt sich das Bild eines Künstlers auf, dessen Kindheit überaus problematisch war. Tatsächlich war sowohl sein Verhältnis zu den Eltern als auch das zu Frauen tief gestört.

Vigeland hat einmal über sich selbst gesagt, dass er seine Kindheit immer in sich getragen habe, den jähzornigen und tyrannischen, vom protestantischen Fundamentalismus geprägten Vater, der ihm, durchaus auch mit der Peitsche, das Leben von Anfang an zur Hölle gemacht und ihm immer eingebläut habe, dass Frauen unrein, dem Bösen verbunden und eigentlich keine Menschen seien. Das sieht man den skulptierten Frauen an, die zwar liebevoll dargestellt sind, aber doch stets mit einem Blick, der ins Leere geht. Auch die Kinder machen kaum einen glücklichen Eindruck, und vor allem die Vater-Kind-Gruppen lassen tief in die Seele des Künstlers blicken, der einen regelrechten Hass auf seinen Vater entwickelt hatte, da dieser ihn, wie er einmal sagte, seiner Kindheit beraubt habe.

Die ausdrucksstärkste Skulptur zu dieser Vater-Sohn-Problematik ist der im Zentrum der Brückenbalustrade stehende **Sinnataggen (3),** ein Knabe, der voller Zorn die Hände zu Fäusten ballt und mit dem Fuß aufstampft. Obwohl eine der kleinsten Skulpturen im Vigelandspark, ist der »kleine Trotzkopf« der Liebling der Besucher.

Der ewige Kreislauf

Von der Brücke aus ist es nur ein kurzes Wegstück zur **Fontenen (4),** dem ›Brunnen‹, der von einem 1800 m² großen Labyrinth aus weißem und schwarzem Granit umgeben ist, dessen geometrisches Muster ein insgesamt 3 km langes Labyrinth formt. Bereits im Jahre 1909 realisiert, ist er der älteste Teil des Parks, umstan-

den von insgesamt 20 Baumgruppen (1906–14), unter deren Kronen sich das gesamte menschliche Leben zwischen Geburt und Tod entwickelt.

Vom Brunnen aus führt eine Treppe ins Zentrum der gewaltigen Anlage hinein, gebildet durch den 17,3 m hoch aufragenden **Monolitten (5),** ›zusammengesetzt‹ aus 121 ineinander verschlungenen Menschenleibern, die kämpfend zum Licht streben – so die heute vorherrschende Interpretation des Monolithen, der zwischen 1933 und 1949 aus einem einzigen Granitblock gemeißelt worden ist. Die Säule lässt sich auch als Phallus deuten, Fruchtbarkeitssymbol und Ursprung allen Lebens. Umgeben ist sie von 36 Figurengruppen aus Granit, deren immer wiederkehrendes Thema der ›Kreislauf des Lebens‹ ist.

Nichts anderes auch will die letzte Skulptur an der durch die Anlage führenden Achse aussagen: Das in Bronze gearbeitete **Livshjulet (6),** das ›Rad des Lebens‹, das aus sieben miteinander verflochtenen Leibern von vier Erwachsenen und drei Kindern besteht.

Damit hat sich der Ring geschlossen, und des Künstlers Antworten auf die Frage nach dem Sinn seines Skulpturenparks lassen alles offen: »Dies ist meine Religion ... jeder kann es sich erklären, wie er will«.

Zu Besuch im früheren Atelier: das Vigeland-Museum

Wer weitere Werke des einzigartigen Künstlers betrachten will, sollte am östlichen Rand des Parks das Vigeland-Museum aufsuchen, das gleichfalls vom immensen Schaffensdrang Vigelands zeugt: Früher Atelier und Wohnung, birgt das Gebäude neben 1650 Plastiken ca. 3700 Holzschnitte sowie ca. 11 000 Zeichnungen.

Der Fontenen ist eines der beliebtestens Motive für Hobbyfotografen

teten Wanderhütten in der zum Stadtgebiet gehörigen **Marka** 2 (auch: Oslomarka und Nordmarka) dürfte Oslo wahrscheinlich die wanderfreundlichste Metropole der Welt sein. Das populärste und panoramareichste Wandergebiet ist das Areal rings um den **Holmenkollen** 2 (s. u.). In der Stadt selbst bieten sich die ausgedehnten Parks an, vor allem der **Frogner- bzw. Vigelandspark** 26 , und Bygdøy, reich an kleinen Wäldern und Stränden, sind wie geschaffen für eine kleine Tour.

Wintersport
Oslo ist wohl die einzige Hauptstadt Europas, in der man mit öffentlichen Verkehrsmitteln innerhalb weniger Minuten traumhafte Loipen und Pisten erreichen kann. Wenn das Wetter mitspielt, locken in der **Marka** 2 ab etwa Mitte Dezember bis Ostern nicht weniger als 2600 km an präparierten Langlaufloipen (davon 124 km unter Flutlicht), an denen 68 Skihütten zu Speis und Trank einladen. Aber auch alpine Abfahrten, Buckelpisten und Sprungschanzen finden sich, auch als begeisterter Snowboarder kommt man auf seine Kosten, erst recht als Rodelfan und Schlittschuhfreak. Selbstverständlich kann man die Ausrüstung vor Ort ausleihen und Kurse belegen.

Rings um Oslo

Holmenkollen 2
Reisekarte: ▶ Karte 2, B 2/3
Kongeveien 5, www.holmenkollen. com und www.skisimulator.no, Schanze und Museum Okt.–April tgl. 10–16, Mai und Sept. 10–17, Juni–Aug. 9–20 Uhr, Eintritt Schanzenritt 110 NOK, Sprung mit dem Simulator 60 NOK
Dass Goethes Empfehlung, jede Stadt zunächst von oben kennenzulernen,

Hand und Fuß hat, erkennt man spätestens von der Höhe der Skisprungschanze Holmenkollen aus, die als Oslos Wahrzeichen Nr. 1 gilt. Die U-Bahn-Linie 1 führt vom Zentrum aus auf beeindruckender Panoramafahrt hinauf zum Balkon der Stadt, Haltestelle ›Holmenkollen‹. Nach einem gleichfalls panoramareichen Spaziergang sowie einer abschließenden Liftfahrt steht man oben, ganz oben auf der erschreckend steilen Schanze und genießt eine wahre Bilderbuchaussicht hinunter auf die mehr als 400 m tiefer gelegene Stadt am Fjord.

Gesprungen wird auf Holmenkollen übrigens schon seit 1892, doch da Oslo 2011 Austragungsort der Nordischen Ski-WM war, wurde die ursprüngliche Schanze, die älteste der Welt, 2008 abgerissen und durch einen Neubau ersetzt; die neue Skisprungschanze soll die modernste der Welt sein.

Aber auch als Besucher ist ein Sprung möglich, nämlich im Simulator des bei der Schanze im Holmenkollen-Besucherzentrum eingerichteten **Skimuseums,** das die Entwicklung des Skifahrens im Laufe der letzten 4000 Jahre nachzeichnet.

Tusenfryd 3
Reisekarte: ▶ Karte 2, C 5
1407 Vinterbro, www.tusenfryd.no, Mitte Juni–Mitte Aug. tgl. 10.30–19 Uhr, Mai u. Sept. nur Sa, So, wer kleiner ist als 96 cm, zahlt nichts, unter 120 cm 299 NOK, darüber 369 NOK, hin mit Bus Nr. 541 ab Busterminal (Hauptbahnhof)
›Tausendfreuden‹, Norwegens modernster und größter Freizeitpark, ca. 30 Busminuten vom Zentrum entfernt bei Vinterbro gelegen, lockt mit Dutzenden Attraktionen, an denen sich nicht nur Kinder erfreuen, u. a. eine der extremsten Achterbahnen Europas. Vom ›Supersplash‹ geht's im freien Fall

101

Oslo und Umgebung

in die ›Welle des Jahrhunderts‹, auch ein Badeland ist angeschlossen, und die Kleinsten vergnügen sich im ›MiniFryd‹.

Henie Onstad Kunstsenter 28
Sonja Henies vei 31, 1311 Høvikodden, www.hok.no, Di–Do 11–19, Fr–So bis 17 Uhr, 80 NOK, Bus Nr. 151 ab Busbahnhof bis ›Høvikodden‹, 25 Min.
Den Strömungen und Ideen der zeitgenössischen Kunst in Literatur, Musik, Tanz, Film, Theater, Architektur und Kunsthandwerk kann man sich in diesem 15 km westlich der City bei Sandvika am Oslofjord gelegenen Kunstzentrum widmen. Außer einem riesigen Skulpturenpark umfasst der Komplex sechs große Ausstellungshallen von über 3000 m² Fläche sowie eine Bibliothek, ein Auditorium und Kinder-Workshop, ein Panoramacafé sowie ein preisgekröntes Restaurant nebst einem eigenen Badeplatz.

Gegründet wurde das als Stiftung betriebene Zentrum von Sonia Onstad (1912–69) bekannt unter ihrem Mädchennamen Henie, Norwegens ›Eisprinzessin‹ und vielmalige Weltmeisterin im Eiskunstlauf, sowie ihrem Ehemann Nils (einem milliardenschweren Reeder). Es ist die größte Sammlung ihrer Art in Norwegen, problemlos kann man hier einen ganzen Tag verbringen.

Übernachten

Panorama und Luxus satt – **Radisson SAS Scandinavia Hotel** 1: Holbergsgt. 30, Tel. 23 29 30 00, www. radissonblu.com, DZ/EZ ab 1090 NOK (Sommer) bzw. 1365 NOK. Tower-Hotel in Schlossnähe, mit allem, was der verwöhnte Reisende begehrt (auch Hallenbad). Die 448 Zimmer bieten teils eine atemberaubende Aussicht über die Stadt und den Fjord.

Günstig Wohnen
Die günstigsten Tarife in den Hotels erhält man bei Online-Buchung über die Website des Touristenbüros (s. S. 84), über die man auch das Oslo-Paket (Unterkunft plus Oslo-Pass) buchen kann. Außerdem bieten die meisten Hotels günstige Wochenend- und Sommerpreise, die bis zu 40 % Ermäßigung gewähren. Am günstigsten kommen Privatzimmer (EZ ab ca. 300 NOK, DZ ab 500 NOK), die über die Touristeninformation vermittelt werden (man muss persönlich erscheinen). Auf Anfrage wird auch eine Liste mit allen Privatunterkünften verschickt.

Spitzenklasse aus alter Zeit – **Grand Hotel** 2: Karl Johans gt. 31, Tel. 23 21 20 00, www.grand.no, DZ ab 1441 (Sommer) bzw. 1645 NOK, EZ ab 1228 bzw. 1395 NOK. Edler Schmuckbau aus dem 19. Jh. in allerbester Lage, eine der ersten Adressen Norwegens, ausgestattet mit ca. 290 Zimmern und Suiten, mehreren Restaurants und einem Hallenbad. Bei Nobelpreisträgern, Staatsoberhäuptern und Popstars gleichermaßen beliebt.

Mittelklasse im Zentrum – **Anker Hotel** 3: Storgt. 55, Tel. 22 99 75 00, www.anker-hotel.no, EZ/DZ ab 690/890 NOK. Nahe der Karl Johans gt. gelegenes Mittelklassehotel mit 13 Etagen. Die Zimmer sind modern ausgestattet, ein wenig steril eingerichtet und bieten teils Aussicht auf die Stadt, teils auf Parkanlagen.

Pension beim Schloss – **Cochs Pensjonat** 4: Parkvn. 25, Tel. 23 33 24 00, www.cochspensjonat.no, DZ ab 720 NOK, EZ ab 500 NOK. Die seit nunmehr 100 Jahren bestehende Pension liegt nahe dem Schlosspark. Die 88 Zimmer auf fünf Etagen sind zwar eher schlicht eingerichtet, doch günstig, haben teils

Gemeinschaftsbad, teils Kitchenette, sind aber, wenn nach vorne gelegen, laut; auch Drei- und Vierbettzimmer.

Minimalistisch – **Anker Hostel 5**: Storgt. 55, Tel. 22 99 72 00, www.an kerhostel.no, Bett ab 220 NOK, DZ/EZ ab 600 NOK, Frühstück 55 NOK. Der preiswerte Ableger des Anker Hotels (s. o.) bietet im Sommer ca. 120, sonst 50 schlicht möblierte Zimmer mit 1–8 Betten, alle mit Dusche/WC; Bettwäsche kann geliehen werden (50 NOK).

Budgetgerecht im Grünen – **Oslo Vandrerhjem Haraldsheim 6**: Haraldsheimvn. 4, Grefsen, Tel. 22 22 29 65, Fax 22 22 10 25, www.haraldsheim. oslo.no, erreichbar mit Straßenbahn Nr. 17 ab Hauptbahnhof (Station Sinsenkrysset) und Lokalzug ab Bahnhof (Station Grefsen). Betten ab 255 NOK, DZ ab 690 NOK, EZ ab 520 NOK, Frühstück inkl. Über 270 Betten in Vierer-, Doppel- und Einzelzimmern, hoher Komfort und schöne Lage.

Nur für Wohnmobile – **Sjøltyst Marina Bobilpark 7**: Drammensveien 160, Bygdøy, Tel. 22 50 91 93, www.bobil parkering.no, 1. Juni–15. Sept., 200 NOK pro Fahrzeug inkl. Strom. Oslos einziger Wohnmobil-Platz (Zufahrt nur 7–23 Uhr) liegt am Kai der Sjølust-Marina auf der Museumshalbinsel Bygdøy. In der nahen Karenlyst Allee Restaurants, Cafés, Geschäfte. Radweg ins Zentrum (8 Min.); 250 Stellplätze, am Wasser Grills und Sitzbänke; gezahlt wird an einem Automaten.

Oslos Sommercamp – **Ekeberg Camping 8**: Ekebergvn. 65, Tel. 22 19 85 68, www.ekebergcamping.no, Juni–Aug., erreichbar mit Bus Nr. 32 und 34 (10 Min.). Für Selbstfahrer: 2,5 km vom Zentrum, der Platz ist ab der E 18 im Zentrum Oslos ausgeschildert. Fantastische Aussicht über die Stadt, gepflegte Sanitäranlagen etc., zum Zelten (180 NOK) ebenso ideal wie für Wohnmobile (245 NOK) und Caravans.

Camping & Hütten – **Bogstad Camping 9**: Ankervn. 117, Tel. 22 51 08 00, www.bogstadcamping.no, ganzjährig, hin mit Bus Nr. 32 in Richtung ›Voksen Skog‹, Vierbetthütten ab 665 NOK, im Sommer 1000 NOK. Nahe Bogstadvannet gelegener Platz mit über 1000 Stellplätzen (ab 185 NOK) und 46 Hütten, ca. 9 km vom Zentrum (an der E 18 ausgeschildert). Die sanitären Anlagen präsentieren sich leider Jahr für Jahr ungepflegter, sodass der Platz nur noch als Ausweichcamp empfohlen werden kann.

Essen & Trinken

Historisches Ambiente – **Grand Café im Grand Hotel 3**: Karl Johans gt. 31, Tel. 23 21 20 18, www.grand.no, tgl. ab 7.30 Uhr, Frühstücksbuffet (auch für Nicht-Gäste) 205 NOK, Vorspeisen um 150 NOK, Hauptgerichte ab 250 NOK. Es spricht für sich, dass hier Berühmtheiten wie Ibsen, Munch und Krogh zu speisen und Kaffee zu trinken pflegten; jeden Sonntag von 13–17 Uhr lädt das Grand Café zum Jazzbrunch mit Livemusik ein (325 NOK).

Bodenständiges allerfeinst – **Det Gamle Rådhus 1**: Nedre Slottsgt. 1, www.gamleraadhus.no, Tel. 22 42 01 07, Mo–Sa 11.30–15 und ab 16 Uhr, Vorspeisen 125–185 NOK, Hauptgerichte 285–350 NOK pro Person. Norwegische Spezialitäten, insbesondere Fisch- und Wild-Gerichte, im alten Rathaus aus dem 17. Jh.

Ambitionierte Gourmetklasse – **Engebret Café 2**: Bankplassen 1, Tel. 22 82 25 25, www.engebret-cafe.no, Mo–Fr 11.30–23, Sa ab 13 Uhr (Reservierung empfohlen), Vorspeisen 120–200 NOK, Hauptgerichte 215–345 NOK. Seit mehr als 150 Jahren ist das Engebret eine der ersten Anlaufstellen in Oslo für allerfeinste norwegische Küche, ganz zart französisch angehaucht.

103

Lieblingsort

Alle lieben Lorry [7]

»You name it – we have it!«, heißt es im Lorry, der wohl ausgefallensten Kultur-Institution in Norwegen, gleichermaßen beliebt bei Politikern & Punks, Arm & Reich, Jung & Alt. Da baumeln Fahrräder über Surrealistischem von Miró, blicken Pausbackenengel auf ausgestopftes Großwild; hier ein alter Lederstiefel, dort eine russische Ikone, ja sogar das Ei eines Charcharodontosaurus. Dazu gutes und günstiges Essen, 129 Biersorten, eine üppige Weinkarte und nicht zuletzt eine provenzalisch inspirierte Terrasse, auf der man sich dank Fußbodenheizung und Wärmelampen auch im Winter entspannt dem Rauchgenuss hingeben kann (Parkvn. 12, www.lorry.no, Mo–Sa ab 11, So ab 12 Uhr).

Oslo und Umgebung

Spezialitäten sind Fisch und Meeresfrüchte bzw., im Herbst, auch Wild; unter den Vorspeisen sind die Dorschzungen sehr zu empfehlen. Schön auch zum Draußensitzen.

Maritim – **D/S Louise Restaurant & Bar** **3**: Stranden 3, Aker Brygge, Tel. 22 83 00 60, www.dslouise.no, tgl. ab 11 Uhr, Vorspeisen ab um 110 NOK, Hauptgerichte 210–645 NOK. Das ›D/S‹ steht für Dampfschiff, entsprechend maritim ist das Restaurant ausgestattet. Man kann draußen sitzen (schöne Aussicht auf die Pipervika).

Nach Omas Rezepten – **Stortorvets Gjæstgiveri** **4**: Grensen 1, Tel. 23 35 63 60, www.stortorvet.no, Mo–Sa 11–23 Uhr, Vorspeisen um 130 NOK, Hauptgerichte 220–330 NOK. Oslos ältestes Restaurant, bald schon 300 Jahre alt, und entsprechend gemütlich eingerichtet. Auf der Karte stehen vor allem norwegische Traditionsgerichte. Im angeschlossenen Café (jeden Sa 13.30–16.30 Uhr Live-Jazz der 20er- und 30er-Jahre) werden auch Lunch-Gerichte sowie kleinere Mahlzeiten serviert, stets eine Empfehlung sind dort die Fischsuppe (151 NOK) sowie die täglich wechselnde Dagens husmannskost (140 NOK).

Vegetarisch – **Krishnas Cuisine** **5** und **Vega Vegetarisk Restaurant** **6**: siehe Unser Tipp unten.

Stilvoll – **Theatercafé** **7**: siehe Unser Tipp S. 90.

Lieblingsort – **Lorry** **8**: s. S. 105.

Alles unter einem Dach – **Mathallen Oslo** **9**: siehe Unser Tipp rechts.

Unser Tipp

Vegetarisch wider den Preisfrust

Die Preise in Oslos Restaurants können einen schon mal um den Verstand bringen, und auch aus den üblichen Burger-Burgen kommt man kaum heraus, ohne nicht mindestens 150 NOK für Speis und Trank bezahlt zu haben. Eine Alternative bieten selbstgeschmierte Butterbrote oder aber vegetarische Lokale: In dem aus der Hare-Krishna-Bewegung hervorgegangenen, minimalistisch eingerichteten Selbstbedienungs-Restaurant **Krishnas Cuisine** **5** wird mit Leib und Seele nach ayurvedischer Esskultur gekocht. Der ›Tagessteller‹ (135 NOK) umfasst ein warmes Tagesgericht sowie Suppe, Salat, Chutneys und Beilagen, und man kann so oft einen Nachschlag holen, wie man möchte. Das einfache Tagesgericht kostet 95 NOK, der Salatteller 85 NOK, und auch die Tagessuppe mit Reis oder Brot (60 NOK) kann durchaus sättigen (Sørkedalsvn. 10 B, gegenüber Colosseum-Kino, Tel. 22 69 22 69, www.krishnas-cuisine.no, Mo–Fr 11–20, Sa bis 19 Uhr).

›Faires Essen‹, also zubereitet aus ökologisch angebauten Nahrungsmitteln, ist Motto des **Vega Vegetarisk Restaurant** **6**, und trotz dieses hohen Anspruches sind auch die Preise außerordentlich fair: Die All-you-can-eat-Buffets mit Salaten, Suppen, warmen/kalten Gerichten und Dessert kosten zur Lunch-Zeit (12–14.30 Uhr) nur 100 NOK/Pers., zum Dinner (15–19 Uhr) 135 NOK; auch Veganer können hier voll auf ihre Kosten kommen (Akersgata 74, Tel. 91 19 57 56, www.vegafairfood.no, Mo–Fr 12–19 Uhr).

Adressen

Einkaufen

Shoppingmeilen gibt es mehrere in Oslo, mit Abstand die größte von Stadt (und Land) ist die Karl Johans gate mit den abzweigenden Fußgängergassen. An zweiter Stelle rangiert die parallel zur Karl Johans gate verlaufende Straße Grensen (mit den nördlich abzweigenden Storgata, Torggata und Møllergata), großer Beliebtheit erfreuen sich auch die Aker Brygge und Tjuvholmen, wo allein über 100 Boutiquen, Delikatessengeschäfte, Antiquitätenläden und Galerien einladen.

Faire Produkte – **Friends Fair Trade** 1: Storgata 36 B, www.friendsfairtrade.no, Mo-Fr 10–18, Sa 11–17, So 12–17 Uhr. Norwegens *fairest and most environmentally friendly shop* bietet die größte Auswahl an *fair products* von ganz Skandinavien! Ob Kleidung, Kosmetika, Geschenkartikel, Schmuck oder Taschen, Musik oder Instrumente, Einrichtungsgegenstände oder Spielzeug oder aber ökologisch angebaute Lebensmittel – in diesem nicht kommerziellen »Supermarkt« wird man mit Sicherheit fündig und kann obendrein im angrenzenden Hinterhof zu kalten und warmen Getränken relaxen. Ein weiterer Laden befindet sich in den neuen **Mathallen Oslo** 9 (siehe Unser Tipp rechts).

Norwegisches Design – **Norway Design** 2: Stortingsgt. 28, www.norwaydesigns.no, Mo–Fr 9–17, Sa bis 15 Uhr. Größte Auswahl an allem, was man sich unter Designerware im Allgemeinen vorstellt.

Tierisch gut – **Fenaknoken** 3: Tordenskioldsgt. 7, www.fenaknoken.no, Mo–Fr 10–17, Sa bis 16 Uhr. Ob Rentierfleisch aus der Finnmark, Pinnekjøtt aus dem Vestland, Räucherlachs und Wildschwein aus der Telemark oder Trockenfisch von den Lofoten: Fenaknoken gilt als *der* Feinschmeckerladen in Oslo.

Aktiv

Wandern – **Den Norske Turistforening**: DNT, Storgata 3, Tel. 22 82 28 22, www.dntoslo.no. Hier erhält man

Unser Tipp

Alles unter einem Dach: Mathallen Oslo 9

Mit den ›Essenhallen‹ hat Oslo ein neues Highlight: Erst im Oktober 2012 eröffnet, wurden innerhalb der ersten vier Monate schon über 500 000 Besucher gezählt. Geschuldet ist dieser Rekord dem enormen Angebot, denn unter dem riesigen Glasdach der nicht nur der norwegischen Esskultur gewidmeten Halle finden sich rund 20 Restaurants, 20 Feinkostgeschäfte und ein halbes Dutzend Pubs und Bars. Auch ein 300 m2 großer Marktplatz darf nicht fehlen, und natürlich finden sich unter den Geschäften und gastronomischen Betrieben auch solche, die sich aufs Biodynamische, Ökologische oder Vegetarische spezialisiert haben. So u. a. **Den Blinde ku** (Käsespezialist) und **Friends Fair Trade** (Feinkost, ökologisch und biodynamisch); mit **Vulkan frukt og grønt** lädt einer der am besten bestückten Obst-/Gemüseläden der Stadt ein, während die **Ølhandleriet** nicht weniger als 200 Biersorten aus dem In- und Ausland vertreibt (Maridalsveien 17, Tel. 40 00 12 09, www.mathallenoslo.no, Di/Mi 10–19, Do/Fr bis 20, Sa bis 18, So 12–17 Uhr, zahlreiche Restaurants, Bars und Pubs haben längere Öffnungszeiten, an den Wochenenden teils bis 3 Uhr morgens).

Oslo und Umgebung

alle Informationen zum Thema ›Wandern rings um Oslo‹, auch alle erforderlichen Karten.

Badefreuden – **Huk** **1** : Im Süden der Halbinsel Bygdøy gelegene Badebucht mit drei Sandstränden, s. S. 97.

Wandern mit Aussicht – **Marka** **2** : Die Oslomarka bietet über 1200 km markierte Wanderwege, die immer wieder auch beeindruckende Panoramen auf die Stadt gewähren.

Skifahren – **Tryvann Winterpark** **2** : Tryvann, Marken, Tel. 22 13 73 11, www.tryvann.no, im Winter Mo–Fr 10–22, Sa, So bis 17 Uhr, U-Bahn, Linie 1 bis ›Voksenkollen‹, weiter mit dem Skibus direkt an die 14 Pisten mit 7 Lifts heran.

Rodeln – **Korketrekkeren** **2** : Holmenkollvn., Tel. 22 49 01 21, www.akeforeningen.no, im Winter tgl. 10–20.30 Uhr, U-Bahn, Linie 1 bis ›Froggnerseteren‹. 2000 m lange Rodelbahn, die 255 m Gefälle überwindet; Schlitten-Verleih (100 NOK/Tag).

Freizeitpark – **Tusenfryd** **3** : s. S. 101.

Fjordfahrten – **Boatsightseeing** **4** : Die traumhafte Lage von Oslo genießt man am besten im Rahmen einer Fjordfahrt ab der Rådhusbrygge. Ganzjährig lädt eine Hop-on-Hop off-Mini-Kreuzfahrt zu einer 1,5 Std. langen Tour ein, die eine kleine Schlei-

fe über den Oslofjord zieht und die Rådhusbrygge mit dem Opernhaus und Bygdøy verbindet (tgl. 9.45–15.45 Uhr, 180 NOK). Auch andere Bootsfahrten stehen auf dem Programm, im Sommer empfehlen sich u. a. ein Törn auf einem historischen Segler (22. Juni–8. Sept., 3 Std., 395 NOK) oder eine Jazz- und Blueskreuzfahrt (8. Juni–Mitte Aug., 420 NOK). Infos über das Touristenbüro und Båtservice AS, Tel. 23 35 68 90, www.boatsightseeing.com.

Hop on, Hop off – **Citysightseeing** **5** : Zwischen Mai und Sept. befahren ab dem Rathaus offene rote Doppeldeckerbusse im Halbstundentakt eine feste Route zu den Highlights der Stadt. Das Ticket kostet 150 NOK, ist 24 Std. lang gültig, man kann an allen 15 Stationen zu- und aussteigen.

Abends & Nachts

Größte Nightlife-Zentren Oslos sind die **Aker Brygge** (herrlich auch zum Draußensitzen) sowie die zwischen Storting und Eidsvollpark verlaufende **Rosenkrantzgate,** mit jeweils Dutzenden Pubs und Bars, Diskotheken und Nightclubs. In der **Karl Johans gate** laden insbesondere Bars ein, während sich rings um den **Stortorvet** (Hauptplatz) Jazz- und Bluesclubs finden.

Die derzeit heißeste Szene der jungen Trendsetter lockt in **Grønland,** im Osten von Downtown nördlich vom Hauptbahnhof, während sich das westliche Stadtviertel **Majorstua** mit dem Bogstadveien sowie dem Hedgehaugsveien als Treff für ein gutsituiertes Publikum etabliert hat. Vor 22 Uhr ist hier recht wenig los, dafür geht es teilweise bis 5 Uhr morgens. Eintritt (50–150 NOK) wird oft verlangt, nicht nur in den Diskotheken, die Altersgrenze liegt bei 18, mitunter auch bei 21–22, vereinzelt sogar bei

---

Hohes Sicherheitsrisiko!

Die Kriminalität in Oslo hat in den vergangenen Jahren drastisch zugenommen, und wie die Tageszeitung ›Aftenposten‹ unlängst schrieb, ist Oslo heute mit einer viermal höheren Kriminalitätsrate als New York die ›Kriminalitäts-Hauptstadt von Skandinavien‹. Gerade für Frauen ist die Stadt nach Einbruch der Dämmerung nicht mehr sicher, denn jährlich werden etwa 200 Vergewaltigungen registriert!

Adressen

25 Jahren; die Getränkepreise erschüttern bisweilen Besucher aus mitteleuropäischen Landen.

Lokale und Musikkneipen

Jazz – **Stortorvets Gjæstgiveri** 4 : in dem beliebten Restaurant (s. o.) finden vom New Orleans Workshop Jazz Club organisierte ›reine‹ Jazzkonzerte (im Stil der 1920er-, 1930er-Jahre) statt mit national und international bekannten Größen (jeweils samstags 13.30–16.30 Uhr, www.neworleansworkshop.com).

Jazz & Blues – **Herr Nilsen Jazzclub** 1 : C. J. Hambros Plass 5, Tel. 22 33 54 05, www.herrnilsen.no. In Zusammenarbeit mit dem Oslo Jazz Forum werden rund ums Jahr an durchschnittlich sechs Abenden je Woche Jazzkonzerte (meist Mainstream) abgehalten, und da 2010 das Muddy Water geschlossen wurde, finden auch immer wieder Blues-Konzerte statt.

Jazztempel mit Geschichte – **Blå** 2 : Brenneriveien 9, Grünerløkka, Brenneriveien 9, Grünerløkka, www.blaaoslo.no, tgl. 18–3.30 Uhr, im Sommer (ab 1. Mai) Gartenlokal Mo–Fr 16–2, Sa/So ab 12 Uhr. In einer ehemaligen Spinnerei, direkt über dem Ufer der Akerselva. Kaum ein Abend, schon gar nicht am Wochenende, ohne Livekonzerte in Sachen *contemporary, jazz and related sounds*. Auch für experimentelles Theater, Kabarett, Dichterlesungen und andere Kulturevents die Top-Adresse im Viertel. Im Sommer wunderbar zum Draußensitzen. Mindestalter 20 Jahre.

Let's rock – **Last Train** 3 : Karl Johans gate 45, Tel. 22 41 52 93, www.lasttrain.no, Mo–Fr 15–3.30, Sa ab 18 Uhr. Oslos älteste Rockbar feiert bald ihr 30-jähriges Jubiläum und ist immer noch *der* Rocktreff in town. Allwöchentlich an zwei bis drei Abenden Liveauftritte norwegischer und internationaler Bands. Mindestalter 24 Jahre.

Hotspot – **The Villa** 4 : Møllergata 23–25, Tel. 93 25 57 45, www.thevilla.no, nur Fr und Sa 23–3 Uhr, Altersgrenze 23 Jahre. Von mehreren Nightlife-Magazinen bereits wiederholt eingestuft als eine der 100 besten Clubs und Diskos weltweit. Internationale und norwegische Discos mischen Hip-Hop und Rap, Club & Techno, House, Reggae und anderes Zeitgeistiges.

Gerstensaft satt – **Beer Palace** 5 : Holmens gate 3, Tel. 22 83 71 55, www.beerpalace.no, tgl. 13–3.30, an den Wochenenden bis 3 Uhr. Im ›Bierpalast‹ dreht sich alles um den Gersten-

Unser Tipp

Für Gays und Lesben

Spätestens seit der großen Gay- und Lesben-Parade ›Europride 2005‹, die in Oslo abgehalten wurde, gilt die Stadt als eine der schwulenfreundlichsten des Nordens, wofür auch stehen mag, dass die Stadt Austragungsort des Events ›Mr. Gay World 2010‹ war. Größtes jährliches Event sind die **Skeive Dager** (www.skeivedager.no) Mitte/Ende Juni, die mit Oslo Mardi Gras zusammenfallen. Die Website www.visitoslo.com listet unter ›Oslo für Schwule‹ alle Treffs und Institutionen auf und liefert umfängliche Informationen. Seit 1979 schon ist der **London Pub** 6 (C. J. Hambrosplass, Tel. 22 70 87 00, www.londonpub.no, tgl. ab 15 Uhr) sowohl bei Schwulen als auch Lesben ›in‹, eine weitere Institution ist das Café-Bar-Restaurant **Ett Glass** 7 (Karl Johans gt. 33, Tel. 91 77 53 90, www.ettglass.no, Mo–Fr 11–3.30, Sa ab 12 Uhr).

109

Oslo und Umgebung

saft, von dem es hier über 100 verschiedene Sorten zu kosten gibt. Die Räumlichkeiten sind holzverschalt und grob gemauert, schlicht urgemütlich, draußen sitzt man auf Terrasse oder Balkon, man spielt Dart, Backgammon oder Pool, und wer Hunger verspürt, kann in der gegenüber gelegenen Pizzeria etwas bestellen und hier verzehren – und das alles mitten im coolen und glasfunkelnden Designer-Viertel der Aker Brygge. Ein satter Kontrast.

Kulturelles

Mit seinen zahlreichen Theatern, Konzertsälen und Kunstausstellungen bietet Oslo ein reichhaltiges und interessantes Kulturangebot, das allerdings während der Sommersaison recht eingeschränkt ist. Es informiert die vom Touristenbüro herausgegebene Broschüre ›What's On‹ nebst www.visitoslo.com.

Klassik – **Oslo Konserthus** [8]: Munkedamsvn. 14, Tel. 23 11 31 00, www.oslokonserthus.no, Kartenverkauf Mo–Fr 11–17 Uhr statt. Mit mehr als 300 Veranstaltungen jährlich ist das Konzerthaus eine der wichtigsten Kulturinstitutionen der Stadt.

Für Opernliebhaber – **Den Norske Opera** [19]: Kirsten Flagstads pl. 1, Tel. 21 42 21 21, www.operaen.no, Vorstellungsbeginn meist um 19.30 Uhr, vom 20. Juni bis Anfang Sept. ist Sommerpause.

Theatralisch – **Nationaltheater** [10]: Johanne Dybwads pl. 1, Tel. 81 50 08 11, www.nationaltheatret.no, Kartenverkauf Mo–Fr 11–19.30, Sa 11–18 Uhr, internationales und norwegisches Theater, immer wieder Henrik Ibsen.

Infos & Termine

Infos
Touristeninformation: s. S. 84.

Termine
In der über die Touristenbüros kostenlos zu beziehenden Broschüre ›What's On‹ sind alle Veranstaltungen aufgeführt ebenso wie auf der Website www.visitoslo.com.

Das Osloer Opernhaus ist zum »Kulturgebäude der Welt 2008« gekürt worden

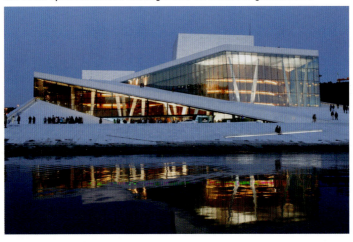

Adressen

Oslo Kirkemusikkfestival: Anfang bis Mitte März. Internationales Festival sakraler Musik in den Kirchen der Stadt, www.oslokirkemusikkfestival.no.**Inferno Metal Festival:** 4 Tage März/ April, www.infernofestival.net. Das mit rund 40 Bands bedeutendste Heavy-Metal-Festival Norwegens lockt Besucher aus aller Welt an.
Norwegian Wood: Mitte Juni. Eines der größten Open-Air-Rockfestivals des Nordens; www.norwegianwood.no.
Oslo Jazz Festival: Mitte Aug. 7 Tage, Jazzkonzerte an insgesamt 17 Veranstaltungsorten; www.oslojazz.no.
Oslo Kammermusikk Festival: Mitte Aug., ca. zwei Dutzend Kammermusikkonzerte im Laufe von 9 Tagen; www.oslokammermusikkfestival.no.
Øya Festival: Mitte Aug. Eines der größten Rock-Spektakel des Landes, 4-tägig; www.oyafestivalen.com.
Ultima: Sept./Okt. Wichtigstes Festival für moderne experimentelle Musik, 10 Tage; www.ultima.no.

Verkehr

Flug: Der Oslo Gardermoen Lufthavn (www.osl.no; ca. 50 km südlich von Eidsvoll) ist problemlos mit öffentlichen Verkehrsmitteln zu erreichen. Taxi: Festpreise ab 710 NOK. Flytoget (Flughafenzug): im 10-/20-Min.-Takt vom Hauptbahnhof zum Flughafen (www.flytoget.no, 20 Min., 170 NOK). Alle Züge nach Lillehammer, Trondheim etc. halten am Flughafen. SAS-Flughafenbus: bis zu 3 x stdl. (www.flybussen.no, 150 NOK). Weitere Buslinien fahren den Flughafen 1 bis 2 x stdl. an (1 Std.). Infos: Tel. 177. Maschinen der Ryanair fliegen von Oslo-Rygge nach Berlin, Düsseldorf-Weeze und Frankfurt-Hahn, ab Oslo-Torp nach Bremen. Der Flughafen Oslo-Rygge liegt im Südosten von Oslo bei Moss (stdl. Zugverbin-

Oslo-Pass

Er berechtigt u. a. zum gebührenfreien Parken in der Stadt, zur kostenlosen Benutzung der Stadtbusse und -bahnen und zum freien Eintritt in die Museen. Der Pass kostet für einen Tag 270 NOK, für zwei Tage 395 NOK, für drei Tage 495 NOK, Kinder und Senioren zahlen 120/145/190 NOK. Erhältlich ist der Pass im Touristenbüro (auch online) und in den meisten Hotels.

dung sowie auch Flughafenbus nach Oslo, 1 Std., 160 NOK). Der Flughafen Oslo-Torp bei Sandefjord ist rund 100 km entfernt. Hin am schnellsten und günstigsten mit dem Torp Express, der vom Busbahnhof in Oslo aus mehrmals tgl. fährt (ca. 2 Std, 220 NOK, www.torpekspressen.no).
Zug: Züge in alle Richtungen starten ab Sentralstasjon (Hauptbahnhof, oft mit ›Oslo S‹ ausgeschildert), Jernbanetorget; Informationen über Trafikanten (s. S. 84) oder Tel. 177, außerdem über Tel. 81 50 08 88 (auch Buchung).
Bus: Verbindungen ins In- und Ausland über den Busbahnhof von Nor-Way Bussekspress beim Hauptbahnhof, Tel. 81 54 44 44 (Auskunft, Platzreservierung); Auskunft auch über die Tel. 177.
Fähre: Die Anleger nahe dem Zentrum werden auch von Bussen angefahren. Color Line: Hjortneskaia, Tel. 81 00 08 11, www.colorline.no, tgl. Oslo–Kiel. Stena Line: Akershustranda 31, Tel. 020 10, www.stenaline.no; Oslo–Fredrikshavn.
Mietwagen: die größte Auswahl (auch Minibusse) u. a. bei Avis (Tel. 81 53 30 44; auch am Flughafen) und Hertz (Tel. 22 21 00 00; auch am Flughafen), aber am günstigsten mietet man über Rent-A-Wreck (www.rent-a-wreck.no) am Flughafen (Tel. 63 92 65 90) und im Zentrum (Tel. 22 83 31 11).

Das Beste auf einen Blick

Rings um den Oslofjord

Highlight!

Fredrikstad: Die Altstadt gilt als die am besten erhaltene Festungsstadt Skandinaviens und beeindruckt mit Wallgräben, Zugbrücken und bis zu 300 Jahre alten Gebäuden, deren Rahmen Kunstgewerbler nutzen, um ihre Arbeiten anzubieten. Vor der Küste lädt der Schärenarchipel Hvaler zu einem Abstecher ein, und das Umland der Stadt ist prädestiniert, mit dem Fahrrad entdeckt zu werden. S. 117

Auf Entdeckungstour

Oldtidsveien: Der Oldtidsveien führt auf den ca. 11 km zwischen Fredrikstad und Skjeberg tief in die prähistorische Vergangenheit des Landes – Geröllgräber und Steinsetzungen, Wehrhügel und Felszeichnungen. Nirgendwo sonst in Norwegen stößt man auf so viele Zeugnisse menschlicher Besiedlung aus der Bronze- und Eisenzeit. S. 122

Kultur & Sehenswertes

Festung Fredriksten: Das wichtigste militärgeschichtliche Denkmal Norwegens. S. 115

Spiralen: Schlangenförmig führt diese Straße durchs Innere eines Berges auf dessen Gipfel hinauf. S. 126

Midgard-Senter: Diese Ausstellung informiert umfassend über das Alltagsleben der Wikinger und die prähistorische Zeit der Vestfold-Region. S. 127

Aktiv unterwegs

Halden-Kanal: Die ca. 70 km lange landschaftlich reizvolle Wasserstraße ist ein Paradies für Kanuten. S. 117

Hvaler: Dieser Archipel bietet ideale Bedingungen zum Baden und Bootfahren. S. 120

Baden: Der Badestrand des ehemaligen Lotsendorfes Ula ist mit Abstand der schönste der Region. S. 132

Genießen & Atmosphäre

Tregaardens Julehus: Das ›Weihnachtshaus‹ von Drøbak lädt das ganze Jahr über zum Besuch beim Weihnachtsmann ein. S. 125

Hotell Kong Carl: Das in Sandefjord im Jahre 1690 errichtete schmucke Gebäude beherbergt eines der ältesten und traditionsreichsten Hotels des Landes. Hier ist alles vom Feinsten, und das bei außerordentlich günstigen Preisen. S. 132

Abends & Nachts

Bryggepromenaden in Fredrikstad: Die Dampskipsbryggen ist *die* Nachtmeile der Stadt. S. 121

Horten: Wer in Vestfold abends ausgehen möchte, wird kaum eine andere Wahl haben: In Horten lädt das Håndverkeren zu Livemusik und Jamsessions ein. S. 128

Øst- und Vestfold

Wer die schnelle E 6 bevorzugt, um durch Schweden nach Südnorwegen zu gelangen, wird an der Landesgrenze, gebildet durch den Svinesund, über den sich eine 65 m hohe Brücke spannt, zwar landschaftlich großartig empfangen, doch das typische Norwegen-Bild – tiefe Fjorde, hohe Berge – findet man hier nicht. Die Landschaft im Osten des 100 km weit ins Land reichenden Oslofjords ähnelt der des Nachbarlands Schweden und ist geprägt durch friedliche Felder, duftende Wälder, Kirchen, Dörfer und über sanfte Hügelwellen verstreute Bauernhöfe, deren ochsenblutrote Fassaden auf Blumenwiesen von leuchtender Pracht blicken. Man sieht viel Grün und allenthalben erstrecken sich Seen und plätschern Flüsse dem Meer entgegen, dessen Nähe ein unablässig wechselnder, von Seewinden bewegter Wolkenhimmel erahnen lässt. Sein Atem ist als frische Brise selbst in den entfernteren Landstrichen spürbar. Überall stößt man auf Überreste früher Besiedlung: Burgen, Festungswälle, Felszeichnungen, Runensteine und Grabhügel erinnern ans Gestern, weshalb sich dieser **Østfold** geheißene Landesteil auch rühmt, der ›älteste‹ Norwegens zu sein.

Reich mit Schären und Stränden gesegnet ist er allemal, auch wenn es das im Westen des Oslofjords gelegene **Vestfold** ist, das im Ruf steht, den schönsten Schärengarten des Königreichs zu besitzen. Doch unterlag diese Region in den letzten Jahrzehnten zunehmend dem Einflussbereich Oslos, und wer nur auf der teilweise als Autobahn ausgebauten E 18 verbleibt, die die Region erschließt, wird wenig mehr als Bilder vorbeifliegender Städte mit nach Hause nehmen. Daher empfiehlt es sich, den Landstraßen den Vorzug zu geben, von denen sich so manch lohnender Abstecher zu schmalen Buchten, weiten Sandstränden und gepflegten Küstenorten machen lässt.

Infobox

Informationen im Web
www.visitoslofjord.com: Den Bezirk Østfold präsentierende Website.
www.visitvestfold.com: Für den Bezirk Vestfold zuständige Website; auch auf Deutsch.

Verkehrsmittel
Die Oslofjord-Region lässt sich gut per Bus und Bahn erkunden.
Informationen zum Verkehrsnetz: Unter Tel. 177, im Internet helfen www.rutebok.no (Gesamtregion), www.ostfold-kollektiv.no (Østfold) und www.vkt.no (Vestfold).
Über den Oslofjord: Wer Oslo umgehen möchte, hat zwei Möglichkeiten: Die Basto-Autofähre verkehrt alle 20–60 Min. zwischen Moss und Horten (5–24 Uhr, Tel. 33 03 17 40, www.basto-fosen.no, 100 NOK/Pkw, 34 NOK/Pers.). Der Oslofjordtunnel, 66 km nördlich von Fredrikstad, unterquert den Fjord in Richtung Drammen (www.oslofjordtunnelen.no, 60 NOK/Pkw).

Halden ▸ H 11

Wälder, Wiesen und Felder sind in sanften Wellen ausgebreitet, und eingebettet in dieses ›schwedenschöne‹ Bauernland liegt die ca. 25 000 Einwohner zählende Grenzstadt Halden, die bis

Halden

1927 Fredrikshald hieß, weil Dänenkönig Fredrik III. sie 1665 befestigen ließ. Sieben Jahre zuvor nämlich war Dänisch-Norwegen im ›Frieden zu Roskilde‹ der schwedischen Provinz Bohuslän verlustig gegangen, womit der Ort ins Zentrum der Streitereien zwischen den damals verfeindeten Staaten geriet. Dreimal, zum letzten Mal 1814, rannten die Schweden gegen das 128 m hohe und markant auf einem Hügel über der Stadt gelegene Bollwerk an, ohne es zu erobern. Diese Festung ist die größte Sehenswürdigkeit der Stadt, während im Umland zahlreiche idyllisch gelegene Seen den Naturliebhaber erfreuen. Obendrein ist der kleine Hafen im beschaulichen Zentrum Ausgangspunkt für Fahrten in den Schärenarchipel von Hvaler, doch die mit Abstand beliebteste Fahrt folgt dem im Jahr 1877 fertiggestellten Halden-Kanal, der hier seinen Anfang nimmt (s. S. 117).

Festung Fredriksten

www.nasjonalefestningsverk.no/fredriksten, das Festungsgelände ist stets geöffnet, die Museen Mitte Mai–Ende Aug. tgl. 10–17 Uhr, Eintritt 60 NOK

Die aus dem 17. Jh. stammende sternförmige Festung gilt als das wichtigste militärgeschichtliche Denkmal Norwegens und wurde als Bollwerk gegen die Schweden errichtet. Kein Geringerer als der Schwedenkönig Karl XII. fiel unter ihren meterdicken Mauern. Im Innern der trutzigen Anlage gibt es u. a. eine Multimedia-Show, ein kriegshistorisches Museum sowie ein Apotheken- und Bäckereimuseum. Die meisten Besucher jedoch sind vor allem beeindruckt von der Aussicht, die die Festung bietet: auf die in einer Senke am Tista-Fluss gelegene Stadt und weit über Østfold hinweg bis nach Schweden.

Mittsommerfest in mystischem Licht – der Oslofjord nahe der Insel Tjøme

Rings um den Oslofjord

Übernachten

Top in town – **Park Hotel Halden:** Marcus Thranesgt. 30, Tel. 69 21 15 00, www.park-hotel.no, EZ/DZ ab 1280/1580 NOK, an Wochenenden und im Sommer ab 990/1190 NOK. Dreigeschossiges Haus, teils über 100 Jahre alt, teils Neubau, in zentraler Lage, modern und funktional, u. a. mit Sonnenterrasse und Garten sowie eigenem Parkplatz.

Zweckmäßig – **Grand Hotel:** Jernbanetorget 1, Tel. 69 18 72 00, www.grand hotell.net, EZ/DZ ab 990/1190 NOK. Zentrales Bed-&-Breakfast-Hotel mit gepflegten Zimmern (2010 renoviert) und einem stilvollen Speisesaal.

Klein, fein & günstig – **Halden Vandrerhjem Kaserna:** Generalveien 25, Tel. 92 86 47 97, www.hihostels.no, ganzjährig, Bett 300 NOK, EZ 400 NOK, DZ 850 NOK. Die Herberge befindet sich in der Festung Fredriksten und bietet Betten in 70 Zimmern, alle mit Bad und WC ausgestattet.

Camping bei der Festung – **Fredriksten Camping:** Festung Fredriksten, Tel. 69 18 40 32, pmstoetz@online.no, Mai–Mitte Sept. 300 m von der Festung entfernter Platz mit gehobenen Kategorie, mit vielen Schatten spendenden großen Bäumen; 15 Hütten ab 400 NOK (2 Pers.) werden vermietet.

Camping am See – **Langholmen Camping:** R 22 (9 km südlich Halden), Tel. 69 19 61 18, ystehede@hotmail.com, ganzjährig. Am Iddefjord auf einer Halbinsel gelegener Platz, naturschön und komfortabel, Boot- und Kanuverleih.

Essen & Trinken

Feine Fischküche am Hafen – **Røka cafèn:** Strandstredet, Tel. 69 18 29 06, Juni–Aug. ab 13 Uhr, sonst nur Sa, So, Hauptgerichte um 200–250 NOK. Am Gästehafen gelegenes Restaurant in einem ehemaligen Speicherhaus, herrlich auch zum Draußensitzen. Fisch und Meeresfrüchte in mittlerer Preislage, günstige Lunch-Fischmenüs, auch Verkauf von Fisch (frisch und geräuchert).

Indisches günstig – **Butts Bistro & Tandoori:** Tollbugt. 3, www.buttsbis tro.no, Tel. 69 17 10 12, Mo–Do 15–23, Fr/Sa 15–4 Uhr. Große Auswahl an Gerichten der indischen Küche, die mit Preisen von etwa 125 NOK im Durchschnitt außerordentlich günstig sind. Auch vegetarische Gerichte stehen auf der Karte (120 NOK), die ansonsten auch eine kleine Auswahl norwegischer Gerichte auflistet.

Aktiv

Durch das Waldgebiet der Ertemarka führt ein Wanderweg, der auf der Rückseite der Festung Fredriksten beginnt. Schöne Wanderungen gibt es auch im Naturschutzgebiet Lundneset an der Grenze zu Schweden. Im Touristenbüro bekommt man Karten und weitere Infos. Das Büro informiert auch über Kanutouren auf dem Halden-Kanal (siehe rechts), organisiert Wanderungen und ›Wildnisaufenthalte‹; dort kann man auch Bootstouren mit der ›M/S Strømsfoss‹ auf dem Halden-Kanal buchen sowie geführte Touren durch die Festung und anderes mehr.

Infos & Termine

Infos
Halden Turistkontor: Tollboden, Halden, Tel. 69 19 09 80, www.visitoslo fjord.no/halden, Mitte Juni–Mitte Aug. Mo–Fr 9–16.30, sonst Mo–Fr 9 15.30 Uhr.

Termine
Im Sommer wechselnde Veranstaltungen in der Stadt, auch Konzerte, The-

Fredrikstad

aterauffürungen und anderes mehr.
Mat- og Trebåtfestival: Größte Festivität von Stadt und Region, die jeweils am letzten Juni-Wochenende (Fr–So) u. a. mit Kirmes, Konzerten, kulinarischen Spezialitäten und Wettkämpfen einlädt. Infos im Touristenbüro und über www.matogtrebatfestivalen.no.

Verkehr
Zug: Ab Jerbanetorget im Zentrum Richtung Oslo, Schweden, Dänemark.
Bus: Die Busstation liegt an der Jernbanegate, Busse verkehren u. a. nach Moss, Oslo, Ørje, Fredrikstad.
Mietwagen: u. a. über Avis (Tel. 95 01 21 00), am günstigsten bei Best Brødløs (Tel. 69 18 35 49).

Auf dem Halden-Kanal durch Wald und Wiesen

Infos über den Kanal: www.haldenkanalen.no, über die Bootstouren: www.turisten.no, Tel. 93 06 64 44, Touren sind nur zwischen 1. Juni und 11. Aug. möglich (sonst sind Schleusen geschl.)

Der Halden-Kanal, im 19. Jh. erbaut, um Baumstämme zu den Sägewerken zu flößen, ist heute eine der großen Touristenattraktionen in Østfold. 80 km weit kann man diesen von Seen unterbrochenen Wasserlauf mit dem Boot oder Kanu erkunden. Wer auf wirklich lange Tour gehen will, kann bei Otteid (nördlich von Halden) eine Fahrt in den 254 km langen **Dalsland-Kanal** anschließen, der durch die schwedische Region Dalsland bis in den Vänern-See führt (Bootverleih für 250 NOK/Tag über das Touristenbüro Halden, das auch ausgezeichnetes Kartenmaterial bereithält).

Aber auch für weniger aktive Reisende kann der Halden-Kanal einen Höhepunkt markieren, denn von

Auf dem Halden-Kanal

Mitte Juni bis Anfang/Mitte August verkehren der historische Dampfer ›D/S Turisten‹ sowie die ›M/S Strømsfoss‹ auf der landschaftlich reizvollen Route zwischen Strømsfoss und Tistedal. Dabei passieren sie u. a. auch die **Brekke-Schleuse,** die mit einer Hubhöhe von 26,6 m in vier Kammern höchste Nordeuropas ist und auch von Land ein prächtiges Fotomotiv abgibt.

Fredrikstad! ▸ H 11

Insbesondere der schiffbaren Mündung der Glomma (auch Glåma), Norwegens größtem Fluss, an dessen Ufer sich Fredrikstad ausdehnt, verdankt die Stadt ihren Stellenwert als wichtiges Industriezentrum, während die Altstadt (Gamlebyen) dem ca. 78 000 Einwohner zählenden Ort viele, überwiegend norwegische Touristen beschert.

Lieblingsort

Søndre Sandøy – Radeln, Wandern und Genießen ▶ H 11
Das große Plus der ›südlichen Sandinsel‹ ist die Tatsache, dass sie nur im Rahmen einer kurzen Fährfahrt von Skjærhalden aus (s. S. 120) erreicht werden kann. Im Hauptdorf Nedgården schwingt man sich aufs mitgebrachte Fahrrad und radelt auf wenig frequentierten Wegen durch die liebliche Landschaft des leicht hügeligen Eilands, das nur ca. 80 Einwohner zählt. Auch der Wanderer findet hier alles zum Besten, und nur ca. 15 Min. dauert der Weg vom Fährdorf zur Stuevika, ein Sandstrand wie geschaffen zum Relaxen; gegen ein geringes Entgelt darf man hier sogar sein Zelt aufschlagen.

Rings um den Oslofjord

Festungsstadt Gamlebyen

www.festningsbyen.no

Die zahlreichen Schilder mit der Aufschrift Gamlebyen führen an das Ostufer der breit und träge dahinströmenden Glomma, sodann durch eine Allee mächtiger Eichen zu einer hölzernen Zugbrücke, die einen Festungsgraben überspannt. Jenseits des Grabens liegt die Altstadt, die von König Fredrik II. 1567 gegründet wurde und heute als einzige erhaltene Festungsstadt des Nordens gilt. Mehr als 5 km Fußwege führen durch verwinkelte Gassen, entlang breiter Festungswälle und über Zugbrücken zu Kanonen, Kasematten und jahrhundertealten bunten Häusern. Auch die Aussicht von den Befestigungswällen aufs Land, die Glomma sowie die Neustadt auf der anderen Flussseite ist immer wieder einen Blick wert.

Mehrere gemütliche Cafés und Restaurants laden zum Einkehren ein, Kunstgewerbler nutzen das pittoreske Viertel, um ihre Arbeiten anzubieten, und im **Tøihuset**, in dem das Fredrikstad Museum untergebracht ist, kann man sich über die wechselvolle Stadtgeschichte informieren (Di–Fr 9–16, Sa/So ab 12 Uhr, Eintritt 50 NOK).

Kongsten Fort

W. Blakstads gate, www.festningsbyen.no/kongsten-fort

Rund 500 m östlich der Altstadt erhebt sich das Kongsten Fort, früher als ›Schwedenschreck‹ bekannt. Zur Anlage gehören mehrere unterirdische Kammern und Gänge (Führungen), ein Restaurant sowie, direkt angrenzend, ein u. a. mit Frei- und Hallenbad, Hotelbetrieb und Campingplatz ausgestatteter Freizeit- und Erholungspark.

Ausflug nach Hvaler

Wer eines der eindrucksvollsten Gebiete der norwegischen Schärenküste kennenlernen möchte, sollte den Schärenarchipel von Hvaler besuchen, dessen Hauptinsel Kirkeøy über Brücken erreichbar ist. Die im Stadtgebiet von Fredrikstad ausgeschilderte R 108 führt direkt nach **Skjærhalden,** von wo aus Fährboote zu allen größeren Inseln verkehren (im Sommer Dutzende Verbindungen täglich). Wer seinen Aufenthalt genießen will, mietet sich in Skjærhalden ein Fahrrad oder ein Kajak und geht auf Schärenexkursion: Fahrräder gibt es über die Touristeninformation (Hvaler Turistkontor, Skjærhalden/Kirkeøy, Tel. 69 37 50 99, www.hvaler.no, nur im Sommer, tgl. 10–17 Uhr), Seekajaks über Kajakkentusiasten (Storveien 7, Skjærhalden/Kirkeøy, Tel. 91 31 71 36, www.kajakkentusiasten.no, 400 NOK/Tag).

Auch geführte Kajaktouren im Schärengarten werden angeboten, insbesondere im Bereich des **Ytre Hvaler-Nationalpark,** der die gesamte dem Meer zugewandte Seite des Hvaler-Archipels umfasst. Seit 2009 soll er die einzigartige Schärenlandschaft mit ihrer herausragenden Vielfalt an Watvögeln sowie marinen Lebewesen nachhaltig schützen. Bei diesem Refugium handelt es sich um den ersten Meeres-Nationalpark des Landes, denn von der Gesamtfläche von 354 km2 entfallen 340 km2 auf den Meeresgrund (weitere Infos auf www.dirnat.no/nasjonalparker/ytre_hvaler).

Übernachten

Auf dem ›Dach der Stadt‹ – **Hotel Valhalla:** Valhallsgt. 3, Tel. 69 36 89 50, www.hotelvalhalla.no, EZ 750 NOK, DZ ab 895 NOK. Wohnen auf dem ›Dach der Stadt‹ mit herrlicher Aussicht über Stadt und Umland, und doch nur wenige Minuten von der City entfernt. Die Holzvilla aus dem Jahre 1870, unlängst vollständig renoviert, bietet 17 modern eingerichtete Zimmer, alle mit Bad/Dusche.

Historisches Ambiente – **Gamlebyen Gjestegaarder:** Smedjegaten 88, Tel. 96 32 20 20, www.gamlebyeng jestegaarder.com, EZ 795, DZ ab 995 NOK. Der in der Altstadt gelegene Artilerigaarden aus dem Jahre 1773 sowie der Graffgaarden (1835) wurden umfassend renoviert und bieten heute 40 Komfortzimmer mit Bad/WC im Stil der alten Zeit.

Camping & Motel – **Fredrikstad Motel og Camping:** Torsnesvn. 16 (nahe Gamlebyen), Tel. 99 22 19 99, www. fredrikstadmotel.no, Juni–Aug. Beim Kongsten Fort gelegener Zwei-Sterne-Platz, komfortabel; Motel-Zimmer (Bad/WC auf dem Flur, ab 550 NOK sowie auch 12 Hütten (850 NOK).

Essen und Trinken

Dutzende Restaurants verschiedener Küchen bieten sich in der Neustadt an, doch wesentlich romantischer und vor allem ruhiger speist man in der Altstadt:

Ambitioniert – **Majorstuen:** Voldportgt. 73, Tel. 69 32 15 55, www.majoren. no, tgl. ab 12 Uhr, Vorspeisen 90–124 NOK, Hauptgerichte um 225–290 NOK. Restaurant mit internationalen und norwegischen Spezialitäten (auch Wild); gemütlich-rustikale Einrichtung, herrlich auch zum Draußensitzen.

Prima Pizzen – **Peppes Pizza:** Torvgt. 57, Tel. 69 32 32 10, tgl. ab 13 Uhr, Pizzen ab 135 NOK. Über 20 Pizzen, gut und günstig (ab 136 NOK) in einem Altstadthaus aus dem 17. Jh.

Abends & Nachts

Bryggepromenaden, wie die in der Neustadt parallel zur Glomma verlaufende Dampskipsbryggen heißt, ist *die* Nachtmeile der Stadt.

Mit dem Fahrrad auf Tour
Rund um Fredrikstad gibt es fünf ausgeschilderte **Radwege,** darunter der 30 km lange Glommastien entlang der Glomma sowie eine 11 km lange Tour nach Skjeberg auf dem Oldtidsveien (s. Entdeckungstour S. 122). Nähere Infos sind beim Touristenbüro erhältlich.

Infos & Termine

Infos

Fredrikstad Turistkontor: Tøihusgt. 41 (Altstadt), Tel. 69 30 46 00, www. visitoslofjord.no/fredrikstad, Mo–Fr 9–16.30, im Sommer auch Sa/So 11–16 Uhr.

Termine

Månefestivalen: Ende Juli. *Das* Festival für Rockfans, ›Bühne‹ ist die Altstadt; www.maanefestivalen.no.

Glommafestivalen: Anfang/Mitte Juli. Ausgelassenes Stadtfest; www.glom mafestivalen.no.

Verkehr

Flug: Der Flughafen Oslo-Rygge liegt nördlich der Stadt (www.ryg.no, Tel. 69 23 00 00, Taxi 590 NOK, stdl. Flughafenbus 100 NOK).

Zug: Fredrikstad liegt an der Bahnlinie Oslo–Göteborg, in beide Richtungen tgl. mehrere Verbindungen. Der Bahnhof befindet sich an der Jernbanegata in der Neustadt beim Glomma-Ufer.

Bus: Verbindungen mit allen größeren Orten im Süden Norwegens; Busbahnhof am Bryggeriveien im Zentrum der Neustadt.

Fähre: Im Sommer verkehrt mehrmals tgl. eine Personenfähre nach Tønsberg (200 NOK): Flybåten, www.flybaten. no, Tel. 33 34 72 00.

Mietwagen: u. a. über Avis, Tel. 95 91 21 00; Verleihfirmen sind auch am Flughafen vertreten. ▷ S. 125

Auf Entdeckungstour: Auf dem Oldtidsveien zu Zeugnissen der Frühgeschichte

Der Oldtidsveien führt auf ca. 11 km zwischen Fredrikstad und Skjeberg tief in die prähistorische Vergangenheit des Landes – Geröllgräber und Steinsetzungen, Wehrhügel und Felszeichnungen. Nirgendwo sonst in Norwegen stößt man auf so viele Zeugnisse früher menschlicher Besiedlung.

Anfahrt: Entlang der E 6 bis zur Abfahrt Solbergkrysset mit dem Rastplatz Solbergtårnet, dem Startpunkt der Entdeckungstour entlang der R 110. Alternativ kann man von Fredrikstad aus der R 110 zum Solbergtårnet folgen.
Infos: Es informieren die Touristenbüros von Sarpsborg (www.visitoslofjord.no/sarpsborg, Tel. 69 13 00 70) und Fredrikstad (s. S. 121), wo im Sommer geführte Touren über den Oldtidsveien angeboten werden.

Kultur erlebnisorientiert zu inszenieren, diesem Motto hat sich die Touristikabteilung der Region Østfold verschrieben. Jahrelang, so heißt es von offizieller Seite, fuhren die Besucher achtlos an den prähistorischen Schätzen vorbei; nirgendwo sonst in Norwegen gibt es so viele Zeitzeugen aus der Bronze- und Eisenzeit – bis über 3500 Jahre alte Geröllgräber und Steinringe, Wehrhügel und monumentale Felszeichnungen, die vom Alltag der Altvorderen erzählen und die recht eigentlich den kulturellen Höhepunkt einer Reise entlang der Ostküste des Oslofjords markieren.

Der Solbergtårnet – Architektur im Dienste des Tourismus

Um den Blick der Besucher aus dem In- und Ausland auf diese einzigartigen Kulturzeugen Østfolds zu fokussieren, wurde in langer Arbeit der **Solbergtårnet (1)** errichtet, ein spektakulärer Rastplatz an der E 6. Die 2010 eröffnete Anlage mit Turm (tårnet) aus Holz, Glas und Edelstahl ist so prachtvoll anzusehen, dass sie bereits Monate zuvor einen Platz in dem prestigeträchtigen Buch »Contemporary Landscape Architecture« erhielt, das Jahr für Jahr die 50 international spektakulärsten Projekte der Landschaftsarchitektur in urbanen und natürlichen Lebensräumen vorstellt. Sechs Text- und Fotoseiten sind dem Solbergtårnet dort gewidmet.

Auf dem ›Altertumsweg‹

Der Rastplatz versteht sich als Start- bzw. Endpunkt des hier beginnenden Oldtidsveien, der sich beidseits der E 6 zwischen Skjeberg und dem westlich gelegenen Fredrikstad (s. S. 117) erstreckt und in seiner gesamten Länge der Reichsstraße R 110 folgt. Die Distanz misst ca. 11 km, auf denen die auch als ›Oldtidsruta‹ bekannte ›Altertumsroute‹ an einer Vielzahl von Zeitzeugen vorüberführt – und das in einer Bilderbuchlandschaft mit alten Gehöften, Wiesen, Äckern, Wäldern und glitzernden Seen. Wer sich ein umfassenderes Bild von diesem Landstrich machen möchte, wird hier durchaus einen ganzen Tag verbringen. Über die Höhepunkte am vorbildlich markierten und mit Hinweistafeln ausgestatteten Weg zu informieren ist Aufgabe des Rastplatzes. In seinem Garten zeigen sieben Informationsinstallationen, was es wo zu sehen gibt. Der 28 m hohe Turm selbst will als Aussichtspunkt über die Kulturlandschaft verstanden sein, während die in die benachbarte, 100 m lange Stahlwand eingefrästen Bildnisse den Betrachter mit der Frage konfrontieren, was das eigentlich ist – die Zeit.

Felszeichnungen der Bronzezeit

Mit dem Beginn der Nordischen Bronzezeit (um 1500 v. Chr.) machten Ackerbau und Viehzucht sprunghafte Fortschritte. Die Menschen lernten das Spinnen und Weben, und in der Verarbeitung von Kupfer und Zinn (das importiert werden musste) zu Bronze brachten es die frühen Norweger zur Meisterschaft. Mit harten Quarzsteinen wurden konzentrische Kreise, Linien und Sonnenkreuze in vom Schmelzeis blankgewaschene Felsen eingeritzt, und wie symbolische oder halbnaturalistische Felszeichnungen belegen, waren auch Rad, Pflug und Wagen bereits bekannt. Andere *helleristninger* zeigen Göttergestalten, Menschen, Tiere und Schiffe, immer wieder Schiffe, meist mit hohen Steven und zahlreichen Ruderern – Zeugen menschlichen Denkens, Fühlens und Wollens, Zeugen einer Epoche,

123

die keine schriftlichen Aufzeichnungen hinterlassen hat.

Die berühmteste Felszeichnung Norwegens ist aber das **Bjørnstadskip (2)**, die 4 x 1,5 m große Darstellung eines Schiffes, die größte ihrer Art in ganz Skandinavien. Ihr Alter wird auf etwa 3000 Jahre geschätzt, zwei kleinere Schiffe von etwa 1 m Länge sind benachbart. Die Felszeichnung ist ab Solbergtårnet über einen (hin und zurück) etwa 10 km langen Abstecher entlang des Haugeveien (R 583) schnell zu erreichen.

Nur ein paar hundert Meter vom Solbergtårnet entfernt und direkt am Rande der R 110 zeigen die drei Felsbildfelder von **Solberg (3)** über 100 Zeichnungen, darunter Schiffe, Räder, Sonnenbilder, Wagen, Waffen, Menschen und Tiere. Auch Bäume, sonst kaum zu finden, sind dargestellt.

Hornnes (4), das nächste Felsbildfeld am Weg (ausgeschilderter Fußweg), zeigt ebenfalls Besonderes: der Jung-Bronzezeit zugerechnete Sonnenschiffe, 22 an der Zahl, am Himmel unterwegs zur Sonnengöttin.

Hügelgräber und Steinsetzungen

Von diesen Felsmalereien abgesehen sind es insbesondere Hügelgräber, die die Bronzezeit dokumentieren, und der nächste Stopp am Weg hat **Gunnarstorp (5)**, das größte Gräberfeld der Region, zum Ziel. Highlight des etwas abseits der Straße gelegenen Feldes ist eine 3 m hohe und 30 m breite Grabsteinaufschüttung. Folgt man dem Pfad weiter in den Wald hinein, kommt man zu mehreren großen Steinsetzungen sowie einem der größten Felsbildflächen des Landes, die beide sowohl der Bronze- als auch der nachfolgenden Eisenzeit zuzurechnen sind.

Die archäologisch bedeutendste Fundstelle am Oldtidsvei ist **Hunn**

(6), zugleich das größte Grabfeld des Landes mit insgesamt 56 Grabhügeln (1300– 2000 Jahre alt), bis zu 20 m breit und 2 m hoch, in denen man zahlreiche Grabbeigaben fand; unter einem konnte sogar ein 4000 Jahre altes Hausfundament ergraben werden. Des Weiteren finden sich drei Langgräber, und viel Aufsehen erregten elf gewaltige Steinsetzungen sowie zwei Steinlegungen, die aus je 13 Steinen bestehen und deren Bedeutung bislang unbekannt ist.

Zeugen der Eisenzeit

Auf Grundlage importierter Eisengegenstände und der Nutzung heimischer Sumpfeisenvorkommen beginnt in Norwegen ab etwa 500 v. Chr. die Eisenzeit, die aber infolge einer enormen Klimaverschlechterung eine Ära des Niedergangs war. Erst von der Zeitenwende an kam es dank veränderter klimatischer Verhältnisse und eines regen Handelskontaktes mit dem übrigen Europa zu einem neuen Aufschwung. In diese Zeit zurück führt abschließend ein weiterer Abstecher unserer Route zum eigentlichen Oldtidsveien, einen über 2000 Jahre alten Handelsweg, der sich bis zu den Grabhügeln von Hunn verfolgen lässt und sich im Terrain als ein breiter Graben abzeichnet.

Nach der Zeitenwende nahm die Bevölkerung rapide zu, und im Rahmen der ca. 400 n. Chr. einsetzenden Völkerwanderung fielen neue Stämme ins Land ein. Zahlreiche Ruinen von Wehranlagen erzählen von Feindschaft und kriegerischen Konflikten; wichtigstes Zeugnis aus dieser Zeit ist **Ravneberget (7)**, eine 3 km nördlich Sarpsborg auf dem Ravne-Hügel gelegene Wehranlage aus dem 5. Jh.; die Aussicht ist beeindruckend, auch der Oldtidsveien selbst liegt im Blickfeld.

Von Fredrikstad nach Oslo ▸ H 9–11

Etwa 88 km trennen Fredrikstad von Oslo. Die Städte entlang der E 6 haben wenige Sehenswürdigkeiten zu bieten, und die Schärenküste des Oslofjords ist meist nur über Stichstraßen zu erreichen. Das ist zeitaufwendig, außerdem ähneln sich die Landschaftsbilder sehr, sodass, wer die Inselgemeinde Hvaler besucht hat, hier keine Steigerung der Eindrücke mehr erfahren kann – mit zwei Ausnahmen:

Jeløy ▸ H 10/11

Diese **Moss** vorgelagerte Insel ist über eine Brücke zu erreichen und wird aufgrund ihrer landschaftlichen Vielfalt und Fruchtbarkeit (hier wachsen sogar Weintrauben) als die ›Perle des Oslofjords‹ bezeichnet. Der Norden dieses nur 19 km² großen Eilandes ist reich an Wald, Wild und schroffen Klippen, der Süden hingegen erinnert mit seinen weiten Wiesenebenen an das dänische Jütland und bietet zahlreiche Badeplätze, von denen der beim Inseldörfchen von besonderer Schönheit ist.

Nach Drøbak ▸ H 10

Nördlich von **Moss** führt die E 6 durch eine weite, leicht hügelige Landschaft und nur noch selten an die Küste heran, wohin man bei Kilometer 26 (ab Moss) einen Abstecher machen sollte: Nach einem kurzen Wegstück ist das hübsche Holzhausstädtchen **Drøbak** am Oslofjord erreicht. Hier gibt es malerische Panoramen aufs Meer (Aussichtsterrassen am Hafen) – und hier wohnt der norwegische Weihnachts-

mann: Ein Verkehrsschild am Ortseingang weist auf den Sitz des ›Julenisse‹ hin: **Tregaardens Julehus** führt ganzjährig Weihnachtsartikel; angeschlossen ist ein Weihnachtsmann-Postamt mit eigenem Weihnachtsmann-Poststempel (Tregaardens Julehus: Havebakken 6, Tel. 64 93 41 78, www.julehus.no, Mo–Fr 10–17, Sa bis 15 Uhr).

Übernachten

Traumhotel wie anno dazumal – **Clarion Refsnes Hotel:** Godset 5, Tel. 69 27 83 00, www.refsnesgods.no, EZ/DZ ab 2390 NOK. Von einer Parkanlage umgebenes malerisches Herrenhaus aus dem 18. Jh. mit stilvoll-eleganten, modernen Zimmern, die ihren Preis unbedingt wert sind.

Tiptop am Meer – **Nes Camping:** Tel. 69 27 01 76, www.nescamping.no, April–Sept. Drei-Sterne-Platz vom Feinsten: große Wiese mit 280 Stellplätzen ab 155 NOK am Meer, Top-Ausstattung, Boots- und Kanuverleih, 10 Hütten (470–815 NOK je nach Komfort).

Infos

Touristeninformation
Visit Moss: Skoggt. 52, Moss, Tel. 69 24 15 20, www.visitmoss.no.
Drøbak Turistinformasjon: Havnegt. 4, Drøbak, Tel. 64 93 50 87, www.visitdrobak.no, Juni–Aug. Mo–Fr 9–16, Sa, So 10–14 Uhr, sonst nur Mo–Fr.

Horten ▸ G 11

Die Geschichte der Stadt, die heute rund 18 000 Einwohner zählt, beginnt erst im Jahre 1818, als hier, an der strategisch wichtigen Enge des Oslofjords, ein Marinehafen eingerichtet wurde. Dieser diente von 1853 bis Anfang des 20. Jh. den norwegischen See-

125

Rings um den Oslofjord

Unser Tipp

Durch den Berg hindurch hinauf

Die in einer Talmulde am gleichnamigen Fluss und Fjord gelegene Stadt Drammen lebt von der Industrie und ist für Touristen nur insofern von Bedeutung, als hier die **Spiralen** zu einer Befahrung einlädt: eine schlangenförmig ins Innere eines Berges gesprengte Straße von 1650 m Länge (sechs Windungen, Radius 35 m, Steigung 10 %). Um dieses einzigartige Stück Ingenieurskunst anzulegen, wurden ca. 70 000 m³ Steine bewegt. Die Straßenbehörde schuf diese Attraktion zwischen 1953 und 1961, denn ein von ihr betriebener Steinbruch störte die Anwohner, und so verlegte man das Abbaugebiet ins Innere des 200 m hohen Bragernesåsen, auf dessen Kuppe die Spirale führt.

Von oben genießt man eine beeindruckende Aussicht auf Stadt und Land, außerdem gibt es ein Panoramarestaurant, zahlreiche Wanderwege, einen Naturlehrpfad und ein Freilichtmuseum, das mit seinen 22 bis zu 350 Jahre alten Gebäuden die Provinz Buskerud repräsentiert (Juni–Aug. Di–Sa 11–15, So bis 17 Uhr).

Anfahrt von der E 18 aus, Abfahrt ›Nord‹, dann den Schildern Richtung ›Sentrum‹, ab dort Richtung ›Spiralen‹ folgen; der Spiralentunnel ist tgl. 8–23 Uhr geöffnet.

Marinemuseum

Karljohansvern, Kommandørkaptein Klincks vei 9, www.forsvarsmuseer.no, Mai–Sept. 12–16 Uhr, sonst nur So, freier Eintritt

Das unter Militärverwaltung stehende und im Ort ausgeschilderte Marinemuseum hat seinen Standort im Kulturpark Karl Johansvern. Es zeigt ca. 200 Schiffsmodelle und mehrere Originale, darunter auch das außer Dienst gestellte U-Boot ›Utstein‹ aus den 1960er-Jahren sowie die ›RAP‹, das erste Torpedoboot der Welt, das 1872 nach norwegischen Plänen in England gebaut wurde.

Preus Fotomuseum

Karljohansvern, Kommandørkaptein Klincks vei 9, www.forsvarsmuseer. no, www.preusmuseum.no, Di–So 12–16 Uhr, im Juli tgl., 50 NOK

Eine weitere Institution ist das ebenfalls im Kulturpark gelegene Preus Fotomuseum, das das einzige seiner Art in Norwegen ist und ca. 10 000 Bücher zur Fotografie sowie über 1000 Kameras zeigt. Auch Kuriosa sind hier zu finden, z. B. eine in einen Spazierstock eingebaute Kamera; eine andere ist so konstruiert, dass sie für Luftaufnahmen von einer Taube in die Höhe getragen werden konnte.

Horten Bilmuseum

Sollistrandsveien 12, www.automo bilmuseum.no, Mitte Juni–Mitte Aug. tgl. 12–15 Uhr, sonst nur So, 55 NOK

Etwas außerhalb (am Weg nach Borre, s. u.) zeigt das Horten Bilmuseum anhand von 40 Autos die Geschichte des Vehikels von 1895 bis in die 1970er-Jahre; zu bewundern u. a. ein Lohner Porsche (1902), ein Opel (1912) und ein Adler (1937). Aber auch Fans von Modelleisenbahnen werden begeistert sein, denn hier ist die größte Anlage des Königreichs zu bestaunen.

streitkräften als Hauptstützpunkt (inzwischen hat Bergen diese Funktion inne). Heute präsentiert sich die alte Marinezentrale als ein beschauliches Städtchen, in dem vieles von Vergangenem zeugt. Die Kommune umfasst mehrere Ortschaften, u. a. Borre und Åsgårdstrand.

Borre ▸ G 11

Nur 4 km sind es von Horten auf der von Häusern gesäumten R 19 bis zum Örtchen Borre, wo graugelbe Strände im Wiesensaum zum Verweilen einladen. Ein Schild weist den Weg zum links der Straße gelegenen **Borrehaug,** der größten nordischen Ansammlung von Grabhügeln aus dem 8. Jh. Das Areal wurde 1932 zum Nationalpark erklärt. In den unterschiedlich großen, von z. T. über 1000 Jahre alten Laubbäumen beschatteten 27 Hügeln sollen die Mitglieder der aus Schweden eingewanderten Ynglingar-Dynastie (s. S. 44) beigesetzt sein.

Ein Stückchen weiter erhebt sich linker Hand die über 1000 Jahre alte romanische **Borrekirke,** die unter Kennern als einer der sehenswertesten norwegischen Sakralbauten des Mittelalters gilt (Juni–Aug. Di–Fr 10–13 Uhr im Rahmen von Führungen; Information über Horten Turistkontor).

Direkt neben dem Borrehaug liegt das **Midgard-Senter,** dessen preisgekrönte Architektur die Langschiffe und Grabhügel der Wikinger gleichermaßen symbolisiert. Es informiert nicht nur über das tägliche Leben zur Zeit der Wikinger, sondern auch über die prähistorische Zeit der Vestfold-Region; angeschlossen ist ein Museumsladen und ein Café (Birkelyveien 9, www.midgardsenteret.no, Mai–Sept. tgl. 11–16, sonst nur Mi–Fr/ So 11–14 Uhr, 50 NOK).

Åsgårdstrand ▸ G 11

Das elegant wirkende Holzhausstädtchen, das kurz hinter Borre am Oslofjord liegt, ist ganz in Weiß gehalten und gilt nicht nur seinen ca. 3000 Einwohnern als eines der Schmuckstücke des Südens. Hier verbrachte Edvard

Munch viele Sommer lang seine Urlaube. Sein ›Glückshäuschen‹, das **Lykkehuset,** kann besichtigt werden (Munchsgt. 25, Juni–Aug. Di–So 11–18 Uhr, Mai und Sept. nur Sa, So, 40 NOK).

Sehr schön ist es, in einem der Terrassencafés mit Blick über den Oslofjord zu verweilen; wer Erfrischung sucht, kann im Meer baden, an dem die R 311 nun entlangführt (Wiesenund Sandsaum, Badeplattformen).

Übernachten

Klassisch am Fjord – **Thon Hotel Åsgårdstrand:** Åsgårdstrand, Havnegt. 6, Tel. 33 02 07 40, www.thonhotels.no, DZ und EZ ab 1445 NOK, im Sommer und an den Wochenenden ab 1025 NOK. Geschmackvolle Holzvilla; helle, luftige Komfortzimmer, edle Einrichtung; direkt an der Promenade mit Bootssteg und Wiesenstrand gelegen.
Ehemaliges Mädchenpensionat – **Eiken pensjonat:** Gamleveien 36, Aspen (über R 310), Tel. 33 04 79 08, www. eikenpensjonat.no, EZ 500 NOK, DZ 700 NOK. Außerhalb vom Zentrum in Aspen mit Meer und Badeplätzen in direkter Nähe. Insgesamt 5 einfache Zimmer, Gästeküche, gemeinsames Bad/WC im Korridor und gemütlicher Aufenthaltsraum sowie Restaurant. Kostenloses WLAN.
Jugendherberge – **Horten Vandrerhjem:** Borreveien 44/46, Borre, Tel. 33 31 06 00, www.hihostels.no, ganzjährig, Betten 400 NOK, EZ/DZ mit Bad/ WC 745/845 NOK. 1,5 km außerhalb (hin mit Bus Nr. 01, 02 und 70 ab Horten) bei Borre gelegene Jugendherberge. Ziemlich hässlicher Bau, sterile Zimmer, mit Gästeküche und WLAN.
Camping am Meer – **Rørestrand Camping:** Parkvn. 34 (1,5 km südlich Horten am Weg nach Borre), Tel. 33 07 33 40, www.rorestrandcamping.no, Mai– Mitte Sept. Direkt am Meer gelege-

127

Rings um den Oslofjord

ner Drei-Sterne-Platz mit sehr hohem Standard, auch Boots- und Fahrradverleih sowie 22 Hütten verschiedener Größen (485–750 NOK).

Essen und Trinken

Fisch vom Feinsten – **Fishland:** Tollbugt. 1C, Tel. 33 04 88 10, www.fishland.no, Mo–Fr ab 11, Sa/So ab 13 Uhr, Vorspeisen 100–170 NOK, Hauptgerichte um 290 NOK. Beim Touristenbüro gelegene Top-Adresse für Fisch und Meeresfrüchte, aber auch ausgewählte Fleischgerichte. Der Innenraum ist mit Netzen, anderen Fischerei-Utensilien und alten Fotos geschmückt; schön auch zum Draußensitzen.

Hausmannskost – **Håndverkeren:** Storgt. 27, Horten, Tel. 33 21 02 92, www.handverkerenhorten.no, tgl. ab 11.30 Uhr, Tagesgerichte ab 120 NOK, Hauptgerichte um 250 NOK. Schmucker Holzbau in zentraler Lage mit günstigen Tagesgerichten, wechselnden Menüs und A-la-carte-Spezialitäten der norwegischen Küche.

Aktiv

Das Touristenbüro informiert über Fahrradtouren (auch spezielle Routen, Radverleih), Wanderungen (u. a. ein 13 km langer Küstenwanderweg), Bibersafaris, Ausritte und Bootsverleih.

Golf – **Borre Golfbane:** Tel. 41 62 70 00, www.borregb.no. Ein kurzes Wegstück außerhalb von Horten am Weg nach Borre liegt dieser 18-Loch-Platz, der als einer der besten Norwegens gilt und Austragungsort internationaler Meisterschaften ist; frühzeitige Reservierung ist ein Muss.

Abends & Nachts

Livemusik – **Håndverkeren** (s. o.) bietet allabendlich Livemusik im angeschlossenen Pub, sonntags startet hier um 22 Uhr die Jam Session.

Edvard Munchs Schlafzimmer im Lykkehuset

Infos & Termine

Infos

Horten Turistkontoret: Tollbugt. 1,
Horten, Tel. 33 03 17 08, www.visit
horten.com, im Sommer tgl. 8–18,
sonst Mo–Fr 9–16 Uhr.

Termine

Vikingmarked: Anfang Juli, 6 Tage.
Alljährlicher Wikingermarkt bei
Borrehaug (s. S. 127) mitsamt Wikin-
gerspielen; Infos beim Touristenbüro.

Verkehr

Zug/Bus: Horten ist mit allen größeren
Städten Südnorwegens verbunden
(mehrmals tgl.); der Bahnhof befindet
sich 4 km außerhalb des Zentrums in
Skoppum (Stadtbus ab Horten), der
Busbahnhof liegt im Zentrum an der
Teatergt. 7.
Fähre: Ab Anleger im Zentrum verkehrt alle 20–60 Min. eine Fähre (Tel.
33 03 17 40) nach Moss (30 Min.) auf
der Ostseite des Oslofjords.

Tønsberg ▶ G 11

In der Saga über König Harald Hårfagre
steht geschrieben, dass Tønsberg schon
vor der Schlacht bei Harsfjord (um 872)
bestand, und diese Zeitangabe nah-
men die Stadtväter zum Anlass, 1971
das 1100-jährige Bestehen auszurufen
und Tønsberg als »Norwegens älteste Stadt« zu feiern. Verbürgt ist, dass
König Håkon Håkonsson im 12. Jh. die
Festung Castrum Tunsbergis errichten
ließ und dass sein Sohn, König Magnus
Lagabøte, in dieser Burg das erste Lan-
desgesetzbuch Norwegens verfasste.
Die Pest des 14. Jh. führte zum Niedergang, 1503 wurde Castrum Tunsbergis
geplündert und in Brand gesteckt,
1536 schließlich die ganze Stadt durch
eine Feuersbrunst vollständig in Asche

gelegt. Erst im 18. Jh. blühte Tønsberg
durch Seefahrt und Walfang erneut
auf, heute sind Schiffbau und Schifffahrt die Haupterwerbsquellen der ca.
41 000 Einwohner zählenden Hauptstadt des Bezirks Vestfold.

Schlossberg

Herrschaftliche Bauten und über-
dimensionierte Shoppingzentren
prägen als stattliche Festungen des
Wohlstands die Stadt, die vom alten
Schlossberg mit den Resten des Castrum Tunsbergis überragt wird. Beeindruckend ist der Blick von der mit
›Slottsfjellet‹ ausgeschilderten Fes-
tungshöhe über Stadt und Land, in
Vollendung zu genießen vom 1888 erbauten Aussichtsturm aus (Mitte Juni–
Mitte Aug. tgl. 12–17 Uhr, 40 NOK).

Vestfold Fylkemuseum

*Farmannsveien 30, www.vfm.no,
Ende Mai–Anf. Sept. tgl. 11–16 Uhr,
60 NOK*
Zu Füßen des Burgbergs und ab dort
über einen Fußweg zu erreichen,
lohnt ein Besuch des Vestfold Fylkemuseum. Die weitläufige Anlage befindet sich im ausgeschilderten Stadtteil ›Tønsberg Nord‹. Sie besteht aus
mehreren Ausstellungsgebäuden und
einer Freilichtabteilung (mit ›offenem‹ Sommertheater und ›Almcafé‹)
und informiert über Archäologie (u. a.
Wikingerschiff aus dem 9. Jh. und Funde aus der Stein-, Bronze- und Eisenzeit), über die Schifffahrt (zahlreiche
Modelle und Karten), das Stadtleben
(u. a. originalgetreu eingerichtete
Stuben und Geschäfte) sowie über
den Walfang (u. a. zahlreiche Skelet-
te, beispielsweise von einem über
20 m langen Blauwal).

Fahrradstadt Tønsberg

Mit über 150 km an ausgebauten
Radwegen gilt Tønsberg als *die* Fahr-

Rings um den Oslofjord

rad-Stadt Norwegens, in einer Broschüre des Touristenbüros sind zahlreiche Routen beschrieben und Verleihstationen aufgelistet. Auch Broschüren zu mehreren Wanderwegen sind in der Infostelle erhältlich. Populär sind u. a. der 11 km lange Grevestien sowie der Küstenwanderweg Nordsjøløypa.

Verdens Ende

Leuchtend blau und klar ist das Wasser, weiß sind die Strände, braun oder auch schwarz die nahezu 700 vorgelagerten Felsinselchen. Angesichts dieser wunderschönen Schärenlandschaft nimmt es nicht wunder, dass sich auf der über die R 308 erreichbaren **Insel Tjøme** jeden Sommer bis zu 50 000 Feriengäste zu den ca. 4500 ›Insulanern‹ gesellen.

Das Südkap dieses ›Ferienparadieses von Vestfold‹ ist 27 km von Tønsberg entfernt und trägt den Namen **Verdens Ende** (Ende der Welt), weshalb der Leuchtturm, der die Landmarke krönt und 1696 als erster des Landes zu blinken begann, auch als ›Leuchtturm am Ende der Welt‹ bekannt ist. Die Aussicht auf das Skagerrak ist faszinierend, vortrefflich sind auch die Bade-, Schnorchel- und Angelmöglichkeiten.

Übernachten

Die Unterkünfte in Tønsberg selbst sind überteuert und eher wenig ansprechend; die besten Adressen finden sich im nahen Umland.

Renommiert – **Rica Havna Hotel:** Havnavn. 50, Tjøme, Tel. 33 30 30 00, www.rica.no, EZ/DZ ab 875 NOK, im Sommer ab 1395 NOK. Direkt an der Küste gelegene Ferienanlage mit hohem Komfortstandard (u. a. Hallenbad). Die Zimmer im Haupthaus sind geschmackvoll eingerichtet; auch gemütliche Ferienhütten.

Für den kleinen Geldbeutel – **Tønsberg Vandrerhjem:** Dronning Blancasgt. 22, Tel. 33 31 21 75, www.hihostels.no, ganzjährig, Bett 400 NOK, EZ/DZ ab 650 NOK. Am Schlossberg beim Fylkemuseum ein wenig im Grünen gelegen, ruhig und komfortabel, erst unlängst komplett renoviert.

Familien-Camping – **Furustrand Camping:** Tolvsrød (5,5 km östlich von Tønsberg an der R 311), Tel. 33 37 70 00, www.furustrand.no, Mai–Sept. Auf einer Halbinsel am Oslofjord gelegener Campingplatz mit Laden, Kanu- und Bootsverleih sowie zahlreichen Hütten (ab 795 NOK) und Ferienwohnungen.

Essen & Trinken

Mediterranes – **Himmel & Hav:** Tønsberg Brygge, Tel. 92 84 33 78, www.himmeloghav.net, tgl. ab 11 Uhr, Vorspeisen ab 120 NOK, Hauptgerichte 225–255 NOK. In der 1. Etage ein modernes Café, in der 2. Etage ein stilvolles À-la-carte-Restaurant mit internationalen Speisen der mediterranen Küche; sehr empfehlenswert die Tapas-Platten, die es ab 229 NOK gibt. Im Sommer Fr/Sa abends Livemusik.

Fisch im Freien – **Roar i Bua:** Honnørbrygga, Tel. 90 65 45 90, www.roaribua.com, tgl. ab 10 Uhr, ab 60 NOK. Zum Draußensitzen, dabei Fischbrötchen essen (Lachs, Steinbeißer oder Schellfisch), Fischsuppe schlürfen, Bacalau genießen oder Krabben pulen.

Aktiv

Wandern – Es gibt zahlreiche markierte Wanderrouten, populär sind u. a. der etwa 6 km lange **Osebergstien** (startet am Oseberghaugen neben den Wikinger-Gräbern) sowie der Grevestien, der zu einem Vogelbeobachtungsturm führt; das Touristenbüro informiert ausführlich.

Sandefjord

Auf dem Rücken der Pferde – **Verdens Ende** Tjøme, Tel. 90 12 84 57, www. stallverden.no. Beste Adresse für Ausritte und Reitstunden.

Die ganze Welt des Wassersports – **Sea Action**: Melsomvik, Tel. 33 33 69 93, www.seaaction.no. Alles, was mit Wassersport zu tun hat: u. a. Tauchen, Parasailing, Kanuverleih, Hochsee-Rafting, Hochseefischen.

Paddelfreuden – **Padleopplevelser**: Thomas Johansen, Flekkenveien 140, Tjøme, Tel. 90 65 11 52, www.padle opplevelser.no. Verleih von außerordentlich gepflegten Seekajaks (350 NOK/Tag, Wochenende 500 NOK, jeder weitere Tag 150 NOK) und auch Trockenanzügen (100 NOK/Tag), außerdem Kajak-Kurse und auch organisierte Touren. Mit Kajak-Transfer.

Abends & Nachts

Zentrum des Nachtlebens ist die Uferpromenade (Tønsberg Brygge) mit zahlreichen Pubs und Bars; meist kann man auch draußen sitzen.

Infos

Touristeninformation
Tønsberg Turistkontor: Storgaten 38, Tønsberg, Tel. 48 06 33 33, www.visit tonsberg.com, Mo–Fr 10–15, im Sommer tgl. bis 18 Uhr.

Verkehr
Flug: Der Flughafen von Sandefjord ist 18 km entfernt, zwischen 6 und 22 Uhr verkehrt ein Bus im 20-Minutentakt ab Busbahnhof/Bahnhof.
Zug: Per Zug ist Tønsberg mit Oslo und Skien/Porsgrunn verbunden, der Bahnhof befindet sich im Zentrum nahe dem Schlossberg an der Jernbanegate.
Bus: Verbindungen ab Busbahnhof beim Bahnhof an der Jernbanegt. mit

Badestrände auf Tjøme

Die beliebtesten und schönsten Strände der Region finden sich auf der Insel Tjøme und heißen **Verdens Ende** (blank geschliffene Felsen, Dusche, WC, Restaurant), **Moutmarka** (romantische Uferfelsen, Wald und Wanderwege), **Mostranda** (Sandstrand, Felsen, Duschen und WC; viel FKK), **Fynstranda** (Sandstrand, WC) und **Lilleskagen** (Sand, Felsen, WC).

allen hier vorgestellten Orten, außerdem u. a. mit Kongsberg, dem Numedal, Sarpsborg und Fredrikstad.
Auto: Der Innenstadtbereich von Tønsberg ist mautpflichtig (15 NOK).
Mietwagen: u. a. über Avis (Tel. 33 31 95 70) und Hertz (Tel. 33 38 02 64).

Sandefjord ▶ G 11

Sandefjord (ca. 44 000 Einwohner) wurde durch einen Brand im Jahr 1900 in Schutt und Asche gelegt und ist heute von Betonbauten geprägt. Aber es besitzt mehrere Attraktionen, die kein Fotograf auslässt. Herausragendes Highlight ist das Walfangmonument (direkt an der Promenade). Dieses eindrucksvolle Kunstwerk inmitten aufschießender Wasserfontänen stellt Männer in einem Boot dar, die mit einem Wal kämpfen. Nahebei trifft man auf das ›Walcafé‹, das ›Walrestaurant‹, die ›Walapotheke‹ und viele andere Läden, die den Meeressäuger im Namen tragen. Bis 1968 war Sandefjord das Zentrum des norwegischen Walfangs.

Walfangmuseum

Museumsgt. 39, www.hvalfangstmuseet.no, 23. Juni–31. Aug. tgl. 10–17, 1. Mai–22. Juni, Sept. tgl. 11–16, sonst Mo–Sa 11–15, So 12–16 Uhr, 55 NOK

Rings um den Oslofjord

Wer sehen will, wie es beim Walfang zuging, kann dies im Walfangmuseum tun, wo die Jagdmethoden aufgezeigt werden und Nachbildungen der Urtiere und allerlei ausgestopfte Kreaturen zu betrachten sind. Was fehlt, sind Informationen darüber, welch hohe Entwicklungsstufe die Wale erreicht haben und mit welch grausamen Methoden die Säuger bis heute gejagt werden.

Schiffs-Sightseeing

Im Walmuseum wird ein geschöntes Bild gezeichnet, und auch das im Sommer an der Museumsbrygga vor Anker liegende **Walfangschiff** ›Southern Actor‹, 1950 gebaut und originalgetreu erhalten, wird mit Stolz und ganz ohne Selbstkritik präsentiert (Ende Juni–Ende Aug. tgl. 12–17 Uhr). Fotogen ist es allemal, ebenso wie der nebenan vertäute Nachbau des **Wikingerschiffs** ›Gaia‹ (s. S. 92).

Badestrände

Sehens- und ›bebadenswert‹ sind die zahlreichen Badestrände auf den südöstlich am Weg nach Larvik in das Skagerrak ragenden Halbinseln Østerøya und Vesterøya. Populär ist insbesondere der auch per Bus (Bus Nr. 168) erreichbare Strand von **Vøra**, ca. 9 km außerhalb des Zentrums.

Der schneeweiße und von alten Kiefern gesäumte Badestrand des ehemaligen Lotsendorfes **Ula**, abseits der R 303 Richtung Larvik ausgeschildert, ist mit Abstand der schönste weit und breit!

Übernachten

Bezahlbarer Luxus **Hotell Kong Carl:** Torggt. 9, Tel. 33 46 31 17, www. kongcarl.no, EZ ab 875 NOK, DZ ab 1175 NOK. Das schmucke Gebäude aus dem Jahre 1690 beherbergt eines

der ältesten und traditionsreichsten Hotels des Landes. Hier ist alles vom Feinsten bei außerordentlich günstigen Preisen. Die preiswerten Budgetzimmer sind zwar klein, aber urgemütlich, und die historischen Zimmer (EZ/DZ 1195/1495 NOK) sind so stilvoll, wie es das ehrwürdige Alter des Hotels vermuten lässt.

Für Wohnmobile – **Bobilhavn:** Sandefjordsvn. 7, Tel. 33 46 61 66, 150 NOK pro Fahrzeug. Gleich neben Hydro-Texaco an der Zufahrt nach Sandefjord (R 303) gelegener Wohnmobilplatz.

Zeltplatz am Traumstrand – **Ula Camping:** Ula (an der R303 Richtung Larvik ausgeschildert), Tel. 93 42 44 03, www. ula-camping.no. Schöner Wiesenplatz mit Schatten spendenden Kiefern beim schönsten Sandstrand (s. o.) weit und breit, nur für Zelte geeignet; einfache Hütten (ab 380–520 NOK, je nach Saison).

Essen & Trinken

Am Torget, im Bereich der Strandpromenade sowie am Hafen steht in vielen Restaurants auch Walfleisch auf den Speisekarten; es kommt von den Lofoten im hohen Norden, wo heute noch eine spezielle (und angeblich nicht vom Aussterben bedrohte) Zwergwalart in begrenztem Umfang gejagt wird. Der Geschmack des dunklen Fleisches hat übrigens nichts mit Fisch gemeinsam, eher mit Elch.

Aktiv

Kletterpark – **Høyt og Lavt Aktivitetspark:** Lågendalen (etwa 40 km nördlich von Sandefjord entlang der R 40), Tel. 99 10 59 58, www.aktivitetspark. no, 25. Juni–2. Aug tgl. 10–17.30 Uhr, 310 NOK Eintritt. Aktivitätspark mit einem ungemein großen Angebot an geführten Rafting-, Kanu-, Reit- und

Sandefjord: Adressen

Bergtouren; angeschlossen ist darüber hinaus der größte Kletterpark Skandinaviens, und auch Kinder finden hier alles nach ihrem Geschmack.

Infos

Infos
Sandefjord Reiselivsforening: Kurbadet, Thor Dalsgt. 7, Sandefjord, Tel. 33 46 05 90, www.visitsandefjord.com, Ende Juni–Mitte Aug. Mo–Fr 9–18, Sa 10–16.30 und So 12.30–16.30, sonst Mo–Fr 9–16 Uhr.

Verkehr
Flug: Tgl. vom 10 km östlich des Zentrums gelegenen Flughafen (www.torp.no, Tel. 33 42 70 70) mit Widerøe nach Bergen, Stavanger, Trondheim, Kopenhagen, mit KLM (Tel. 81 52 00 00) nach Amsterdam, mit Ryanair (www.ryanair.com, Tel. 82 00 40 02) nach Bremen. Nach Ankunft einer Maschine von Ryanair verkehrt der Torp-Expressbus (www.torpekspressen.no) nach Oslo (2 Std., 210 NOK), auch in Richtung Kristiansand hat man Busanschluss, per Zug (Buszubringer, 4 Min.) bestehen beste Verbindungen in beide Richtungen. Taxi nach Sandefjord ca. 250 NOK.
Zug: Verbindungen ab Jernbanestasjon an der P. Castbergsgt. mit der Vestfoldbahn mehrmals tgl. Richtung Oslo und Skien/Porsgrunn.
Bus: Verbindungen ab Busbahnhof gegenüber dem Bahnhof mit allen größeren Orten der Region, außerdem u. a. nach Kongsberg, ins Numedal, nach Sarpsborg und Fredrikstad.
Fähren verkehren bis zu 5 x tgl. nach Strömstad/Schweden: Color Line, Tel. 81 00 08 11, www.colorline.no.
Mietwagen: Am Flughafen sind alle internationalen Verleihfirmen vertreten, u.a. Avis (Tel. 33 46 95 50) und Hertz (Tel. 33 47 15 38).

Verherrlichung des Walfangs? Das Denkmal in Sandefjord ist umstritten

Das Beste auf einen Blick

Durch das Sørland ins Fjordland

Highlights!

Risør: Die ›Perle der Riviera am Skagerrak‹ verdankt ihren Wohlstand der Windjammer-Epoche und ist heute der mondänste Badeort der sonnenverwöhnten Südküste – mit schier grenzenlosen Wassersportmöglichkeiten. S. 142

Nordsjøveien: Der ca. 270 km lange ›Nordseeweg‹, der Kristiansand und Stavanger verbindet, führt durch eine Küstenlandschaft, wie man sie ähnlich wild an der Südküste Norwegens nirgends sehen kann. S. 156

Auf Entdeckungstour

Telemarkkanal: Die schönste Art, das Hinterland der Telemark kennenzulernen, ist eine Fahrt auf dem 105 km langen Telemarkkanal, der durch fruchtbares Ackerland, dichte Wälder und liebliche Seen führt. Mit seinen Nostalgiedampfern und authentischen Schleusen, die 72 Höhenmeter überwinden, gehört er zu den spektakulärsten Wasserstraßen Europas; auch auf eigenem Kiel sowie mit dem Fahrrad kann man ihm folgen. S. 138

Kultur & Sehenswertes

Lillesand: Das malerische Städtchen gilt als Norwegens Vorzeigeort in puncto Holzarchitektur. S. 149

Aktiv unterwegs

Schärenhopping: Die Schärengärten der Skagerrak-Küste sind die beeindruckendsten des Landes, und mit dem Boot durch den Schärenkanal Blindleia von Lillesand nach Kristiansand zu fahren ist Höhepunkt eines Sørland-Besuchs. S. 141, 149

Baden: Sonnenhungrige Badegäste finden entlang der norwegischen Riviera am Skagerrak unzählige Sandstrände am Festland und auf den Schären. Der 1 km lange Sjøsand bei Mandal gilt als der schönste des Landes. S. 156

Draisineradeln: Ein Erlebnis der besonderen Art ist es, mit der Draisine ab Flekkefjord entspannt auf dem Gleis durch die Küstenlandschaft zu fahren. S. 162

Genießen & Atmosphäre

Schlemmen im Leuchtturm: Das Restaurant im Leuchtturm Stangholmen auf einer Kragerø vorgelagerten Schäreninsel gilt als eines der originellsten und intimsten Feinschmecker-Restaurants an der gesamten Küste. S. 144

Lyngør: Ein Spaziergang durch dieses Schärendorf ist vor allem im Licht der späten Abendsonne ein unvergessliches Erlebnis. S. 147

Dømmesmoen: Dieser von Fußwegen durchzogene Naturpark steht im Ruf, mit seinen teils uralten Laubbäumen einer der schönsten des Landes zu sein. S. 148

Abends & Nachts

Risør: Der Hafen von Risør ist zumindest im Sommer ein Hotspot des Nachtlebens an der norwegischen Riviera. S. 145

Entlang der Riviera am Skagerrak zur Nordsee

Sørland, der mit ca. 16 500 km^2 kleinste Landesteil Norwegens, setzt sich im administrativen Sinne aus den Regierungsbezirken **Aust-Agder** und **Vest-Agder** zusammen und schiebt sich wie ein Keil ins Landesinnere. Etwa 300 000 Menschen wohnen hier, mehr als 80 % direkt an der stark zerklüfteten Schärenküste, die, Fjorde und Buchten eingerechnet, allein schon etwa 2700 km misst. Hier finden sich kleine, pittoreske Küstenorte und beeindruckend schöne Sandstrände. Weil die Region vor den von Westen kommenden Regenwolken geschützt ist, liegt die Niederschlagsmenge im wärmsten und sonnigsten Landstrich des Königreichs weit unter dem Landesdurchschnitt.

Landeinwärts schließt sich eine durch Hügel und mäßig hohe Berge modellierte Landschaft an, die eher mit dem Harz als mit den Alpen vergleichbar ist und von jeher Raum für Landwirtschaft und Holzindustrie bot. Gen Norden ist das Land durch tief eingeschnittene Taltröge gegliedert, die seit Urzeiten Standorte bäuerlicher Siedlungen sind und schließlich hinaufführen zu den von Hochmooren bedeckten Bergregionen.

Der gesamte Großraum, der im Osten an die Oslofjord-Region angrenzt und gen Nordsee nach Rogaland überleitet, ist ein Feriengebiet par excellence. Das milde Klima begünstigt nicht nur Vegetation und Landwirtschaft, sondern hat auch dazu

Infobox

Touristeninformation

Sørland Turistinformasjon: Sørlandssenteret, 4696 Kristiansand, Tel. 38 04 92 98, www.visitsorlandet.com. Das Büro ist für das Sørland zuständig.

Nordsjøveien: Luramyrveien 40, 4313 Sandnes, Tel. 52 97 35 00, www.norsjovegen.no. Ausführliche Informationen über den gesamten »Nordseeweg« von Kristiansand bis Stavanger; über die Website kann man eine Broschüre auch auf Deutsch downloaden.

www.suednorwegen.org: Diese private Website eines deutschen Südnorwegen Liebhabers stellt die gesamte Küste zwischen Risør und Stavanger kenntnisreich vor und gibt neben geschichtlichen und aktuellen Infos gera-

de auch dem Angler wichtige Informationen an die Hand.

Verkehrsmittel

Informationen zum Verkehrsnetz: Alle nachfolgend vorgestellten Städte sind untereinander sowie mit Oslo, Kristiansand und Stavanger durch Buslinien verbunden. Eine Reise mit dem Zug ist nicht zu empfehlen, da der von Oslo her kommende Schienenstrang ab Skien teils weit im Landesinnern verläuft, die Küste erst wieder bei Kristiansand berührt, um sie ab Egersund wieder zu verlassen. Telefonische Informationen erhalten Sie für die Gesamtregion unter Tel. 177, im Internet hilft www.rutebok.no.

beigetragen, dass viele Norweger ihre Sommerferien an der ›Sonnenküste‹ verbringen. In den Badeorten kann es während der Hochsaison entsprechend eng werden, und auch die meist binnenwärts verlaufenden Hauptverkehrsadern – Europastraße 18 und 39 – sind dann mitunter stark überlastet, sodass man wann immer möglich den an der Küste entlangführenden Nebenwegen den Vorzug geben sollte.

Die Route der ›Weißen Orte‹

Nirgends sonst im Süden des Landes genießt man so viele Ausblicke auf spiegelndes Wasser wie an der sonnenverwöhnten ›Riviera am Skagerrak‹, die sich zwischen Langesund und Kristiansand erstreckt und von der Zeitschrift ›The Independent‹ zur »coolsten Riviera Europas« gekürt wurde. Nirgends sonst auch finden sich solch reine Landschaftsformen, wie sie die über 3000 Schären dieser Region bieten, solch ›karibisch‹ schöne Strände im Saum heller Eichen- und Buchenwälder oder prächtige Holzbaustädte, typisch nordisch und doch mit südländischem Flair. Mal präsentieren sich diese ›weißen Orte‹ eng und verwinkelt mit Kopfsteinpflastergassen, dann wieder weit und großzügig, und mit ihren Promenaden und Parkanlagen, schmucken Holzhäusern und stolzen Villen berichten sie von dem Wohlstand, der hier während Norwegens großer Schifffahrtszeit, der Windjammer-Epoche, herrschte. Nahezu jeder Ort besaß damals eine eigene Handelsflotte und Stadtrechte; erst der Siegeszug der Dampfschiffe brachte den Niedergang, der wiederum vom Tourismus unserer Tage beendet wurde.

Skien/Porsgrunn ▶ F 11

Westlich von Larvik führt die E 18 durch eine wilde, von schmalen Fjordarmen durchschnittene Landschaft. Schnell wechseln die Bilder, jenseits der Grenze zur Telemark breiten sich tiefe Wälder aus. Dann wölben sich zwei Bogenbrücken über schmale, zum Meer hin offene Schluchten, und bald folgt die Abfahrt nach Skien/Porsgrunn. Die über 90 000 Einwohner zählende Doppelstadt hat zwar wenig Sehenswertes, bietet sich aber an für einen unvergesslichen Ausflug auf dem hier beginnenden, über 100 km langen Telemarkkanal, der im Rahmen einer Entdeckungstour ausführlich vorgestellt wird (s. S. 138).

Kragerø ▶ F 12

Enge Gassen und malerische Häuser prägen diesen über drei Inselchen hingestreuten Ort, dessen Wappen eine Kogge ziert. Längst aber lebt das Städtchen mit seinen ca. 5500 Einwohnern nicht mehr allein von der Schifffahrt und dem Fischfang, sondern vor allem vom Tourismus. Besonders bei Norwegern genießt Kragerø mit seinen 495 vorgelagerten Schäreninseln höchstes Ansehen als Urlaubsziel, 2008 wurde es in einer Umfrage sogar zu Norwegens beliebtestem Seebad erklärt. Dementsprechend ist das Angebot an Bootsausflügen und Aktivitäten, doch entsprechend enorm sind im Sommer auch der Andrang sowie die Preise.

Die Schären ▶ F 12

Die populärste und landschaftlich abwechslungsreichste Schäre im Umfeld von Kragerø ist die ▷ S. 141

Auf Entdeckungstour: Auf dem Telemarkkanal ins Herz der Bergwelt

Der 105 km lange Telemarkkanal führt von der Schärenküste bei Skien bis an den Rand der Hardangervidda und gehört zu den spektakulärsten Wasserstraßen Europas – auch per Rad oder Kanu ein faszinierendes Erlebnis.

Reisekarte: ▶ F 11–D/E 10

Anfahrt: Bei Skien den Hinweisschildern zur Touristeninformation folgen.

Infos: Telemarkreiser, Nedre Hjelleg. 18, Skien, Tel. 35 90 00 20, www.visittelemark.com und www.telemarkskanalen.no; Infos über den Kanal, die Abfahrtszeiten der Schiffe und die Pauschalpakete; auch Tickets kann man hier reservieren. Saison ist von Mitte Mai–Mitte Sept., die Fahrt von Skien bis Dalen (11 Std.) kostet 950 NOK, bis Lund (ca. 4,5 Std.) 500 NOK; inkl. Bus-Rückreise zahlt man 1240 NOK bzw. 590 NOK, und auch kürzere Teilstrecken sowie zahlreiche Kombitouren sind buchbar.

Für Radler und Paddler: Fahrräder (ab 150 NOK/Tag) und Kanus (250 NOK/Tag) kann man ausleihen in Lund (www.kanalcamping.no, Tel. 91 57 54 21) und Dalen (www.telemarkadventure.com, Tel. 35 07 70 80).

Gemütlich tuckert die ›M/S Victoria‹ am frühen Morgen aus dem Stadtzentrum von **Skien** heraus. Die ›Kanal-Königin‹ wurde 1892 in Dienst gestellt, und wenn der schmucke weiße Dampfer die schmale Wasserstraße der Skienelva erreicht, fährt er für die nächste halbe Stunde so dicht unter Land, dass man in die Holzhäuser am Flussufer schauen kann. Ist die Schleuse von **Løveid** erreicht, dauert es nur wenige Minuten, das Schiff um ca. 10 m anzuheben, auf dass es durch einen in den Fels gehauenen Kanal in den **Norsjø** einfahren kann. Für etwa eine Stunde geht es nun über die blaue Wasserweite dieses langgestreckten Sees dahin. Zwischen Wiesenhügeln wachsen die Laubkaskaden grüner Bäume, vereinzelt tritt der Wald bis an die Ufer, vor denen bunte Boote schaukeln, und an klaren Tagen reicht der Blick hinauf zu den bis über 1400 m messenden Höhen im Herzen der Bergwelt, Ziel auch des Telemarkkanals.

»Hurtigrute zwischen Küsten- und Bergwelt«

Die schönste Art, das landschaftlich so überaus vielgestaltige Hinterland der Telemark kennenzulernen, ist die etwa elf Stunden dauernde Fahrt auf dem 105 km langen Telemarkkanal, der von der Schärenküste bei Skien durch fruchtbares Ackerland, dichte Wälder und über liebliche Seen bis nach **Dalen** (s. S. 268) an den Rand der Hardangervidda führt. Die Strecke besteht größtenteils aus natürlichen Wasserwegen, die durch zwei Kanäle miteinander verbunden sind; acht Schleusen bewältigen einen Höhenunterschied von 72 m.

Fünf Jahre währte sein Bau, über 500 Männer waren daran beteiligt, und bei seiner Fertigstellung 1892 wurde der Telemarkkanal in Europa als das ›achte Weltwunder‹ gefeiert. Die Norweger selbst bezeichneten ihn als »Hurtigrute zwischen Küste und Bergwelt«, und bis weit ins 20. Jh. hinein war er der wichtigste Verkehrsweg für Menschen, Vieh und Handelswaren zwischen den nördlichen und südlichen Bezirken der seinerzeit verkehrstechnisch kaum erschlossenen Telemark.

Aber auch bedeutende wirtschaftliche Impulse verdankt die Region diesem Wasserweg, der maßgeblich

daran beteiligt ist, dass das gewaltige Holzpotenzial des Hinterlands genutzt werden konnte. So stand er von Anfang an im Dienst der Flößerei, die im südlichen Abschnitt noch bis ins Jahr 2006 betrieben wurde, um die inzwischen stillgelegten Papiermühlen bei Skien mit Nachschub zu versorgen.

Nostalgie pur

Heute steht der Telemarkkanal ganz im Dienste des Tourismus, ja ist eines der bedeutendsten touristischen Ziele Norwegens überhaupt. Im Vordergrund der Besucherinteressen steht dabei das entspannte Genießen der abwechslungsreichen Landschaft. Doch auch das Erleben dieses einzigartigen Wasserweges selbst ist ein Highlight, da er sich mit seinen gemauerten Schleusenwänden, den hölzernen Schleusentoren und den ebenfalls original erhaltenen Öffnungs- und Schließmechanismen zum allergrößten Teil noch wie vor hundert Jahren präsentiert. Selbst die Schleusenwärter scheinen einer anderen Zeit entsprungen und symbolisieren zusammen mit den traditionsreichen Veteranendampfern die Nostalgie, die die ganz besondere Atmosphäre des Telemarkkanals ausmacht.

Hubarbeit, prachtvoll inszeniert

In Vollendung zu genießen ist die Nostalgie bei **Ulefoss,** das nach ca. zwei Fahrstunden (ab Skien) erreicht wird. Hier müssen 11 m Höhe überwunden werden, und da die Schleusentore vom Schleusenwärter wie eh und je per Hand bedient werden, kann man sich ein ganz und gar authentisches Bild davon machen, mit welch einfacher, aber genialer Technik die über 100 Jahre alten Tore konstruiert wurden.

Die nächste Schleuse ist nur 10 Minuten entfernt, und ebenso kurz währt die Fahrt zu der fünf Kammern umfassenden Schleuse von **Vrangfoss,** dem wohl bekanntesten Fotomotiv des Telemarkkanals. Ganze 23 m Höhe sind diesmal zu bewältigen, und auch hier wird die Hubarbeit prächtig in Szene gesetzt: Von einer Brücke aus kann man das Prozedere in aller Ruhe beobachten.

Entspannter Genuss

Unterwegs nach **Lunde,** dem nächsten Ziel, geht es zwischen engen Felsmauern dahin, und immer wieder kann man in diesem landschaftlich wohl schönsten Abschnitt der Fahrt auch Radler am säumenden Uferweg beobachten. Sie sind auf der 115 km langen ›Kanalruta‹ unterwegs, die sich von Ulefoss bis Dalen hinzieht und über kaum oder gar nicht von Autos befahrene Wege und Pfade größtenteils dem Kanalverlauf folgt. Sie ist durchgehend markiert und variiert mit hügeligen Abschnitten sowie flachen, leichten Strecken. Auch Kombitouren mit Rad und Schiff sind möglich, die Infrastruktur lässt keine Wünsche offen, die Touristeninformation in Skien bietet sogar regelrechte *sykkelpakker* (›Fahrradpakete‹) an.

Andere Pauschalangebote wollen den ›Normaltouristen‹ ansprechen, insgesamt acht solcher Kombitouren stehen zur Auswahl. Am beliebtesten ist die Variante, den Kanal von Skien bis Lund auf dem Schiff zu erleben und sodann per Bus zum Ausgangspunkt zurückzufahren. Wer hingegen den Telemarkkanal in seiner gesamten Länge kennenlernen möchte, wählt die ca. 13 Std. während ›Enthusiastentour‹, bei der man am Endpunkt des Wasserweys in den ›Kanalbus‹ umsteigt, um so, von kurzen Sightseeing-Pausen aufgelockert, nach Skien zurückzukommen.

Kragerø: Adressen

ca. 7 km lange und nur von wenigen Dutzend Menschen bewohnte Insel **Jomfruland**. Ihr Inneres ist prächtig bewaldet, Wanderungen und Radtouren bieten sich an. An der Küste lohnt ein Besuch des 22 m hohen und aus 250 000 Ziegelsteinen errichteten Leuchtturms aus dem Jahre 1839, dem zu Füßen es sich auch prächtig baden lässt; ein Gasthaus ist vorhanden, Duschen und Toiletten stehen zur Verfügung.

Größte Insel der Region ist **Skåtøy**, ebenfalls dicht bewaldet und reich an Badeplätzen – wie geschaffen, um per pedes oder mit dem Fahrrad entdeckt zu werden. Gleiches gilt für **Bærø**, nur 2,4 km^2 groß und beliebt vor allem bei Badegästen: Der schönste Strand ist hier mit Abstand der lange weiße Sandstrand Gulodden.

Übernachten

Im Sommer herrscht enorme Nachfrage nach Zimmern und Ferienhütten, sodass man so früh wie möglich reservieren sollte. Das Touristenbüro vermittelt auch Privatzimmer, Ferienhäuser und Hütten, von denen es in und um Kragerø sowie auf den Schäreninseln mehr als 4000 gibt.

Charme am Hafen – **Victoria Hotel**: Kragerø, Tel. 35 98 75 25, www.victoria-kragero.no, DZ ab 1475 NOK. Das bald 100 Jahre alte Hotel liegt in bester Lage direkt beim Hafen und präsentiert sich als rosafarbener Schmuckbau mit Zimmern vom Allerfeinsten, die teils aufs Meer blicken. Nicht billig, aber gutes Preis-Leistungs-Verhältnis.

Günstig wohnen und Sport treiben – **Kragerø Sportell**: Lovisenbergvn. 20, Tel. 35 98 57 00, www.kragerosportell. no, EZ/DZ ab 450/650 NOK. Große Anlage in schöner Lage, mit umfassendem Aktivitätsangebot.

Spitzencamping – **Lovisenberg Camping**: 6 km nördlich von Kragerø, Tel. 35 98 87 77, www.campingplassen.com, Hütten ab 380 NOK (Nebensaison) bzw. ab 690 NOK (Hochsaison). Riesiger Drei-Sterne-Platz direkt am Meer mit Badestrand, Norwegens größtem Meerwasser-Schwimmbad (beheizt), Sportangebot und zahlreichen Hütten, teils mit schöner Aussicht am Waldrand auf grüner Wiese gelegen.

Essen & Trinken

Tafelfreuden am Kai – **Tollboden**: Kragerø, Hafenkai, Tel. 35 98 90 90, www. tollboden.no, Di–Fr ab 16, Sa ab 12, im Sommer tgl. ab 12 Uhr, Vorspeisen ca. 115–150 NOK, Pizzen 165–215 NOK, Hauptgerichte ca. 250–315 NOK. Urgemütliches Restaurant in einem Speicherhaus aus dem 18. Jh., unvergleichlich schön sitzt man draußen am Kai.

Fernöstlich und günstig – **Admiralen**: Kragerø, Ytre Strandvei 24, Tel. 35 98 31 11, tgl. 10–22 Uhr, à la carte ab 130 NOK. Norwegische, vor allem aber chinesische und malaysische Spezialitäten; bis 17 Uhr sehr günstige Tagesgerichte.

Aktiv

Das Touristenbüro informiert ausführlich über Fahrradtouren und Verleihstationen, über Wanderungen und Angelplätze, Bootsverleiher und Jachtcharter und selbstverständlich Schärentouren, die hier im Sommer täglich von zahlreichen Veranstaltern angeboten werden. Auch eine Karte, in der alle Badeplätze auf dem Festland und den unzähligen vorgelagerten Schären verzeichnet sind, kann man hier bekommen.

Hinaus in die Schärenwelt – **Kragerø Fjordbåtselskap**: Tel. 40 00 58 58,

Durch das Sørland ins Fjordland

Badefreuden für Jung und Alt bieten die Risør vorgelagerten Schären

www.fjordbat.no. Größter Anbieter von Schärentouren, außerdem regulärer Fährservice zu den Kragerø vorgelagerten Badeinseln, des Weiteren Taxiboote, die den Reisenden zum Küstenziel seiner Wahl bringen.
Auf dem Rücken der Pferde – **Kragerø Ridesenter:** Tel. 35 98 95 24, www.kragero-ridesenter.no. Ausritte, Verleih von Pferden und Ponys, Reitunterricht.
Aktivitätszentrum – **Kragerø Sportell:** (s. o.); größter Anbieter für Aktivitäten jeder Art, außerdem Verleihstation für Ruder-, Segel- und Motorboote sowie Kanus, organisiert auch Schären-Rundfahrten.

Abends & Nachts

Im Sommer geht es heiß her in Kragerø, Schwerpunkt Torget und Brygga, wo dann Dutzende Pubs und Musikbars (sonst meist geschlossen) geöffnet haben. In einer Broschüre des Touristenbüros ist aktuell aufgelistet, wo was wann läuft.

Infos

Infos
Kragerø Turistkontor: Torggt. 1, Kragerø, Tel. 35 98 23 88, www.visitkragero.no, ganzjährig Mo–Fr 9–16, im Sommer Mo–Sa 9–17, So ab 11 Uhr.
www.kragerokystperlene.no: Informiert (auch auf Englisch) über die schönsten Schäreninseln von Kragerø.

Verkehr
Bus: Verbindungen u. a. mit Brevik, Porsgrunn, Skien, Arendal und Kristiansand, im Sommer auch mit Oslo.

Risør! ▶ F 12

Wie Kragerø verdankt auch dieses etwa 4000 Einwohner zählende Städtchen seinen noch heute unübersehbaren Wohlstand der Windjammer-Epoche. Doch so eng und verwinkelt Kragerø ist, so weit und großzügig ist Risør mit seinen breiten Kopfsteinstraßen zwischen weit ausladenden Villen

Risør

und der schicken Uferpromenade vor edlen Holzfassaden. Risør versteht sich, laut Eigenwerbung, als ›Perle der Riviera‹, und was Rang und Namen hat in Norwegen – u. a. auch Mitglieder des Königshauses –, das pflegt hier Urlaub zu machen. Die Strände auf den vorgelagerten Inseln sind ebenso berühmt wie die Bootssport-Möglichkeiten grenzenlos und die Preise hoch.

Den Beinamen ›Barockstadt‹ verdankt Risør der **Hellige Ånds Kirke,** die 1647 erbaut wurde und als die typischste Barockkirche des Königreichs gilt (Krags gate 37, im Sommer Mo–Sa 12–14 Uhr, So um 11 Uhr zur Messe).

Eine Attraktion nicht nur für Kinder ist das im Ort ausgeschilderte **Risør Aquarium,** das einzige seiner Art an der gesamten Südküste des Landes. Über 500 Fische (mehr als 100 verschiedene Arten) sind in der didaktisch vorbildlich aufgebauten Anlage in Dutzenden Großaquarien zu bestaunen (Strandgata 14, www.risorak varium.no, Juni–Aug. tgl. 12–16, Mitte Juni–Anfang Aug. tgl. 11–18 Uhr, 65 NOK).

Baden und Bootfahren

Die Schären erfreuen sich bei Badegästen größter Beliebtheit. Populär ist insbesondere **Øysang,** wohin im Sommer stdl. kleine Fähren verkehren (Infos unter Tel. 91 38 60 97). **Stangholmen** (s. S. 144) lohnt nicht nur wegen seines Leuchtturms einen Besuch. Ein rundes Dutzend weiterer Badeplätze liegt an der Festlandküste, erwähnt seien die ausgeschilderten Badeplätze **Perleporten** und **Randvikstranda,** die beide mit Dusche/WC ausgestattet sind.

Risør mit seinen vorgelagerten Schären ist eines der Zentren fürs **Seekajakfahren** in Südnorwegen, und problemlos kann man hier für mehrere Wochen auf Schärentour gehen,

u. a. zur ›Trauminsel‹ **Lyngør** (s. S. 147), jener Insel aus einer Epoche, als Häuser, wie Knut Hamsun es einmal formulierte, noch nicht »Feindschaft erzeugende Erfindungen von Menschen waren, sondern von jener Logik, die Gott geschaffen hat«.

Übernachten

Die klassische Unterkunft für Sommertouristen in Risør ist das Ferienhaus; wer kein eigenes hat, mietet sich eines. Infos über das Touristenbüro.

Nobel & gediegen – **Det Lille Hotel:** Storgt. 5. Tel. 37 15 14 95, www.detlil lehotel.no, ab 1550 NOK, im Sommer ab 1950 NOK für 2 Pers. Charmante Suiten in einem Haus aus dem 19. Jh. im Zentrum von Risør, mit alten Möbeln und maritimen Details; 50–60 m^2, 4 Betten.

Charme ohne Schnörkel – **Risør Hotel:** Tangengt. 16, Tel. 37 14 80 00, www. risorhotel.no, EZ/DZ ab 1095/1295 NOK. Am alten Dampfschiffkai direkt am Wasser gelegener Holzbau aus dem Jahre 1863 mit einem neuen Flügel. Durchweg hell und modern im nordischen Stil eingerichtete Zimmer.

Strandcamping – **Moen Camping:** Tel. 37 15 50 91, www.moen-camping.no, ganzjährig, Zimmer ab 500 NOK, Hütten ab 600 NOK Stellplätze für Zelt/Wohnmobil ab 240 NOK! Schön am Sørfjord an der Straße nach Risør gelegener Strandplatz der gehobenen Kategorie mit großer Auswahl an Hütten und Wohnungen; außerdem Bootsverleih.

Spitzenplatz in Spitzenlage – **Sørlandet Feriesenter:** Sandnes, Tel. 37 15 40 80, www.sorlandet-feriesenter. no, ganzjährig, Zimmer ab 450 NOK, Hütten ab 350 NOK. Traumhaft am Sandnesfjord zwischen Risør und Lyngør (s. S. 147) gelegener Platz der Top-Klasse; es werden auch Wohnun-

143

Durch das Sørland ins Fjordland

Unser Tipp

Schlemmen im Leuchtturm
Der Leuchtturm Stangholmen auf einer Risør vorgelagerten Schäre gilt als eines der originellsten und intimsten Feinschmecker-Restaurants an der gesamten Küste und ist bekannt für seine Fischgerichte, insbesondere die Stangholmens Bouillabaisse (325 NOK), die im gusseisernen Topf serviert wird. Als Vorspeise empfiehlt sich dazu u. a. Hjemmelagde Spekelaks (125 NOK), und wer Fleischgerichte bevorzugt, wähle am besten das Hirschfilet (358 NOK) mit Carpaccio als Vorspeise (140 NOK) (Stangholmen, Tel. 37 15 24 50, www.stangholmen.no, 22. Juni–5. Aug. tgl. ab 12 Uhr; Bootszubringer halbstdl. ab dem Kai in Risør neben der Polizeistation, ca. 10 Min., Fahrplaninfo über Tel. 37 15 24 50).

gen, Caravans und Hütten vermietet; Verleih von Booten und Fahrrädern.

Essen & Trinken

Maritim inspiriert – **Kast Loss:** Strandgt. 23, Tel. 37 15 07 77, www.kastloss. net, Mo–Fr ab 16, Sa ab 11, So ab 13 Uhr, Vorspeisen um 100 NOK, Hauptgerichte 250–300 NOK, Pizzen ab 150 NOK. Maritimes Interieur und ausgesuchte Antiquitäten prägen das urgemütliche Innere dieses populärsten Kai-Restaurants der Stadt, vor dem man im Sommer prächtig auf einer schwimmenden Plattform sitzen kann. Die Karte listet u. a. auch ein rundes Dutzend Pizzen auf, aber vor allem isst man hier norwegische Fischgerichte, und die Fischsuppe (250 NOK) ist schon seit Jahren *die* Empfehlung.

Einkaufen

Risør hat sich auch als Künstler- und Kunsthandwerkerstadt einen Namen gemacht, Dutzende Galerien, Keramik-, Holzschnitz- und Schmuck-Werkstätten sind hier zu finden.
Kunsthandwerk – **Galleri Villvin:** Kragsgt. 3, Tel. 37 15 05 08, www.vill vin.no, 25. Juni–5. Aug. Mo–Fr 10–17, Sa bis 16, So 12–16, sonst Di–Fr 11–16, Sa 10–14 Uhr. 60 Kunsthandwerker der Fachgruppen Keramik, Textilien, Glas, Metall und Holz unter einem Dach, wechselnde Ausstellungen.
Die Welt der Töpferei – **Acanthus Keramikkverksted:** 600 m von der E 18 entfernt an der R416 nach Risør, Tel. 37 14 92 70, www.acanthus.no, im Sommer tgl. ab 10 Uhr, sonst Mo–Fr 12–17 Uhr. Top-Design: Lampen, Schalen, Teller, Leuchter u. a.; man kann den Töpfern auf die Finger schauen, auch selbst ans Dekorieren gehen sowie draußen einen Skulpturenpark besichtigen.
Extravagant – **Embla Design:** Storgt. 9, Tel. 37 15 30 19, www.embla-design. com, Mo–Fr 10–16 Uhr, im Sommer Mo–Sa 10–18 Uhr. Werkstatt für Silber- und Emaille-Schmuck, viele Kollektionen, ungewöhnliche Farben und Formen.

Aktiv

Das Touristenbüro informiert über Badestrände, Badeseen, Fahrradtouren und Wanderungen (auch Kartenmaterial), deren beliebteste die 12 km lange Risørløypa ist.
Wie annodazumal – **Stadtwanderung mit dem Nachtwächter:** ab dem Marktplatz an jedem Mi um 20 Uhr (20 NOK/Pers).
Auf eigenem Kiel – **Havpadlern:** Tel. 91 32 71 33, www.utenfor.no, Verleih von hochwertigen Seekajaks (ab 450 NOK/Tag, 2400 NOK/Woche, Zweierkajaks ab 700 NOK/3500 NOK). Des Weiteren

Risør: Adressen

werden Einführungskurse gegeben und zahlreiche geführte Touren angeboten, auch Familientouren.
Hoch zu Ross – **Hest i Villmark:** Søndeled, Tel. 37 15 45 05, www.hommengaard.no. Großes Reitzentrum; es werden nicht nur Reitstunden gegeben, sondern auch geführte Ausritte von bis zu drei Tagen Länge angeboten.

Abends & Nachts

Das Nachtleben spielt sich in den Straßencafés und Pubs entlang der Strandgata ab. Beliebt ist insbesondere das **Stand By**, das dem Restaurant Kast Loss (s. o.) angeschlossen ist.

Infos & Termine

Infos
Risør Turistkontor: Torvet 1, Risør, Tel. 37 15 22 70, www.risor.no, im Sommer Mo–Fr 9–18, Sa 10–16, So 12–18 Uhr, sonst Mo–Fr 11–15 Uhr.

Termine
Nicht ohne Grund steht Risør auch im Ruf, die Festivalstadt des Südens zu sein:
Risør Kammermusikfest: Ende Juni. Berühmt im In- und Ausland, auch Mitglieder des Königshauses lauschen in der Regel mit; www.kammermusikfest.no.
Kunsthandwerksmarkt: Mitte Juli. Stets sind mehr als 60 verschiedene Aussteller vertreten; www.villvin.no.
Bluegrassfestival: Mitte Juli. Die, wie es heißt, besten Bluegrass-Musikanten Europas spielen mit Banjo und Mandoline, Fidel und Gitarre auf, www.risorbluegrassfestival.no.
Holzbootfestival: Anfang August. Traditionelles Stadtfest, u. a. mit Mitternachtskonzerten, Bluesnächten; www.trebatfestivalen.no.

Risør, Perle der Riviera am Skagerrak

Durch das Sørland ins Fjordland

Verkehr

Bus: Verbindungen bestehen bis zu 8 x tgl. Richtung Kristiansand, bis zu 6 x tgl. nach Porsgrunn/Skien, 1–2 x tgl. mit Oslo. Der Busbahnhof liegt an der oberen Kraggt. nahe dem Ortseingang.

Tvedestrand ▶ E/F 12

Auch Tvedestrand, eine weitere ›Perle‹ auf der weißen Route, besitzt ein ganz eigenes Flair. Das ca. 2000 Einwohner zählende Holzhaus-Städtchen wird von einer Ziegelkirche überthront und zieht sich hügelauf, hügelab zur schmalen Endung des 10 km langen Oksenfjords hin. Es bietet sowohl Verwinkeltes wie Kragerø als auch Prächtig-Elegantes wie Risør. Letzteres prunkt an der Hafenpromenade, wo man vor urgemütlichen Restaurants auf weiße Jachten blicken kann, Fischer ihre Dienste als Skipper anbieten und all die herrlichen Bootsausflüge starten, die die Schären zum Ziel haben, die hier – wie man sagt – zu den schönsten der Sørlandküste zählen. Tvedestrand selbst jedoch ist aufgrund seiner Lage am engen Fjord mit den Bergen ›im Rücken‹ ein Reiseziel, an dem man zwar gern einen Tag, nicht aber den gesamten Urlaub verbringen möchte.

Einen Blick wert ist das angeblich schmalste Haus Norwegens, dessen Name **Strykejernet** auf seine ›Bügeleisen‹-Form zurückgeht. Zu finden ist es am Anfang der Einkaufspassage, die sich nach der Straßengabelung E 18/R 410 links öffnet und unterhalb der Kirche verläuft.

Übernachten

Hafenblick – **Tvedestrand Fjordhotell**: Hafen, Tel. 37 16 03 00, www.hotell-tvedestrand.no, EZ/DZ ab 895/995 NOK (Nebensaison) bzw. 1150/1295 NOK (Hochsaison). Am Hafen gelegener Schmuckbau, für Top-Service bekannt; die Zimmer sind modern und großzügig eingerichtet.

Essen & Trinken

Rings um den Hafen laden mehrere gemütliche Restaurants und Cafés ein, die meisten auch mit Terrasse am Fjord, als das beste Restaurant der Stadt gilt das des Tvedestrand Fjordhotell (s. o.).

Aktiv

Schärenkreuzfahrten/Bootscharter bieten am Hafen mehrere Veranstalter an. Das Touristenbüro organisiert u. a. **Elchsafaris** (Di ab 19.30 Uhr) und geführte **Wanderungen** (tgl.).

Infos & Termine

Infos

Tvedestrand Turistkontor: Wr. Wroldsensgt. 2, Tvedestrand, Tel. 37 16 40 30,

Stadt der Leseratten
Seitdem Tvedestrand 2003 offiziell zur ›Bücherstadt am Skagerrak‹ ernannt wurde, stehen Tausende antiquarische Bücher nicht nur nordischer Sprachen hier sommers in rund zwei Dutzend Buchläden zum Verkauf. Jeden Samstag gibt es dann zusätzliche Veranstaltungen, und auch in der Nebensaison haben die bedeutendsten Antiquariate geöffnet. Bokbyen ved Skagerrak, 37 16 40 30, www.bokbyen-skagerrak.no (teils auf Deutsch).

Grimstad

Mitte Juni–Mitte Aug. tgl. 10–16 Uhr, sonst nur Mo–Fr, ansonsten ist die Touristeninformation in Arendal zuständig (s. u.), www.arendal.com.

Termine
Kystkulturuka: Anfang Juli. Küstenkulturwoche mit Dutzenden Konzerten und sonstigen Veranstaltungen; die größte Festivität im Ort, www.kystkulturuka.no.

Verkehr
Bus: Verbindungen bestehen mehrmals tgl. Richtung Kristiansand und Porsgrunn/Skien, 1–2 x tgl. wird auch Oslo bedient.

Arendal ▶ E 13

Die vielen Kanäle und Brücken waren es, die Arendal (ca. 33 000 Einw.) den Beinamen ›Venedig des Nordens‹ eintrugen. Im Prospekt schmückt sich das Verwaltungszentrum von Aust-Agder noch immer mit diesem Titel, aber die Wasserstraßen, die der Stadt einstmals ihren unvergleichlichen Zauber gaben, wurden nach verheerenden Bränden in den 60er-Jahren des 19. Jh. allesamt zugeschüttet.

Auch die prunkvollen Holzpaläste, von denen die Chronisten schwärmen, fielen seinerzeit in Schutt und Asche, das größte und schönste Holzhaus blieb jedoch verschont: Das vierstöckige Empire-Palais **Kalleviggård** (Rådhusgata), seit 1844 als Rathaus genutzt, ist das zweitgrößte Holzgebäude Norwegens und wird nur vom Stiftsgård in Trondheim übertroffen. Es ragt direkt am Hafen auf, in dem früher nicht selten Hunderte Windjammer vor Anker lagen.

Spektakuläre Sehenswürdigkeiten sucht man vergebens, aber das ganze holzbauliche Arrangement am Hafen, in vielen Farben gestrichen, wirkt charmant und ist beliebtes Fotomotiv.

Infos
Arendal Turistkontor: Sam Eydes plass 1, Tel. 37 00 55 44, www.arendal.com, ganzjährig, im Sommer Mo–Fr 9–19, Sa 11–14 Uhr; auch für Tvedestrand zuständig.

> ### Unser Tipp
>
> **Romantiktour in Lyngør** ▶ F 12
> Die südöstlich von Tvedestrand gelegene Insel Lyngør, autofrei und ein Bilderbuchort aus den Glanztagen der Windjammer-Epoche, wurde 1991 als Europas besterhaltener Ort ausgezeichnet. Ein Spaziergang durch die schmalen Gassen mit stetem Blick aufs Meer bleibt unvergesslich. Hin kommt man ab Gjeving (an der R 411) in nur wenigen Bootsminuten mit dem Taxiboot (Tel. 41 45 41 45) sowie dem regulären Fährboot von Sørlandets Maritime (Tel. 97 64 98 61, ganzjährig Mo–Fr 9 x tgl., Sa 3 x tgl., So 2 x tgl., 36 NOK, www.sorlandetsmaritime.no).

Grimstad ▶ E 13

Der ca. 21 000 Einwohner zählende Ort trägt einen Zweimaster im Wappen, doch wären ihm die Stadtrechte (die seit 1812 bestehen) später verliehen worden, würde uns vermutlich das markante Backenbartgesicht Henrik Ibsens von Fahnen und Straßenschildern entgegenblicken. Die Touristikprospekte zumindest ziert es, natürlich gibt es auch zahlreiche Läden, die mit dem Namen des Drama-

147

Durch das Sørland ins Fjordland

tikers auf Kundenfang gehen. Denn Grimstad rühmt sich, den jungen Ibsen, der hier das Apothekerhandwerk lernte, zwischen 1847 und 1850 beherbergt zu haben.

Also macht man sich auf die Suche nach Ibsen-Büsten, deren bekannteste den kleinen Garten des **Ibsenhuset** schmückt, das, wie sollte es anders sein, an der Henrik Ibsengt. zu finden ist. Im kleinen Museum kann man Ibsens mit originalen Möbeln und Gegenständen eingerichtetes Zimmer besichtigen (Storgaten1A, www.gbm. no, Ende Juni–Mitte Aug. Mo–Sa 11–17, So ab 12 Uhr, 75 NOK). Damit sind laut Prospekt die Sehenswürdigkeiten der Stadt erschöpft. Was die Broschüre nicht auflistet, sind die malerischen Sträßchen, die das Hafenviertel prägen. Diese können zwar nicht unbedingt mit denen von ›Tvedestrand & Co.‹ konkurrieren, sind aber durchaus einen kleinen Rundgang wert.

Sandstrände

Das große Plus von Grimstad sind seine zahlreichen herrlichen Sandstrände, in Felsen, Wiesen und Wälder gefasst und oft mit Aussicht auf vorgelagerte Schären. Alle finden sich östlich von Grimstad an der R 420 Richtung Arendal, als die schönsten gelten **Hasseltangen** (12 km östlich, in Fevik auf den Sømsveien abbiegen), **Storesand** (9 km östlich; vielleicht der schönste überhaupt) und **Grefstadvika** (6 km östlich, neben Moysand Camping). Dorthin fährt man am besten mit dem Fahrrad (für 150 NOK in der Touristeninformation zu leihen).

Dømmesmoen

Der jenseits der E 18 vor Grimstad gelegene Naturpark Dømmesmoen steht mit seiner dichten Bewaldung im Ruf, einer der schönsten des Landes überhaupt zu sein. Er wird von Fußwegen

durchzogen, die wie geschaffen sind für entspannte Spaziergänge und vorbeiführen an insgesamt 43 **Grabhügeln** aus der Zeit von 600–200 v. Chr. Auch ein 4 km langer Wanderweg an die Küste heran nimmt hier seinen Anfang (s. S. 149), ein 12 m hoher Aussichtsturm lädt zu Fernblicken ein, und Blumenfreunde ›müssen‹ einfach das ins große Grün integrierte **Norsk Hagebruksmuseet** besuchen. Bei diesem ›Gartenmuseum‹ handelt es sich um die größte Ausstellung ihrer Art in Norwegen, nicht weniger als 1000 verschiedene Pflanzen, darunter ca. 250 Rosenarten, sind zu betrachten (Dømmesmoen, www.nordgen.org, 23. Juni–12. Aug. tgl. 11–16 Uhr, Eintritt frei).

Übernachten, Essen

Zum Wohlfühlen – **Rica Grimstad Hotel:** Kirkegt. 3, Tel. 37 25 25 25, www. rica.no, EZ/DZ 1245/1495 NOK, an den Wochenenden sowie im Sommer 945/1195 NOK. Schmuckes Holzhaus direkt im Zentrum, das beste Hotel der Stadt, u. a. mit Top-Restaurant, Garage und hellen, luftigen Zimmern.
Nordisch klar – **Grimstad Vertshus:** Grimstadtunet, Tel. 37 04 25 00, www. grimstad-vertshus.no, EZ/DZ 795/950 NOK. Angenehmes Gasthaus in einem Neubau im dänischen Stil. Zentrale Lage, gepflegte und helle Zimmer (alle mit Bad/WC), außerdem eine beliebte Kneipe, die allabendlich ab 18 Uhr öffnet.
Komfort-Camping – **Moysand Familiecamping:** Moysand, Tel. 37 04 02 09, www.moysand-familiecamping. no, Mai–Sept. Laut Eigenwerbung Norwegens komfortabelster Platz, ausgestattet mit allem, was des Komfortcampers Herz begehrt, u. a. einem 5-Sterne-Sanitärblock; auch Hütten, die aber nur wochenweise vermietet

148

werden. Schöne Lage direkt am Meer mit Sandstrand.
Stadtcamp – **Bie Feriesenter:** 1 km östlich an der R 420, Tel. 37 04 03 96, www.bieapart.no, Juni–Aug. Gehobene Ausstattung; Schwimmbad; auch Hütten in verschiedenen Kategorien.

Aktiv

Wandern – Rings um Grimstad laden zahlreiche Fußwege zum Wandern ein, eine der beliebtesten Fußtouren führt durch den **Groosebekken Vandrepark.** Er beginnt am Badestrand bei Groos (Groosveien) und zieht sich für rund 4 km entlang eines Bachs zum Dømmesmoen Naturpark (s. o.). Der Pfad ist gut markiert und mit Informationstafeln zu Kulturdenkmälern, Flora und Fauna ausgestattet. Weitere Infos, auch zu anderen Wanderrouten, sowie Karten hält die Touristeninformation bereit.

Radtouren – Die Touristeninfo kann mit Beschreibungen/Kartenmaterial zu gleich sechs Radtouren aushelfen, sie ist außerdem für den Verleih von Fahrrädern zuständig (150 NOK/Tag) und bietet im Juli an jedem Di und Do zweistündige geführte Radtouren durch Grimstad an (Start jeweils um 10.30 Uhr, 100 NOK).

Infos

Touristeninformation
Grimstad Turistkontor: Storgt. 1A, Sorenskrivergården 3, Grimstad, Tel. 37 25 01 68, www.visitgrimstad.com, ganzjährig Mo–Fr 8.30–16 Uhr, im Sommer auch Sa, So.

Verkehr
Bus: Grimstad ist mehrmals täglich u. a. mit allen Orten der Region verbunden, der Busbahnhof befindet sich direkt im Zentrum am Hafen.

Lillesand ▸ E 13

Lillesand gilt vielen als der schönste der ›weißen Orte‹ von Sørland. In der Tat braucht man nicht lange, um sich von der Schönheit des 19 km von Grimstad entfernten Städtchens überzeugen zu lassen. Lillesand (ca. 6000 Einwohner) rühmt sich nicht ohne Grund, die norwegische Siedlung zu sein, die am meisten von der Holzarchitektur vergangener Jahrhunderte geprägt ist. Die blütenweiß gestrichenen Holzhäuser stehen in ausreichendem Abstand voneinander, lassen daher Platz zum Kreuz- und Quergehen und sind in üppige Gärten gebettet, die insbesondere von Rosen umrankt werden. Wie bei Hans Christian Andersen beschrieben, liegt ein ›Märchenfrieden‹ über diesem Ort mit den gepflasterten Straßen, die früher auf prachtvolle Windjammer blickten.

Sonst gibt es in Lillesand nichts zu betrachten, aber es reicht allemal für einen erbaulichen Spaziergang (und viele Fotos). Wer mehr sehen will,

Schärentour durch die Blindleia
Die von Lillesand aus angebotenen Bootstouren sind die vielleicht eindrucksvollsten des Südens; Top-Highlight ist die Bootsfahrt mit der ›M/B Øya‹ durch den von ›tausend‹ Schären gebildeten Schärenkanal Blindleia nach Kristiansand via Brekkesto (alter Seglerhafen) (Blindleia, Tel. 95 93 58 55, www.lillesand.net; 29. Juni–10. Aug. Mo–Sa um 10 Uhr ab Lillesand, 14 Uhr ab Kristiansand, an Lillesand 17 Uhr, 275 NOK bzw. 440 NOK hin u. zurück).

Durch das Sørland ins Fjordland

Lillesand beeindruckt mit seinem einmaligen Ensemble weißer Holzhäuser

beispielsweise die Küste vom Meer aus, für den ist eine **Bootsfahrt** unbedingtes Muss. Auch Nachtfahrten und Schären-Touren werden angeboten. Wer im Sommer eine Abkühlung sucht, wird die wunderschönen vorgelagerten Inselchen mit ihren **Badestränden** besuchen.

Übernachten

Nobles Schmuckstück aus alter Zeit – **Lillesand Hotel Norge:** Strandgt. 3, Tel. 37 27 01 44, www.hotelnorge.no, EZ/DZ 1190/1690 NOK. Luxuriöse Herberge in einem alten Patrizierhaus aus dem Jahr 1838, das seit über 130 Jahren als Hotel dient und einst schon Knut Hamsun und den spanischen König Alfonso XII. beherbergte. Sehr edel und charmant, doch relativ günstig. Wer sich etwas Besonderes gönnen möchte, sollte die Hamsun-Suite buchen, die noch ganz authentisch eingerichtet ist (2490 NOK).

Strandcamping – **Tingsaker Familiecamping:** Tel. 37 27 04 21, www.tingsakercamping.no, Mai–Aug., ca. 1 km nördl. vom Zentrum direkt am Meer gelegen, 4-Sterne-Platz; auch Hütten (890 NOK).

Aktiv

Wandern – Das Touristenbüro informiert über Wanderungen in der Umgebung von Lillesand. Eine beliebte Route ist der 18 km lange Vestlandske Hovedvei nach Landvik (3 km von Lillesand in Kaldvell, an der E 18 beschildert). Gute Badeplätze und Angelmöglichkeiten entlang des Pfades.
Baden – Zahlreiche Strände laden im Umfeld der Stadt ein. Gern besucht wird u. a. derjenige in Trøe an der R 401, 10 km westlich von Lillesand am Weg nach Kristiansand.
Über den See – **Ogge Gjesteheim:** 40 km im Landesinneren bei Vatnestrøm, Tel. 37 96 18 03, www.ogge.no. Der

weitverzweigte See **Oggevatn** ist ein Paradies für Paddler und Angler, und alles, was man für eine entspannte Kanutour benötigt, kann man hier preisgünstig ausleihen (Kanu zu 250 NOK/Tag, auch komplette Campingausrüstungen). Es stehen auch Übernachtungshütten zur Verfügung (ab 400 NOK) sowie ein Campinggelände.

Infos & Termine

Infos

Lillesand Turistinformasjon: Havnegt. 10, Tel. 37 26 17 50, www.visitkrs.no, 15. Juni–15. Aug Mo–Fr 10–18, Sa bis 16, So 12–16 Uhr. Außerhalb der Saison ist die Touristeninformation in Kristiansand zuständig (s. dort). Hier, direkt am Gästehafen, stehen auch öffentliche Duschen und Waschmaschinen zur Verfügung.

Termine

Lillesands Da'ene: Ende Juni–Mitte Juli. Wichtigste Festivität in Lillesand sind die ›Lillesand–Tage‹ mit zahlreichen Konzerten und unterschiedlichsten Veranstaltungen, viel Maritimes; www.lillesandsdaene.no.

Verkehr

Bus: Lillesand ist per Bus mit allen Orten der Region verbunden.

Kristiansand ▶ D 13

Dass zur Geschichte aus Holz erbauter Städte auch verheerende Brände gehören, zeigt Kristiansand, die ca. 85 000 Einwohner zählende Metropole des Sørland, das 1641 von Christian IV. gegründet wurde. Viele Male fraß sich das Feuermeer durch die Reihen der Holzhäuser des zentralen Stadtteils Kvadraturen; erhalten blieb – und das ist einmalig in Norwe-

gen – sein dem Ideal der Renaissance verpflichteter quadratischer Grundriss mit rechtwinkligem Straßenraster. Das vereinfacht zwar die Orientierung, macht aber die sehr geschäftige und kaum als charmant zu bezeichnende Stadt nicht interessanter, weshalb sie vom Gros der ausländischen Touristen nur im Transit besucht wird, als Fährhafen von/nach Dänemark und als Ausgangspunkt von Bootsfahrten.

Vest-Agder Fylkemuseum **1**

Vigeveien, www.vestagdermuseet. no, an der E 18 ausgeschildert, Mitte Juni–Aug. Mo–Fr 10–17, Sa, So ab 12, sonst nur Mo–Fr 12–15 Uhr, 70 NOK
Unter den 40 historischen Gebäuden, die die Freilichtabteilung dieses bedeutendsten kulturhistorischen Museums des Südens umfasst, sind wohnliche Stadthäuser mit kompletter Einrichtung, Gehöfte aus dem Setesdal sowie Werkstätten und Kaufläden zu besichtigen, während im Haupthaus insbesondere die Trachten- und Bauern-Ausstellung gefällt.

Sørlandspark **2**

4609 Kardemomme By, www.dyreparken.com, tgl. 10–15, im Früh- und Spätsommer bis 17, Hochsommer bis 19 Uhr, Preise ab der Saison: Erw. 399 NOK, Kinder 319 NOK
Der Sørlandspark, ein Tier- und Abenteuerpark der schönen Art und Norwegens größter überhaupt, liegt ebenfalls nahe der Europastraße (›Dyrepark‹). Die Zoo-Abteilung (über 800 Tiere) umfasst auch ein Gehege mit nordischen Raubtieren (u. a. Wolf, Luchs und Bär), und insbesondere Kinder kommen hier, wo u. a. auch das berühmte Kardemomme-Dorf liegt, das durch Thorbjørn Egners Geschichte ›Die Räuber von Kardemomme‹ zu Berühmtheit gelangte, auf ihre Kosten. Auch ein Zirkus ist angeschlossen,

151

Durch das Sørland ins Fjordland

eine Ausstellung lockt die Kleinen in Kapitän Sabelzahns Welt, ansonsten gibt es Badespaß und Kirmes-Vergnügen satt.

Bootsausflüge **1**

Das große Plus von Kristiansand sind die zahlreichen von hier startenden Bootsausflüge nach Lillesand (durch die Blindleia, s. S. 149), Grimstad, Arendal, Mandal und Lyngør; auch der Schärenarchipel Hellesund wird angefahren. Die meisten Touren starten morgens gegen 10/11 Uhr am Bootsterminal, sie dauern zwischen 3 und 6 Std.: Die ›M/B Øya‹ (s. S. 149) startet zwischen dem 30. Juni und 9. Aug. Mo–Sa um 14 Uhr zu einer dreistündigen Fahrt durch die Blindleia nach Lillesand (275 NOK, retour per Bus für 190 NOK; muss 1 Tag vorher reserviert werden), die ›M/B Høllen‹ (Tel. 99 00 69 95) tuckert vom 11. Juni bis 14. August mehrmals tgl. nach Ny-Hellesund und Borøya (ca. 1 Std., hin und zurück 100 NOK).

Setesdalbahn

Norwegens älteste Museumsbahn, die Setesdalbahn (Spurweite 1067 mm) besticht mit wunderschön restaurierten Waggons, einer über 100 Jahre alten Dampflok und einer abwechslungsreichen, ca. 5 km langen Strecke zwischen Grovane und Beihølen. Grovane liegt nördlich von Kristiansand an der R 405 (Abzweig von der E 39 auf die R 452) und ist von Kristiansand aus auch per Anschlusszug zu erreichen. Gefahren wird an allen Sonntagen um 11.30, 13.20 und 15.10 Uhr, zwischen Mitte Juni und Ende August (hin und zurück 120 NOK, ca. 70 Min.). Informationen erteilen das Touristenbüro von Kristiansand sowie die Stiftelsen Setesdalsbanen (Grovane, Vennesla, Tel. 38 15 64 82, www.setesdalsbanen.no).

Übernachten

Grandios – Clarion Hotel Ernst **1**: Rådhusgt. 2, Tel. 38 12 86 00, www.ernst.no, EZ/DZ ab 810 NOK, ab 1080 NOK an den Wochenenden. Traditionsreiches Hotel aus der Belle Epoque, ausgestattet u.a. mit einem prachtvollen Atrium und 137 Zimmern vom Allerfeinsten.

Tiptop – Yess Hotel **2**: Tordenskjoldsgate 12, Tel. 38 70 15 70, www.yesshotel.no, EZ/DZ ab 598/698 NOK. Das neue Budgethaus zählt zu den günstigsten Hotel-Unterkünften der Stadt. Moderne, komfortable und praktisch eingerichtete Zimmer. Sehr gutes Preis-Leistungs-Verhältnis, mit Flachbildschirm, kostenlosem WLAN und gutem Frühstück. Restaurant und Bar, kostenloses Parken.

Preislich unschlagbar – Budgethotel **3**: Jernbanetomta, Vestre Strandgt. 49, Tel. 38 70 15 65, www.budgethotel.no, EZ 450 NOK, DZ 570 NOK. Eine Art Backpacker-Herberge, aber durchaus nicht nur von Rucksackreisenden frequentiert. Die Zimmer (2010 renoviert) sind minimalistisch eingerichtet (alle mit Bad/WC/WLAN) und hell.

Stadtcamping am Meer – Roligheden Camping **4**: Framnesvn. 100, Tel. 38 09 67 22, www.roligheden.no, Juni–Aug. Außerhalb des Stadtzentrums auf der anderen Seite der Otra gelegener Platz; am Fährterminal ausgeschildert, ca. 2 km; im Hochsommer oft überfüllt.

Zweite Campingwahl – Hamresanden Hytter og Camping **5**: Hamre (11 km östlich an der E 18 ausgeschildert), Tel. 38 14 42 80, www.hamresanden.com, Juni–Aug. Wiesengelände hinter dem öffentlichen Badestrand, sehr gute Ausstattung, auch Hütten zu 560–835 NOK (Nebensaison) bzw. 1015–1525 NOK (Hochsaison); ein Ausweichplatz.

Kristiansand: Adressen

Essen & Trinken

Spitzengastronomie, romantisch verfeinert – **Luihn** [1]: Rådhusgt. 15, Tel. 38 10 66 50, www.restaurant-luihn.no, Mo–Sa ab 18 Uhr, Vorspeisen um 150 NOK, Hauptgerichte um 350 NOK. Ebenso elegantes wie romantisches Gewölbe-Restaurant, das zu den besten im Süden des Landes zählt. Norwegische und internationale Gerichte, mehrgängige Menüs, nicht nur geschmacklich vom Feinsten, auch das Auge isst mit.

Ein Fischtempel – **Sjøhuset** [2]: Østre Strandgt. 12, Tel. 38 02 62 60, www.sjohuset.no, Mo–Sa ab 11 Uhr, Vorspeisen ab 125–155 NOK, Hauptgerichte ab 325 NOK. Seit vielen Jahren schon eine Institution in Kristiansand für alles, was aus dem Meer kommt, Spezialität u. a. Hummer; schön auch zum Draußensitzen. Stets zu empfehlen sind die große Meeresfrüchte-Platte für 600 NOK sowie die Menüs, die es von drei (535 NOK) bis zu fünf Gängen (695 NOK) gibt.

Fast Fish Food – **Fiskesalg** [3] Fiskebrygga, Tel. 38 12 24 00, www.fiskesalg.no, Mo–Sa ab 11 Uhr, Vorspeisen/Lunchgerichte 79–160 NOK, Hauptgerichte 139–265 NOK. Die beste Adresse in Kristiansand, wenn man im Freien sitzen und leckere Fischzubereitungen und Meeresfrüchte genießen möchte; Hauptgerichte wie beispielsweise Makrelenfilet gibt es ab 139 NOK, auch viele kleine Gerichte (etwa Krabbenbrötchen für 89 NOK), auch Fish 'n' Chips (155 NOK), immer gut ist die Fischsuppe (129 NOK). Im angeschlossenen Laden kann man Fisch und Meeresfrüchte kaufen.

Gastropub – **Kick Malt & Mat** [4]: Dronningensgt. 8, Tel. 38 02 83 30, www.kickcafe.no, tgl. ab 11 Uhr. Mo-

Bunte Holzhäuser prägen auch in Kristiansand das Hafenviertel

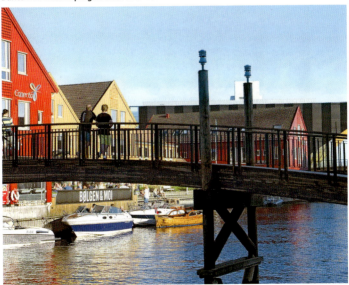

153

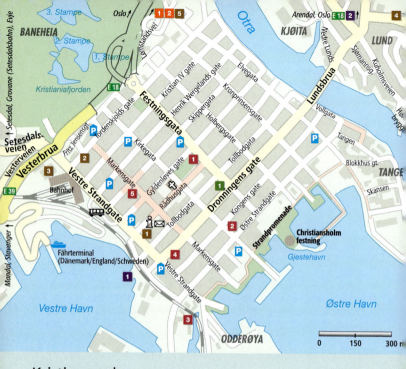

Kristiansand

Sehenswert
1 Vest-Agder Fylkemuseum
2 Sørlandspark

Übernachten
1 Clarion Hotel Ernst
2 Yess Hotel
3 Budgethotel

4 Roligheden Camping
5 Hamresanden Camping

Essen & Trinken
1 Luihn
2 Sjøhuset
3 Fiskesalg
4 Kick Malt & Mat

5 Tilstede

Einkaufen
1 Galleri BIZ

Aktiv
1 Bootsausflüge
2 One Ocean

derner Pub & Café mit entspannter Atmosphäre und Gerichten der preislichen Mittelklasse. Viele Hamburger (ab 99 NOK), aber auch Fisch- und Fleischgerichte (um 250 NOK). Abends eine beliebte Bar, in der u. a. rund 25 Biersorten sowie 85 verschiedene Single Malt Whiskys ausgeschenkt werden. Im Sommer sitzt man schön im Hinterhof.

Fish n' veggy – **Tilstede** 5: Markens gate 29/Skippergate 6, 2. Etage (Fahrstuhl), Tel. 41 36 91 19, www.tilstedematogmer.no, Mo–Mi 11–18, Do–Sa 11–22 Uhr, Hauptgerichte ab 145 NOK. ›Essen und mehr‹ ist Motto dieses Restaurants, und ›mehr‹ steht u. a. für eine angenehme Atmosphäre sowie, im angeschlossenen Laden, für eine große Auswahl an Naturkost aus

Kristiansand: Adressen

ökologischem Anbau. Außer Fisch & Meeresfrüchten listet die Speisekarte vor allem Vegetarisches und Veganes auf.

Einkaufen

In der autofreien Markens Gate finden sich Hunderte Geschäfte jedweder Art.

Moderne Pinselführung – **Galleri BIZ [1]**: Dronningensgt. 39, Tel. 38 02 53 30, www.galleribi-z.no, Mo–Fr 10–16, Sa bis 15 Uhr. Südnorwegens größte Privatgalerie: Gemälde von mehr als 200 Künstlern sind ausgestellt.

Aktiv

Kristiansand ist wichtiger Radrouten-Knotenpunkt; Routenbeschreibungen, Adressen von Fahrradverleih-Stationen etc. beim Touristenbüro.

The Deep Blue – **One Ocean [2]**: Dvergsnestangen Senter (8 km östlich von Kristiansand), Tel. 91 62 85 25, www.oneocean.no. Die Küste von Sørlandet ist ein Schiffsfriedhof par excellence, Hunderte Wracks liegen hier auf Grund. Das größte Tauchzentrum des Südens bietet u. a. Wracktauchen, Nachttauchen, Schulungen und Unterkünfte für Taucher.

Infos & Termine

Touristeninformation

Destinasjon Sørlandet: Rådhusgt. 6, Tel. 38 12 13 14, www.visitkrs.no, ganzjährig Mo–Fr 9–16, im Sommer bis 18, Sa ab 10, So ab 12 Uhr.

Termine

Dutzende Feste und Events rund ums Jahr, zu den größten zählen **Bragdøya Blues** (Bluesfestival, Mitte Juni, www.bragdoyablues.no) und das **Punkt Festival** (Anfang Sept., www.punktfes-

tival.no), das mit rund 20 Konzerten innerhalb von 3 Tagen punktet.

Verkehr

Flug: SAS fliegt tgl. vom Kristiansand lufthavn (Tel. 67 03 03 30, 15 km außerhalb) u. a. nach Oslo, Stavanger und Bergen, Norwegian bedient die Strecke nach Oslo, KLM fliegt tgl. nach Amsterdam. Flughafenbusse (120 NOK) verkehren ab der Vestre Strandgt., das Flughafen-Taxi kostet 350 NOK für 4 Personen.

Zug: Mit dem Zug ist Kristiansand mit Oslo und Stavanger verbunden; der Bahnhof befindet sich am Vesterveien beim Hafen in der Nähe des Fähranlegers und Busbahnhofs.

Bus: Verbindungen bestehen mit allen Orten der südlichen Landeshälfte. Der Busbahnhof befindet sich zentral in der Vestre Strandgate.

Fähre: Bis zu 5 x tgl. (je nach Saison) von/nach Hirtshals/DK mit Autofähre (4,5 Std.) und Schnellboot (2,5 Std.; auch Autos), der Fährhafen liegt deutlich ausgeschildert direkt beim Zentrum an der Vestre Strandgt.; Informationen über Color Line, Tel. 81 00 08 11, www.colorline.no. **Auto:** Das Zentrum wird durch ein System von Einbahnstraßen erschlossen, wer Verwirrung vermeiden will, sollte den Schildern Richtung Fährhafen folgen,

Odderøya Live

Nach Roskilde in Dänemark das größte Musik-Happening des Nordens, das jeden Juli drei Tage und Nächte lang die Stadt auf den Kopf stellt. Geboten werden Rock und Pop, Hip Hop und R&B, Jazz und Soul. Hier traten u. a. bereits The Black Eyed Peas, Marylin Manson, David Bowie und Björk auf. Infos über Tel. 38 14 69 60, www.odderoyalive.com.

155

Durch das Sørland ins Fjordland

wo sich mehrere Parkplätze befinden. **Mietwagen:** Mehrere Verleihstationen, u. a. Avis (Tel. 97 47 40 00) und Hertz (Tel. 38 06 34 18).

Entlang dem Nordsjøveien!

▶ B–D 12–13

So freundlich und anmutig die Schärenküste des Sørlandes ist, so majestätisch und gewaltig die Fjordlandschaften des Vestland, so feinsandig weiß und berückend, dann wieder wild, einsam und ernst, oft melancholisch, fast tragisch schön, aber deshalb unvergesslich eindrucksvoll, präsentieren sich die Gestade und das Hinterland der Nordsee, entlang derer diese ca. 270 km lange Route führt. Es geht um Landschaft, nicht um Kulturgeschichtliches, das macht sich eher rar und ist erst am Ziel, in der Ölmetropole Stavanger, wieder zu erleben.

Mandal ▶ D 13

Westlich von Kristiansand wird das Land zunehmend hügeliger; bald säumt dichter, dunkler Wald die E 39, die den Weg ins ca. 11 000 Einwohner zählende Mandal markiert, die südlichste Stadt Norwegens. Enge Kopfsteinpflasterstraßen, von blumengeschmückten weißen Holzhäusern gesäumt, machen die im 15. Jh. gegründete und durch Holz- und Lachsexport zu frühem Reichtum gekommene Ortschaft heute zu einer weiteren ›Perle des Sørlands‹.

Seine außerordentlich große Beliebtheit bei (meist norwegischen) Urlaubern verdankt das Städtchen nicht der malerischen **Altstadt** mit der im

Empirestil errichteten **Mandal Kirke** (Marnaveien 20, Ende Juni–Mitte Aug. Mo–Fr 10–14 Uhr), größte Holzkirche des Landes, sondern vielmehr dem fast 1 km langen **Sjøsand**, der im Ruf steht, einer der schönsten Sandstände Norwegens zu sein. Er liegt nur wenige Gehminuten vom Stadtidyll entfernt und grenzt wiederum an das Waldgebiet **Furulunden** an, das vor wenigen Jahren zu Norwegens bestem Naherholungsgebiet ernannt wurde: Markierte Wanderwege führen durch dieses 1300 ha große Grün hindurch zu einer Vielzahl weiterer Sandstände im Fels- und Kiefernsaum, und wer sich radelnd auf Strandsuche begibt, kann Dutzende andere Alternativen finden. Auch ins gebirgige Landesinnere, wo die Lachse springen und sich herrliche Seen öffnen, führen Wander- und Radrouten, die allesamt in einer Broschüre der Touristeninformation beschrieben sind.

Übernachten

Tradition im Zentrum – **Kjøbmandsgården:** Store Elvegt. 57, Tel. 38 26 12 76, www.kjobmandsgaarden.com, EZ ab 999 NOK, DZ ab 1199 NOK. Kleines Hotel in einem gemütlichen Altbau im Stadtzentrum (Fußgängerzone). Die 11 Zimmer (mit WLAN) wirken altmodisch, sind aber komfortabel und gemütlich. Bar und empfehlenswertes Restaurant.

Ausweichquartier – **Hald Pensjonat:** Halsev. 37 (an der E 39), Tel. 38 26 01 00, www.haldpensjonat.no, Mitte Juni–Mitte Aug, ab 390 NOK/Pers. Am Ortsrand gelegene Pension mit schlicht weißen Zimmern, sowie Wohnungen, teils mit, teils ohne Bad/WC. Eine Sauna ist angeschlossen.

Ferienzentrum am Traumstrand – **Sjøsanden Feriesenter:** Sjøsanden, Tel. 38 26 10 94, www.sjosanden-feriesenter.

Mandal: Adressen

no, Ferienwohnungen ab 900 NOK, Motelzimmer ab 600 NOK. Direkt am Sjøsanden gelegener Spitzenplatz mit allem, was des Campers Herz begehrt, auch Vermietung von Ferienhütten (950 NOK).

Fisherman's friend – **Sandnes Natur camp:** Sandnes, Tel. 38 26 51 51, www. sandnescamping.com, Mitte Mai–Aug., Hütten ab 450 NOK. 3 km nördlich von Mandal am Ostufer des Flusses Mandalselva gelegener Wiesenplatz; schöne Badestellen, ideal für alle, die Ruhe suchen, und für Lachsangler, die hier gleich den Angelschein erwerben können.

Essen & Trinken

Die Restaurantmeile von Mandal ist die schicke Uferpromenade Store Elvegt., an der sich mehr gastronomische Betriebe finden als in der gesamten übrigen Stadt.

Retrolook – **Hr. Redaktør:** Store El veg. 23 A, Tel. 38 27 15 30, www.red. no, tgl. 12–24, an den Wochenenden bis 3 Uhr, Lunchgerichte ab 94 NOK, Hauptgerichte um 300 NOK. Gleich unterhalb der Redaktionsräume der Lokalzeitung. Das Interieur ist vom Reportermilieu der 1930er-Jahre inspiriert, serviert werden norwegische Gerichte. Am Wochenende abends oft Livemusik. *Der* In-Treff in Mandal.

Jazz 'n' Pizza – **Jonas Gundersen:** Store Elvgt. 25, Tel. 38 27 15 00, www.jbg. no, Mo–Sa ab 11, So ab 12 Uhr, Vorspeisen um 150 NOK, Pizzen 156–267 NOK. Durch seinen Sieg in der Pizza-Weltmeisterschaft von 1998 wurde das urgemütliche Restaurant (herrlich auch zum Draußensitzen) landesweit berühmt; die Pizzen und die anderen italienischen Gerichte sind in der Tat vom Feinsten. Abends oft Jazz-Sessions, samstags Jazz ab 14 Uhr.

Aktiv

Elch-, Biber- und Lachs-Safaris nebst Kanu-, Kletter-, Rafting- und Fahrrad-Touren, des Weiteren Bootsausflüge und natürlich Wanderungen aller Längen und Schwierigkeitsgrade. Das Touristenbüro informiert und organisiert bzw. vermittelt gleichermaßen, es vermietet auch sehr preisgünstig Fahrräder (100 NOK/Tag).

Abenteuer in der Natur – **Adventure Norway:** Hesså, Bjelland, Tel. 48 15 18 54, www.adventurenorway.net. Größter Anbieter für Outdooraktivitäten; im Angebot stehen u. a. Raftingtouren (3 Std. 400 NOK) und Elchsafaris, die zwischen Ende Juni und Anfang Sept. an jedem Mo, Di, Mi und Do ab 22 Uhr durchgeführt werden (200 NOK); auch Kanuverleih (150 NOK).

Infos & Termine

Touristeninformation

Turistkontoret for Lindesnesregionen: Bryggegt. 10, 4514 Mandal, Tel. 38 27 83 00, www.lindesnesregionen.com, ganzjährig Mo–Fr 9–16, im Sommer 9–19 und Sa, So 10–16 Uhr.

Lachsangeln

Der Mandalselva gilt in seinem unteren Lauf zwischen dem Meer und dem 48 km nördlich gelegenen Kavfossen-Wasserfall als einer der lachsreichsten Flüsse des Südens, sein oberer Abschnitt ist reich an Forellen. Die Gebühr für das Lachsangeln beträgt 250 NOK, der Angelschein kostet extra, ab 150 NOK (1 Tag), ab 300 NOK (1 Woche). Über das Touristenbüro in Mandal kann man eine umfangreiche Broschüre zu den besten Revieren abrufen. Infos über www.mandalselva.no.

157

Durch das Sørland ins Fjordland

Termine

Skalldyrfestivalen: Anfang Aug. Landesweit berühmtes ›Schalentier-Festival‹ (4 Tage), das mit über 50 000 Besuchern als Norwegens größtes Stadtfest für die ganze Familie gilt und ein Gaudi ohnegleichen ist; www.skalldyrfestivalen.no.

Verkehr

Bus: Verbindungen (ab Busstopp am Hafen) bestehen stündlich bis zweistündlich in Richtung Lindesnes; Stavanger, Kristiansand und Oslo werden mehrmals tgl. angefahren.

Norwegens Südkap ▸ C 13

Was den ›Nordlandfahrern‹ das Nordkap, das ist den Besuchern von Südnorwegen das **Kap Lindesnes**, das dementsprechend zu den meistbesuchten Sehenswürdigkeiten des Königreichs gehört. Die R 460, die östlich von Mandal bei Vigeland von der E 39 abzweigt, führt direkt dorthin, und ca. 40 km misst die Distanz zum äußersten Zipfel der Lindesnes-Halbinsel. Felsig und windzerzaust präsentiert sich hier die Landschaft, aber auch herrliche Sandbuchten tun sich auf, und vom Südkap aus, wohin ab dem Ende der Straße ein Fußweg führt, genießt man ein herrliches Panorama auf die zerrissene und nahezu vollkommen vegetationslose Felsküste, an der sich die mächtigen Dünungswellen der Nordsee brechen.

Lindesnes Fyr

www.lindesnesfyr.no, 16. Juni–15. Aug. tgl. 10–20, Mitte Okt.–Mai Sa/So 11–17, sonst tgl. 11–7 Uhr, 50 NOK Höhepunkt des Abstechers zu Norwegens südlichstem Festlandpunkt ist ein Besuch des Lindesnes Fyr, dem 1655 erbauten und damit ältesten Leuchtturm des Königreichs. Man befindet sich hier auf 57° 58′ 53″ nördlicher Breite, mithin auf der Höhe des nördlichsten Zipfels von Schottland und doch noch 2518 km vom Nordkap entfernt (s. S. 161). Das neu eingerichtete Leuchtturmmuseum informiert umfassend über die Entwicklung und Geschichte der Leuchtfeuer sowie die regionale Kulturgeschichte, und in der großen Felsenhalle unter dem Leuchtturm finden Filmvorführungen und Ausstellungen statt. Auf dem Gelände befinden sich außerdem ein Info-Zentrum, Kiosk, Restaurant und eine Galerie, auch Teile eines deutschen Forts aus dem Zweiten Weltkrieg können besucht werden. Außerdem laden fünf farbig markierte Wanderwege von bis zu 3 Stunden Länge ein (Kartenmaterial und Wegbeschreibungen im Info-Zentrum).

Das Sirdal ▸ C 12

Westlich von Mandal markiert die E 39 wieder den einzig möglichen Weg weiter gen Westen. Ab Vigeland führt sie durch eine abwechslungsreiche Mittelgebirgslandschaft via Lyngdal und Kvinesdal nach Flekkefjord (s. u.). Unterwegs laden zahlreiche Aussichtspunkte, kleine Seen und vereinzelte Fjordbuchten zum Verweilen ein, auch den Wandermöglichkeiten (insbesondere im nördlichen Lyng- und Kvinesdal) sind keine Grenzen gesetzt, und vor allem das nördlich von Flekkefjord beginnende Sirdal erfreut sich bei Outdoor-Urlaubern größter Beliebtheit. Es erstreckt sich bis zum Quellgebiet der Sira in den bis über 1000 m hohen Fjellzonen Vest-Agders, wo Findlinge das Landschaftsbild bestimmen und zwischen Frühjahr und Herbst ca. 50 000 Schafe grasen.

Flekkefjord

Ein eindrückliches Erlebnis ist der Abtrieb der Schafe Mitte September, der mehrere Tage dauern kann und den sich niemand entgehen lassen sollte, der gut (aber wirklich gut!) zu Fuß ist. Das Touristenbüro in Flekkefjord informiert über Orte und Termine. Wenn die blökenden Vierbeiner die tiefer gelegenen Herbstweiden erreichen, gibt es ein zünftiges Volksfest, bei dem auch allerlei Spezialitäten wie Sirdals-Schafkäse oder Pinnekjøtt (auf frisch geschnittenem Birkenreisig geschmorte Lammrippen) serviert werden.

Wer ein Freund extremer Straßenführungen sowie einsamer Hochgebirgswelten ist, sollte der durch das Sirdal führenden R 468 nordwärts bis zur Kreuzung mit der R 45 folgen, die als Höhenstraße zwischen dem Setesdal (s. S. 272) und der Landschaft Jæren verläuft sowie über die haarnadelkurvenreiche Lysefjord-Straße (s. S. 181); sie ermöglicht auch Anschluss an den Ryfylkevegen nördlich von Stavanger. (s. S. 180)

Infos

Sirdalsferie: Kvæven, Tjørhom, Tel. 38 37 78 00, www.sirdal.no, ganzjährig Mo–Fr 9–16, Mitte Juni–Mitte Aug. tgl. 10–18 Uhr.

Flekkefjord ▸ C 13

Wer die in den grauen und vom Gletscherschliff geprägten Fels hineingesprengte Europastraße westlich von Kvinesdal entlangfährt, genießt eine Landschaft, die dem Bild, das sich viele vom ›wirklichen‹ Norwegen mit seinen Fjorden machen, wohl recht nahekommt. Am Ende eines ausladenden, von Seen gesäumten Taltrogs liegt das schöne Küstenstädtchen Flekkefjord,

das im 19. Jh. wichtiger Holzexporteur in die Niederlande war, woran das Viertel **Holländerbyen**, ›die Stadt der Holländer‹, mit schmalen Gassen, malerischen Bootsschuppen und eben im ›holländischen‹ Stil erbauten Holzhäusern erinnert.

Die Dr. Kraftsgt. führt vom Hafen aus direkt in dieses malerische Viertel mit seinem Architektur-Ensemble aus vergangenen Jahrhunderten. Im kleinen **Flekkefjord-Museum** an der Dr. Kraftsgt. 15 wird die alte Zeit anschaulich in Szene gesetzt; im fast 300 Jahre alten Hauptgebäude kann man sich ein Bild davon machen, wie seinerzeit ein bürgerliches Kapitäns- und Kaufmannsheim von innen aussah (www.vestagdermuseet.no, Mitte Juni–Aug. Mo–Fr 11–17, Sa, So ab 12 Uhr, Eintritt 50 NOK).

Insel Hidra

Empfehlenswert ist ein Ausflug zur auch mit dem eigenen Fahrzeug sowie per Bus und Fähre erreichbaren Schäreninsel Hidra, der größten Insel im Südwesten des Landes, mit malerischem Gebäudebestand in zwei kleinen Dörfern, einsamen Badestränden, den Überresten einer deutschen Artilleriestellung und herrlichen Wanderwegen, die durch Wald und Flur und entlang der Küste führen. Das gesamte Gebiet mit seiner vielfältigen Pflanzen- und Vogelwelt und seinen kulturhistorischen Denkmälern ist offiziell zum Schutzgebiet erklärt worden. Die schönsten Natureindrücke vermitteln die zahlreichen Wanderwege, die durch Wald und Flur sowie an der Küste entlangführen (Infos über das Touristenbüro).

Lachsangeln

Das an den Flekkefjord angrenzende Tal gilt als Angelparadies. Die Kvina und Litleåna, die es durchfließen, ha-

159

Lieblingsort

Norwegens Südkap: Lindesnes Fyr ▶ C 13
Selten ist Reisen für uns so schön wie zu abenddämmernder Stunde, wenn dort, wo der Westen mit der Unendlichkeit der Nordsee verschmilzt, der Himmel durch zarte Dunstschleier hindurch erstrahlt und sich die grauen Felsbänder der Küste in pastellenem Glanz aus der silbern geriffelten Flut erheben – zu erleben ist dieses fast unwirkliche Farbenspiel bei entsprechender Wetterlage am Kap Lindesnes mit seinem gleichnamigen Leuchtturm. Hier wurde am 27. Februar 1656 das erste Leuchtfeuer des Königreichs entzündet (s. S. 158).

Durch das Sørland ins Fjordland

ben sich mit insgesamt 16 km Angelstrecke einen guten Namen als Lachsflüsse gemacht. Die Saison währt von Juni bis Ende August, eine Tageskarte kostet 100 NOK, eine Saisonkarte 500 NOK. Weitere Infos bietet die Touristeninformation sowie www.kvina-laksefiske.com.

Übernachten

Charmant im alten Stil – **Grand Hotell**: Anders Beersgt. 9, Tel. 38 32 53 00, www.grand-hotell.no, EZ/DZ 995/1195 NOK. Mit Erkern und Türmchen reich verzierter Altbau, der seit seiner Renovierung auch innen hält, was er von außen verspricht.

Fjordblick – **Maritim Fjordhotel**: Sundegaten 9, Tel. 38 32 58 00, www.fjordhotellene.no, EZ/DZ ab 749/1095 NOK. Modernes Hotel am Meer mit renovierten Zimmern. Akzeptables Hotelrestaurant und Pianobar.

Unser Tipp

Mit der Draisine unterwegs
Es ist einfach schön, auf einer Draisine zu sitzen und locker in die Pedalen zu treten, um entspannt auf dem Gleis der 1990 stillgelegten Flekkefjordbahn 17 km lang und durch 17 Tunnel hindurch über Land zu zuckeln. Zwei Erwachsene finden problemlos Platz auf dem Gefährt, und von Mitte Juni bis Mitte August werden täglich um 12 und 16 Uhr dreistündige Touren arrangiert, die 250 NOK kosten. Aber auch außerhalb der festgelegten Zeiten kann man auf Fahrt gehen (Informationen und Buchung über das Touristenbüro in Flekkefjord sowie Tel. 97 65 79 33, www.flekkefjordbanen.no).

Komfortcamping – **Egenes Camping**: Egenes (östlich von Flekkefjord an der E 39, ausgeschildert), Tel. 38 32 01 48, www.egenescamping.no, ganzjährig, Hütten 500–800 NOK/Tag (4 Komfortstufen), Ferienwohnungen ab 650 NOK. Schön auf einer Halbinsel im Selurvannet gelegene 4-Sterne-Anlage mit langen Badestränden, Bootsverleih, Reitstall und Sportangeboten.

Aktiv

Über verschiedene Boots-, Wander- und Fahrradtouren informiert die Touristeninformation.

Mit Highspeed übers Wasser – **Rixen**: Tel. 38 32 23 23, www.rixen.no, 23. Juni–19. Aug. tgl. 12–18 Uhr. Neben dem Egenes-Campingplatz lädt die einzige Wasserski-Bahn Skandinaviens ein, mit deren Hilfe man auf einer 780 m langen Runde mit bis zu 60 km/h übers Wasser rast. Die Tageskarte kostet 450 NOK, 1 Std. 200 NOK.

Für Paddler – **Åpent hav**: Tel. 90 23 09 08, www.aapenthav.no. Auf Hitra gelegenes Aktivitätszentrum, u. a. mit Verleih von Seekajaks (100 NOK/Std., 400 NOK/Tag, 1200 NOK/Woche) und organisierten Paddeltouren für Anfänger und erfahrene Paddler.

Infos & Termine

Touristeninformation
Turistkontoret Flekkefjord: Elvegt. 3, Flekkefjord, Tel. 38 32 80 81, www.regionlister.com und www.flekkefjord.no, ganzjährig Mo–Fr 9–16, Mitte Juni–Mitte Aug. Mo–Fr 10–18, Sa 10–16 Uhr, sonst Mo–Fr 10–16 Uhr.

Termine
Fjellparkfestival: Mitte Juli. Ältestes Rock-Festival des Landes; lokale, nationale und auch internationale Gruppen; www.fjellparkfestivalen.com.

Lachsfestival: Ende Juli, www.lakse-festivalen.flekkefjord.no.

Verkehr
Bus: Verbindungen mehrmals tgl. in Richtung Kristiansand und Stavanger, ins Sirdal, Kvinesdal und nach Hauge, im Sommer auch nach Oslo.

Die Küste entlang ▸ B 13

In Flekkefjord sollte man auf die R 44 abbiegen, die bald das Meer verlässt und konstant ansteigend hineinführt in die Felslandschaft. Ein ums andere Mal werden Moorseen passiert, blickt man von ungesicherten Serpentinen aus in bodenlos scheinende Schluchten und Klüfte und schließlich, nach ca. 18 km, auf das von Felsmänteln umhüllte Städtchen **Åna-Sira** hinab.

Jøssingfjord
Die Wegführung wird noch kühner als zuvor, als Highlight gilt der kurvenreiche Abstieg in die klaffende Kerbe des **Jøssingfjord**, der Anfang der 1980er-Jahre durch den ersten Umweltskandal Norwegens zu zweifelhaftem Ruhm kam: Die ›Titan A/S‹, die in den Bergen nahebei dies seltene (und für die Waffenproduktion so wichtige) Metall abbaut und verhüttet, hat fast ein halbes Jahrhundert lang äußerst giftigen Titanschlamm ins Meer geleitet, so viel, dass die Wassertiefe im Fjord nicht mehr 50 m beträgt, sondern nur noch knappe 15 m. Dann bekam Greenpeace Wind von diesem Verbrechen und zwang Oslo durch eine zusammen mit den Fischern des Ortes durchgeführte Titan-Transport-Blockade zum Einschreiten. Das Umweltministerium gab nach, der Schlamm wird jetzt anderswo entsorgt, doch der Fjord ist und bleibt für alle Zeiten verseucht.

Der ›Trollstigen‹ des Südens
Hinter Jøssinghamn schlängelt sich die Straße in eine Schlucht, die keine 50 m breit ist. Linker Hand ›duckt sich‹ die aus zwei Häusern bestehende ›Siedlung‹ **Helleren** unter einen weit überhängenden Felsklotz: eines der bekanntesten Fotomotive des Nordsjøveien. Was folgt, ist ein richtiger kleiner ›Trollstigen‹ durch eine Landschaft, die mit erratischen Blöcken in Hausgröße bedeckt ist.

Die Aussicht wird immer prächtiger, vereinzelt bis aufs offene Meer. Dann geht es wieder zu Tal, und übergangslos sieht man sich plötzlich fruchtbaren Auen gegenüber, auf denen der Weizen steht und Kühe und Schafe weiden. Schließlich wird der Ort **Hauge** erreicht, der sich in den letzten Jahren zu einem kleinen Ferienzentrum gemausert hat.

Infos

Sokndal Turistinformasjon: Hauge, Gamlevn. 20, Rathaus, Tel. 51 47 06 00, www.visitsokndal.no, ganzjährig Mo–Fr 6–21, Sa, So 8–22 Uhr.

Egersund ▸ B 12

Dem sicheren Naturhafen ist es zu verdanken, dass sich Egersund zwischen 1820 und 1830 durch den ertragreichen Heringsfang in der Nordsee zu einem der bedeutendsten Fischereihäfen Norwegens entwickeln konnte, und noch heute liegen stets bunte Herings-, Makrelen- und Krabbenkutter im **Hafen**, wo man fangfrischen Fisch relativ günstig kaufen kann. Auch die (2009 eingestellte) Fährverbindung mit dem dänischen Hanstholm sowie mit Bergen verdankt das ca. 11 000 Einwohner zählende Städtchen seiner Lage im Schutz der vorgelagerten

Durch das Sørland ins Fjordland

Insel **Eigerøy**. Auf dieser findet sich nebst herrlichen Stränden auch der Eigerøy Fyr (s. u.), der vor dem Hintergrund der oft tosenden Nordsee ein beliebtes Motiv abgibt; die Insel ist über eine Brücke zu erreichen.

Sehenswert sind ansonsten die 1620 errichtete und im 18. Jh. kreuzförmig ausgebaute **Egersund Kirke** an der **Strandgate**, die wegen ihrer malerischen Holzhäuser im spätklassizistischen Stil einen Spaziergang lohnt. Einblicke in die Porzellanherstellung liefert im Stadtzentrum das **Fayence-Museum** (Fabrikkgaten 2, im Amfi-Einkaufszentrum, www.dalanefolke. museum.no, Mitte Juni–Mitte Aug. tgl. 11–17 Uhr, 20 NOK) sowie das **Dalane Folkemuseum** in Slettebø (3 km nördlich). Es informiert über Bauernkultur und Handwerkermilieu im 18. und 19. Jh. (Museumsveien 20, www. dalanefolke.museum.no, gleiche Öffnungszeiten, 40 NOK).

Übernachten

Der Tradition verbunden – **Grand Hotel:** Johan Feyersgt. 3, Tel. 51 49 60 60, www.grand-egersund.no, DZ ab 1195 NOK. Schmuckes Patrizierhaus aus

---

Zu Fuß zum Eigerøy Fyr
Eine schöner Spaziergang führt zum Leuchtturm Eigerøy Fyr, der Mitte des 19. Jh. aus Gusseisen erbaut wurde. Der Weg startet an einem Parkplatz am Nautasund (ab Egersund der ausgeschilderten Straße Richtung Eigerøy folgen) und zieht sich als ein sehr gut präparierter 2 km langer Pfad zum Leuchtturmgelände hin; unterwegs laden sieben ›Geo-Stationen‹ dazu ein, etwas über die Anorthosit zu lernen, eine besondere Gesteinsart, die typisch für die Region ist.

---

der Glanzzeit der Stadt mit 59 hellen und modern ausgestatteten Zimmern; am schönsten wohnt man in den vier Erkerzimmern (man frage nach einem *hjørnerom*).

Urgemütliche Hütten – **Hauen Camping:** Hovland/Eigerøy, Tel. 51 49 23 79, www.hauencamping.no, ganzjährig, Hütten 390–750 NOK. Wiesenplatz in schöner Küstenlage mit 8 Hütten 7 km außerhalb Egersund.

Für die Durchreise – **Steinsnes Camping:** Tengs, Tel. 97 40 09 66, www. steinsnescamping.no, ganzjährig, Hütten ab 325 NOK. Etwa 2 km außerhalb an der R 44 Richtung Stavanger zwischen Straße und Fluss gelegener Übernachtungsplatz.

Einkaufen

Töpferwaren – **Egersund Terracotta & Keramikk:** Strandgt. 44, Tel. 51 49 15 96, www.egersund-terracotta.no, Mo–Fr 10–17, Sa bis 15 Uhr. Preisgekrönte Keramik und, in Zusammenarbeit mit dem Fayence-Museum (s. o.), Fayence-Kopien nach alten Vorlagen.

Aktiv

Wandern – Im Touristenbüro kann man eine Karte mit mehreren markierten Wanderungen abrufen, populärster Weg ist derjenige zum **Varberg,** auf dem ein großes Fernglas dazu einlädt, auf die Stadt, die Hafeneinfahrt, das Meer und Umland zu blicken. Der 15-minütige Weg hinauf ist ab der Stadtmitte ausgeschildert.

Baden & Angeln – Beliebter **Badeplatz** ist Skadbergsanden auf Nordre Eigerøya (Sandstrand mit Toiletten), ansonsten gilt Egersund als Top-Spot zum **Angeln:** Über das Touristenbüro kann man Boote ausleihen, fürs Lachsangeln sind die Flüsse Bjerkreimselva und Tengselva zu empfehlen.

Durch Jæren

Infos & Termine

Touristeninformation

Egersund Turistinformasjon: Jernbaneveien 18, Egersund, Tel. 51 46 82 33, www.eigersund.kommune.no, Mitte Mai–Mitte Aug. tgl. 10–17, sonst Mo–Fr 10–15 Uhr.

Termine

Dalane Bluesfestival: Ende Mai. Drei Tage im Zeichen des Blues; www.dalaneblues.com.
Fyrfestivalen: Anfang Juni. Großes Stadt- und Kulturfestival mit Konzerten und zahlreichen Veranstaltungen; www.fyrfestivalen.no.
Egersund Visefestival: Anfang Juli. Die ganze Welt der Country-Musik; www.egersundvisefestival.no.

Verkehr

Zug: Mehrvmals tgl. Verbindungen nach Oslo, Kristiansand und Stavanger.
Bus: Verbindungen mehrmals tgl. mit allen Orten der Region.

Durch Jæren ▶ B 12

Nach ›schottisch Hochland‹, woran die Strecke bis Egersund erinnert, folgt nun bis Stavanger ›Ostfriesland‹ mitsamt Milchkühen und Heidschnucken auf saftig grünen Wiesen. Auf den Feldern dazwischen, Furche an Furche, oft bis zum Horizont, stehen Getreide, Gemüse und Futterpflanzen auf fruchtbaren Moränen- und Flugsandböden. Jeder Quadratmeter Erde ist hier genutzt; Jæren, wie die Landschaft am Südwestrand Skandinaviens heißt, gilt als der produktivste Agrarraum Norwegens und rühmt sich außerdem, eines der ältesten Siedlungsgebiete des Landes zu sein: Mehr als 600 Grabhügel aus der Eisenzeit säumen hier die Küste, mehr als 400 Fundplätze aus der Zeit der Völkerwanderung sind bekannt. Außerdem nimmt man an, dass die norwegischen Wikinger von hier aufgebrochen sind, um die nordatlantischen Inseln zu besiedeln.

Nach Stavanger

Touristen finden bislang nur selten den Weg in diese so ›unnorwegisch‹ scheinende Region. Doch wer ein Freund breiter Strände ist, wem Dünengürtel mehr sagen als Felssäume, der kann hier prächtig Urlaub machen. Ab Egersund markiert die R 44 die Richtung, und auf den 12 km bis zum Ort **Hellvik** ändert sich die Landschaft grundlegend. Die Bergbuckel verlieren zusehends an Schroffheit, flachen ab, sind bald nur noch hügelhoch. In den geschwungenen Mulden weiden Schafe, bald auch Kühe.

Dann flachen selbst die Hügel ab, weichen Bodenwellen, die sich schließlich bei dem Ort **Brusand** in weiter Ebene verlieren. Schnurgerade zieht sich nun die unlängst zum Nationalen Touristenweg ernannte Straße (www.nasjonaleturistveger.no/de/jaeren) ca. 40 km im Angesicht von Meer und Flachland nach Westen hin. Immer wieder sind auf diesem etwas eintönigen Streckenabschnitt Grabhügel und andere Relikte aus der Eisenzeit ausgeschildert.

Schließlich zweigt die mit ›Orre‹ beschilderte R 507, die ebenfalls zum Nationalen Touristenweg gehört, nach links ab. Diese Nebenstraße führt zu den vielen sehr schönen Sandstränden der Region, die allerdings allesamt offen der Nordsee ausgesetzt sind und eine entsprechend hohe Brandung haben. Ein erster, der von einer hohen Düne gesäumte, kilometerlange **Orrestranda**, ist gleich 2 km hinter dem Abzweig zu finden (Hinweisschild).

165

Das Beste auf einen Blick

Rogaland – Stavanger und Ryfylke

Highlight!

Ryfylkevegen: Für Naturliebhaber ist diese in Stavanger beginnende und zum Hardangerfjord überleitende ca. 250 km lange »Traumstraße des Tourismus« ein Höhepunkt ihrer Norwegen-Reise. S. 180

Auf Entdeckungstour

Norsk Oljemuseum: Dank seiner Erdölvorkommen wurde Norwegen eines der reichsten Länder der Welt, dank seiner Gasvorkommen wird es das auch in Zukunft bleiben. An diesem rasanten Aufstieg in all seinen Facetten kann man im Norwegischen Ölmuseum multimedial teilhaben. S. 174

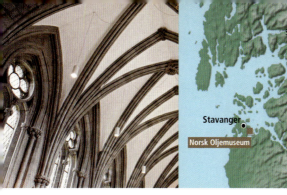

Kultur & Sehenswertes

Domkirche: Der Dom von Stavanger ist heute neben demjenigen von Trondheim Norwegens am besten erhaltener Kirchenbau des Mittelalters. S. 170

Gamle Stavanger: Die Altstadt von Stavanger mit ihren über 170 traditionellen Holzbauten gilt als eines der architektonisch wertvollsten Stadtviertel in Skandinavien. S. 172

Kolbeinstveit: Der Museumshof beeindruckt u. a. mit dem ältesten Bauwerk des gesamten Rogaland. S. 193

Aktiv unterwegs

Lysefjord: Die Touren auf dem Lysefjord gehören zum Schönsten, was man sich als Tourist in Stavanger gönnen kann. S. 181

Preikestolen: Norwegens berühmtester Aussichtspunkt, von dem aus der Blick 604 m in den Lysefjord hinunterfällt, ist immer eine Wanderung wert. S. 183

Genießen & Atmosphäre

Sørensens Dampskibsexpedition: Ambitionierte Spitzengastronomie bietet das mit Sammelstücken aus aller Welt dekorierte Restaurant in Stavanger. S. 178

Rogalandsheimen Gjestgiveri: Das ehemalige Hotel Bellevue in Stavanger, das einst schon Knut Hamsun beherbergt hat, präsentiert sich heute nostalgisch und gemütlich zugleich. S. 177

Lysefjord-Straße: Sie steht im Ruf, »Norwegens unglaublichste Serpentinenstraße« zu sein, und schraubt sich über 27 Haarnadelkurven eine Felswand hinauf. S. 181

Abends & Nachts

Stavanger ist bekannt für sein munteres Nachtleben – ob man nun rockbegeistert ist, ein frisch gezapftes Guinness genießen oder einfach nur abtanzen will – hier ist es möglich. S. 179

Die Provinz Rogaland

Der zu **Rogaland** gehörige Bezirk **Ryfylke** umfasst ein Reich, in dem die Natur in ihren eindrucksvollsten oder, wie manche sagen, norwegischsten Erscheinungsformen auftritt. Es sind dies vielgestaltige und majestätische, bis über 80 km weit eingeschnittene Fjorde, von bis zu 1400 m hohen Felshängen umschnürt; tiefe Wasser in irisierendem Grünblau, dunkle, schier bodenlose Schluchten, in Gold und Rosa getauchte Schwingen gewaltiger Trogtäler, Licht, so weich wie Regenwasser… »Reminiszenzen an Bayreuther Akkorde scheinen in der Luft zu schweben«, wie es Alfred Andersch notierte; hier versteht man plötzlich nahezu körperlich, was die Schauspielerin Liv Ullman meinte, als sie in ihrer autobiografischen Schrift »Wandlungen« über ihre Heimat schrieb: »Die Landschaft ist so schön, dass es innerlich schmerzt«. Doch selbst bei eitelstem Sonnenschein scheint eine ausgeprägte Melancholie über dem Land zu liegen, und wer einmal den **Ryfylkevegen** befahren hat, der diese Region von **Stavanger** aus erschließt und nach Hordaland überleitet, den wird Rogaland immer wieder anziehen – oder er wird sich abwenden, sanfteren, weniger dramatischen, aufwühlenden Landschaften zu.

Stavanger und Umgebung ▶ B 11

Dass die 130 000 Einwohner zählende Stadt am ›Fjord mit den steilen Bergen‹ (so des Namens Ursprung) das größte Wachstum im Lande verzeichnet, dass sie an Prosperität alle anderen weit hinter sich gelassen hat, auch die mit Abstand reichste Stadt des Königreichs ist, das verdankt sie dem Erdöl, das seit 1969, als das erste riesige Explorationsfeld ›Ekofisk‹ 300 km vor der Küste gefunden wurde, ununterbrochen sprudelt. Zur ersten Quelle sind längst Dutzende weitere hinzugekommen, Stavanger schmückt sich mit dem Beinamen »Oil Capital of Europe« und führt gerne an, dass hier Menschen aus Dutzenden Nationen, Legionäre der Bohrgesellschaften, zu Hause sind.

Aber Stavanger ist nicht Abu Dhabi oder Kuwait City, auch keine aus dem Boden gestampfte Siedlung, sondern mehr als 1300 Jahre lang gemächlich gewachsen. Modernstes und Ältestes

Stavangers touristisches Zentrum am Hafenbecken des Vågen

Infobox

Touristeninformation
Reisemål Ryfylke: Hjelmeland, Tel. 51 75 95 10, www.ryfylke.com. Die Infostelle ist für den gesamten Bezirk Ryfylke zuständig und vermittelt Unterkünfte wie auch Tourenveranstalter. Die umfassende Broschüre kann man herunterladen.

Verkehrsmittel
Informationen zum Verkehrsnetz: Die gesamte Region lässt sich sehr gut per Bus erkunden, und selbstverständlich sind auch viele Fähren und Schnellboote im Einsatz. Informationen für die Gesamtregion bekommt man unter Tel. 177 sowie www.rutebok.no und www.kolumbus.no.

liegen hier dicht beieinander, und dieser Kontrast zwischen postmodernen Glastürmen und uralter Bausubstanz ist es eigentlich, der neben den zahlreichen sternchenverdächtigen Sehenswürdigkeiten den besonderen Reiz dieser prachtvoll rings um die Hafenbucht ausgebreiteten Stadt ausmacht, die im Jahre 2008, zusammen mit Liverpool, ›Europäische Kulturhauptstadt‹ war.

Stadtrundgang

Parkplätze findet man im Bereich der hypermodernen Kaianlagen des Hafenterminals, wo sich nahebei das **Norwegische Ölmuseum** 1 befindet (s. Entdeckungstour S. 174).

Domkirche 2
Haakon VIIs Gate 2, Juni–Aug. tgl.11–19, sonst Mo–Sa 11–16 Uhr; jeden So

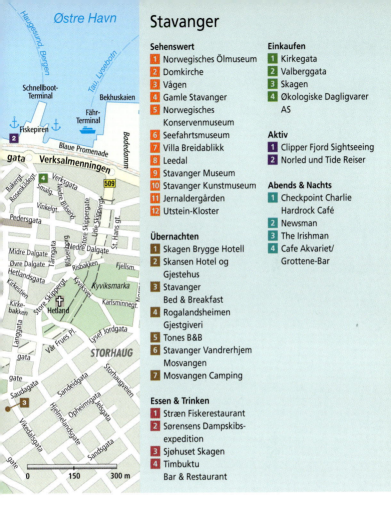

Stavanger

Sehenswert
1. Norwegisches Ölmuseum
2. Domkirche
3. Vågen
4. Gamle Stavanger
5. Norwegisches Konservenmuseum
6. Seefahrtsmuseum
7. Villa Breidablikk
8. Leedal
9. Stavanger Museum
10. Stavanger Kunstmuseum
11. Jernaldergården
12. Utstein-Kloster

Übernachten
1. Skagen Brygge Hotell
2. Skansen Hotel og Gjestehus
3. Stavanger Bed & Breakfast
4. Rogalandsheimen Gjestgiveri
5. Tones B&B
6. Stavanger Vandrerhjem Mosvangen
7. Mosvangen Camping

Essen & Trinken
1. Stræn Fiskerestaurant
2. Sørensens Dampskibsexpedition
3. Sjøhuset Skagen
4. Timbuktu Bar & Restaurant

Einkaufen
1. Kirkegata
2. Valberggata
3. Skagen
4. Økologiske Dagligvarer AS

Aktiv
1. Clipper Fjord Sightseeing
2. Norled und Tide Reiser

Abends & Nachts
1. Checkpoint Charlie Hardrock Café
2. Newsman
3. The Irishman
4. Cafe Akvariet/Grottene-Bar

um 11 Uhr wird das Hochamt gefeiert

Beim Rundgang durch die Metropole zeigt sich schnell, dass nicht alles Öl ist, was hier glänzt, denn vom Hafen aus sind es nur wenige Gehminuten bis zu Stavangers uraltem Mittelpunkt, der durch die Domkirche aus dem Jahre 1125 markiert wird. Ursprünglich errichtet im anglo-normannischen Stil, wurde die dreischiffige Basilika 1272 durch einen Brand zerstört und hochgotisch erneuert. Seit dieser Zeit steht sie nahezu unverändert da, weshalb sie heute von ihrer äußeren Gestalt her neben dem Nidarosdom zu Trondheim als Norwegens am besten erhaltener Kirchenbau des Mittelalters gilt. In der Zeit des Barock erhielt der Dom dann sein reiches Interieur, das in einer Broschüre, die im Eingang ausliegt, ausführlich vorgestellt wird.

171

Rogaland – Stavanger und Ryfylke

Die Kanzel des gotischen Doms von Stavanger stammt aus dem Jahr 1658

Vågen 3

Das natürliche Hafenbecken des Vågen gibt mit seinem kunterbunten Durcheinander von Booten, Kuttern und Schiffen im Rahmen altehrwürdiger und moderner Bauwerke ein prachtvolles Bild ab. Die den Vågen säumenden Ufer gelten als Keimzelle der Stadt. Heute laden der Fisch- und Gemüsemarkt sowie zahlreiche Restaurants, Cafés und Kneipen zum Besuch ein, und immer herrscht hier, im Mittelpunkt der Stadt, ein kosmopolitisches Treiben.

Auch in den Fußgängerzonen des angrenzenden Einkaufsviertels sprüht die Stadt vor Lebendigkeit und urbaner Atmosphäre. Hauptgassen der Shoppinglust sind Skagen, Valberggata und insbesondere Kirkegata, die als Flaniermeile zwischen Dom und Hafen verläuft und Stavangers Ruf als beste, aber auch teuerste Einkaufsstadt des Landes untermauert.

Gamle Stavanger 4

Gegenüber dem Einkaufsviertel, auf der anderen Seite des Vågen, erstreckt sich die **Altstadt** Gamle Stavanger, die mit ihren fast durchweg weiß gestrichenen Holzhäusern aus den vergangenen Jahrhunderten als eines der architektonisch wertvollsten Holzhausviertel Nordeuropas gilt. Mehr als 170 traditionelle Häuser sind im Bereich der Øvre und Nedre Strandgate für die Zukunft gesichert, und insbesondere auf einem abendlichen Spaziergang, wenn die Kopfsteinpflastergassen im Schummerlicht von Gaslaternen liegen, kann man sich ins 19. Jh. zurückversetzt fühlen, in jene Zeit, als die meisten der schmucken Holzbauten errichtet worden sind.

Norwegisches Konservenmuseum 5

Øvre Strandgate 88, www.museum stavanger.no, Di–So 11–16 Uhr, 70 NOK bzw. 100 NOK (Tagespass für alle Museen des Stavanger Museum)

In dem ›Puppenstubenviertel‹ Gamle Stavanger liegt auch das in einer ehemaligen Fabrik untergebrachte **Norsk Hermetikkmuseum**. Es gilt als das einzige seiner Art auf Erden und zeichnet die Geschichte der Konservenindustrie durchaus spannend nach: In der Fabrik hatte noch vor wenig mehr als einem Jahrhundert fast jeder zweite Einwohner der Stadt sein Auskommen, und bis in die 1960er-Jahre hinein war sie der wichtigste Wirtschaftszweig der Stadt. Im Sommer demonstriert man die einzelnen Arbeitsschritte der Konservierung; dann werden auch, an jedem Dienstag und Donnerstag, Sprotten geräuchert – eine Köstlichkeit, die man sich nicht entgehen lassen sollte.

Seefahrtsmuseum 6

Nedre Strandgate 17–21, Öffnungszeiten und Preise wie Konservenmuseum (s. o.)

Rund 300 m weiter Richtung Torget lädt das in einem schön restaurierten Kaufmannshaus eingerichtete Seefahrtsmuseum zum Besuch. Es ist den maritimen Aspekten von Rogaland sowie der Stadtgeschichte zwischen Wikingerhafen und Ölterminal gewidmet. Zur Sammlung gehören sechs traditionelle Holzboote nebst 150 Gemälden und 15 000 Fotografien; auch zwei alte Lastensegler befinden sich in Museumsbesitz.

Herrenhäuser

Im etwas außerhalb des Zentrums gelegenen Stadtteil Eiganes sind zwei weitere Sehenswürdigkeiten Bestand-

teil des Stavanger Museum. Die 1881 im sogenannten Schweizer Stil errichtete **Villa Breidablikk** 7 präsentiert sich als das mit Abstand pompöseste Bauwerk der Stadt. Ihr Inneres hält, was das Äußere verspricht, ist nämlich ganz und gar authentisch eingerichtet und gilt als eines der am besten erhaltenen Herrschaftshäuser des Königreichs (Eiganesveien 40a, Mitte Juni–Mitte Aug. tgl. 11–16 Uhr, sonst nur So 11–16 Uhr, Eintritt wie Konservenmuseum).

Direkt gegenüber und ebenfalls in einem prachtvollen Park gelegen, erhebt sich die königliche Stadtresidenz **Leedal** 8, um die Wende des 18./19. Jahrhunderts errichtet und heute von innen wie außen *das* norwegische Schmuckstück im Empire-Stil (Eiganesveien 45, Öffnungszeiten wie Breidablikk).

Bleibt zu guter Letzt das eigentliche **Stavanger Museum** 9, ca. 300 m südlich des Stadtsees Breiavatnet beim Busbahnhof gelegen und untergebracht in einem klassizistischen Prunkbau. Die naturhistorische Abteilung ist u. a. der Flora und Fauna (insbesondere Vogelwelt) von Rogaland gewidmet, während der kulturhistorische Teil mit elf verschiedenen Sammlungen beeindruckt, darunter eine Textilausstellung, insbesondere Trachten (Öffnungszeiten und Eintritt wie Konservenmuseum).

Rings um Stavanger

Das nähere Umfeld von Stavanger bietet eine Vielzahl an Ausflugsmöglichkeiten zu Land und zu Wasser, von denen hier nur eine kleine Auswahl näher vorgestellt werden kann. Direkt im Süden des Zentrums und von dort am besten per Bus erreichbar (u. a. Bus Nr. 3, 6, 9) erheben sich ▷ S. 177

Auf Entdeckungstour: Im Ölmuseum – Geschichte und Zukunft des Petro-Landes

Dank seiner Erdölvorkommen wurde Norwegen eines der reichsten Länder der Welt, dank seiner Gasvorkommen wird es das auch in Zukunft bleiben. Die multimedial präsentierte Ausstellung liefert ein fundiertes Bild des wichtigsten norwegischen Wirtschaftszweigs.

Norwegisches Ölmuseum [1]: Kjeringholmen, Tel. 51 93 93 00, www.norskolje.museum.no, Juni–Aug. tgl. 10–19, sonst Mo–Sa 10–16, So bis 18 Uhr, 100 NOK.
Ölfeld unter Denkmalschutz: Das Ekofisk-Feld, mit dem Norwegens Ölabenteuer seinen Anfang nahm, wurde 2001 zum nationalen Kulturdenkmal erklärt. Zwar kann man es nicht real besuchen, sehr wohl aber im Internet unter www.kulturmine-ekofisk.no.

Den beispiellosen Aufstieg des gestern noch unbedeutenden »Landes der Fischer und Bauern« in all seinen Facetten anschaulich zu präsentieren, hat sich das didaktisch hervorragend aufgebaute Ölmuseum von Stavanger zur Aufgabe gemacht. Die interaktive Ausstellung zur norwegischen Ölindustrie befindet sich in einem fast futuristisch wirkenden Granitbau, dessen Rückseite einer Ölplattform nachempfunden ist und im Wasser des Hafenbeckens steht.

Mit dem ›Däumling‹ ins Ölzeitalter

Wenn man das Museum betritt, kann man sich mit eigenen Augen davon überzeugen, dass Märchen und Mythen auch in Kreisen norwegischer Ölsucher lebendig geblieben sind. So belegen es die Namen der Offshore-Felder in der Nordsee, die man einer Schautafel entnehmen kann: Unter den fast 50 aufgelisteten Namen gibt es eine ›Walhall‹, einen ›Aschenhans‹ und einen ›Däumling‹. Die Geschichte des ›Däumlings‹ kann stellvertretend für die Norwegens stehen, denn zum guten Schluss zog er, der kleinste unter den Geschwistern, die Siebenmeilenstiefel an und machte sein Glück. Es begab sich am 24. Oktober 1969, als Norwegen – das zwar nicht kleine, aber im Schatten seiner ›Geschwister‹ stehende Land – die Siebenmeilenstiefel anzog. Damals wurde es bei dem später Ekofisk genannten und etwa 300 km südwestlich vor Stavanger in der Nordsee gelegenen Bohrloch fündig und entwickelte sich schlagartig zu einem Ölland.

Gleichsam über Nacht konnte sich das Land von den über 160 Mrd. NOK Auslandsschulden befreien, hatte dadurch freie Bahn in Richtung Wohlfahrtsstaat und avancierte bald zu einem der reichsten Länder auf Erden – eine Stellung, die es noch immer innehat. Norwegen ist zurzeit der drittgrößte Exporteur von Öl und Gas, und bzgl. des Umfangs der Gaslieferungen nach Europa rangiert es hinter Russland sogar auf Platz 2 – Tendenz steigend, sind doch weniger als ein Drittel der norwegischen Erdölressourcen bisher gefördert worden, und nach Schätzungen lagern allein in der Barentsee und unter dem angrenzenden Polarmeer gut ein Viertel der noch unerschlossenen Öl- und Gasreserven der Welt.

Multimedialer Wissensbrunnen

Auch die Fragen, warum es überhaupt Öl und Erdgas gibt, wie man die Vorkommen nutzen und wofür man Öl und Gas verwenden kann, werden in der Technologie-Ausstellung des Ölmuseums mithilfe von audiovisueller Darstellung, authentischen Objekten und interaktiven Medien erschöpfend beantwortet. Da führen multimediale Ausflüge in die Erdgeschichte im Allgemeinen, die Erdöl- und Erdgasgeschichte im Besonderen, werden Helikopterflüge hinaus zu den Bohrinseln simuliert, kann man in Tauchglocken aus der Frühzeit des Erdölrauschs hinab an die Bohrlöcher tauchen, kann die Arbeit der Bohrköpfe verfolgen und auch den Alltag auf einer Bohrinsel erleben, ja kann im ›Katastrophenraum‹ im Rahmen einer Simulation sogar für fünf Minuten miterleben, wie es den Ölarbeitern im Ernstfall ergeht.

Kinder erleben das Museum am liebsten von der Plattform »Småtroll« aus, und was ihnen ihr ›kleiner Troll‹, das ist den wissbegierigen Erwachsenen die Bibliothek; hier kann man sich Mo–Do 10–15 Uhr mithilfe von Büchern, Magazinen, Videofilmen, Databasen und Multimediaprogrammen in sämtliche Themen und Gegenstände der Ausstellung vertiefen.

Mit ›Schneewittchen‹ in die Zukunft

Doch nicht nur Vergangenheit und Gegenwart des Petrolandes Norwegen werden erlebnisorientiert inszeniert. Das Ölmuseum präsentiert auch innovative technische Lösungen präsentiert, die es ermöglichen, immer größere Meerestiefen zu erreichen. Dass im Königreich die Zukunft schon längst begonnen hat, zeigt ›Snøhvit‹, das in der Barentsee gelegene größte europäische Erdgasfeld, das im Jahre

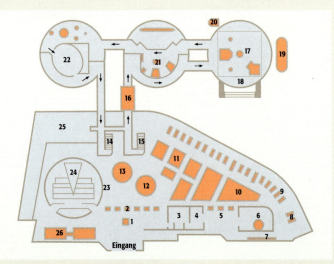

Die Ausstellungsbereiche des Ölmuseums

1 Rollmeißel
2 Prolog
3 Erdgeschichte
4 Lauschen in die Vergangenheit
5 Energie und Mensch
6 Erdöl und Wirtschaftskraft
7 Bohrkronen
8 Ein Volk von Seefahrern
9 In immer größeren Tiefen
10 Modellsammlung
11 Universum in der Tiefe
12 Schwarze Tage
13 Rettungskapsel
14 Sicherheitsschulung
15 Hinaus aufs Meer
16 Wir fliegen
17 Fabriken im Meer
18 Rettungsstrumpf
19 Rettungsboot Harding
20 Arbeitspferde in der Nordsee
21 Technologie in der Tiefe
22 Nordseetaucher
23 Petrorama
24 Kino
25 Forum
26 Småtroll

2007 nach Investitionen in Höhe von 53 Mrd. US-Dollar ›ans Netz‹ ging. Vollautomatisierte Förderanlagen sitzen direkt auf dem ca. 350 m tief abfallenden Meeresgrund und saugen das Gas aus dem Boden, von wo es durch gigantische Pipelines nach Hammerfest befördert wird. Dort wird es verflüssigt und gelagert, bis es in alle Welt verschifft wird – rund 5,7 Milliarden Kubikmeter jährlich.

Und weil es in Norwegen eine Steuer auf Kohlendioxid-Emission gibt (50 US-Dollar pro Tonne), ging der Betreiber Statoil-Hydro neue, umweltschonende Wege: Das aus dem Rohgas herausgefilterte CO_2 wird unter die Erde gepumpt und dort in einer von Salzwasser durchtränkten Gesteinsschicht gespeichert. So kommt es, dass die Emissionswerte der norwegischen Erdgasförderung heute um bis zu 80 % unter denen des Weltdurchschnitts liegen und norwegisches Erdgas nur 30 % der sonst üblichen CO_2-Menge enthält.

Stavanger: Adressen

die Glaskuppeln des **Stavanger Kunstmuseums** **10**. Mehr als 1000 Gemälde meist norwegischer Künstler vom 18. Jh. bis in die Gegenwart präsentiert diese vorbildlich aufgebaute Sammlung (Henrik Ibsens gate 55, www. museumstavanger.no, Mitte Juni–Mitte Aug. tgl. 10–16 Uhr, Eintritt wie Konservenmuseum).

Etwa 2 km weiter gen Süden in Ullandhaug lädt der **Jernaldergården** **11** zu einem Besuch in der Eisenzeit ein. Mehrere Gebäude wurden originalgetreu aufgebaut, wie der ›Eisenzeithof‹ überhaupt weitestgehend authentisch ist; u. a. werden alte Handwerkstechniken gezeigt (Ullandhaugveien 165, www.jernaldergarden.no, 21. Juni–Mitte Aug. tgl. 11–16 Uhr, Bus Nr. 5A und 5B).

27 km misst die Distanz von Stavanger zum nördlich auf der Insel Mosterøy gelegenen **Utstein-Kloster** **12**, bei dem es sich um die am besten erhaltene Klosteranlage Norwegens handelt. Sie wurde im 10. Jh. errichtet, die Einrichtung stammt aus dem 17. und 18. Jh., in den 1960er-Jahren hat man die sehenswerte Anlage komplett restauriert. Im Sommer verkehren Busse alle zwei bis drei Stunden, als Selbstfahrer folgt man der E 39 Richtung Haugesund durch zwei mautpflichtige Tunnel, dann ab Askje der ausgeschilderten Nebenstraße (Mosterøyveien 801, 4156 Mosterøy, www.museumstavanger.no und www.utstein-kloster.no, 15. Mai–15. Sept. Di–Sa 10–16, So 12–17 Uhr, Eintritt wie Konservenmuseum).

Übernachten

Zwar ist Stavanger normalerweise teuer, doch im Sommer locken in manchen Spitzenhotels so günstige Preise, dass es sich empfiehlt, in ihnen statt in den Billighotels zu nächtigen.

Renomiert – **Skagen Brygge Hotell** **1**: Skagenkaien 30, Tel. 51 85 00 00, www.skagenbryggehotell.no, EZ/DZ ab 2150/2450 NOK, an den Wochenenden/im Sommer ab 1180/1380 NOK. Top-Hotel der Stadt im Speicherhaus-Stil am Hafen mit herrlicher Aussicht auf die Vågen; Tee und Kaffee gibt's kostenlos rund um die Uhr, eine Zwischenmahlzeit am Nachmittag ist im Preis enthalten, ebenso auch die Benutzung des Fitnessraums.

Beste Lage – **Skansen Hotel og Gjestehus** **2**: Skansegt. 7, Tel. 51 93 85 00, www.skansenhotel.no, Hotelzimmer EZ/DZ 995 NOK, Wochenende 770/855 NOK, Gästehauszimmer ab 895 NOK, Wochenende 595/695 NOK. Schöner modernisierter Altbau in Hafenlage. 28

Unser Tipp

Nostalgisch und modern zugleich

Kein Geringerer als Knut Hamsun war es, der in dem früher Hotel Bellevue genannten **Rogalandsheimen Gjestgiveri** **4** anlässlich eines Besuchs in Stavanger gewohnt hat. Von außen präsentiert sich die zentral gelegene Stadtvilla ganz wie anno dazumal, und auch im Frühstücksraum mit seinem mächtigen Bollerofen herrscht die alte Zeit. Doch Flur und Treppenhaus stehen im Zeichen modernerer Kunst, und die Zimmer, von denen ein jedes in Größe und Ausstattung variiert, sind modern und praktisch eingerichtet, aber nicht mit Bad und WC (Gemeinschaftseinrichtungen auf dem Flur). Dank kabellosem Netzwerk kann man überall ins Internet gehen, auch ein Gäste-PC steht bereit (Musegt. 18, Tel. 51 52 01 88, www.rogalandsheimen. no, EZ 700 NOK, DZ 825 NOK).

177

Rogaland – Stavanger und Ryfylke

geschmackvoll eingerichtete Zimmer mit Holzfußböden, im angeschlossenen Gästehaus stehen 16 schlichte, teils mit Doppelstockbetten möblierte Zimmer zur Verfügung, alle mit eigenem Bad/WC, Frühstück inkl., Di–Do gibt es eine Willkommenssuppe gratis.

Backpacker-Atmo – **Stavanger Bed & Breakfast 3**: Vikedalsgt. 1A, Tel. 51 56 25 00, www.stavangerbedandbreakfast.no, EZ/DZ ab 690/790 NOK. In der Nähe des Bahnhofs gelegen, kleine und einfache Zimmer mit Laminatboden und Kiefernmobiliar, mit Dusche und TV ausgestattet; der Zugang zum Internet ist kostenlos. Alle Preise inkl. Frühstück und Kaffee am Abend.

Unser Tipp – **Rogalandsheimen Gjestgiveri 4**: Siehe S. 177 .

Klein, fein, billig – **Tones B&B 5**: Peder Claussønsgate 22, Tel. 51 52 42 07, www.tones-bb.net, EZ 400 NOK, DZ 550 NOK. Nettes Holzhaus in ruhiger Umgebung, etwa 3 Min. zu Fuß vom Zentrum. Helle, freundliche Zimmer, Aufenthaltsraum, Hinterhof mit Garten. Inkl. WLAN und Frühstück.

Im stadtnahen Grünen – **Stavanger Vandrerhjem Mosvangen 6**: Henrik Ibsensgt. 21, Tel. 51 54 36 36, www.hihostels.no, 14 Juni–24. Aug. Die Jugendherberge liegt in der Nähe eines Badesees, ca. 2,5 km vom Zentrum entfernt; Betten 250 NOK, EZ ab 285 NOK, DZ ab 545 NOK, Frühstück inkl., hin kommt man u. a. mit Bus Nr. 4.

Camping und Hütten – **Mosvangen Camping 7**: Tjensvoll, Tel. 51 53 29 71, www.mosvangencamping.no, ganzjährig geöffnet. Im südlichen Stadtgebiet gelegener Wiesenplatz mit Hütten 450/750 NOK (ausgestattet mit Kochplatte und Kühlschrank).

Essen & Trinken

Die internationale Küche ist reich vertreten, die norwegische macht sich etwas rar, die meisten Restaurants sind ziemlich teuer.

Gourmetfreuden mit Tradition – **Stræn Fiskerestaurant 1**: Nedre Strandgt. 15, Tel. 51 84 37 00, www.herligerestauranter.no/straenfiskerestaurant, Mo–Sa ab 18 Uhr, Vorspeisen ab 179 NOK, Hauptgerichte um 300 NOK. Das Stræn gilt als Stavangers traditionsreichstes Fischrestaurant, feines Interieur, von Seefahrt und Fischerei geprägt, bestes Hafenpanorama obendrein. Kleine Karte (fünf Vorspeisen und Hauptgerichte), aber große Klasse im Geschmack.

Herausragend – **Sørensens Dampskibsexpedition 2**: Skagen 26, Tel. 51 84 38 20, www.herlige-restauranter. no/nbsorensenstavanger, Mo–Sa ab 11, So ab 13 Uhr in der ersten Etage, Mo–Sa ab 18 Uhr in der zweiten Etage. Ausgefallen im maritime Stil mit Sammelstücken aus aller Welt dekoriertes Restaurant in der ersten Etage mit norwegisch inspirierten internationalen Gerichten (Vorspeisen ab 150 NOK, Hauptgerichte 225/305 NOK, Lunch-Gerichte ab 98 NOK) und einem wahren Gourmet-Tempel in Familie Sørensens ehemaliger guter Stube, wo 5 Gänge umfassende Spitzenmenüs serviert werden, die 895 NOK kosten.

Urgemütlich – **Sjøhuset Skagen 3**: Skagenkaien 16, Tel. 51 89 51 80, www.sjohusetskagen.no, Mo–Sa ab 11.30, So ab 13 Uhr, Vorspeisen um 160 NOK, Hauptgerichte ca. 300 NOK, Lunch-Gerichte ab 169 NOK. Aufwendig restauriertes Speicherhaus aus dem Jahre 1773, mit Dielenböden und Holzvertäfelung. Einfallsreiche norwegische Küche, international verfeinert.

Exotisch & trendy – **Timbuktu Bar & Restaurant 4**: Nedre Strandgt. 15, Tel. 51 84 37 40, www.herlige-restauranter.no/timbuktu, Mo–Sa ab 18 Uhr, Vorspeisen um 150 NOK, Sushi/

Platte ab 225 NOK. Die Speisekarte des modern gestalteten Restaurants ist erfrischend kosmopolitisch und spannt sich von Sushi über Heilbutt mit Chorizo und Oliven-Salsa bis zu Entrecote mit Shi Take, Spargel und Wasabi-Butter.

Einkaufen

Stavanger steht im Ruf, Norwegens Shopping-Paradies zu sein, aber auch die Preise sind top. Einkaufszonen sind die Fußgängergassen nördlich vom Hafen, Schwerpunkt **Kirkegata** `1` sowie **Valberggata** `2` und **Skagen** `3`, in denen man alles findet, was das (solvente) Herz begehrt.

Ökoprodukte – **Økologiske Dagligvarer AS** `4` Langgata 2, Tel. 51 87 29 50, www.mat-med-mening.no, Mo–Mi und Fr 10–17, Do bis 19, Sa bis 15 Uhr. Der größte und am besten bestückte Naturkostladen zwischen Oslo und Bergen punktet mit einem großen Angebot an Fair Food sowie Kräutern, Obst und Gemüse aus kontrolliert biologischem Anbau.

Aktiv

Das Touristenbüro informiert über alle Aktivitäten, dort kann man auch verschiedene Bus- und Boots- bzw. Kombitouren zum Preikestolen buchen, außerdem hält es zahlreiche Wanderbroschüren (auch auf Englisch) zur Region Stavanger und Fjordland bereit.

Fjordsightseeing – **Clipper Fjord Sightseeing** `1`: Skagenkai 18, Tel. 51 89 52 70, www.rodne.no; Fjordsightsseing, u. a. zum Preikestolen.

Fjordtouren – **Norled und Tide Reiser** `2`: Verksgt. 14, Fiskepirterminalen, Tel. 51 86 87 88, www.norled.no und www.tidereiser.no; ebenfalls zum Preikestolen sowie viele andere Bus-/Bootstouren.

Bootstouren ab Stavanger

Keine Reise nach Stavanger ist vollständig ohne die Teilnahme an einer der zahlreichen zwischen Anfang April und September (teils auch Januar bis Oktober) angebotenen Fjordtouren. Insbesondere die achtstündige Bootstour (600 NOK) zu den Highlights des Lysefjords geizt nicht mit Natureindrücken, Höhepunkt der Fahrt ist der Blick hinauf zur berühmten Felskanzel **Preikestolen** (s. S. 183). Ein anderes Schiff hat nur den Fuß des Preikestolen zum Ziel (3,5 Std., 400 NOK), und wer diese Attraktion wandernd erreichen will, wählt eine Bus-Boot-Kombitour (350 NOK). Auch zu den Inseln **Rennesøy** und **Finnøy** werden Touren angeboten, und so kann man von Stavanger aus problemlos eine ganze Woche lang auf Bootstour gehen und bekommt dennoch jeden Tag etwas Spektakuläres zu sehen. Alle Touren kann man über das Touristenbüro buchen (s. S. 180), Anbieter sind u. a. Clipper **Fjord** `1` und **Norled** `2`.

Abends & Nachts

Rock-Treff – **Checkpoint Charlie Hardrock Café** `1`: Lars Hertervigsgt. 5, Tel. 51 53 22 45, www.checkpoint.no, tgl. ab 22 Uhr. *Der* Treff für Rockfreunde in Stavanger, nahezu allabendlich Livemusik nationaler und internationaler Musiker; Altersgrenze 21 Jahre.

Newsorientiert – **Newsman** `2`: Skagen 14, Tel. 51 84 38 80, www.herlige-restauranter.no/newsmannyhetscafe, Mo–Sa ab 12, So ab 15 Uhr. Stavangers Treff für Journalisten und Zeitungshungrige: Es liegen bergeweise nationale und internationale Zeitungen und Magazine aus, das Fernsehen bringt ständig News von CNN; auch WLAN.

Rogaland – Stavanger und Ryfylke

Omen est nomen – **The Irishman** 3 : Hølebergqt. 9, Tel. 51 89 41 81, tgl. ab 17 Uhr. Nicht nur bei Exil-Iren beliebter Pub; oft Livemusik.

Studententreff – **Cafe Akvariet** 4 : Studentersamfunnet, Ny Olavskleiv 16, Tel. 51 56 44 44, www.folken.no/akvariet, So–Mi 18–24, Do–Sa bis 2 Uhr, Altersgrenze 18 Jahre. Stavangers Kulturzentrum ist Treff der Studentenszene, was sich vor allem in den sehr niedrigen Preisen niederschlägt. Am Wochenende häufig Livemusik oder DJ-Sound. Ein weiterer Treff im Studentersamfunnet ist die **Grottene-Bar** (www.folken.no/grottene), die von Do–Sa ab 22 Uhr geöffnet hat; Altersgrenze 20 Jahre.

Infos & Termine

Touristeninformation

Stavanger Turistinformasjon: Domkirkeplassen 3, 4006 Stavanger, Tel. 51 85 92 00, www.regionstavanger.com, Juni–Aug. tgl. 9–20, sonst Mo–Fr 9–16, Sa bis 14 Uhr.

Termine

Jazz-Festival: Mitte Mai. www.maijazz.no.

Gladmat: Ende Juli. Kulinarisches Festival, u. a. mit speziellem Programm für Kinder; www.gladmat.no.

Kammermusikfestival: Mitte Aug. www.icmf.no.

Verkehr

Flug: Mehrmals tgl. vom Stavanger lufthavn (Tel. 67 03 10 00) von und nach Kristiansand, Sandefjord, Trondheim, Bergen, Oslo und Kopenhagen; international u. a. von und nach Berlin, Hamburg, München, Frankfurt und Amsterdam. Der Flughafen liegt ca. 12 km außerhalb. Ein Flughafenbus verkehrt alle 20 Min. (Tel. 08 00 16 00, 100 NOK, auch Bus Nr. 9, 27 NOK; Taxi ca. 400 NOK).

Zug: Von und nach Oslo via Kristiansand (ca. 5 x tgl.) mit der Sørlandsbahn.

Bus: Busbahnhof beim Bahnhof am Jernbaneveien, Verbindungen in alle größeren Städte des Südens bis hinauf nach Bergen, 2 x tgl. geht es entlang dem Ryfylkevegen bis nach Røldal.

Schnellboot: 3 x tgl. nach Sand, 3 x tgl. nach Hjelmeland/Suldal (Ryfylkevegen; R 13), mindestens 3 x tgl. nach Bergen, bis zu 8 x tgl. nach Haugesund; die Anleger sind im Zentrum ausgeschildert.

Fähren: Ab dem Hafen (gut ausgeschildert) u. a. stdl. nach Tau (Ryfylkevegen, R 13). Außerdem verkehren die Schiffe der Fjord Line Mo, Mi, Fr und Sa auf der Strecke Stavanger-Hirtshals/DK.

Mietwagen: Am preiswertesten bei Rent-A-Wreck (Flughafen, Tel. 51 64 70 50, www.rent-a-wreck.no), außerdem u. a. bei Avis (Flughafen, Tel. 51 71 89 50) und Hertz (Tel. 51 52 00 00).

Selbstfahrer: Die Einfahrt ins Zentrum kostet 20 NOK Maut. Die für einen Stadtrundgang am günstigsten gelegenen Parkplätze finden sich bei den Fährterminals am Hafen, die an allen Hauptzufahrtsstraßen in die Stadt ausgeschildert sind.

Ryfylkevegen!

▶ B 11–C 9

Für Naturliebhaber ist die in Stavanger beginnende, ca. 250 km lange »Traumstraße des Tourismus« mit ihren verführerisch schimmernden Fjorden und Wiesentrögen, Wasserfällen und Lachsflüssen zwischen endlosen Fjellweiten ein Höhepunkt der Reise durch Südnorwegen. Der Preikestolen, berühmtester Aussichtspunkt des Landes, ist nur einer von Dutzenden Naturattraktionen, denn hier an der

Lysefjord

R 13 ist es zu finden, das Norwegen der Prospekte, das sich durch die Nordland-Begeisterung des wilhelminischen Deutschland schon zu Beginn des 20. Jh. zu einem beliebten Urlaubs- und Reiseziel entwickelt hat.

Infos

Unlängst wurde der gesamte Ryfylkevegen zwischen Oanes im Süden und Røldal im Norden zur Nationalen Touristenstraße ernannt und entsprechend gut mit Rastplätzen ausgebaut. Weitere Informationen sowie Fotos zum Einstimmen bietet die Website www.nasjonaleturistveger.no, über die man auch eine Infobroschüre downloaden kann.

Am Lysefjord ▶ B–C 11

Während der letzten 100 m zum Anleger steigt es aus dem Meer, das tausendfach und doch nie hinreichend beschriebene Fjordland, von dem man hier freilich nur einen winzigen Teil ausmachen kann. Staunend blinzeln wir über die leicht geriffelte Wasserfläche des Høgsfjords und des sich anschließenden Lysefjords, beide gerahmt von düstergrauen Wänden, die teils in mehr als einem Kilometer Höhe gipfeln, beide auch die südlichsten Fjorde Norwegens, die nicht selten tatsächlich etwas Mediterranes ausstrahlen.

Aber das Blickfeld ist begrenzt, wir fiebern der Fährfahrt (15 Min.) nach

---

Unser Tipp

Traumroute ins Setesdal ▶ B/C 11

Alle Wege aus Stavanger hinaus sind landschaftlich dramatisch, aber keiner kann sich mit der **Lysefjord-Straße** messen, die in Lysebotn, an der inneren Fjordendung des majestätischen Lysefjords, beginnt. Dorthin führt ab Stavanger keine Straße, sondern eine Autofähre. Während der insgesamt 2,5 Stunden währenden Passage genießt man Ausblicke, wie sie eigentlich nur am Geiranger- und Sognefjord geben dürfte. Mit dem Auto geht es alsdann über 27 Haarnadelkurven an einer nahezu senkrecht aufragenden Felswand bis in 640 m Höhe hinauf. Dort oben beginnt eine ca. fünfstündige, teils recht schwierige Wanderung zum ca. 1100 m hohen und landesweit berühmten Panoramagipfel des Kjerag (s. S. 186). Vor dem strahlenden Blau des Sommerhimmels erheben sich die Bergbuckel der Setesdalsheia in faszinierenden Farben. Hirtenlose Schafherden bimmeln vorüber, und nach insgesamt 26 km ist die R 45 erreicht. Rechts ab geht es retour Richtung Stavanger (ca. 100 km), und nach links ist das Setesdal ausgeschildert, das im letzten Kapitel dieses Buches ausführlich vorgestellt wird (s. S. 272).
Infos: www.visitlysefjorden.no sowie www.lysefjordeninfo.no. Das Fährschiff verkehrt 1 x tgl. vom 14. Juni–18. Aug. auf der Strecke von Lauvvik (am Lysefjord) via Forsand nach Lysebotn: ab Lauvvik tgl. um 9 Uhr, an Lysbotn 11.30 Uhr, ab Lysebotn um 12 Uhr, an Lauvvik 14.30 Uhr; die Passage kostet 190 NOK/Pers., 375 NOK/Pkw. Autoplätze sollte man reservieren (Tel. 51 86 87 88); weitere Infos über die Touristeninformation in Stavanger (s. dort).

Rogaland – Stavanger und Ryfylke

Museumsdorf Landa

Gegenüber der schmalen Fjordöffnung des Lyseford, über die sich eine Brücke spannt, liegt Forsand mit dem in Norwegen einzigartigen Museumsdorf Landa – der Rekonstruktion einer vorgeschichtlichen Siedlung, die von ca. 1500 v. Chr. bis ins 7. Jh. bewohnt war. Angeboten werden zahlreiche Aktivitäten (u. a. Spinnen, Weben, Töpfern) und im Restaurant kann man regionale Spezialitäten kosten (Lunch ab 235 NOK; 4110 Forsand, www.landapark.no, 25. Juni–18. Aug. Di–So 11–17Uhr, Eintritt 100 NOK).

Oanes entgegen, und was man wenig später von der Reling aus wahrnimmt, sind keine Wände mehr, sondern ein dichtes Beieinander von ausgeformten Bergen zwischen grünen Tälern.

Oanes

Oanes, ein kleines Streudorf am Lysefjord, bietet mit dem **Lysefjordsenteret** eine besuchenswerte Sehenswürdigkeit: In diesem hypermodernen Bau, in dem auch das Touristenbüro untergebracht ist, kann man einer Videoshow zum Thema Ryfylke beiwohnen, die angeschlossene Lachsfarm besichtigen, Boote mieten und spektakuläre Sightseeing-Touren auf dem Lysefjord buchen (4110Forsand,Tel. 51 70 31 32, www.lysefjordsenteret.no, Mai–Sept. Mo–Sa 11–18, So ab 12 Uhr).

Übernachten

Tipptop am Fjord – **Lysefjord Hyttegrend:** Levik, Forsand, Tel. 51 70 07 50, www.lysefjord-hyttegrend.no, ab 700 NOK. Schöne Ferienhütten in großartiger Panoramalage über der Fjordmündung; Apartments und eine Ferienwohnung.

Aktiv

Das Lysefjordsenteret ist Buchungszentrum für Fjord-Touren in den Lysefjord (auch zum Preikestolen, s. u.), die zum Schönsten gehören, was man sich in diesem Landesteil gönnen kann; außerdem Verleih von Fahrrädern (150 NOK/Tag), auch Wanderungen (beispielsweise zum Preikestolen) werden organisiert.

Für Kajakfreaks – **Lysefjorden Kajakrental:** Forsand, Tel. 97 73 74 48, www. lysefjorden.com. Der Lysefjord gilt als eines der spektakulärsten Kajakreviere Norwegens, und die Infrastruktur ist entsprechend. Vermietet werden funkelnagelneue Einer (420 NOK/Tag, 1600 NOK/5 Tage) und Zweier (800/3000 NOK), wer sich eine Tour alleine nicht zutraut, kann zuvor an der von Juni–Sept. tgl. angebotenen geführten Kajaktour teilnehmen (2,5 Std., 400 NOK).

Auf dem Rücken der Pferde – **Fossanmoen Islandhestsenter:** Forsand, Tel. 90 98 66 37, www.fossanmoen.no. Von Mai–Sept. tgl. Ausritte und Reitercamps (auch für Anfänger).

Infos

Touristeninformation

Lysefjordsenteret: Oanes, Forsand, Tel. 51 70 36 60, www.lysefjordeninfo. no, Mai–Aug. Mo–Sa 11–18, So ab 12 Uhr.

www.visitlysefjorden.no: Der gesamten Region des Lysefjords gewidmete Website.

Verkehr

Bus: Mehrmals tgl. Verbindungen von und nach Stavanger via Lauvvik sowie entlang der R13 gen Norden.

Fähre: Zwischen Lauvvik und Oanes, jede halbe Stunde (27 NOK/Pers., 65 NOK/Pkw). Die Fähre von und nach Ly-

Preikestolen

Ausflug zum Preikestolen

sebotn verkehrt im Sommer 2–3 x tgl. (siehe Unser Tipp S. 181).
Selbstfahrer: Zwischen Oanes und dem ca. 30 km entfernten Jøssang (südlich von Jørpeland) sowie auf vereinzelten Abschnitten im weiteren Verlauf ist die R 13 teilweise außerordentlich schmal – ein Problem für größere Wohnwagengespanne.

Preikestolen ▸ B 11

Mit bis zu 300 000 Besuchern pro Jahr ist der ›Predigerstuhl‹ eine der meistbesuchten Naturattraktionen Norwegens, auf alle Fälle die berühmteste und auch meistfotografierte Felskanzel im Land. 604 m tief fällt der Blick von dem fast quadratischen, ca. 25 x 25 m messenden Plateau in den Lysefjord hinunter, der von über 1000 m hohen Steilwänden flankiert wird. Seine ungewöhnliche Form verdankt der Felsen aller Wahrscheinlichkeit nach einer Frostsprengung vor etwa 10 000 Jahren, als die Kanten eines Gletschers bis oberhalb des Felsens reichten. Wer schwindelfrei ist, robbt bis zum ungesicherten Rand des Abgrunds vor, um mit Blicken wie aus dem Flugzeug belohnt zu werden.

Wanderung zum ›Predigerstuhl‹

Selbst wer sich im ›Hintergrund‹ hält, erntet reichsten Panoramalohn. Aber man bekommt ihn nicht geschenkt, sondern muss ihn sich im Rahmen einer Wanderung erarbeiten: Etwa zwei Stunden dauert der durchaus schweißtreibende, weil zum Teil recht steile und auch durch unwegsames Gelände führende Anstieg, bei dem ca. 330 Höhenmeter bewältigt werden müssen. Gute Wanderschuhe, Trittsicherheit und ein wenig Ausdauer sind ein Muss, aber Orientierungsprobleme gibt es keine, ist doch der recht stark frequentierte Weg mit einem rotem ›T‹ gut markiert.

Startpunkt der Tour, für die man hin und zurück inkl. Rast 4 Stunden ansetzen sollte, ist der Parkplatz der

Rogaland – Stavanger und Ryfylke

Der Felskanzel des ›Predigerstuhls‹ thront in einer Höhe von 604 m über dem Lysefjord

Preikestolhytta, von wo es durch Wald bergauf zu einem Höhenrücken geht. Ebenerdig geht es weiter dahin, teils, weil morastig, über gelegte Bohlenpfade, bis sich der letzte und mitunter etwas steile (aber dann gesicherte) Aufstieg anschließt, der direkt auf das Panoramaplateau der weit vorspringenden Kanzel führt.

Übernachten, Essen

Für jeden Geldbeutel etwas – **Preikestolhytta/Preikestolen Vandrerhjem:** Tel. 51 74 20 74, www.preikestolenfjellstue.no, April–Okt. (Fjellstua ganzjährig), Betten ab 280 NOK, DZ 740 NOK, Lunch 80 NOK, Dinner 150 NOK. Auf grüner Wiese gelegener, grasgedeckter Holzbau mit Blick auf die Bergwelt und den Revsvatnet (Bademöglichkeiten). Mit Restaurant und Kaminzimmer. Zur Anlage gehört die moderne Fjellstua, die mehr auf den Komfort-Touristen zugeschnitten ist und winzige DZ (ohne Bad) ab 1295 NOK bietet, Panoramazimmer ab 1595 NOK.

Traumlage – **Preikestolen Camping:** am Zufahrtsweg zum Preikestolen nahe der R 13, Tel. 48 19 39 50, www.preikestolencamping.com, ganzjährig. Wunderschön an einem kleinen Fluss gelegen, gute Ausstattung, auch Restaurant und Laden, Stellplatz ab 160 NOK, mit Auto 200 NOK.

Infos

Touristeninformation
Turistinformasjon Strand: Jørpeland, Tel. 51 74 31 55, www.strand-turist.

Kjerag

com, Mitte Mai–Mitte Aug. Mo–Fr 10–17, Sa 12–16 Uhr; für den Preikestolen und sein Umland zuständig, auch für den Bereich des Tysdalsvatnet. Infos bekommt man aber auch in den Touristeninformationen von Stavanger und Forsand.

Verkehr

Fähre: Ausgangspunkt für einen Besuch des Preikestolen ist die R 13, von der, vor der Ortschaft Jørpeland, eine Straße zur Preikestolhytta abzweigt. Der kürzeste Weg von Stavanger aus ist der mit der etwa stdl. verkehrenden Fähre (auch Autos) nach Tau (46 NOK/Pers., 137 NOK/Pkw, 40 Min., rund 11 km nördlich Jørpeland an der R 13 gelegen). Von dort aus sind es noch etwa 20 km bis zum Preikestolen.

Schnellboot: Verbindungen bestehen 3 x tgl. von bzw. mit Stavanger und Sand (s. S. 191).

Bus: Ab Tau mit dem Anschlussbus (nur Mitte Mai–Mitte Sept.) zur Preikestolhytta (ca. 25 Min.). Über Tide Reise in Stavanger (s. S. 179) kann man ein Komplettticket ab/bis Stavanger buchen, das 250 NOK/Pers. kostet; insgesamter Zeitaufwand 8 Std. Aber im Sommer (Mitte Juni–Anfang Sept.) verkehren auch Direktbusse zwischen Forsand und Jørpeland (Anschluss mit der Lysefjordfähre), und auch von Jørpeland aus fahren tgl. vier Busse zur Hytta.

Bustour: Am bequemsten ist es, über das Touristenbüro in Stavanger (s. S. 180) oder www.pulpitrock.no eine Preikestolen-Tour zu buchen (18. Mai–16. Sept.). Dann wird man in Stavanger abgeholt und fährt zum Preikestolen und retour mit dem Bus. Das Ticket kostet 140 NOK von und bis Stavanger, für die Fährpassage zahlt man 92 NOK extra. Für die Wanderung sind 4 Std. vorgesehen.

Wanderung auf den Kjerag ▶ C 11

Zwar ist der Preikestolen die berühmteste Felskanzel Norwegens, aber spektakulärer ist der Gipfel des Kjerag, von dem aus der Blick 1084 m tief auf den Lysefjord fällt. Der Weg ist durchgehend markiert, es gibt keine Orientierungsprobleme, eine Karte ist daher nicht erforderlich. Das Gelände ist allerdings teilweise schwer, und die Steigungsstrecken haben es in sich, weshalb die Tour nichts für ungeübte Wanderer ist.

Die Route

Ausgangspunkt ist das am oberen Ende der Lysefjord-Straße (s. Unser Tipp S. 181) gelegene **Øygardstølen-Fjellrestaurant,** wo man das eigene Fahrzeug auf einem kostenpflichtigen Wanderparkplatz abstellen kann. Die Aussichtsterrasse des Restaurants ist wie geschaffen dafür, sich auf das Panorama-Abenteuer Kjerag einzustimmen: Rund 500 m tief fällt der Blick von hier senkrecht auf den Lysefjord, und angesichts dieses Traumbildes bedarf es nicht viel Fantasie, um sich vorstellen, was man rund drei Stunden später

Wanderung auf den Kjerag

185

Lieblingsort

Der Kjerag – Norwegens spektakulärster Aussichtsplatz ▶ C 11
Der Kjerag ist der höchste Gipfel am Lysefjord, und der beim Øygardstølen Fjellrestaurant beginnende Aufstieg ist nichts für Ungeübte: Etwa 570 Höhenmeter sind zu bewältigen, 2,5–3 Stunden dauert es mindestens, sich durch das teils schwere Gelände hinaufzumühen. Doch diese Anstrengung wird bei klarem Wetter wahrlich belohnt: 1084 m tief fällt der Blick von hier senkrecht hinunter auf den blau-grün glitzernden Fjord. Wem das noch nicht genug des Nervenkitzels ist, der klettert am Westrand des Plateaus auf den etwa 5 m^3 großen Stein Kjeragbolten, der direkt über der Abbruchkante zum Fjord in einer Felsspalte eingeklemmt ist (nähere Infos zur Wanderung s. S. 185).

Rogaland – Stavanger und Ryfylke

zu sehen bekommen wird, wenn der Höhenunterschied mehr als das Doppelte beträgt ...

Ein Hinweisschild am Parkplatz gibt einen Überblick über die Wanderung und weist auf den am Hang verlaufenden Weg. Die Steigung wird bald beachtlich, und da es größtenteils über blanken Fels geht, ist man dankbar für die Sicherungsketten, die den Aufstieg wesentlich erleichtern.

Bald erreicht man ein größtenteils eben verlaufendes Quertal, in dem mehrere Feuchtstellen zu überwinden sind. Der Weg ist als Spur deutlich sichtbar, oft mit Dielen verstegt und steigt wenig später schon wieder steil den angrenzenden Hang hinauf in eine zunehmend von Fels geprägte Hochgebirgswelt. Ein weiteres Quertal wird erreicht, dann verläuft der Pfad parallel zu einem Bach in Richtung auf die Abbruchkante zum Lysefjord, von wo aus ein weiteres Panorama in die Tiefe zu genießen ist. Aber es kommt noch besser, und nach einem erneuten Anstieg über mit Ketten gesicherte Felsbänder liegt schließlich der Gipfel des Kjerag voraus, ein nahezu vegetationsloses und von tiefen Furchen durchzogenes Plateau.

Nun sind es nur noch wenige Meter bis zum eigentlichen Ziel der Wanderung: der Abbruchkante, und wer schwindelfrei ist und sich bis nahe an die Felskante vorpirscht, wird das Panorama Zeit seines Lebens nicht mehr vergessen: Über 1000 m tief fällt der Blick senkrecht auf den Fjord, der in allen Grün- und Blautönen leuchtet. Ganz Wagemutige klettern am Westrand des Plateaus auf den etwa 5 m³ großen Stein **Kjeragbolten** (der direkt über der Abbruchkante zum Fjord in einer Felsspalte eingeklemmt ist) oder gar auf den Felsvorsprung des **Kjeragnasen,** der ein stück weiter rechts über den Abgrund ragt.

Infos

Touristeninformation

Für Lysebotn ist das Touristenbüro in Stavanger zuständig (s. S. 180), doch die mit Abstand besten Informationen bekommt man (auch auf Deutsch) über die Websites www.visitlysefjorden.no und www.lysefjordeninfo.no, die ausschließlich der Region Lysefjord gewidmet sind.

Geführte Wanderungen: Tide Reiser in Stavanger (s. S. 179) bietet im Sommer tgl. geführte Touren auf den Kjerag ab/bis Stavanger (26. Juni–29. Aug., 9,5 Std., 490 NOK p. P. alles inkl.).

Verkehr

Vom 14. Juni bis 18. Aug. verkehrt 1 x tgl. (7.30 Uhr) ein Bus von Tide Reiser (s. S. 179) von Stavanger nach Sirdal (s. S. 158) via Lysebotn und dem Øygardstølen Fjellrestaurant (Ausgangspunkt der Wanderung), das um 10.45 Uhr erreicht wird. Retour geht es um 16.45 Uhr, sodass man 6 Stunden Zeit für die Wanderung hat, was völlig ausreichend ist (Ticket 250 NOK/Weg).

Am Tysdalsvatnet ▶ B 11

Auf der ca. 11 km langen Strecke zwischen Jørpeland und Tau ist nicht viel mehr zu genießen als die Aussicht auf Stavanger zur linken, ›Almhänge‹ zur rechten Seite und vielleicht ein Blick auf am Wegesrand ausgeschilderte Felszeichnungen aus der Bronzezeit (ca. 40 Stück auf Klippen am Meer). **Tau** selbst bietet vor allem Fährverbindungen mit Stavanger, wohingegen der sich anschließende Taltrog des Tysdalsvatnet, an dem es in der Folge für ca. 15 km entlanggeht, landschaftlich so schön und vielseitig ist, dass manche Reisende ihren ganzen Urlaub dort verbringen.

Es gibt Campingplätze und Ferienhütten, man kann trefflich angeln, Boot fahren und baden (sogar an Sandstränden). Wasserfälle überziehen die teils düster, teils heiter anzuschauenden Steilflanken mit dünnen Schleiern, und die 800 m übersteigenden Höhen über den angrenzenden Felsflanken sind für so manche **Wanderung** gut. Rund 20 Fußtouren sind in einer Broschüre beschrieben (mit Karte), die man in der Touristeninformation von Strand (s. S. 184) bekommen kann.

Übernachten

Camping im Wiesengrund – **Wathne Feriesenter:** Bjørheimsbygd, Tel. 51 74 64 17, www.wathne-camping.no, ganzjährig geöffnet. Ideale Anlage, die für jeden Geschmack das Passende bietet, ob Camping, Ferienhütten (700 NOK) oder Zimmer mit Frühstück. Auch ein Pub und ein Restaurant sind angeschlossen, es werden Boote vermietet und Angelscheine ausgestellt.
Camping am See – **Tysdal Camping:** R 13, am Ende des Tysdalsvatnet, Tel. 51 75 24 34, Juni–Mitte Aug. Schön unterhalb der R 13 auf einer Wiese am Seeufer mit Badestrand gelegen; auch Hüttenvermietung.

Nach Hjelmeland ▶ B 11

Der Weg aus dem Tysdal bzw. dessen Verlängerung Målandsdal heraus führt über einen Sattel in das nächste Trogtal hinein, steigt bald erneut auf und hat den **Årdalsfjord** zum Ziel, der eher ein Bergsee zu sein scheint, sind doch die säumenden Flanken ganz und gar bewaldet. An seinem Ufer erstreckt sich das kleine Dörfchen **Årdal** mit dem rot getünchten Renaissancebau der Årdal Kirke, die

Wanderung zum Reinaknuten
Eine ca. 5–6 Std. lange Tour beginnt direkt beim Tysdal Camping (s. links) am Ende des Tysdalsvatnet, führt sodann zur 789 m hohen Aussichtskanzel Reinaknuten und steigt schließlich wieder in den Taltrog hinab, der bei Bjørheimsbygd an der Nahtstelle zwischen Tysdalsvatnet und Sjørheimsvatnet erreicht wird (ab dort sind es noch 4 km zurück zum Ausgangspunkt entlang der R 13).

aus dem 17. Jh. stammt; ihre Decke ist üppig mit Malereien verziert, auch die Schnitzarbeiten lohnen eine längere Betrachtung (Ende Juni–Mitte Aug. tgl. 11–16, mittwochs mit Führung).

Dann geht es wieder hinauf, steil und kurvenreich. Auf der Höhe angekommen, präsentiert sich eine Fernsicht auf eine Welt aus Fels, Eis und Schnee, am fernen Horizont erahnt man die Höhenzüge der Hardangervidda. Tief unten liegt das Örtchen **Hjelmeland**, das zwar selbst keine Sehenswürdigkeiten zu bieten hat, aber Ausgangspunkt für Aktivitäten ist und sich auch zum Übernachten anbietet. Anders als auf manchen Karten verzeichnet, endet hier die R 13 am Ufer des Jøsenfjord, über den eine Fähre führt.

Abstecher nach Finnøy
Ein lohnender Abstecher führt per Fähre von Hjelmeland nach Finnøy; es herrscht kaum Verkehr, ist also ideal zum Radfahren (Fahrrad-Verleih über das Touristenbüro in Hjelmeland), und dank markierter Wege kann man auch zu Fuß die Landschaft mit ihren vielen alten Kulturdenkmälern (u. a. Wohnplätze aus der Bronze- und Eisenzeit, eine Kirche aus dem 12. Jh.) genießen.

Rogaland – Stavanger und Ryfylke

Übernachten

Ohne Alternative – **Hotel Nøkling:** Hjelmeland, Tel. 51 75 02 30, EZ 700 NOK, DZ 1000 NOK. Einzige Unterkunft direkt im Ort: Große Anlage am Fjord mit 24 DZ, auch Camping und Vermietung von Ferienhütten (400–1000 NOK) sowie Restaurant und Bootsverleih.

Fjord-Camping – **Camping Fister:** Fister, Tel. 45 66 02 37, www.camping-fister.no, Mai–Sept., ca. 10 km von Hjelmeland entfernt (an der R 13 auf halber Strecke zwischen Årdal und Hjelmeland ausgeschildert), direkt am Fjord gelegen und einziger Campingplatz der Region. Auch Bootsverleih (Ruderboot 250 NOK, Motorboot 500 NOK/Tag) sowie einfache Zimmer (400 NOK).

Idylle pur – **Høiland Gard:** Årdal, Tel. 97 12 90 36, www.hoiland-gard.no, EZ ab 650, DZ ab 800 NOK inkl. Frühstück. Der Høiland Gard liegt am Fuß der Årdalsheia und bietet reiches Panorama auf Årdal und den Fjord. Mit zum Hof gehören zahlreiche kulturhistorische Gebäude, die als Ferienhäuser umgebaut und teils unerhört idyllisch gelegen sind.

Einkaufen

Ryfylkisches – **Spinneriet Hjelmelandsvågen:** Tel. 51 75 71 51, nur Juli, Sa/So 11–15 Uhr. In der alten Spinnerei in einem restaurierten Industriegebäude in Hjelmeland wird u. a. Kunsthandwerk aus der Region Ryfylke verkauft.

Aktiv

Auf einer Karte des Touristenbüros sind Wanderungen aller Schwierigkeitsgrade verzeichnet, eine der eindrucksvollsten Touren hat den 700 m hohen Skomakarnibba zum Ziel. Mehrere Flüsse und Seen der Umgebung

bieten sich zum Lachsangeln an; es gibt einen Bootsverleih und im Sommer kann man verschiedene Fjordtouren mit Ausflugsbooten unternehmen.

Infos

Touristeninformation
Hjelmeland Turistkontor: Hjelmeland, Tel. 51 75 95 10, www.ryfylke.com, ganzjährig Mo–Fr 8–15.30, im Sommer auch Sa/So.

Verkehr
Bus: Etwa alle zwei Stunden verkehren Busse entlang der R 13 nach Tau; die Busse Richtung Sand (s. u.) starten in Nesvik auf der anderen Seite des Jøsenfjords.
Fähren: In Hjelmeland endet die R 13 am Ufer des Jøsenfjords, über den eine Fähre nach Nesvik fährt (ca. 10 Min.).
Schnellboot: 3 x tgl. Verbindungen mit Stavanger (142 NOK).

Am Jøsenfjord ▶ B/C 10/11

Etwa zehn Minuten dauert die Fahrt auf dem ständig zwischen Hjelmeland und Nesvik hin- und herpendelnden Schiff mit grandioser Aussicht über den kilometerlangen Jøsenfjord, dessen Flanken schwarz und steil bis in die verschneiten Bastionen der Hardangervidda heraufdrängen. Das Wasser schimmert in Skalen von Blau und Grün, vereinzelte Kiefern, uralt und wild verdreht, setzen kraftvolle Akzente, und in die schmalen Uferwiesen sind bunte Blumenkleckse eingewebt. Dieses Bild hat man auch während der folgenden elf Kilometer entlang der R 13 ständig vor Augen. Schade ist nur, dass man vergessen hat, an der gut ausgebauten und an Tunneln überreichen Fjorduferstraße Parknischen anzulegen.

190

Am Erfjord ▸ B 10

Die R 13 führt auf etwa halber Länge des Jøsenfjords in eine Schlucht und steigt sodann zu einem Pass auf. Jenseits erstreckt sich eine weitere Schmelzrinne vom Ende der Eiszeit – der Erfjord. Hier und da ein Bauernhof als rot-weißer Farbklecks, an den Hängen grüne ›Almen‹. Herrliche Motive tun sich auf, in jeder Parkbucht stehen Touristen und stanzen Rechtecke aus der Landschaft, um die voll ausgeleuchtete Szenerie mit nach Hause nehmen zu können.

Kaum zu glauben, dass einmal in Erwägung gezogen wurde, hier, mitten im malerischen Fjord, die ausrangierte Bohrinsel ›Brent Spar‹ zu entsorgen, was 1999 dank des Engagements von Umweltschutzorganisationen vereitelt wurde.

Es geht über eine Hängebrücke, rechts der **Tysfjord,** voraus bald eine enge Schlucht, die fast so schmal ist wie eine Klamm und in der Tiefe vom dunklen Grün des Fjordwassers ausgefüllt wird. Steil ragt die glatte Wand nach oben, hellgrau ist die Straße hineingesprengt, gläsern hell die Berge, deren Schwingen auch im Sommer in Schnee getaucht sind.

Abstecher in die Einsamkeit

Dort wo die R 13 auf halber Länge des Jøsenfjord landeinwärts in eine Schlucht abzweigt, ist nach rechts das **Gullingen Turistsenter** (s. S. 192) ausgeschildert, das sich als Aktivitätszentrum versteht und in einsamer Natur am Ufer des Mosvatnet liegt. Schon die Anfahrt ist spektakulär, und da die Straße vom Mosvatnet aus nördlich von Sand (s. u.) wieder auf die R 13 stößt, bietet sie sich als Alternativstrecke an.

Sand ▸ B 10

Dort wo die Straße wieder Meeresniveau erreicht, liegt das kleine Städtchen Sand, Verwaltungszentrum der Gemeinde Suldal, die insgesamt nur 3800 Einwohner zählt und mit wenig mehr als 2 Einw./km2 die am dünnsten besiedelte Rogalands ist. Das spricht für reiche Naturerlebnisse, und in der Tat ist das urwüchsige Umland des malerisch am Fjord gelegenen Sand für viele Aktivitäten und Erlebnisse gut. Entsprechend beliebt ist der Ort als Ferienzentrum, was er nicht zuletzt auch dem hier mündenden Suldalslågen verdankt, der immerhin als reichster Lachsfluss der Ryfylke-Region gilt.

Das direkt am Ortsrand beim Wasserfall Sandfossen gelegene **Lachsstudio**, das älteste Norwegens, informiert ausführlich über die ›Lachsgeschichte‹ des Flusses, durch zwei große Aquarienfenster kann man hier die Wanderung der Lachse flussaufwärts beobachten (4230 Sand, Tel. 52 79 78 75, Mitte Juni–Mitte Aug. tgl. 11–17, bis Ende Aug. tgl. 12–16 Uhr, 30 NOK).

Die andere Sehenswürdigkeit von Sand ist das direkt am Meer gelegene **Nesasjøhuset** des Ryfylkemuseums. In dem alten Hafenspeicher aus dem Jahr 1850 ist das Volksmusikarchiv von Rogaland untergebracht, sehenswert sind die Dia-Show ›Sand‹ und die Galerie Ryfylke mit Kunstausstellungen und kleinem Café (Nordenden 14, www.ryfylkemuseet.no, Mitte Juni–Mitte Aug. tgl. 10–18 Uhr, 50 NOK).

Ausflüge

Ausflüge bieten sich von Sand aus mehrere an, nicht missen sollte man die spektakuläre Hochgebirgsfahrt zum **Blåsjø**, eines der größten Wasserkraftreservoirs Norwegens mit dem höchstgelegenen Staudamm des Landes. Die Straße, die am Mosvat-

Rogaland – Stavanger und Ryfylke

net beim Gullingen Turistsenter (s. u.) abzweigt, ist von Mitte Juni bis Ende August befahrbar und bietet sich auch als Ausgangspunkt für Wanderungen aller Schwierigkeitsgrade an.

Übernachten, Essen

Klassisch am Fjord – **Ryfylke Turisthotel:** Tel. 52 79 27 00, www.ryfylketuristhotel.no, DZ ab 1020 NOK. 1996 im klassischen Speicherstil direkt am Hafen erbautes Top-Hotel mit eleganter Einrichtung und 71 modernen Zimmern.

Lachs- und Aktivzentrum – **Mo Laksegård:** Tel. 52 79 76 90, www.molaks.no, EZ/DZ ab 630/1060 NOK, Ferienhütten und Wohnungen ab 830 NOK. Nette Zimmer und rustikale Ferienhütten in verschiedenen Größen auf einem modern gestalteten Bauernhof am Suldalslågen; mit beheiztem Schwimmbad, sehr gutem Restaurant, Boots- und Kanu-Verleih, Lachsangeln und vielen weiteren Aktivitäten (s. u.).

Wohlfühl-Pension & Hütten – **Osa-Bu Pensjonat:** Suldalsosen, Suldalsvatnet (ca. 25 km östlich von Sand an der R 13), Tel. 52 79 92 60, www.osa-bu.no, Zimmer 475–600 NOK (Frühstück 85 NOK/Pers. extra), Ferienhütten ab 550 NOK, auch alle Mahlzeiten. Schlichte, aber anheimelnde Zimmer und komfortable Ferienhütten auf dem Jensa-Hof am wiesengrünen Seeufer.

Naturnah – **Gullingen Turistsenter:** Gullingen/Mosvatnet (ca. 18 km südöstlich von Sand), Tel. 52 79 99 01, www.gullingen.no, Bett ab 195 NOK, EZ/DZ ab 340/500 NOK, Ferienhütten ab 900 NOK. Einsames Gebirgshotel in panoramareicher Lage mit 37 Zimmern, 10 großen Hütten und Campingplatz. Es gibt einen regelmäßigen Buszubringer ab Sand, viele Wanderungen nehmen hier ihren Anfang, es

werden geführte Touren, Ausritte und andere Aktivitäten organisiert.

Aktiv

Mehr als 20 markierte Wanderwege aller Schwierigkeitsgrade (teils mit Berghütten) sind in einer Karte des Touristenbüros eingezeichnet, das auch (Themen-)Wanderungen organisiert; außerdem Lachsangeln unter Anleitung für Anfänger. An Bootsverleihen herrscht kein Mangel, der Mo Laksegård (s. o.) organisiert im Sommer Wildwasser-Rafting-Touren (495 NOK, 2,5 Std.), Lachs-Safaris (765 NOK, 3 Std.), Abseilen (495 NOK, 2 Std.) und andere Aktivitäten mehr.

Infos

Touristeninformation
Suldal Reiselivslag: Sand, Tel. 52 79 05 60, www.suldal-turistkontor.no, Mitte Juni–Mitte Aug. tgl.10–18, sonst Mo–Fr 9–15.30 Uhr.

Verkehr
Bus: Verbindungen ca. alle 2 Std. Richtung Røldal, Sauda, Hjelmeland und Stavanger über Nesvik sowie im Sommer 1 x tgl. auch nach Oslo.
Schnellboot: 1 x tgl. bestehen Verbindungen von und nach Stavanger (228 NOK) via Jørpeland.
Fähren: tgl. mehrere Verbindungen über den Saudafjord (ca. 15 Min.), wo die R 520 beginnt (s. u.)

Hordaland entgegen

▶ B/C 9–10

Ab Sand kann man die Fähre über den Saudafjord nehmen, dann der R 520 weiter via Sauda zur E 134 nahe Røldal folgen. Sie führt durch eine ähnlich atemberaubende Landschaft wie die

R 13. Beide Strecken sind in etwa gleich lang, die schnellere und besser ausgebaute wird nachfolgend beschrieben.

Durch das Suldal

Die R 13, auf der es nun ca. 85 km bis nach Røldal geht, wendet sich bei Sand vom Fjord ab und ins schmale **Suldal** hinein, das tief in die jetzt bis über 1400 m hoch aufragende Bergwelt einschneidet. Dichter Tannenwald bedeckt die Flanken und den schattigen Grund, wo der Lachsfluss **Suldalslågen** über Katarakte seinen Weg sucht. Dann wieder strömt er träge an saftig-grünen Wiesen und Gehöften dahin, bis er schließlich bei Suldalsosen, ca. 25 km hinter Sand, endgültig zum See wird und als **Suldalsvatnet** das ganze Tal einnimmt. An seinem Südufer lohnt der Besuch des Museumsdorfs Kolbeinstveit (s. Unser Tipp rechts).

Nach Røldal ▶ C 9/10

Für ca. 15 km geht es nun weiter am Ufer des Suldalsvatnet dahin, und auf beiden Seiten der blau-grün-schwarz schimmernden Wasserfläche ragen bald Ketten finsterer Felsskulpturen in den Himmel. Dann verlässt die Straße den See und zweigt nach links ins **Brattlandsdal** ab, das sich zu Anfang als steil ansteigende Klamm präsentiert, durch die ein Wildbach tosend zu Tal geht. Mit zunehmender Höhe weitet sich die nur wenige Meter breite Kluft und wird bald zum Hochtal, wie man es ähnlich wild, ja ›trollhaft‹, wohl noch nicht gesehen hat und auch schwerlich irgendwo anders sehen wird. Die Straße führt an unzähligen Steinblöcken in Hausgröße vorbei. Gischtmäntel unzähliger Wasserfälle hängen an steilen Flanken, und auf winzigen Balkonen gewahrt man hier

und da Gehöfte, Einödhöfe im wahrsten Sinne des Wortes, nur zu Fuß erreichbar, manchmal mit von Hand betriebenen Lastenaufzügen ausgestattet.

So fährt man staunend eine Zeit lang dahin, dann wird die Grenze zur Provinz Hordaland überschritten, und wenig später kommt der langgestreckte **Røldalsvatnet** ins Bild. Noch ca. 8 km geht es an seinem Felsufer entlang auf die E 134 zu. Hier endet der Ryfylkevegen, doch bevor man nach links, gen Odda und Bergen einbiegt, sollte man erst einmal nach rechts fahren, Richtung Haukeligrend, wo nach weiteren 9 km der Ort Røldal (s. S. 197) erreicht wird.

Unser Tipp

Museumsdorf Kolbeinstveit

Etwa 5 km nach Erreichen seines Südufers liegt der Museums-Hof Kolbeinstveit am Weg. Zur malerischen Anlage aus alter Zeit gehört das Guggedalsloftet, ein traditionelle Speicherhaus, bei dem es sich, 1281 errichtet, um das älteste authentisch erhaltene Bauwerk des Rogalandes handelt. Gerade auch für Kinder werden zahlreiche Aktivitäten geboten, es lockt eine Verkaufsausstellung mit Produkten des traditionellen Kunsthandwerks, auch Ryfylke-Gerichte nach Omas Rezepten werden serviert, und wer hier samstags unterwegs ist, darf eine Fahrt mit dem Veteranenboot Suldalsdampen (Suldalsdampfer) über den Suldalsvatnet nicht verpassen (4237 Suldalsosen, Abfahrt 14 Uhr. Infos über www.ryfylkemuseet.no, Mitte Juni–Mitte Aug. tgl. 11–17 Uhr, 50 NOK).

Das Beste auf einen Blick

Hordaland – Hardangerfjord und Bergen

Highlights !

Sørfjord: Der Fjord liegt zu Füßen des mächtigen Folgefonn-Gletschers und ist mit seinen Wiesenufern, traditionsreichen Ferienorten und zahllosen Aktivitätsangeboten ein Urlaubsziel wie aus dem Bilderbuch. S. 205

Bergen: Die von sieben Bergzügen umrahmte und mit sieben Fjorden verbundene ehemalige Hansestadt Bergen wartet mit einzigartigen Sehenswürdigkeiten auf. S. 214

Auf Entdeckungstour

An der Gletscherzunge des Buarbreen: Besuch in der Eiszeit gefällig? Der Buarbreen macht es möglich. Obendrein lädt das Umfeld von Norwegens drittgrößtem Gletscher zu einem Gang durch die Erdgeschichte ein. S. 202

Auf den Spuren der Deutschen Hanse durch Bergen: Der Besuch des ehemaligen Hanseviertels von Bergen mit seinen Dutzenden Holzhäusern, seinen Museen und der ›Kirche der Deutschen‹ ist ein Gang durch eine mehr als 700 Jahre alte Geschichte. S. 218

Kultur & Sehenswertes

Baroniet Rosendal: Die einzige Baronie des Landes und das kleinste Schloss Skandinaviens. S. 201

Vågen mit Torget: Vor dem Hintergrund altehrwürdiger Bauwerke gibt Bergens Hafen ein prachtvolles Bild ab. Zentrum des bunten städtischen Lebens ist der angrenzende Marktplatz. S. 214

Bergens Kunststraße: Ein Spaziergang auf der Rasmus Meyers allè entführt ins Reich der Schönen Künste. S. 217

Aktiv unterwegs

Norwegen in einer Nussschale: Mit dem Schnellboot in den Sognefjord, mit der Flåmbahn auf die Hardangervidda, mit der Bergenbahn nach Bergen zurück. Diese Kombitour muss man sich einfach mal gönnen! S. 223

Genießen & Atmosphäre

Troldhaugen: In den Sommermonaten mausert sich Bergen zur Kulturmetropole. Klassische Töne sind dann auf zahlreichen Konzerten zu hören, am stilvollsten in Troldhaugen, dem ehemaligen Wohnsitz von Edvard Grieg. S. 223

Finnegårdstuene: Feinschmecker haben die Qual der Wahl in Bergen, aber wenn man das traditionsreichste Gourmet-Restaurant der Stadt sucht, führt kein Weg an der Finnegårdstuene vorbei. S. 224

Abends & Nachts

Bergen: In Sachen Nightlife gibt es außer Oslo keine Stadt in Norwegen, die Bergen das Wasser reichen könnte. An Sommerabenden ist es am schönsten direkt am Torget, wo zahlreiche Cafés und Kneipen einladen, die meisten auch mit Plätzen im Freien. S. 225

Das Hardangerland

Im Fjordland gibt es Hunderte Fjorde, und alle haben ihren ganz besonderen Reiz, doch der weit verzweigte **Hardangerfjord**, der mit seinen Dutzenden Seitenarmen ein regelrechtes Fjordsystem bildet, gilt vielen als der schönste. Seine Gesamtlänge, von der Insel Bømlo an der Fjordöffnung zur Nordsee bis hin nach Odda am inneren Sørfjord, beträgt ca. 180 km, womit er, nach dem Sognefjord, der zweitlängste Fjord des Landes ist. Wird der Hardangerfjord in den äußeren Abschnitten von einer leicht hügeligen Wiesen-und-Wald-Küstenlandschaft geprägt, so ist er in den mittleren und inneren Regionen von schmalen Ufersäumen flankiert, die über steile Felswände hin zum Hochfjellplateau der Hardangervidda ansteigen, die die östliche Begrenzung bildet. Sein imposanter Hintergrund wird von der Eiskrone des Folgefonn-Gletschers dominiert, tosende Wasserfälle, darunter einige der höchsten und imposantesten des Landes, ergießen sich in seine bis 860 m messende Tiefe. Seine Ufer säumen gut eine halbe Million Obstbäume.

Der ca. 16 000 km² große Bezirk Hordaland wird oft auch als Hardangerland bezeichnet – kein Wunder, dominiert doch der Hardangerfjord die gesamte Region. Hier kommen sie

Infobox

Touristeninformation

www.visitbergen.com/visitHordaland: Infos für den Bezirk Hordaland, u. a. mit umfassendem Reiseplaner für den motorisierten Touristen sowie für Aktivurlauber.

Reisemål Hardanger Fjord AS: Sandvenvegen 40, Hardanger Brygge, Norheimsund, Tel. 56 55 38 70, www.hardangerfjord.com. Infos über das gesamte Hardangerfjord-Gebiet, man kann Unterkünfte und Aktivitäten auch online buchen.

www.autowandern.com: Die Internetseite informiert über Autorouten im Bezirk Hordaland. Außerdem werden zahlreiche Wanderungen skizziert; alle Routenkarten kann man herunterladen.

www.nasjonaleturistveger.no: Große Abschnitte der um den Hardangerfjord herumführenden Straßen sind zur Nationalen Touristenstraße ernannt worden, die Website informiert über besondere Rastplätze und Aussichtspunkte sowie über alle relevanten Fährverbindungen.

Opplev Odda: Eitrheimsvn. 79 B, Tel. 53 64 32 88, www.opplevodda.com. Hier erhält man Informationen über Aktivitätsangebote rund um den Hardangerfjord, u. a. über geführte Wanderungen, Rad-, Gletscher- und Kanutouren sowie über verschiedene Museumsführungen.

Verkehrsmittel

Informationen zum Verkehrsnetz: Die gesamte Region lässt sich gut per Bus erkunden, auch Fähren und Schnellboote sind im Einsatz; telefonische Infos für die Gesamtregion unter der Nummer 177, im Internet helfen www.tide.no und www.rutebok.no.

her, die berühmten Segler vom Hardangertyp, auch Norwegens Nationalinstrument, die Hardangerfidel, ist hier zu Hause, und in den Werken zahlreicher bildender Künstler hat die Schönheit der so außerordentlich kontrastreichen Landschaft tiefe Spuren hinterlassen.

Doch nicht nur die Natur, auch die Städte der Region sind außerordentlich sehenswert, und kein Besuch im Fjordland, ohne die ›Königin der Fjorde‹ und Hauptstadt des Hordalands gesehen zu haben: Nicht umsonst gilt Bergen vielen als die attraktivste Metropole des Landes.

Røldal ▶ C 9

Ganz im Süden des Hordalands und noch ca. 40 km vom Südzipfel des Hardangerfjords entfernt, liegt das Dorf Røldal zu Füßen der Hardangervidda am Ende des von Stavanger her kommenden Ryfylkevegen (s. S. 180), Endpunkt auch der Rundtour um die Hardangervidda (s. S. 269). Bei Wintersportlern hat sich der Ort einen großen Namen gemacht, während Kulturinteressierte Røldal vor allem wegen der **Stabkirche** besuchen.

Sie wurde im 13. Jh. errichtet, ist außen schlicht und schmucklos gehalten, doch im 1982 restaurierten einschiffigen Innenraum außerordentlich prächtig anzusehen. Beachtenswert sind die eindrucksvollen Deckenmalereien und die Holzschnitzereien, doch als Kleinode gelten das aus Speckstein gefertigte Taufbecken sowie das unter dem Chorbogen hängende Kruzifix. Es ist so alt wie die ehemalige Wallfahrtskirche selbst, und noch bis ins 19. Jh. hinein wurden ihm wundersame Heilkräfte zugeschrieben (5760 Røldal, Juli tgl. 9.30–18.30, Juni, Aug. tgl. 10–16 Uhr, 20 NOK).

Norwegischer Ziegenkäse

In Røldals Ziegenkäse-Molkerei kann man zusehen, wie Ziegenkäse hergestellt wird; außerdem kann man ihn probieren und käuflich erwerben. Von Juni bis August werden in der ausgeschilderten Käserei täglich Führungen angeboten (11–19 Uhr, Røldal Geitostysteri, Røldal, Tel. 53 64 52 25).

Übernachten

Günstige Hütten – **Røldal Hyttegrend og Camping:** Tel. 90 05 44 64, www.roldal-camping.no, ganzjährig. Bei der Stabkirche gelegene Anlage mit 13 Hütten in verschiedenen Kategorien ab 300 NOK; auch Plätze für Zelte und Wohnmobile.

Zelten am Seeufer – **Seim Camping:** An der E 134 ausgeschildert, Tel. 53 64 73 71, www.seimcamp.no, Juni–Sept. Sehr ruhiger Platz am Wiesenufer des Røldalsvatnet; Boots- und Kanuverleih, gute Angelmöglichkeiten, Badeplatz. Hütten in verschiedenen Komfortstufen von 400–975 NOK.

Aktiv

In Røldal kann man zahlreiche Wanderungen unternehmen, über die das Touristenbüro informiert. Die Website www.roldal.com ist dem Wintersport gewidmet.

Infos

Røldal Reiselivslag: Tel. 53 65 48 01, www.roldal-reiseliv.no, nur 20. Juni–20. Aug. tgl. 9.30–14.30 Uhr.
Bus: Mehrmals tgl. u. a. nach Bergen (via Odda und Utne), Oslo (via Haukeligrend, Seljord, Kongsberg und Drammen), Kristiansand (via Setesdal) und Stavanger (R 13).

Hordaland – Hardangerfjord und Bergen

Abstecher zum Langfoss-Wasserfall

An der Gabelung von E 134 und E 13 bietet sich ein Abstecher an: Auf ca. 35 km führt die E 134 durch dramatische Landschaften Richtung Haugesund zum monumentalen Langfoss-Wasserfall, der sich mit einer Fallhöhe von gut 500 m direkt neben der Fahrbahn in den Åkrafjord ergießt. Da das letzte Wegstück mautpflichtig ist, sollte man vor der Mautstelle parken und den letzten Kilometer zu Fuß zurücklegen; so spart man 40 NOK.

Auf der E 134 nach Odda ▸ C 9

Die E 134 folgt ab Røldal der Hordalia-Bergstraße, die durch den spiralförmig ansteigenden **Røldaltunnel** (ca. 4,7 km) unter dem Røldalsfjell hindurch- und auf 876 m Höhe hinaufführt. Die 200 m oberhalb gelegene **Hordabrekkene** passiert die alte Straße in insgesamt 16 Kehren; auch sie kann man sommers benutzen (vor dem Tunnel und kurz hinter Hordalia ausgeschildert). Nach ca. 7 km mündet sie wieder auf die R 134, und von ihrem höchsten Punkt aus genießt man – wie sollte es auch anders sein – einen grandiosen Ausblick, der laut Prospekt zu den schönsten Sehenswürdigkeiten Südnorwegens gehört.

Folgefonn und Låtefoss

Aber auch von der E134 aus tun sich grandiose Blicke auf, und der vielleicht schönste öffnet sich direkt jenseits eines zweiten Tunnels, wo linker Hand ein Parkplatz zur Pause einlädt:

Voraus blinken die Eismassen des **Folgefonn-Gletschers** (s. u.).

Steil geht es von hier durch weitere Tunnel hinab nach Seljestad und weiter ins tief eingeschnittene Jøsendal hinunter, wo sich die Straße gabelt: Die E 134 wendet sich nach links, gen Haugesund, die R 13 hingegen zweigt nach rechts ab und führt bald vorbei am zweiarmigen **Låtefoss**, der sich aus 165 m Höhe ins Tal ergießt und der Straße einen ständigen ›Regenschauer‹ beschert. Drei weitere, etwas weniger spektakuläre Wasserfälle folgen, dann liegt Odda voraus.

Odda ▸ C 9

Wo sich die Kerbe des Austdal in den weit ausladenden, etwa 100 m tiefer gelegenen Trog des Sørfjords öffnet, liegt die ca. 5000 Einwohner zählende Ort Odda, der sich trotz industriebedingter Reizlosigkeit (Aluminiumwerke, Zinkhütten) großer Beliebtheit bei Touristen erfreut. Denn die Lage ist beeindruckend, in den Bergseen nahebei steht die Forelle, und die Wandermöglichkeiten sind schier unbegrenzt: sei es auf der Hardangervidda oder auf der Kvinnherad-Halbinsel, die sich – fast 1700 m hoch – zwischen Sørfjord, Hardangerfjord und Åkrafjord erstreckt und zu gut einem Fünftel vom **Folgefonn-Gletscher** bedeckt ist. Mit einer Fläche von rund 212 km² ist er der drittgrößte Gletscher des Landes. Es lohnt sich, hier ein paar Tage zu verweilen. Wer wenig Zeit hat, sollte zumindest den Buarbreen-Gletscher besuchen (s. S. 202).

Norwegisches Wasserkraft- und Industriemuseum

Naustbakken 7, 5770 Tyssedal, www. nvim.no, 25. Mai–8. Sept. tgl. 10–17, sonst Di–Fr 10–15 Uhr, 90 NOK

Odda

Kulturhistorisches macht sich rar in Odda, einzige Ausnahme ist das 6 km außerhalb an der R 13 bei Tyssedal gelegene Norsk Vasskraft- og Industristadmuseum, das im »Tysso I«-Kraftwerk eingerichtet ist, einem der ältesten Kraftwerke Europas. Es lädt zu einer Wanderung durch die norwegische Wasserkraft-Geschichte ein, während Multimediaprogramme über das ›Industrieabenteuer‹ informieren.

Folgefonn-Nationalpark
Ende April 2005 erklärte das norwegische Parlament die Region rings um den Folgefonn-Gletscher für besonders schützenswert, und am 14. Mai 2005 wurde das eine Fläche von 545 km² umfassende Naturschutzgebiet von Königin Sonja persönlich am Bondhusgletscher eröffnet. Er ist damit der 25. Nationalpark des Landes und der bislang einzige, der vom Meeresspiegel bis hinauf zur Bergwelt der Gletscher reicht, deren höchste Erhebung 1662 m misst (s. a. Folgefonn Nationalparkzentrum S. 205).

Der Folgefonn-Gletscher besteht aus den drei Plateaugletschern Nordfonna, Midtfonna und Sørfonna, Letzterer der mit Abstand größte und kompakteste und am einfachsten von Odda aus zu erkunden.

Übernachten, Essen

Markante Lage – **Vasstun Gjestehus & Opplevelser:** Vasstun 1, Tel. 40 00 44 86, www.vasstun.no, Bett im Schlafsaal 200 NOK, EZ ab 690 NOK, DZ ab 880 NOK. Das ehemalige Altersheim, umfassend renoviert, liegt naturschön und panoramareich inmitten einer Gartenanlage am Sandvinsvatnet. Die 27 Zimmer bieten teils eine herrliche Aussicht. Angeschlossen ist eine Gästeküche und ein Restaurant sowie eine gemütliche Kaffeebar. Es werden Boote, Kanus und Fahrräder verliehen, zudem kann man an geführten Wanderungen und Gletschertouren teilnehmen.

Unprätentiös – **Hardanger Hotel:** Eitrheimsvn. 13, Tel. 53 64 64 64, www.hardangerhotel.no, EZ ab 895 NOK, DZ ab 1150 NOK. Mehrgeschossiger Bau in zentraler Lage, der innen sehr viel ansprechender ist, als man von außen erwarten würde. Komfortable Zimmer, teils mit herrlichem Fjordblick.

Panorama & Idyll – **Odda Camping:** An der R13 vor dem Ort ausgeschildert, Tel. 41 32 16 10, www.oddacamping.no, Mitte Mai–Aug., Hütten 750–940 NOK, Betten ab 195 NOK. Dem Vasstun Gjestehus angeschlossener Panoramaplatz in idyllischer Lage am Sandvinsvatnet.

Aktiv

Das Touristenbüro informiert über die schier unerschöpflichen Wandermöglichkeiten der Region sowie über

Wanderung zur Trollzunge
Die Trollzunge *(trolltunga)* bezeichnet eine an ihrer Spitze nur noch zentimeterschmale Felsnase, die sich 10 m weit in den freien Luftraum über einen 350 m tiefer gelegenen Stausee reckt. Auf dieser Nase zu stehen zu kommen, ist ein Höhepunkt im Sinne des Wortes und unbedingt die Anstrengung des Aufstiegs wert (siehe Foto S. 48). Ausgangspunkt der Tour ist die Talstation der (heute nicht mehr verkehrenden) Mågelitopp-Schienenbahn, die 6 km entfernt vom Kraftwerk (s. S. 198) im Skjeggedal liegt. Die rund 13 km lange Tour ist allerdings sehr anspruchsvoll und dauert hin und zurück etwa 9 Stunden. Das Touristenbüro in Odda bietet organisierte Touren an.

199

Hordaland – Hardangerfjord und Bergen

Fahrradrouten, Kletterstiege und andere Aktivitätsangebote. *Das* Erlebnis aber ist eine Wanderung an die Eiswalze des Buarbreen (s. Entdeckungstour S. 202).
Eiswalk-Touren – **Folgefonni Breførarlag:** Tel. 55 29 89 21, www.folgefonni-breforarlag.no. Im Juli steht tgl. die Gletscherquerung von Odda nach Sunndal auf dem Programm (490 NOK).
Aktivitäten satt – **Opplev Odda:** Eitrheimsveien 79 B, Tel. 53 64 32 88, www.opplevodda.com. In etwa gleiches Angebot wie Folgefonni Breførerlag, zusätzlich aber geführte Kanu-, Kajak-, Fahrrad- und Wandertouren (u. a. auch zur Trollzunge).

Infos

Odda Turistinformasjon: Torget 2, Odda, Tel. 53 65 40 05, www.visitodda.com, ganzjährig Mo–Fr 9–15, Mitte Juni–Mitte Aug. Mo–Fr 9–19, Sa, So 10–18 Uhr.
Bus: Busverbindungen tgl. Richtung Bergen (via Utne) und Oslo, zur Kvinnherad-Halbinsel bis Rosenheim (mit Anschluss an das Schnellboot nach Bergen) sowie nach Haugesund, Stavanger, Jondal, Lofthus und Kinsarvik.

Kvinnherad ▶ B/C 9

Die Kvinnherad-Halbinsel, die sich zwischen Sørfjord und Hardangerfjord schiebt, ist geprägt durch einen selbst für Westnorwegen außerordentlich großen Reichtum an ganz und gar unterschiedlichen Landschaften. Hier finden sich auf kleinstem Raum tief eingeschnittene Fjorde ebenso wie kiefernbedeckte Schären und idyllische Sunde; malerische Wiesentäler führen in wildromantische Schluchten mit tosenden Wasserfällen, in ausgedehnten Laub- und Nadelwäldern sind die größten Hirschrudel des Landes zu Hause. Die Ortschaften, die sich fast alle entlang der Küstenlinie hinziehen, sind ebenso klein wie malerisch, ja scheinen oft den Anschluss an die Neuzeit verpasst zu haben.

Maurangerfjord

▶ B/C 9

Aufgrund ihrer Lage hinkt die Region auch in Sachen Tourismus hinterher, ist sie doch durch das Folgefonn-Massiv isoliert und konnte bis zum Jahr 2001 lediglich per Fähre erreicht werden.

Seither führt von Odda der 11 km lange **Folgefonn-Tunnel** (mautpflichtig, 72 NOK/Pkw) zum steil umrandeten Maurangerfjord hinüber, den entlang die panoramareiche Uferstraße Richtung Südwesten führt.

Nur ein kurzes Stück südlich vom Ausgang des Folgefonn-Tunnels liegt das Dorf **Sunndal** mit dem Bondhus-Tal, in das man 1 km weit hineinfahren kann; vom Parkplatz aus führt ein einfacher Wanderweg zum 189 m hoch gelegenen Bondhusvatnet, von dem aus man eine schöne Aussicht auf den **Bondhus-Gletscher**, eine Zunge des Folgefonn, genießt. Auch von hier aus werden Gletscherwanderungen auf und über den Folgefonn nach Odda angeboten.

Rosendal ▸ B 9

Zumindest bis Rosendal sollte man dieser Strecke einmal gefolgt sein, denn dieses von mächtigen Bergen umgebene Städtchen bietet als Attraktion die Baronie Rosendal, die einzige des Landes und das kleinste Schloss Skandinaviens. Es wurde 1665 errichtet und die teils vollständig erhaltene Ausstattung der Räume spiegelt seine wechselvolle Geschichte. Ebenso sehenswert wie das Schloss selbst ist die dreigeteilte Parkanlage, die einerseits einen nach strengen Vorgaben der Renaissance angelegten Rosengarten umfasst, andererseits einen Küchen- und Kräutergarten sowie einen romantischen Land- ▷ S. 205

Postkartenidylle: der Hardangerfjord bei Strandebarm

Auf Entdeckungstour: An der Gletscherzunge des Buarbreen

Besuch in der Eiszeit gefällig? Der Buarbreen macht es möglich. Zudem lädt das Umfeld von Norwegens drittgrößtem Gletscher zu einem Gang durch die Erdgeschichte ein, kann man dort doch die Vorgänge kennenlernen, durch die das Land geprägt wurde.

Reisekarte: ▶ C 9
Infos: Hin und zurück ca. 3,5 Std.; problemlos für alle mit durchschnittlicher Kondition. **Wichtig** sind Wanderschuhe, Proviant, Erste-Hilfe-Set, evtl. warme Kleidung und Regenzeug. Beim Touristenbüro in Odda ist u. a. eine Karte erhältlich.
Gletschertouren: Mitte Juni–Mitte Aug. organisiert das Touristenbüro in Odda (s. S. 200) tgl. geführte Touren (Kinder ab 15 Jahre; Dauer: 7 Std., 690 NOK/Pers.) Reservierung nötig!

Ein Besuch des Buarbreen gehört zu den eindrücklichsten Erlebnissen einer Reise nach Südnorwegen. Wie aus dem Bilderbuch fließt die vom bis zu 500 m mächtigen Folgefonn (s. S. 198) herabkommende Gletscherzunge bis nahezu auf Meeresniveau in das Odda-Tal hinunter.

Ein Schild mit der Aufschrift »Buar 6 km« weist ab der Hauptstraße den Weg am **Odda Camping** (s. S. 199) vorbei und hinein ins üppig grüne Buardal, das für seinen Vogelreichtum bekannt ist. Die schmale Schotterstraße zieht sich bis zu einem kleinen **Parkplatz** hin, wo der eigentliche Wanderweg beginnt, der von nun an durchgehend mit einem roten ›T‹ markiert ist. Etwa zwei Stunden sind es von hier aus zum Gletscher, und bald schon führt der Weg in einen wahren Trollwald aus alten, krumm gewachsenen Bäumen, von Moosen und Flechten umhüllt. Kleine Holzstege und Brücken führen über Tümpel und Bäche hinweg, und dank eines Seils lassen sich die wenigen steilen Abschnitte problemlos meistern.

Zu guter Letzt geht es eine Leiter hinunter – und da liegt er voraus bzw. oberhalb am Hang, der Buarbreen: Angesichts des tiefblau schimmernden Eissturzes, in dem lavendelfarbene Grotten und Spalten klaffen, ist der Vergleich mit einem surrealistischen Kristallpalast durchaus stimmig. Nachdem man sich sattgesehen hat an den märchenhaften Farben und dramatisch nackten Formen aus der Vorzeit, sollte man sich losreißen, um die Vorgänge kennenzulernen, durch die die Erde geprägt wurde und das Leben Fuß fasste.

Vom Eis befreit

Stufe um Stufe kann man hier die Vergangenheit durchschreiten, denn an den dank Erderwärmung erst unlängst vom Eis befreiten Rändern des Gletschers dominiert nackter Fels, vom Eis geformt, geglättet und zerkratzt und nur hier und da mit Gesteinsschutt und Schlick bedeckt. Es ist eine neu geborene Welt, das vollkommene Modell einer Landschaft, wie sie sich im Pleistozän-Frühling vor ca. 13 000 Jahren überall in Skandinavien präsentiert haben muss. Nur das Wasser bewegt sich, gräbt Abflüsse für kleine Tümpel und Teiche sowie Betten für Bäche.

Keine Pflanze bedeckt den Boden oder verdunkelt die kristallklaren Wasserstellen, auf deren Grund Granitsteine und Quarzsand glitzern. Was man hier erblickt, ist der Prolog im Drama der postglazialen Pflanzensukzession, wie die Ökologen den Prozess der Wiedergeburt nach der Eiszeit nennen.

Am Anfang war die Flechte

Auf den Felsen und Steinen zeigen sich feine Maserungen in Gelb und Braun, Grün und Grau, Rot und Orange, deren komplizierte Netzwerke mitunter an Mikrochip-Strukturen erinnern. Es sind Flechten, die anspruchslosesten Lebewesen der Welt. Noch in den Regionen des Permafrosts können sie gedeihen, selbst bei Temperaturen um −25 °C wird in ihnen der Prozess der Photosynthese aufrechterhalten, wobei sie allerdings im Jahr nur um 1–2 mm wachsen. Ihr mögliches Alter wird mit Jahrhunderten, wenn nicht Jahrtausenden beziffert; diese Langlebigkeit machen sich Geologen zunutze, indem sie aus dem Alter der am längsten in einer Moränenlandschaft siedelnden Flechten den Zeitpunkt errechnen, wann das Gebiet eisfrei wurde. Diese Lebewesen allein sind in der Lage, nackten Fels in fruchtbaren Boden zu verwandeln. Das schafft der Pilz, der in der wundersamen Pflanze in Symbiose mit einer Alge lebt, indem er konstant Polycarbonsäure

absondert, die den Fels, auf dem die Flechte sitzt, in einem langsamen Erosionsprozess zersetzt. Die Alge nährt sich von den so dem Stein entzogenen Nährstoffmengen und wandelt sie mit Sonnenenergie in Zucker um, den der Pilz zum Leben benötigt.

Einige verwitterte Partikel fallen auch in die Wasseransammlungen in den Felsvertiefungen und bereichern das Material am Grunde der Tümpel, so dass sich im Laufe der Zeit Wasserpflanzen festzusetzen vermögen (deren Samen der Wind herbeiträgt). Wieder ein Stück weiter sind schon große Teile des Bodens mit einer dünnen Humusschicht bedeckt und keimen erste Gräser. Immer vielfältiger wird das Leben, und bald gedeihen neben Flechten, Moosen und Gräsern bereits Schachtelhalm und Steinbrech. Auch die Silberwurz tritt vermehrt auf; sie hinterlässt beim Absterben große Mengen an Stickstoff und Kohlenstoff im Boden und bereitet ihn so für die Erle vor. Dieser Pionierbaum wächst und vermehrt sich extrem rasch und bildet über seine im Herbst fallenden Blätter in kürzester Zeit eine dicke Humusschicht. Je mehr Humus sich ansammelt, desto mehr andere Pflanzen dringen in das Gebiet der Erlen ein.

Eine neu geborene Welt

So bildet sich innerhalb relativ kurzer Zeit in gestern noch abiotischen Zonen eine Vielfalt vegetativen Lebens. Was man am Svartisen im Kleinen sehen kann, geschah nach der Glazialperiode skandinavienweit, wie Pollenanalysen aus verschiedenen Bodenschichten bewiesen haben. Nach und nach konnten viele Pflanzenarten aus ihren südlichen Rückzugsgebieten wieder nach Norwegen vordringen, wo sie verloren gegangenes Terrain zurückeroberten. Den Erlen folgten Birken und Weiden, die bald wegen ihres raschen Wachstums und großen Fortpflanzungsfähigkeit alle Lebensräume, aus denen sie von der Eiszeit vertrieben worden waren, zurückeroberten. Nach weiteren 2000 Jahren etwa drang die Kiefer aus Süden nach, die die Birken-Dominanz in den unteren Lagen brach, bis schließlich innerhalb der letzten 3000 Jahre die Fichte aus Sibirien eingewandert ist, die heute überall dort bestandbildend ist, wo der Boden genügend Nährstoffe bietet.

Ein klein wenig Mut braucht es schon auf der Wanderung zum Buarbreen

schaftspark (Baronivegen 60, s. S. 200, www.baroniet.no, Mai–Juni stdl. Führungen Di–So von 11–15 Uhr, bis Mitte Aug. tgl. jede halbe Std. von 10–17 Uhr, bis Anfang Sept. Di–So stdl. 11–15 Uhr, Eintritt 100 NOK).

Übernachten

Zeitgemäß am Fjord – **Rosendal Fjordhotel:** Rosendal, Tel. 53 48 80 00, www.rosendal-fjordhotel.no, EZ ab 1020 NOK, DZ ab 1240 NOK. Direkt am Fjordufer gelegenes Top-Hotel der Region, sehr komfortabel.

Wassernah – **Sundal Camping:** Sunndal/Mauranger, Tel. 53 48 41 86, www.sundalcamping.no, Juni–Aug. Schöner Wiesenplatz direkt am Fjordufer beim Bondhustal; gute Ausstattung (u. a. Grillplätze), Verleih von Kanus, Fahrrädern, Ruder- und Motorbooten; auch Hütten, ab 400 NOK.

Aktiv

Das Touristenbüro informiert vor Ort sowie über die Website über Wanderungen (rund 70 Touren in vier Schwierigkeitsgraden), Gletscher-, Fahrrad- und Kanutouren sowie über Lachsangeln in den Flüssen Bondhuselva, Æneselva und Hattebergselva.

Infos

Touristeninformation
Kvinnherrad Turistinformasjon & Folgefonna Informasjonssenter (Folgefonn Nationalparkzentrum): Skålakaien, Tel. 53 48 42 80, www.visitsunnhordland.no und www.folgefonna.info, Juni–Aug tgl. 10–19, sonst Mo–Fr 10–15 Uhr.

Verkehr
Bus: Von Rosendal aus mehrmals tgl. Verbindungen nach Bergen und Odda.

Fähren: Ab dem kleinen Ort Løfallstrand nördlich von Rosendal gehen Fähren nach Gjermundshamn (ca. 20 x tgl., 25 Min., 28 NOK/Pers., 77 NOK/Pkw), von wo aus man nach Bergen weiterfahren kann.

Schnellboot: 1–3 x tgl. direkt von und nach Bergen für 330 NOK. Fahrplanauskunft über www.rodne.no, Tel. 98 24 15 30.

Selbstfahrer: 2012 wurde der 10 km lange **Jondalstunnel** eröffnet, der von Nordrepollen bei Mauranger nach Torsnes bei Jondal (s. S. 212) führt und auf der Strecke nach Bergen rund 40 km einspart. Er ist mautpflichtig und kostet 100 NOK/Pkw, 200 NOK/Wohnmobil.

Der Sørfjord❗ ► C 8–9

Entlang der Ostseite des Sørfjords beträgt die Straßendistanz von Odda bis Kinsarvik ca. 40 km. Der Nebenarm des berühmten Hardangerfjords wird nicht von Felsen, sondern von grünen Hängen flankiert. Zwar kann man immer wieder durch Quertäler Blicke auf die Eiszungen des Folgefonn erhaschen, aber es dominiert doch eher das Liebliche, das seinen prächtigsten Ausdruck Ende Mai/Anfang Juni findet, wenn die etwa 500 000 Apfel-, Pflaumen-, Birnen- und Kirschbäume blühen, die den Sørfjord zum Obstgarten Norwegens machen.

Zur Erntezeit im August und September werden die Früchte im Straßenverkauf feilgeboten, aber schon im Juni und Juli machen Frukt-Schilder auf sich aufmerksam: Dann nämlich stehen hier aromatische Erdbeeren zum Verkauf. Eingeführt wurde dieser Erwerbszweig vor ca. 900 Jahren von irischen Mönchen, die neben Gottes Wort auch Setzlinge ins Land brachten.

205

Lieblingsort

**Landschaftspark der
Baroniet Rosendal** ▶ B 9

Angesichts der gleichermaßen kontrolliert wie wild wachsenden Blumen- und Stauden-, Gräser-, Farn- und Baumpracht dieses im 19. Jh. angelegten Landschaftsparks kommt man kaum umhin festzustellen, dass es dem Menschen ausnahmsweise auch einmal gelingen kann, die Natur zu verschönern, ja überhaupt erst recht zur Geltung zu bringen. Es ist einfach herrlich, in diesem übergangslos ins große Grün ausufernden Wildpark unter einer knorrigen Eibe oder einer wohlduftenden Kiefer zu liegen und über bunt blühende Rhododendron- und Azaleen-Büsche hinweg die grandiose Aussicht auf den Hardangerfjord mit dem Hatteberg-Wasserfall zu genießen.

Hordaland – Hardangerfjord und Bergen

Kinsarvik und Lofthus

▶ C 8

An der Stelle, wo der Sørfjord über den Utnefjord in den Hardangerfjord übergeht und sich außerdem nach Osten in den Eidfjord öffnet, erstreckt sich an einer malerischen Bucht, gesäumt von Wald und Wiese, Kinsarvik, das sich ebenso wie das wenige Kilometer entfernte Lofthus als Feriendomizil anbietet. Beide Siedlungen wurden von Mönchen des Zisterzienserordens im 11. Jh. gegründet und erfreuen sich aufgrund der Lage, der Angelmöglichkeiten und der zahlreichen Wanderwege schon seit über 100 Jahren großer Beliebtheit bei Touristen. Edvard Grieg schrieb die Peer-Gynt-Suite teilweise in Lofthus nieder, wo seine Hütte noch heute im Garten des Hotels Ullensvang (s. u.) steht.

Sehenswert

Die wichtigsten Zeitzeugen sind die um das Jahr 1160 im romanischen Stil aus Stein errichtete **Kinsarvik-Kirche** (5780

Auf dem ›Obstpfad‹

Die Sørfjord-Region ist das größte Obst-Anbaugebiet Norwegens, und hier wiederum ist es die Gemeinde Ullensvang, die mit ca. 450 000 Obstbäumen den größten Obstgarten bildet. Die Mönche des Zisterzienserordens pflanzten auf dem Hof Opedal in Lofthus vor ca. 900 Jahren die ersten Setzlinge. Wer sich für die Geschichte der Region interessiert, sollte den **Hardanger Fruktsti** begehen – entlang dieses ›Obstpfades‹ informieren zehn Tafeln über die lokale Geschichte, in einer über die Touristenbüros zu beziehenden Broschüre ist der Verlauf des Pfades eingezeichnet.

Kinsarvik, 25. Juni–9. Aug. tgl. 10–19 Uhr) und die gotische **Ullensvang-Kirche** (Ullensvang herad, 5781 Ullensvang, 25. Juni–9. Aug. tgl. 10–19 Uhr) aus dem 13. Jh. südlich von Lofthus.

In Lofthus lohnt ein Besuch des zum Hardanger Volksmuseum (s. S. 211) gehörigen **Skredhaugen Freilichtmuseum**, das ein Ensemble alter Hofgebäude präsentiert. Die Privatsammlung des Künstlers Bernhard Greve (1886–1962) ist ebenso zu bestaunen wie eine umfassende Kollektion norwegischer Gemälde (Ullensvang herad, 5781 Ullensvang, www.hardangerogvoss museum.no, 16. Juni–5. Aug. nur Sa und So von 12–17 Uhr, Eintritt 50 NOK).

Im Garten des Hotels Ullensvang (s. u.) befindet sich die **Edvard Griegs Hütte**, in der der geniale Künstler mehrere seiner bekanntesten Werke komponiert hat.

Wanderungen

Die Zahl möglicher Wanderungen von Kinsarvik und Lofthus aus ist immens groß, denn die Hardangervidda mit ihrem dichten Netz an Wanderwegen und Hütten liegt gewissermaßen vor der Haustür, sogar mit Packpferden kann man von hier aus auf große Tour gehen.

Doch auch kürzere Touren bieten sich an: Eine beliebte Wanderung führt von Lofthus hinauf nach Nosi auf 950 m Höhe an der Abbruchkante der **Hardangervidda,** von wo aus sich das Hochplateau in vielen weiteren Touren erkunden lässt. Hin und zurück ist man etwa vier Stunden unterwegs; zwischen Höhenmeter 650 und 700 folgt der Weg der sogenannten Munketrappene (Mönchstreppe), die wahrscheinlich im 12. Jh. von Zisterziensermönchen angelegt wurde. Eine weitere, etwa zweistündige Tour führt ab Lofthus ins **Elvadalen,** wo sich die Wassermassen des Opo- und Skrik-

Kinsarvik und Lofthus: Adressen

jo-Falls über 650 bzw. 400 m in die Tiefe stürzen.

Die Wanderung am Hardangerfjord aber führt zum ›Wasserfall-Quartett‹ des von Kinsarvik aus gen Hardangervidda verlaufenden und ca. 11 km langen **Husedalen**: 103 m stürzt der Tveitafoss über mehrere Stufen in die Tiefe, der Nyastølfoss misst schon um 200 m, es folgt der *nur* etwa 80 m hohe Nykkjesøyfoss sowie schließlich der Søtefoss mit 273 m (davon 176 m senkrecht). Alle Fälle sind über eine Wanderung auf markierten Pfaden mit Infotafeln innerhalb von zwei bis drei Stunden zu erreichen, doch im Sinne des Naturerlebnisses ist es angemessen, wenigstens einen halben Tag für diese schöne Tour einzuplanen.

Vøringsfossen und Hardangervidda

Kein Aufenthalt am Hardangerfjord, ohne nicht auch den von Kinsarvik aus ca. 40 km entfernten **Vøringsfossen** besucht zu haben. Dieser meistbestaunte Wasserfall des Nordens ergießt sich nahe Eidfjord direkt an der nach Geilo ausgeschilderten R 7 ins 182 m tiefer gelegene Måbødal.

Im Rahmen einer Wanderung kann man bis an den Fuß des Gischtmantels herangehen, auch das Måbødal selbst ist unbedingt sehenswert, ebenso die Seitentäler, insbesondere das Simadal, und warum nicht einmal der R 7 über die Kältesteppe der **Hardangervidda** hinweg folgen (s. S. 237)?

Übernachten, Essen

Wer in Hotels oder Pensionen übernachten möchte, findet in Lofthus bessere Angebote, während sich Kinsarvik für Hütten und Camping anbietet.

Crème de la Crème – **Hotel Ullensvang**: Lofthus, Tel. 53 67 00 00, www.

hotel-ullensvang.no, EZ/DZ ab 1325/ 1930 NOK. Außerordentlich elegantes Familienhotel in der vierten Generation direkt am Fjord; 150 stilvolle Zimmer, großes Aktivitätszentrum mit Hallenbad.

Bäuerlich – **Ullensvang Gjesteheim**: Lofthus, Tel. 53 66 12 36, www.ullensvang-gjesteheim.no, EZ/DZ ab 490/ 710 NOK. Schöne Lage am rauschenden Bach, kleine, schlichte, aber geschmackvoll eingerichtete Zimmer, Bad auf dem Flur. Im Restaurant, das auch über schöne Plätze im Freien verfügt, werden günstige Traditionsgerichte der norwegischen (und thailändischen) Küche serviert.

Jugendherberge in markanter Lage – **Hardanger Vandrarheim**: Lofthus, Tel. 53 67 14 00, www.hihostels.no, Betten ab 280 NOK, EZ ab 300 NOK, DZ ab 560 NOK. Zweigeschossiges Schulpensionat, das von Mitte Juni bis Mitte Aug. dem Tourismus dient und wunderschön im Wiesensaum südlich von Lofthus oberhalb der Straße thront. Moderne Einrichtungen, 88 Betten.

Wiesengrund am Fjord – **Kinsarvik Camping**: Kinsarvik, Tel. 55 66 32 90, www.kinsarvikcamping.no, ganzjährig. Etwa 50 m vom Fjord und 500 m vom Freizeitpark entfernt Wiesenplatz mit großem Angebot an guten und vergleichsweise günstigen Hütten in fünf verschiedenen Komfortklassen, ab 495 NOK.

Aktiv

Das Touristenbüro in Kinsarvik informiert über Wanderungen und Helikopterflüge, Bootstouren und Angelsafaris.

Wasserspaß für Kids – **Mikkelparken Ferienpark**: Kinsarvik, Tel. 53 67 13 13, www.mikkelparken.no, 22. Juni–18. Aug. tgl. 10.30–18.30 Uhr, 225 NOK. Schwimmbecken, Wasserrutschen und

Hordaland – Hardangerfjord und Bergen

Frühsommerliche Idylle am Sørfjord

vieles mehr machen den Park zu einem Highlight für die Kleinen.

Infos & Termine

Touristeninformation
Ullensvang Turistinformasjon: Kinsarvik, Tel. 53 66 31 12, www.visitullensvang.no, 21. Juni–13. Aug. tgl. 9–19, sonst Mo–Fr 9–15.30 Uhr.
Zweigstelle in Lofthus, Tel. 53 66 11 90, 22. Juni–Mitte Aug. tgl. 11–19 Uhr.

Termine
Hardanger Musikfest: Alljährlich zu Pfingsten veranstaltetes Event, das das gesamte Spektrum zwischen traditioneller Volksmusik und Jazz umfasst und mittlerweile auch internationale Beachtung findet; www.hardangermusikkfest.no.
Blømingsfestivalen: Mitte Mai. Im Mittelpunkt des dreitägigen Festivals steht die Hardangerfidel, nähere Infos über das Touristenbüro.

Verkehr
Bus: Mehrmals tgl. Verbindungen zu den Orten der Region, u. a. nach Bergen.
Schnellboot: Mai–Okt. tgl. von Lofthus/Kinsarvik via Utne nach Norheimsund (210 NOK) mit Busanschluss nach Bergen, Infos über www.norled.no.
Fähren: tgl. 6–22 Fahrten (auch Autos) zwischen Kinsarvik und Kvanndal (50 Min., 41 NOK/Pers., 122 NOK/Pkw), Kinsarvik und Utne (25 Min., 34 NOK/Pers., 92 NOK/Pkw).

Wege nach Bergen

Welchen Weg auch immer man nach Bergen nimmt, es geht nicht ohne Fähren. Ob man nun von Stavanger aus durch die Schluchten des Ryfylkevegen (s. S. 180) anreist oder über die archaische Steinwüste der Hardangervidda – stets ist der Hardangerfjord zu queren. Kinsarvik dient als Ausgangspunkt, zwei Hauptrouten bieten sich an:

Die schnellste führt via **Kvanndal/R 7** (bis zu 10 Fährverbindungen tgl., ca. 50 Min.) am Nordufer des Hardangerfjords und sodann via Norheimsund in die nun noch rund 80 km entfernte Metropole. Entlang dieser Strecke präsentiert sich der Hardangerfjord gleichsam mit geballter Wucht, von dichtem Wald ummantelt, gesäumt von saftigen Wiesen, mit schwer an ihrer Fruchtlast tragenden Apfelbäumen geschmückt.

Die andere Route, die nachfolgend vorgestellt wird, führt via **Utne/R 550** (bis zu 10 Fährverbindungen tgl., ca. 30 Min.) entlang dem Südufer des Hardangerfjords nach Jondal, von wo es per Fähre nach Tørvikbygd (alle 30 Min., Dauer 20 Min.) südlich von Norheimsund geht. Sie ist nur wenig länger, braucht aber mehr Zeit, weil viele Attraktionen an diesem wunderschönen Weg erkundet werden wollen:

Utne ▶ c 8

Schon die panoramareiche Fahrt über den Fjord bietet reinsten Naturgenuss. Das Dorf Utne selbst präsentiert sich als pittoresker Ort mit Holzbauten. Als der malerischste Prachtbau gilt das **Utne Hotel**, das eine Sehenswürdigkeit für sich ist. 1772 erbaut, ist es das älteste Hotel Norwegens und entsprechend reich an Kulturschätzen. Herrlich, hier im festlichen Speisesaal zu tafeln oder auch nur im Garten auf der Terrasse eine Tasse Kaffee zu trinken, was auch für Nicht-Gäste möglich ist.

Hardanger Volksmuseum

5778 Utne, www.hardangerogvossmuseum.no, Mai–Aug. tgl. 10–17, sonst Mo–Fr 10–15 Uhr, 70 NOK

Das andere ›Muss‹ in Utne ist das Hardanger Folkemuseum. Hier gibt es Ausstellungen zu Volksmusik und Geigenbau, zu Holzschnitzerei und Stickerei, Bootsbau und Obstanbau, zu Trachten und ihren Accessoires, zur Stellung der Frau in der traditionellen Bauerngesellschaft sowie zu den lokalen Hochzeitsbräuchen. Auch die Werkstatt von Olav Vindal (geb. 1951), dem z. Zt. wohl berühmtesten Hardangerfidel-Bauer, ist hier zu besichtigen (man kann auch Fideln bestellen), die Freilichtabteilungen zeigen Dutzende Bauten aus vielen Jahrhunderten, und an besonderen Aktivitätstagen kommt Leben in die alten Gehöfte: Dann werden die traditionellen Handwerkstechniken demonstriert, wird in der Waschküche der Kessel geheizt, Fladenbrot und Kuchen gebacken, Letzteres jeden Dienstag.

Agatunet

5776 Nå, www.hardangerogvossmuseum.no, 11. Mai–19. Juni Mi–So 10–17 Uhr, 20. Juni–12. Aug. tgl., Führungen zu jeder vollen Stunde, 70 NOK

17 km südlich Utne lädt das komplett unter Denkmalschutz stehende, bewohnte Haufendorf Agatunet zu einem Besuch ein. Etwa 40 Häuser, einige bereits im Mittelalter errichtet, sind erhalten; die ›Richterstube‹, die auf das 13. Jh. datiert wird, gilt als einzigartig in Norwegen. Ansonsten lockt eine Mittelalterausstellung, werden Trachten gezeigt und Kunstgewerbeartikel verkauft; ein Café bietet lokale Spezialitäten an, jeden Freitag kann man sich an traditionellem Backwerk ergötzen.

Hordaland – Hardangerfjord und Bergen

Übernachten

Spitzenhaus mit Patina – **Utne Hotel:** Tel. 53 66 64 00, www.utnehotel.no, einfache EZ/DZ 1190/1590 NOK, historische EZ/DZ ab 1790 NOK. Modernisierte, doch durchweg im Stil der alten Zeit gehaltene Zimmer mit historischem Mobiliar, Salons mit Kamin und Fjordblick, die Küche ist berühmt. Wer hier wohnen möchte, sollte möglichst frühzeitig reservieren.

Alles auf einer Fjordwiese – **Lothe Camping:** Utne (5 km südlich Richtung Jondal an der R 520), Tel. 53 66 66 50, www.lothecamping.no, Mitte Mai–Sept. Schöne Uferlage, von Obstbäumen gesäumt, auch Badeplatz, Bootsverleih; einfache Hütten (400/450 NOK) nebst Zimmer (ab 300 NOK) in einem kleinen Blockbau sowie einem Bauernhaus aus dem 18. Jh.; Bootsverleih.

Infos

Touristeninformation

Turistinformasjon Utne: Tel. 533 66 18 22, www.visitullensvang.no, 21. Juni–13. Aug. tgl. 11–19 Uhr.

Verkehr

Bus: Verbindungen bestehen mehrmals tgl. nach Jondal.

Schnellboot: Mai–Okt. tgl. von und nach Norheimsund (210 NOK) mit Bus-Anschluss nach Bergen; Infos über www.norled.no.

Fähren: tgl. mehrere Fahrten nach Kinsarvik (25 Min., 34 NOK/Pers., 92 NOK/Pkw).

Folgefonn-Gletscher

Die Straße nach Jondal verläuft fast immer ganz nah am Ufer des Hardangerfjords entlang. Hier genießt man ein ums andere Mal traumhafte Berg- und Wald-, Wiesen- und Wasser-Panoramen, und doch steht der absolute Höhepunkt der Fahrt noch aus: die Tour zum Folgefonn, dem mit 37 km Länge und bis zu 16 km Breite drittgrößten Gletscher Norwegens. Die asphaltierte Straße (Mai/Juni–Sept., mautpflichtig, 65 NOK) ist 19 km lang und steigt bis auf 1200 m Höhe auf. Der Blick hinunter in den blau-grün schimmernden Fjord, auf hochalpine Felsriesen und auf den funkelnden Gletscher gehören zum Eindrucksvollsten, was man von einer Straße aus in Europa genießen kann. Sie allein lohnen die Fahrt, auch ohne Wanderung übers Gletscherfeld.

Folgefonn-Sommerskizentrum

5627 Jondal, Tel. 90 08 82 78, www. folgefonn.no, Mitte Mai–6. Sept. tgl. 9–15.30 Uhr

Wer angesichts der weißen Pracht Lust auf Wintersport bekommt, kann sich am Ende der Gletscherstraße im **Folgefonn Sommarskisenter** mit Norwegens längstem Gletscherlift (1100 m, Tagespass 360 NOK) seinen Traum erfüllen. Alpin, Telemark und Langlauf (auch Skiverleih: 350 NOK alles inkl.) werden angeboten, es lockt zudem eine 1,5 km lange Rodelbahn (Rodelverleih), und zwischen 21. Juni und Mitte Aug. verkehrt ab Jondal tgl. um 9.45 Uhr ein Gletscherbus zum Skifeld hinauf (retour 15.50 Uhr).

Jondal ▶ C 8

Jondal selbst, ein überaus malerischer Ort mit nur wenigen hundert Einwohnern, beeindruckt mit Prachtbauten im sogenannten Schweizerstil des 19. und 20. Jh., die man entlang schmaler Schotterwege im Rahmen eines gemütlichen Spaziergangs besichtigen kann. Obstgärten setzen Akzente, neben alten Mühlen- und Boots-

Jondal

Unser Tipp

Touren ins Blaueis

»Zusammen am Seil, durch tiefe Eistäler, vorbei an runden, spitzen Eistürmen suchen wir nach dem Abenteuer im blauen Eis ... Wünschst du Spannung, so kannst du 20 m hohe Eiswände erklettern, wünschst du dir ein meditatives Erlebnis, so gehen wir ruhig in einer Jahrtausende alten Eiswüste dahin ... Deine Steigeisen geben dir Halt und du erfährst das Gruppenerlebnis einer Seilschaft. Fühl dich sicher in dieser verzauberten Welt!« Dies die Selbstdarstellung der Folgefonn-Eisführervereinigung zum Thema Gletschertouren auf dem Folgefonn. Wer das wirklich ausgefallene Erlebnis sucht, dem sei wärmstens ans Herz gelegt, hier an einer geführten Gletscherwanderung teilzunehmen. Etwas Vergleichbares findet sich nicht in Südnorwegen. Die Blaueistour dauert 4–5 Std. (490 NOK) und ist für Erwachsene mit normaler Kondition geeignet, für Kinder ab 8 Jahre, die erforderliche Ausrüstung ist im Preis enthalten (Folgefonni Breførerlag: Tel. 55 29 89 21, www.folgefonni-breforarlag.no).

häusern sollte man sich unbedingt auch die Felszeichnungen anschauen. Viele kurze und lange Wanderungen sowie Fahrrad- und Kajaktouren sind möglich. Herrlich ist's, im schönen Hafen in einem Café zu sitzen – wer also ein paar geruhsame Tage verbringen möchte, ist hier richtig.

Übernachten, Essen

Gut & Günstig – **Folgefonn Gjestetun:** Jondal, Tel. 53 66 80 55, www.folgefonn-gjestetun.no, DZ ohne/mit Bad 720/900 NOK inkl. Frühstück. Ehemaliges Altersheim, 2003 umfassend renoviert, zentral gelegen. 30 einfache Zimmer. Das Restaurant (mit Pub) bietet sehr günstige Mahlzeiten (Lunch/Dinner je 140 NOK). Verleih von Kanus und Kajaks.

Wie auf dem Bauernhof – **Folgefonn Hytte- og Gårdscamping:** Jondal, Tel. 53 66 84 23, www.gardscamping. com, nur Mai–Sept. Einfacher Bauernhof-Campingplatz für Zelte und Wohnmobile, Hütten (500 NOK).

Aktiv

Trekking, Biking, Kajaking – Der aktive Reisende kann im Umland von Jondal problemlos mehrere Wochen zubringen und dabei jeden Tag auf eine andere Tour gehen. Das Touristenbüro informiert über ein rundes Dutzend **Wandertouren,** die alle in einer Karte verzeichnet sind. **Radfahrer** können wählen zwischen sechs Straßentouren und drei außergewöhnlichen Offroad-Touren. Neben Fahrrädern (650 NOK/Tag) werden auch **Seekajaks** (2 Std. 300 NOK, 700 NOK/Tag) verliehen; man ist bei der Tourenplanung behilflich und vermittelt geführte Touren.

Infos

Touristeninformation

Jondal Turistinformasjon: Jondal, Tel. 53 66 85 31, www.visitjondal.no, Juni–Mitte Aug. tgl. 9.30–16, im Juli bis 17.30 Uhr. Mitten im Ort in einem aus dem 19. Jh. stammenden Prachtbau im Schweizerstil untergebracht.

Hordaland – Hardangerfjord und Bergen

Verkehr

Fähre: Die Fähre von Jondal nach Tørvik-bygd (20 Min., 38 NOK/Pers., 110 NOK/Pkw) verkehrt alle 30 Min.

Bus: Es bestehen Verbindungten mit Utne, außerdem von Tørvikbygt aus (Fähre ab Jondal, s. u.) via Norheimsund ins 42 km entfernte Bergen.

Selbstfahrer: Hinweise zum Jondalstunnel von Nordrepollen nach Torsnes bei Jondal siehe S. 205.

Bergen**!** ▶ A/B 8

Dramatisch sind alle Wege, die nach Bergen hineinführen, denn Berge sind es, die die als Bjørgvin (»Weide zwischen Bergen«) bereits im Jahre 1070 gegründete Stadt umzingeln, und Fjorde, die diesen Teil des Landes eng umschnüren. Bis 1909 gab es keinerlei relevante Landverbindung mit dem Rest Norwegens, weshalb die einstige Residenzstadt des Königreichs Norwegen im Zuge der Industrialisierung im 19. Jh. ihre Vormachtstellung als größte und reichste Metropole des Landes an Oslo verlor.

Heute steht Bergen im Ruf, die ›heimliche Hauptstadt Norwegens‹ zu sein, und nicht nur den ca. 270 000 Bergensern gilt sie als ›Schmuckstück des Nordens‹. Die von ihrer Lage an der inneren Bucht des Byfjords im Rahmen von sieben Fjellhöhen her verlockendste des Königreichs ist sie sicherlich; auch zogen von keiner anderen Stadt des Landes so viele große Gestalten des Kunstschaffens aus, um die ›norwegische Moderne‹ in die Welt zu tragen. Bergens kosmopolitische Atmosphäre ist einzigartig, und als ›Europäische Kulturhauptstadt‹ hat sie im Jahr 2000 ihre Stellung als wichtigstes kulturelles Zentrum des Landes nach Oslo einmal mehr unter Beweis gestellt.

Rings um den Hafen

Neben allen sonstigen Superlativen ist die ehemalige Hansestadt Bergen (siehe Entdeckungstour S. 218) auch diejenige mit den meisten Sehenswürdigkeiten im Lande. Die berühmtesten Zeitzeugen finden sich fast allesamt am Ufer des **Vågen** **1**, eines so überaus günstig gelegenen Naturhafens, dass König Olaf Kyrre im Jahre 1070 beschloss, an seinem Ufer eine erste Niederlassung zu gründen. Um diesen Hafen herum wuchs Bergen nach und nach zu einer Stadt heran, die bereits im Verlauf des 12. Jh. zu Norwegens wichtigstem Umschlagplatz für Waren aus aller Herren Länder wurde. So war es der Vågen, dem Bergen seine Gründung und auch spätere Machtentfaltung verdankt, und noch heute ist er eine Drehscheibe des Handels.

Mit seinem bunten Durcheinander von Ausflugsbooten, Segel- und Motorjachten, Kuttern und Schiffen, umrahmt von altehrwürdigen Bauwerken, gibt er ein prachtvolles Bild ab. Angrenzend öffnet sich der Marktplatz **Torget** **2**, früher wie heute Mittelpunkt der Stadt und Kristallisationspunkt ihres kosmopolitischen Treibens. Hauptanziehungspunkt des charmanten, an Restaurants und Cafés reichen Platzes ist der allmorgendliche Gemüse-, Obst- und Fischmarkt (www.torgetibergen.no, Juni–Aug. tgl. 7–19, sonst Mo–Sa 7–16 Uhr), der seit Kurzem mit einer neuen Attraktion aufwartet: In einer verglasten Markthalle können Besucher nicht nur die diversen Köstlichkeiten des Meeres kaufen, sondern diese auf Wunsch auch gleich an Ort und Stelle zubereiten lassen und genießen. Man sitzt recht nett und mit Aussicht, lediglich die selbst für nor-

Das Hanseviertel, Bergens bedeutendste historische Sehenswürdigkeit

Bergen

Sehenswert
1. Vågen
2. Torget
3. Bergenhus
4. Rosenkrantztårnet
5. Håkonshalle
6. Bryggens Museum
7. Hanseviertel Tyske Brygge
8. Hanseatisches Museum
9. Marienkirche
10. Lysverket
11. Rasmus Meyers Samling
12. Bergens Kunstforening
13. Stenersen Samling
14. Kunstgewerbemuseum
15. Bergen-Museum (Naturhistorische Sammlungen)
16. Bergen-Museum (Kulturhistorische Sammlungen)
17. Bergens Seefahrtsmuseum
18. Den Nationale Scene
19. Bergen Aquarium
20. Fløyen
21. Gamle Bergen
22. Fantoft Stabkirche
23. Troldhaugen
24. Ulriken

Übernachten
1. SAS Radisson Royal Hotel Bergen
2. Clarion Hotel Admiral
3. Scandic Strand Hotel
4. Basic Hotel Victoria
5. Marken Gjestehus
6. Bergen Vandrerhjem
7. Bergen Campingpark
8. Lone Camping

Essen & Trinken
1. Finnegårdstuene
2. Enhjørningen
3. Bryggen Tracteursted
4. Bryggeloftet & Stuene
5. Pygmalion Økokafé

Einkaufen
1. Galleriet
2. Juhl's Silver Gallery
3. Oleana Bergen
4. Kinsarvik Naturkost

Abends & Nachts
1. Zachariasbryggen
2. Garage
3. Café Opera
4. Hulen Rock Club
5. Exodus
6. Kulturhuset USF
7. Grieghallen

wegische Verhältnisse recht stattlichen Preise können einem mitunter den Appetit verderben.

Hafenrundfahrt

Bergen von innen ist eine Sache, Bergen von oben (s. S. 222) eine andere, und auch Bergen von außen, vom Wasser aus, sollte man sich einmal gönnen. Im Sommer starten Boote zu einer rund einstündigen Hafenrundfahrt direkt am Torget; die Tickets bekommt man in der Touristeninformation (Juni–Aug. tgl. um 14.30 Uhr, 130 NOK).

Bergens Kunststraße

Dass Bergen zur ›Kulturstadt 2000‹ ernannt wurde, verdankt es u. a. dem **Bergen Kunstmuseum**, das aus drei separaten Sammlungen besteht, die sich entlang des zentralen Stadtsees Lille Lungegårdsvann mit der Rasmus Meyers Allé aneinanderreihen (www.kunstmuseene.no, tgl. 11–17, Mitte Sept.–Mitte Mai nur Di–So, 100 NOK).

Der von den Einflüssen des Art déco geprägte weiße Ziegelbau des **Lysverket** 10 beeindruckt mit ▷ S. 221

217

Auf Entdeckungstour: Auf den Spuren der Deutschen Hanse durch Bergen

Der Besuch des ehemaligen Hanseviertels von Bergen mit seinen Dutzenden von Holzhäusern, seinen Museen und der ›Kirche der Deutschen‹ ist ein Gang durch eine mehr als 700 Jahre alte Geschichte.

Infos: Über die Touristeninformation von Bergen sowie den Bergen Meeting Point (s. S. 219), ein Infozentrum zum Hanseviertel (kostenlose Broschüren, Startpunkt geführter Touren).
Geführte Touren mit Bryggen Guiding: www.uib.no/bmu, Tel. 55 30 80 30) von Juni–Aug., tgl. 10 Uhr (auf Deutsch) sowie 11 und 12 Uhr (auf Englisch); der Rundgang durch das Viertel führt bis zum Hanseatischen Museum, kostet 120 NOK/Pers. und dauert ca. 1,5 Std.

Nicht ohne Grund pflegen heute Fremdenführungen in Bergen mit dem Besuch der **Festung Bergenhus** 3 zu beginnen, die dort liegt, wo in der Gründungszeit Bergens erste Gebäude entstanden: direkt an der Öffnung des langgestreckten Hafenbeckens Vågen (s. S. 214), von wo aus man das vielleicht imposanteste Bild der zu den steilen Fjellhöhen hin ansteigenden Stadt genießt. Das alte Bollwerk umfasst einerseits den im Jahre 1560 im Renaissancestil errichteten Wehrturm **Rosenkrantztårnet** 4 (s. Abb. oben,

Bergenhus Festning, Vågen, www.bymuseet.no, Mitte Mai–Aug. tgl. 9–16 Uhr, stdl. Führungen; sonst nur So 12–15 Uhr, 60 NOK), andererseits die 1261 fertiggestellte **Håkonshalle** 5 (Bergenhus Festning, Vågen, gleiche Öffnungszeiten, 60 NOK) jenes Königs Håkon IV., der im Jahre 1250 einen Handelsvertrag mit Lübeck schloss und so der Deutschen Hanse (althochdeutsch Hansa = Gruppe, Schar) den Weg zur Macht an den nordischen Küsten öffnete.

Eine lange Geschichte

Erklärtes Ziel dieser auch als Deutsche Hanse bezeichneten Vereinigung niederdeutscher Kaufleute war die Vertretung gemeinsamer wirtschaftlicher Interessen vor allem im Ausland, weshalb die Entwicklung des Transportwesens, insbesondere zur See, eine wichtige Grundlage war. So wurde die Kogge zum Symbol für die Hanse, deren Handelsflotte im 14. Jh. bereits ca. 100 000 t Tragfähigkeit umfasste und die 1278 die ersten schriftlich fixierten Privilegien in der damaligen Königsstadt Bergen bekam. Von nun an brachte die Gilde der Lübecker ›Bergenfahrer‹ Getreide, Salz, Malz und Bier zum Tausch gegen Wolle, Häute, Felle und vor allem die in Europa begehrte und von den Lofoten stammende Fastenspeise Trockenfisch.

Innerhalb kürzester Zeit konnte die Hanse fast den gesamten Handel an sich reißen, auch in kultureller und politischer Hinsicht war sie ein gewichtiger Faktor und bildete bald einen Staat im Staat. Zur Blütezeit um 1400 machten die deutschen Kaufleute und Handwerker ein Viertel der Stadtbevölkerung Bergens aus und hatte die Hanse 300 Handelshäuser im Besitz. Noch 1668, als die Hanse durch verschiedene norwegische Gesetze ihre Handelsmacht bereits größtenteils eingebüßt hatte, gab es 88 deutsche und nur fünf norwegische Handelshäuser.

Beim großen Brand im Jahre 1702 wurden fast alle Gebäude, die größtenteils aus Holz gebaut waren, zerstört, und als 1766 das letzte deutsche Handelshaus in Bergen verkauft wurde, war die Zeit der Hanse vorbei.

Das alte Hanseviertel Brygge

Ein weiterer Großbrand zerstörte 1955 nahezu den gesamten Rest der alten Bausubstanz, doch erfolgte ein Wiederaufbau im alten Stil, und heute steht das ehemalige Hanseviertel von Bergen mit seinen Dutzenden Holzhäusern auf der Liste des Welterbes der UNESCO; es nimmt die gesamte Ostseite der Hafenbucht ein.

Wer sich über die Geschichte der Hanse in Norwegen, über Handel, Handwerk, Verkehr und sozioökomische Aspekte der mittelalterlichen Stadtgeschichte informieren möchte, sollte das **Bryggens Museum** 6 besuchen, in dem auch die größte Runensammlung der Welt zu betrachten ist (Dreggsallmenningen 3, www.bymuseet.no, Mitte Mai–Aug. tgl. 10–17, sonst Mo–Fr 11–15, Sa ab 12, So 12–16 Uhr, 70 NOK). Es liegt direkt beim neu eingerichteten **Bergen Meeting Point** am Ende des alten **Hanseviertels Tyske Brygge** 7 (Deutsche Brücke).

Hier befanden sich einst die Wohnviertel der deutschen Kaufleute, und hier herrschte hanseatisches, nicht norwegisches Recht.

Verschlossen wirkt die ehrwürdige Holzfassade der alten Hansekontore, die das dahinterliegende Labyrinth von Gässchen, Stiegen, Galerien, Erkern und Kellerhäuschen nicht ahnen lassen, geschweige denn das ›süße Geheimnis‹ des obersten Prinzipals der zölibatär lebenden Männergilde: In seiner Schlafkoje schimmert die halbentblößte Büste einer Schönen – Pin-up aus dem Mittelalter, zu bestaunen im **Hanseatischen Museum** 8, in dem das Leben der deutschen Kaufleute thematisiert wird (Finnegården 1A, Mai–Mitte Sept. tgl. 9–17, sonst Di–So 11–14 Uhr, 60 NOK, das Ticket gilt am gleichen Tag auch für die Schøtstuene).

Untergebracht ist es im 1704 erbauten Bryggen-Kontor Finnegården, das als einziges Gebäude im Hanseviertel über originales Interieur verfügt. Zum Museum gehört die **Schøtstuene** an der Øvregaten 50, die den Hanseaten als Aufenthaltsraum diente und in der Lehrlinge unterrichtet und Versammlungen abgehalten wurden (Øvregaten 50, gleiche Öffnungszeiten wie Hanseatisches Museum).

Bleibt abschließend die im 12. Jh. errichtete **Marienkirche** 9, die als das älteste Bauwerk der Stadt und eine der besterhaltenen romanischen Kirchen des Landes gilt. Von 1408 bis 1776 war das *Tyskekirken* (Kirche der Deutschen) genannte Gotteshaus im Besitz der Hanseaten, woran u. a. der Altarschrein erinnert, eine Lübecker Arbeit aus dem späten 15. Jh. Auch die Barockkanzel, die 1676 von hanseatischen Kaufleuten gestiftet wurde und im Ruf steht, die schönste des Landes zu sein, ist wahrscheinlich deutschen Ursprungs. Bis ins 19. Jh. hinein wurden in dieser Kirche die Gottesdienste auf Deutsch abgehalten (Dreggsallmenningen 15, wegen umfassender Renovierungsarbeiten voraussichtlich bis 2015 geschl.).

Im Hanseatischen Museum: Schlafkoje mit ›Pin-up-Kunst‹

Bergen

über 9000 Gemälden und Skulpturen aus dem 15. Jh. bis zur Gegenwart und ist obendrein berühmt für seine reiche Sammlung russischer und griechischer Ikonen aus dem 15. Jh.; ausgestellt sind herausragende Exponate internationaler Künstler, darunter Joan Miró, Pablo Picasso und Paul Klee.

Ein paar Meter weiter zeigt die **Rasmus Meyers Samling** 11 (Rasmus Meyers Allé 7) eine der größten Sammlungen norwegischer Kunst aus der Zeit vom 18. Jh. bis 1915. Edvard Munch und J. C. C. Dahl, aber auch Adolph Tidemand, Hans Gude und Christian Krogh sind mit Werken vertreten. Beachtlich ist auch die Ausstellung von Mobiliar aus dem 18. Jh.

Nebenan zeigt **Bergens Kunstforening** 12 (Rasmus Meyers Allé 5) Ausstellungen zur zeitgenössischen Kunst, und weiter geht's zur **Stenersen Samling** 13, der Arena für wechselnde Kunstausstellungen.

Wenige Gehminuten südwestlich, an der Nordahl Brunsgt. 9, erhebt sich das klassizistische Ausstellungsgebäude Permanenten mit dem **Kunstgewerbemuseum** 14 . Hier geht es u. a. um über 2000 Gegenstände aus Kunstgewerbe und Design der letzten 500 Jahre, auch eine bedeutende China-Sammlung ist zu besichtigen (werktags 13–15 Uhr).

Die Nordnes-Halbinsel

Das Bergen-Museum

Muséplassen 3, www.uib.no/bergenmuseum, Juni–Aug. Di–Fr 10–16, Sa, So 11–16, sonst Di–Fr 10–15, Sa, So 11–16 Uhr, 50 NOK, das Ticket gilt nur am selben Tag für beide Ausstellungen

Entlang der am Kunstindustriemuseum vorbeiführenden Christies gate sind es nur etwa 500 m bis zum Bo-

tanischen Garten der Stadt, in dessen Zentrum sich die **Naturhistorischen Sammlungen** 15 des Bergen-Museums befinden. Diese Ausstellung ist der Flora und Fauna sowie Geologie von Norwegen gewidmet, Schwerpunkt Fjordland; auch eine große Mineraliensammlung kann bestaunt werden, des Weiteren eine Abteilung, die sich mit der Öl-Exploration befasst.

Hinter dem Botanischen Garten liegen die **Kulturhistorischen Sammlungen** 16 des Museums mit archäologischen, kunst- und kulturgeschichtlichen sowie ethnografischen Beständen zu Westnorwegen. Gemälde aus dem 12. und 13. Jh., darunter das älteste norwegische Königsporträt (König Øystein), und eine Ausstellung zur Rosenmalerei nebst 19 Altarvorderseiten komplettieren die großartige Sammlung.

Zum Aquarium

Am nahe gelegenen Dokkeveien dokumentiert **Bergens Seefahrtsmuseum** 17 die Entwicklung der norwegischen Seefahrt von den Anfängen bis in unsere Tage (auch Modelle spektakulärer Funde aus der Wikinger- und Hansezeit sind hier ausgestellt); ca. 1,5 km sind nun zu bewältigen, um den eigentlichen Bereich der zwischen dem Puddefjord und der Vågenbucht gelegenen Nordnes-Halbinsel zu erreichen (Haakon Sheteligs plass 15, www.bsj.uib.no, tgl. 11–15 Uhr, 30 NOK).

Der Weg wird aber kaum lang erscheinen, denn es geht vorbei an vielen bunt gestrichenen Holzhäusern sowie einigen Villen im Stil der Neurenaissance und schließlich auch am Den **Nationale Scene** 18 (Ole Bulls Plass), dem ältesten Theater des Landes, das als eines der Hauptwerke des norwegischen Jugendstils gilt.

221

Hordaland – Hardangerfjord und Bergen

Hier biegen wir Richtung Nordwesten ein und finden in dem von steilen Gässchen durchzogenen Viertel südlich der **Klostergate** eine pittoreske Sammlung alter Holzhäuser. Auch auf dem Weg zur Nordspitze der Halbinsel, der via **Klosteret** und **Strandgate** verläuft, nimmt der Charme von liebevoll gepflegten Häusern den Betrachter gefangen.

Bergen Aquarium [19]
Nordnesbakken 4, www.akvariet.no, Mai–Aug. tgl. 9–18 Uhr, sonst 10–18 Uhr, 150 NOK bzw. 200 NOK (Sommer), Bootszubringer ab Torget alle 20 Min., ganzjährig Busverbindungen mit der Linie Nr. 11 ab Zentrum
Als Belohnung für die ›Strapazen‹ des Spaziergangs bieten sich ein Besuch des Bergen Aquariums, das mit seinen ca. 70 Becken europaweit über den größten Bestand an Salzwasserfischen verfügt. Um 12 und 15 Uhr werden die Seelöwen gefüttert, um 13 und 17 Uhr die Pinguine, und 13 sowie 16 Uhr lädt die Seehund-Show ein.

Rings um Bergen

Gamle Bergen [21]
Nyhavnsveien 4, www.bymuseet.no, Mitte Mai–Ende Aug. tgl. 9–16, 80 NOK, Führungen stdl. 9–15 Uhr, hin mit Bus Nr. 3, 4 oder 5 ab Zentrum
Ein kurzes Stück nördlich des Zentrums und mit dem Bus ab Torget in sieben Minuten erreichbar, erstreckt sich direkt am Meer das großzügig angelegte Freilichtmuseum Gamle Bergen als eine regelrechte kleine Stadt mit über 40 charakteristischen Holzhäusern aus dem 18.–20. Jh. Alle sind authentisch eingerichtet, außer Wohnungen sind u. a. eine Bäckerei, eine Zahnarztpraxis, ein Kolonialwarenladen und eine Goldschmiede-Werkstatt rekonstruiert worden.

Südlich der Stadt
Zwei weitere Highlights finden sich südlich der Stadt und sind mit der Bybanen ab Byparken oder Bystasjonen problemlos erreichbar. Erstes Ziel ist die **Fantoft Stabkirche** [22] (Fantoftve-

Unser Tipp

Bergen von oben
Bergen aus der Vogelperspektive, das muss man sich einfach gönnen, denn die Aussicht auf die wie die Ränge eines Amphitheaters zum Hafenbecken Vågen hin absteigende Stadt in der Tiefe, auf die Schärenküste in der Ferne sowie auf die Bergwelt rings umher ist von beeindruckender Schönheit auch dann, wenn über Bergen – dank bis zu 2000 mm Niederschlag pro Jahr auch ›Hauptstadt des Regens‹ – eine der hier bekannten 27 Regenarten niedergeht. Zwei Aussichtspunkte bieten sich dazu an: Vom **Torget** [2] aus sind es nur wenige Gehminuten zur 150 m entfernten Talstation der Kabelbahn, mit der man in wenigen Minuten zum 320 m hohen **Aussichtsberg Fløyen** [20] gelangt, auf dem ein Panorama-Restaurant zum Verweilen einlädt (www.floibanen.no, 1. Mai–31. Aug. Mo–Fr 7.30–0, Sa, So ab 9 Uhr, sonst Mo–Fr 7.30–23, Sa ab 8, So ab 9 Uhr, 40 NOK pro Weg). Ein anderer Aussichtsberg ist der **Ulriken** [24].

Bergen

gen 38C), die um 1150 am Sognefjord errichtet und 1883 nach Bergen verlegt wurde. Im Juni 1992 bis auf die Fundamente abgebrannt, präsentiert sie sich seit 1997 wieder in rekonstruierter Schönheit (www.fantoftstav kirke.com, Mitte Mai–Mitte Sept. tgl. 10.30–18 Uhr, 50 NOK, Haltestelle ›Paradis‹ aussteigen, entlang dem Birkelundsbakken zur Stabkirche).

Ab der Haltestelle ›Paradis‹ geht es weiter mit der Bybanen bis Hop und zu Fuß (rund 25 Min.) weiter nach **Troldhaugen** [23], Edvard Griegs ehemaligem Wohnsitz (Troldhaugvegen 65). Im Garten fanden der berühmte Komponist und seine Frau ihre letzte Ruhestätte. Im Innern der 1885 im viktorianischen Stil errichteten Villa, bekannt durch die Komposition ›Hochzeit auf Troldhaugen‹, findet sich ein Museum mit Multimedia-Raum. Im Sommer werden hier Konzerte aufgeführt (www.troldhaugen.com, Okt.–Apr. tgl. 10–16, sonst 9–18 Uhr, 80 NOK).

Ausflüge ins Fjordland

Die Touristeninformation informiert über mehr als ein Dutzend Schiffsund Busfahrten bzw. Kombitouren, die man von Bergen aus in den Bereich des gesamten Fjordlands unternehmen kann (u. a. in den Sognefjord, Hardangerfjord, Lysefjord); diese Touren kann man direkt bei der Touristeninformation und über deren Website buchen. In der Broschüre »Fjord Tours and Round Trips« (die man auch herunterladen kann) sind die Touren ausführlich beschrieben.

»Norwegen in einer Nussschale«

Zahlreiche Tagestouren nehmen in Bergen ihren Ausgang, und herausragend ist die Rundfahrt »Norwegen in einer Nussschale«, die zu den Top-Highlights des Landes zählt. Sie führt in ihrer Standardversion von Bergen aus mit der Bergenbahn (s. S. 242) nach Myrdal auf der Hardangervidda, von wo die Flåmbahn (s. S. 241ans Ufer des Sognefjords absteigt; weiter per Schiff über den auf der World Heritage List geführten Nærøyfjord, bevor sich eine spektakuläre Busfahrt nach Voss anschließt, wo man wieder in die Bergenbahn nach Bergen einsteigt. Ausführliche Infos im Touristenbüro, das diesen Ausflug in Zusammenarbeit mit Fjord Tours anbietet (www.norwaynutshell.com, Tel. 81 56 82 22, 1090 NOK).

Übernachten

Während der Hochsaison und zur Zeit der großen Festivals sind freie Zimmer äußerst rar. Eine rechtzeitige Reservierung ist zu empfehlen.

Spitzenadresse für Betuchte – **SAS Radisson Royal Hotel Bergen** [1]: Bryggen, Tel. 55 54 30 00, www.ra dissonblu.com, DZ ab 1995 NOK, EZ ab 1795 NOK. Spitzenhotel im Bryggen-Viertel, für seine Architektur preisgekrönt, mehrere Restaurants, der Jazzclub ›Madame Felle‹ gilt als erste Nachtclub-Adresse von Bergen.

Fein und gediegen am Meer – **Clarion Hotel Admiral** [2]: C. Sundts gt. 9, Tel. 55 23 64 00, www.clarionadmiral. no, DZ ab 1920 NOK, EZ ab 1620, im Sommer 1190 NOK/EZ, 1390 NOK/DZ. Mit seiner Lage direkt am Ufer des Vågen mit Blick auf die Tyske Brygge eines der Top-Hotels der Stadt. Es ist untergebracht in einem aufwendig restaurierten alten Speicherhaus und bietet höchsten Komfort.

Markante Lage – Scandic **Strand Hotel** [3]: Strandkaien 2 B, Tel. 55 59 33 00, www.strandhotel.no, EZ ab 1140 NOK, DZ ab 1540 NOK. Renoviertes Haus in der Stadtmitte, das mit der besten Aussicht und Lage Bergens

Hordaland – Hardangerfjord und Bergen

Günstig wohnen

Erfolgt die Buchung der Unterkunft 48 Stunden oder weniger vor der Ankunft in Bergen, gewähren alle Hotels in der Saison (Mitte Juni–Mitte Aug.) **Last-Minute-Preise**; außerhalb der Saison gibt es günstige **Wochenendtarife** (etwa wie Sommerpreise), am günstigsten wohnt man in Bergen in **Privatzimmern** (DZ ab 550 NOK, EZ ab 400 NOK); Vermittlung auch über das Touristenbüro (s. S. 228), über deren Website man online buchen kann

wirbt; die Zimmer bieten gehobenen Komfort, es gibt u. a. ein Restaurant, eine Bar und eine Sonnenterrasse.

Gut & günstig – **Basic Hotel Victoria** **4** : Kong Oscarsgt. 29, Tel. 81 52 27 42, www.basichotels.no, nur Juni–Aug., EZ 895 NOK, DZ ab 995 NOK. Mitten im Zentrum gelegenes Sommerhotel mit 43 schlichten, aber behaglich-modern eingerichteten Zimmern, alle ausgestattet mit Bad, TV, Kühlschrank.

Budgetgerecht im Zentrum – **Marken Gjestehus 5** : Kong Oscarsgt. 45, Tel. 55 31 44 04, www.marken-gjestehus. com, Bett ab 210 NOK, EZ 525 NOK, DZ 610 NOK. Mitten im Zentrum gelegene ›Backpacker-Herberge‹ mit Aufenthalts- und TV-Raum, Gästeküche und angenehm hellen, schlicht, doch nett möblierten Zimmern mit bis zu acht Betten. Preiswerteste Pension im Zentrum, Zimmer mit und ohne Bad, ab 160 NOK/Pers.

Jugendherberge mit Blick – **Bergen Vandrerhjem 6** : Nedre Korskirkeallmenning 4, Tel. 55 60 60 55, www.bergenhostel.com, 2. Jan.–22. Dez., das Bett kostet ab 190 NOK, DZ 900 NOK, EZ 550 NOK. Zentrale Lage, alle Zimmer sind ausgestattet mit Miniküche und Bad; Internetzugang, Dachterrasse mit Grill und Aussicht über den Fjord.

Naturnah – **Bergen Campingpark 7** : Travparksvn. 65, Breistein (R39, 13 km nördlich Bergen), Tel. 55 24 88 08, www.bcp.no, ganzjährig. Schöne und ruhige Lage nahe dem Sørfjord mit 80 Zelt-, 40 Caravan-/Wohnmobil-Stellplätzen, 14 DZ (sehr einfach, Gemeinschaftsbad, ab 300 NOK) und 29 Hütten in drei Komfortstufen ab 450 NOK.

Ruhig & idyllisch – **Lone Camping 8** : Hardangervn. 697, Haukeland, Tel. 55 39 29 60, www.lonecamping.no, ganzjährig. 19 km außerhalb an der R 580 gelegener Wiesenplatz, auf dem selbst im Hochsommer kaum je Enge zu beklagen ist. Idyllische Seeuferlage, sehr gute Ausstattung, außerdem 12 Apartments und 18 Hütten in verschiedenen Größen (für 2 Pers. ab 720 NOK).

Essen & Trinken

Spitzengastronomie – **Finnegårdstuene 1** : Rosenkrantzgt. 6, Tel. 55 55 03 00, www.finnegaarden.no, Di–Sa ab 17 Uhr. Im Bryggenviertel gelegenes Traditionsrestaurant, das im Ruf steht, eine der besten Gourmet-Adressen des Landes zu sein. Auf der Karte stehen Menüs mit drei, fünf und sieben Gängen (645/745/845 NOK).

Fisch vom Feinsten – **Enhjørningen 2** : Bryggen, 2. Etage, Tel. 55 30 69 50, www.enhjorningen.no, Mo–Sa ab 16 Uhr, Vorspeisen ca. 130–165 NOK, Hauptgerichte um 330 NOK. Schöner Hafenblick, sehr angenehme, nicht aufgesetzte Atmosphäre; die Fischgerichte suchen ihresgleichen. Immer ihren Preis wert sind auch die Menüs, die 545 NOK (drei Gänge) bzw. 595 NOK (vier Gänge) kosten.

Wie anno dazumal – **Bryggen Tracteursted 3** : Bryggen, Tel. 55 33 69 99, www.bellevue-restauranter.no, Mai–Sept. tgl. Lunch ab 11 Uhr, Dinner ab 17 Uhr, Okt.–Dez. Di–Sa ab 17 Uhr,

Bergen: Adressen

Lunchmenüs ab 315 NOK, Vorspeisen 95–145 NOK, Hauptgerichte 235–375 NOK. Bei dem schmucken Holzbau handelt es sich um das älteste Gasthaus Norwegens (über 300 Jahre). 2011 wurde es für seine Gerichte preisgekrönt.

Hausmannskost mit Ambiente – **Bryggeloftet & Stuene** 4 : Bryggen 11, Tel. 55 30 20 70, www.bryggeloftet.no, Mo–Sa ab 11, So ab 13 Uhr, um 250–330 NOK. Historische Räumlichkeiten mit herrlichem Hafenblick und urgemütlichem Ambiente, norwegische Spezialitäten, insbesondere Fisch.

Feine Ökoküche – **Pygmalion Økokafé** 5 : Nedre korskirkeallmenning 4, Tel. 55 32 33 60, www.pygmalion.no, tgl. 9–23 Uhr. Gemütlich und zugleich urban eingerichtetes Ökocafé mit Galerie am Platz vor der Kreuzkirche. Preiswerte Gerichte der internationalen Küche ausschließlich mit Zutaten aus ökologischer Landwirtschaft, darunter viel Vegetarisches. Perfekt für Lunch und leichtere Abendmahlzeiten sowie auch für Kuchen.

Einkaufen

Fußgängerzonen mit Hunderten Geschäften sind u. a. die Straßen **Torgallmenning** und **Marken**. In der **Tyske Brygge** (auch im Bereich der Gänge und Stiegen) gibt es einige der besten Souvenirgeschäfte des Landes.

Alles unter einem Dach – **Galleriet** 1 : Torgallmenningen 8, www.galleriet. com, Mo–Fr 9–20, Sa bis 18 Uhr. Zentrales Einkaufszentrum der Stadt mit über 70 Geschäften und Gaststätten.

Feines aus der Finnmark – **Juhl's Silver Gallery** 2 : Bryggen (neben SAS Hotel), www.juhls.no, Mo–Fr 9–21 Uhr, im Sommer bis 22 Uhr. Silberschmuck aus der Finnmark, aber auch Samenmesser, Gemälde und andere Arbeiten, für die die Finnmark bekannt ist.

Edles Handgestricktes – **Oleana Bergen** 3 : Strandkaien 2, www.oleana. no, Mo–Fr 10–17, Sa bis 15 Uhr. Preisgekrönte Strick-Kollektionen aus Wolle, Seide, Alpaka und Kashmir; grundsätzlich »Handmade in Norway«.

Tofu & Co. – **Kinsarvik Naturkost** 4 : Olav Kyrresgt. 47, Tel. 55 32 55 58, www.kinsarvik.no, Mo–Fr 8.30–17, Sa 9–16 Uhr. Eine der raren Adressen Westnorwegens für Fair-Trade- und Ökoprodukte (auch Naturkosmetik); sehr großes Sortiment auch an Lebensmitteln.

Abends & Nachts

Lokale und Musikkneipen

Am Torget – **Zachariasbryggen** 1 : Torget, www.ricks.no. Die direkt am Fjord beim Fischmarkt gelegene Zachariasbryggen ist mit ihren zahlreichen Lokalen *der* Treff in Bergen. Mit einer üppig bestückten Bar wartet der **Flying Dutchman** (So–Do 18–2.30, Fr ab 16, Sa ab 12 Uhr) auf, im **Wave Pub** (tgl. 11–3 Uhr) herrscht tgl. Stimmung ab 21/22 Uhr, an den Wochenenden DJ-Sound. Bei der **Piano Bar** (So–Do 18–23, Fr ab 16, Sa ab 12 Uhr) kann man herrlich auch draußen sitzen.

Unser Tipp

Krabben pulen

Auf dem Torget, direkt am Naturhafen, findet der Fischmarkt statt. Hier sollte man eine Tüte *reker* (Krabben) und eine Zitrone kaufen, sich dann einen Platz am Meer suchen, die Krabben pulen, Saft darüberträufeln und genießen – aber bitte ohne Alkohol, denn in der Öffentlichkeit zu trinken ist in Norwegen verboten.

Lieblingsort

Im Antlitz von Bergen

Aussichtspunkte gibt es mehrere rings um Bergen, aber der **Ulriken** 24, höchster der sieben Hausberge, ist ein ganz besonderer. Nicht nur, dass der ›Aufstieg‹ zum 642 m hohen Gipfel dank einer Seilbahn denkbar einfach gemacht wird. Auch der Blick auf Stadt und Umland ist schlicht überwältigend. Obendrein kann man sich in einem Restaurant stärken, bevor man zu einer Wanderung aufbricht. Zur Talstation Ulriksbanen mit Bus Nr. 2 und 3 ab Torget sowie mit dem Bus von Citysightseeing (s. S. 228); die Seilbahn (www.ulriken643.no) verkehrt im Sommer von 9–21, sonst bis 17 Uhr 80 NOK/Weg, 145 NOK hin und zurück.

Hordaland – Hardangerfjord und Bergen

Livemusik – **Garage** `2`: Christiesgt. 14, Tel. 55 32 19 80, www.garage. no, Altersgrenze 21 Jahre an den Wochenenden. Das Garage, Kneipe und Rock-Keller in einem, gilt als einer der ältesten und populärsten Musikclubs von Norwegen. Allabendlich gibt's ab 21 Uhr Livemusik (Eintritt) bis 3 Uhr, die Getränkepreise sind moderat.

Treff der Musikszene – **Café Opera** `3`: Engen 18, Tel. 55 23 03 15, www.cafeopera.org, Mo–Do 10–3.30, Sa/So ab 11 Uhr. Tagsüber ist die Holzvilla beliebter Café-Treff, doch abends, vor allem an den Wochenenden, geht es in diesem ›In‹-Treff von Bergens Musikszene hoch her, mit Livemusik oder DJ-Sound. Das Publikum ist studentisch, die Preise entsprechend moderat.

Rock live – **Hulen Rock Club** `4`: Olav Ryesvei 48, Tel. 55 32 31 31, www. hulen.no, Do–Sa ab 21 Uhr. In einem ehemaligen Luftschutzbunker, gute Musik, meist live, außerdem *der* Billigbierplatz in Bergen.

Let's dance! – **Exodus** `5`: Rosenkrantzgt. 3, www.exodus.no, nur Sa 22–3 Uhr, kein Eintritt. Riesige Disco mit leistungsstarkem Sound-System, mehreren Bars und Tanzflächen und jungem Publikum (Altersgrenze 18 Jahre).

Kulturelles

Kultur satt – **Kulturhuset USF** `6`: Georgernes Verft 12, Tel. 55 30 74 10, www.usf-verftet.no, Café Mo–Fr ab 11, Sa/So ab 12 Uhr, sonst wechselnde Zeiten. Kulturzentrum der Stadt, in dem regelmäßig Theatervorführungen und Ausstellungen stattfinden, auch Jazz- und Blues-Konzerte; ansonsten gibt es hier Kunsthandwerksläden, eine Cinemathek und Bergens größtes Restaurant im Freien, das Kafe Kippers, herrlich am Kai gelegen.

Kulturarena für Klassisches – **Grieghallen** `7`: Edvard Griegs Plass 1, Tel. 55 21 61 50, www.grieghallen.no. Größte Kulturarena der Stadt für Konzerte, Tanz und Theater.

Grieg-Konzerte – **Troldhaugen** `23`: Juni bis Sept. tgl. um 13 Uhr halbstündige Konzerte (100 NOK inkl. Eintritt und Museumsbesuch). Rund ums Jahr werden zudem zahlreiche weitere Konzerte gegeben, Informationen über die Website sowie das Touristenbüro, wo man zumeist auch die Eintrittskarten erstehen kann.

Infos & Termine

Touristeninformation

Turistinformasjon i Bergen: Strandkaien 3, Bergen, Tel. 55 55 20 00, Fax 55 55 20 01, www.visitbergen.com, Juni–Aug. tgl. 8.30–22, Mai und Sept. tgl. 9–20, sonst Mo–Sa 9–16 Uhr. Unterkunftsvermittlung (auch Online-Booking), Geldwechsel, Verkauf von Zugtickets sowie Billets für Sightseeing und

---

Sightseeing organisiert

Wenn Zeit ein Problem ist, bietet es sich an, auf geführte Sightseeingtouren zurückzugreifen. Es finden sich zahlreiche Veranstalter, das Touristenbüro informiert umfassend, und dort, wo auch die meisten Touren beginnen, kann man zudem alle Tickets kaufen. Sehr populär sind die Fahrten mit den offenen ›Cabriolet‹-Bussen von **Citysightseeing**, die in der Nähe des Fährterminals am Skoltegrunnskaien hinter der Festung Bergenhus von 9 bis 17 Uhr im Halbstundentakt eine bestimmte Route zu den Highlights der Stadt abfahren. Insgesamt werden 8 Stopps eingelegt, der Preis beträgt 150 NOK, man kann an allen Stationen immer wieder zu- und aussteigen (Tel. 22 78 94 00, www.city sightseeingbergen.com, 20. Mai–Ende Aug.).

Bergen: Adressen

Fjordfahrten, Gepäckaufbewahrung und viele andere Dienstleistungen.

Termine

Bergens Musikfest: Ende April/Anfang Mai; www.bergenfest.no.
Festspillene i Bergen: Ende Mai/Anfang Juni. Kultureller Höhepunkt des Jahres, 12 Tage lang finden rund 200 Musik-, Ballett-, Theater- und Folklore-Vorstellungen statt; www.fib.no.
Nattjazz: Ende Mai/Anfang Juni. Internationales Jazzfestival mit 60 Konzerten; www.nattjazz.no.
Grieg in Bergen: Mitte Juni–Ende Aug, www.grieginbergen.com. Über 40 Konzerte im Lauf von 10 Wochen.
Gourmetfestival: Mitte Sept.; www.matfest.no.
Bergen Filmfestival: Mitte/Ende Okt. ; www.biff.no.

Verkehr

Flug: Mehrmals tgl. zu allen größeren Städten Norwegens mit SAS-Braathens, Widerøe und Norwegian, mit SAS auch zu zahlreichen Destinationen in Europa, mit Norwegian u. a. nach Berlin, Hamburg, Köln, München. Der Flughafen liegt ca. 20 km südlich der Stadt bei Flesland, Buszubringer ins Zentrum (Torget) stdl. bis alle halbe Stunde zwischen 3.30 und 22 Uhr für 70 NOK; Infos über www.flybussbergen.no; mit dem Taxi kostet es ca. 300 NOK.
Zug: Bergenbahn 5 x tgl. nach Oslo (s. Unser Tipp S. 242).
Bus: mehrmals tgl. zu allen größeren Städten des Landes.
Fähren: Mo, Mi und Fr nach Hirtshals/Dänemark mit der Fjord Line (Tel. 81 53 35 00, www.fjordline.com) ab dem Skoltegrunnskaien.
Schnellboote (nur Personen und Fahrräder): Für alle Schnellbootverbindungen ist Norled zuständig: Tel. 51 86 87 00, www.norled.no. Fahrplanauskunft

Bergenskortet

In der Touristeninformation ist die Bergenskortet (Bergen-Karte) erhältlich, mit der man zahlreiche Ermäßigungen (u. a. bei Mietwagen und im Parkhaus) und freien Eintritt in viele Museen und Schwimmbäder bekommt. Auch die Kabelbahn zum Fløyen kann man vergünstigt benutzen. Die Karte kostet für einen Tag 200 NOK (Erw.) bzw. 75 NOK (Kinder), für zwei Tage 260 NOK bzw. 100 NOK.

aber am einfachsten über den Reiseplaner von Skyss (s. u.).
Mietwagen: Dutzende Mietwagenfirmen, u. a. Budget (Tel. 55 32 60 00) und Avis (Tel. 55 55 39 55), am günstigsten ist es bei Rent-A-Wreck (www.rent-a-wreck.no, Tel. 98 83 45 75).
Stadtverkehr: Das Busnetz ist dicht und effektiv, alle Sehenswürdigkeiten auch außerhalb des Zentrums lassen sich problemlos erreichen. Zuständig für alle Verbindungen ist Skyss, über deren Website (auch auf Englisch) man alle Verbindungen mit Bus und Bybahn (Stadtbahn) abrufen kann (www.skyss.no); telefonische Fahrplanauskünfte erhält man über Tel. 177; ein Einzelticket kostet für eine normale Fahrt (1 Zone) 29 NOK, ein Tagesticket 110 NOK.
Taxis: Sie sind teuer (mindestens 130 NOK für eine kurze Stadtfahrt), Bestellung über Tel. 070 00.
Selbstfahrer: Die Parkplatzsuche ist meist nervenaufreibend, denn viele Parkhäuser sind ständig belegt. Zudem sind die Preise mit ca. 60 NOK/Std. recht hoch, sodass man als Mobilist die Stadt am besten von den Campingplätzen aus besucht oder aber in Hotels Quartier nimmt, die mit Tiefgaragen ausgestattet sind. Jede Einfahrt in den inneren Stadtbereich ist mautpflichtig (15 NOK).

Das Beste auf einen Blick

Über die Hardangervidda in die Telemark

Highlights!

Eidfjord: Schmal und schluchtengleich sind alle Täler, die sich vom bergumschnürten Eidfjord Richtung Hardangervidda öffnen. Diese Schluchten und die dramatischen Wasserfälle, allen voran der Vøringsfoss, begründen die Berühmtheit des Eidfjord. S. 233

Rjukan: Das zu Füßen fast 2000 m hoher Berge gelegene Städtchen ist das südliche Tor zur Hardangervidda und daher insbesondere für Wanderer und Radfahrer eines der lohnendsten Ziele in Südnorwegen. S. 263

Auf Entdeckungstour

Rosenmalerei in Ål: Die Ursprünge dieses Genres liegen im 18. Jh. in Südnorwegen, wo das Hallingdal eines seiner Zentren war. Zwei Ausstellungen zum Thema sind heute in Ål zu besuchen. S. 248

Die Stabkirche von Heddal: An der größten Stabkirche des Landes in Heddal lässt sich sehr schön erkennen, wie eng germanisches Heidentum und frühes Christentum miteinander verzahnt waren. S. 256

Kultur & Sehenswertes

Stabkirchen: Diese bis zu über 1000 Jahre alten »Kathedralen aus Holz« sind künstlerische Zeugnisse auf allerhöchstem Niveau. Nur noch 30 sind in Norwegen erhalten, davon allein sieben in den Bauerntalungen an den Rändern der Hardangervidda. S. 243, 247, 251, 252, 253, 256, 266

Saggrenda: In der alten Silbergrube von Kongsberg geht es mit der Grubenbahn 342 m tief in den Berg. S. 255

Aktiv unterwegs

Wanderungen: Markierte Wanderwege mit einer Gesamtlänge von über 1200 km, dazu mehr als 50 Hütten – die Hardangervidda ist *das* Wanderparadies Skandinaviens. S. 240

Rallarvegen: Der ehemalige Transportweg über die Hardangervidda zum Sognefjord ist die bekannteste Radroute des Nordens. S. 241

Genießen & Atmosphäre

Berghotels: Die allesamt mit viel Holz rustikal und urgemütlich eingerichteten Hochgebirgshotels auf der Fjellweite der Hardangervidda sind ebenso naturnahe wie traditionsreiche Unterkünfte. S. 239

Gaustatoppen: Vom Gipfel des 1883 m hohen Gaustatoppen kann man bei klarer Sicht nicht weniger als ein Sechstel der gesamten norwegischen Landmasse überblicken. S. 262

Abends & Nachts

Nachtleben: Im Sommer, wenn lichte Abende den Nächten vorausgehen, spielt sich das Nachtleben im Rahmen von Wanderungen und Lagerfeuerabenden mit Grillfreuden ab. Ein Nachtleben im üblichen Sinn kann man im ländlichen Herzen des Südens aber nicht erwarten.

Hochfjellregionen und Kultur-inseln im Zentrum des Südens

Mit einer Fläche von mehr als 9000 km² ist die **Hardangervidda** Europas größtes Hochfjellplateau. Nur hier und da wird die durchschnittlich 1000–1200 m hoch gelegene Ebene mit ihren unzähligen kalt funkelnden Seen und mäandrierenden Wasserläufen von flachen Bergrücken überragt. Die Hardangervidda liegt im Zentrum Südnorwegens; während sie gen Westen steil, abrupt und reich an tosenden Wasserfällen zum Hardangerfjord hin abfällt, flacht sie sich gen Osten sanft zu traditionsreichen Bauerntalungen ab, deren bekannteste das schöne **Hallingdal** und das wegen seiner Stabkirchen berühmte **Numedal** sind.

Im Norden bilden die gewaltige Gebirgsstufe des 1993 m hohen **Hallingskarvet** und der vergletscherte, 1862 m messende **Hardangerjøkul** ihre natürliche Grenze, die im Süden durch die **Telemark** markiert wird. Dieser Bezirk gilt als der ›norwegischste‹ des Königreichs, bietet er doch einen Querschnitt nahezu aller Naturschönheiten des Landes; dementsprechend wird die Telemark auch als »Norwegen en miniature« bezeichnet.

Insbesondere dem Wanderer und Skiwanderer eröffnet die vollkommen baumlos und menschenleer daliegende Vidda ganz neue Vorstellungen von Weite und Einsamkeit. Aber eindrucksvoll ist auch das Durch- bzw. Umfahren dieses landschaftlich großartigen Plateaus. Die hier vorgestellte Route führt den Hardangerfjord entlang und weiter über die Hardangervidda bis Geilo, sodann die R 40 hinunter in die Telemark, wo die E 134 und R 37 die landschaftlich und kulturgeschichtlich interessanteste Strecke zurück Richtung Hardangerfjord markieren.

Infobox

Touristeninformation

Reisemål Hardanger Fjord AS: Sandvenvegen 40, Hardanger Brygge, Norheimsund, Tel. 56 55 38 70, www.hardangerfjord.com. Infos über das Hardangerfjord-Gebiet einschließlich der Hardangervidda bis nach Geilo.
www.fjellandfjord.com: Infos zum Hardangerfjord, der Hardangervidda, dem Hallingdal.
www.reiseporten.no/numedal: Infos zum Numedal.
www.nasjonalparkrute.no: Das Reiseportal ist dem Streckenabschnitt ab Heddal gewidmet.

Verkehrsmittel

Die gesamte Region lässt sich problemlos per Bus, die Strecke von Bergen nach Geilo und ins Hallingdal auch mit dem Zug erkunden (Bergenbahn, s. S. 242). Auskunft für die Gesamtregion unter Tel. 177 sowie www.rutebok.no und www.skyss.no (Verbindungen zwischen Bergen und Geilo).

Von Bergen zur Hardangervidda

Zwei Strecken führen von Bergen aus an den Rand der Hardangervidda: Die R 7 verläuft ab **Norheimsund** entlang dem Nordufer des Hardangerfjords, die E 16/R 13 beschreibt einen leichten Bogen nach Norden via Voss. Beide sind rund 150 km lang; Erstere beeindruckt vor allem mit schöner Aussicht auf den Fjord und den Folgefonn-Gletscher, der Weg über Voss hingegen mit einer teilweise an die Schönheiten des Allgäus erinnernden Landschaft.

Aber auch der Schwerverkehr nimmt bis Voss diese Route, die obendrein äußerst reich an Tunneln ist. Entspannter fährt es sich auf der R 7, die zwar wunderschöne, aber keine aufregend neuen Bilder zeigt, wohingegen die E 16/R 13 für neue Eindrücke gut ist. Nach ca. 130 km treffen beide Straßen bei **Granvin** aufeinander, und durch den 7,5 km langen Vallavik-Tunnel geht es zur Fährstation **Bruravik**, wo man den Fjord nach **Brimnes** überqueren muss. Alle 40 Min. verkehrt eine Fähre (Dauer 10 Min., 33 NOK/Pers., 82 NOK/Pkw, Infos über www.fjord1. no).

Infos

Voss Turistinformasjon: Vangsgata 20, Voss, Tel. 40 61 77 00, www.visitvoss. no, Juni–Aug. Mo–Fr 8–19, Sa ab 9, So ab 12, sonst Mo–Fr 8.30–16, Sa bis 15 Uhr.

Eidfjord❗ ▶ D 8

Auf den ca. 11 km von Brimnes bis ins rund 600 Einwohner zählende Eidfjord erlebt man innerhalb weniger Minuten den Übergang vom freundlichen, breiten Hardangerfjord in den engen, zwischen bis zu 1500 m hohe Berge gezwängten Eidfjord, der dem Ort den Namen gegeben hat. Schmal und schluchtengleich sind alle Täler, die sich von hier aus Richtung Hardangervidda öffnen, und diese Schluchten

mit ihren dramatischen Wasserfällen sind es auch, die der dünn besiedelten Gemeinde (ca. 1 Einw./km²) schon seit über 150 Jahren hohe Besucherzahlen bescheren sowie den Ruf einer »Most Improved Destination in Norway«, wie es das Magazin »Dream World Cruise Destinations« unlängst ausdrückte.

Sehenswert

Sehenswert ist darüber hinaus die etwas außerhalb des Ortes bei Lægreid gelegene **Jacobs Kirke** (auch: Gamle Kirke): Sie wurde im Jahre 1309 aus Stein errichtet und ist damit einer der wenigen erhaltenen mittelalterlichen Bauzeugen im Vestland (5783 Eidfjord, Mitte Juni–Mitte Aug. tgl. Führungen, Infos über das Touristenbüro).

In die Wikinger- und Eisenzeit führt das **Gräberfeld bei Hæreid**, bei dem es sich, mit 350 Erd- und Steinhügelgräbern, um das größte seiner Art in ganz Westnorwegen handelt. Die Gräber liegen über das mit Birkenwald bestandene Plateau verstreut, eine Broschüre mitsamt Karte weist den Weg (Touristenbüro); nach Hæreid kommt man ab Eidfjord auch zu Fuß im Rahmen einer etwa 20-minütigen Wanderung.

Das Simadal

Eines der beeindruckendsten Täler, für die Eidfjord berühmt ist, ist das Simadal, das sich vom Ort aus nach Osten hin öffnet. Entlang dem Flussufer der Simadalselva führt sowohl ein Fußweg als auch eine gut ausgebaute Straße in den ca. 12 km langen Talzug hinein.

Am Ende der Straße liegt das sehenswerte **Sima-Kraftwerk**, eines der größten Wasserkraftwerke Europas. Für die Kraftstation wurde der Fels 700 m in den Berg hinein weggesprengt; die Maschinenhalle ist 200 m lang, 20 m breit und 40 m hoch und kann im Rahmen von einstündigen

233

Über die Hardangervidda in die Telemark

Führungen erkundet werden (Simadalen, Buchung über das Touristenbüro, Mitte Juni–Mitte Aug. tgl. 10, 12 und 14 Uhr, 75 NOK).

Am Nordhang des Simadalen hängt wie ein Adlerhorst an der steilen Flanke jenes Berges, in dem sich das Kraftwerk versteckt, der Einödhof **Kjeåsen** über 600 m hoch über dem Talgrund. Auch mit dem Auto kann dieser beeindruckende Aussichtspunkt erreicht werden, die Hälfte der Strecke verläuft allerdings durch einen unbeleuchteten, schmalen Tunnel (Auffahrt zu jeder vollen Stunde, Abfahrt zu jeder halben Stunde). Sehr viel eindrucksvoller aber ist es, dem alten Fußweg zum Hof hinauf zu folgen. Ausgangspunkt dieser recht schweißtreibenden, weil teilweise sehr steil an- steigenden Tour ist der Parkplatz vor dem Kraftwerk: Der Weg ist markiert, hinauf benötigt man ca. 2,5, hinab ca. 1,5 Stunden.

Hardangervidda Naturzentrum
5784 Øvre Eidfjord, www.hardanger vidda.org, Tel. 53 67 40 00, April–Okt tgl. 10–18, Mitte Juni–Mitte Aug. tgl. 9–20 Uhr, 120 NOK

Schiffstour auf dem Eidfjord
Eidfjord vom Land aus ist das eine, der Eidfjord von draußen, also vom Wasser aus betrachtet, etwas ganz anderes, und so ist es ein Muss, auch einmal an einer Fjordfahrt teilgenommen zu haben. Billigste Möglichkeit dazu ist das Schnellboot, das tgl. um 14.40 Uhr von Eidfjord auf der Strecke nach Utne (130 NOK), Kinsarvik (150 NOK) und weiter bis nach Norheimsund (295 NOK) verkehrt. Oder man reist mit dem Boot von Utne bzw. Kinsarvik oder Norheimsund aus nach Eidfjord an. Informationen über www.norled.no.

Folgt man der R 7 von Eidfjord aus ca. 5 km, erreicht man das bei Øvre Eidfjord gelegene und architektonisch sehr ansprechende Hardangervidda Naturzentrum, das als eines der modernsten natur- und kulturhistorischen Erlebniszentren in Norwegen gilt. Die auf drei Etagen verteilte Ausstellung informiert umfassend über Flora und Fauna, Geologie und Archäologie der Hardangervidda; besonders beeindruckend ist der Panoramafilm »Fjord, Gebirge und Wasserfälle«.

Hjølmodal
Dieser Talzug, der sich nahe dem Naturzentrum öffnet, wird von einer schmalen und mit ›Hjølmo‹ ausgeschilderten Straße erschlossen (nicht für Wohnmobile über 6 m Länge und Gespanne geeignet). Höhepunkt der Fahrt ist der Ausblick auf den Doppelwasserfall **Vedalsfossen**, nach ca. 4 km in Vollendung zu genießen: ca. 650 m stürzen sich dort die Wassermassen zu Tal, davon 200 m in freiem Fall.

Zu seinem Fuß kann man zwar nicht gelangen, aber am 12 km von Eidfjord entfernten Talende, bei Hjølmaberget, wo die Straße bei einem Parkplatz endet, beginnt ein markierter Wanderweg, der ins obere Tal führt, wo sich der Wasserfall **Velurfossen** 270 m tief über eine Klippe ergießt (ca. 1,5 Std.).

Der Vøringsfoss ▶ D 8

Doch so beeindruckend diese beiden Wasserfälle sind, mit dem kurz vor Fossli gelegenen berühmten Vøringsfoss können sie nicht konkurrieren. Schon die ab Eidfjord rund 20 km lange Anfahrt entlang der R 7 auf die Abbruchkante der Hardangervidda durch einen spiralförmig ansteigenden Tunnel ist von größter Dramatik;

Eidfjord, Vøringsfoss: Adressen

Eine Paddeltour auf dem Eidfjord sollte man sich auf keinen Fall entgehen lassen

am Weg informieren insgesamt 21 Schautafeln an ausgeschilderten Rastplätzen über die Straßenbau- und Kulturgeschichte dieser Region.

182 m legen die gewaltigen Wassermassen der Bjøreia auf ihrem Weg ins Måbødal in freiem Fall zurück, und von zahlreichen Aussichtspunkten kann man dieses faszinierende Schauspiel betrachten. Am schönsten präsentiert sich der Wasserfall vom Fossli Hotel (s. u.) aus, das Hinweisschild ›Fossli Hotel/Vøringsfossen‹ weist dorthin.

Und doch sieht man meist nur einen Bruchteil der ehemals zu Tal stürzenden Wassermassen, denn 1980 wurde der Fluss zwecks Stromerzeugung reguliert. Als Zugeständnis an die Touristen entschied das Parlament in Oslo, vom 1. Juni bis zum 15. September den Touristen eine Wassermenge von mindestens 12 m^3/s vorzuführen, was während der Schneeschmelze weniger, in niederschlagsarmen Sommermonaten aber durchaus mehr sein kann als vor der Regulierung.

Übernachten, Essen

Mehrere Hotels und Pensionen sowie sechs Campingplätze und eine Hütte bieten sich an; Zimmer und Hütten kann man über das Touristenbüro buchen.

Charmant & panoramareich – **Eidfjord Fjell & Fjord Hotel:** Eidfjord, Tel. 53 66 52 64, www.effh.no, EZ/DZ ab 1150/ 1470 NOK. Top-Hotel in ansprechender Architektur und mit hohem Komfortangebot sowie teils herrlicher Aussicht auf den Fjord – zu genießen von den 28 Zimmern und vom verglasten Restaurant aus, wo abends ein günstiges Buffet einlädt (245 NOK).

Traditionshaus am Vøringsfoss – **Fossli Hotel:** Vøringsfoss, Tel. 53 66 57 77,

Über die Hardangervidda in die Telemark

Unser Tipp

Per pedes um den Vøringsfoss
Eindrucksvoller noch als von oben ist der Blick von unten auf den Vøringsfoss, wo man seinem gigantischen Gischtmantel ganz nahe kommt. Ausgangspunkt der Tour (hin und zurück ca. 2 Std.) ist der Parkplatz an der oberen Mündung des Måbøtunnels zwischen dem zweiten und dritten Tunnel im Måbødalen; von dort ein Stück entlang der alten Trasse laufen, dann auf den markierten Pfad.

Aber auch hinauf zur Abbruchkante beim Fossli-Hotel kann man wandernd gelangen, der **Måbøgaldane** führt dorthin. Dieser jahrhundertealte Fußweg steigt auf insgesamt 5 km Länge über 1300 Treppenstufen von Måbø aus an die Schwelle des Wasserfalls heran, von wo aus sich die nur für Fußgänger (und Radfahrer) zugelassene alte Trasse der R 7 als serpentinenreicher Saumpfad zum Ausgangspunkt der insgesamt 4 Std. währenden Wanderung zurückzieht.

---

www.fossli-hotel.com, 20. Mai–20. Sept., EZ/DZ ab 790/1050 NOK. 1891 erbautes Hotel mit 21 Zimmern, Restaurant, Café und Bar direkt über dem Vøringsfoss, auf den es aber keine Aussicht gewährt; Panorama stattdessen ins Måbødalen. Kein Geringerer als Edward Grieg war Stammgast im Fossli Hotel und verfasste hier u. a. seine »Norwegischen Volksweisen« (op. 66).
Schick & günstig – **Vik Pensjonat:** Eidfjord, Tel. 53 66 51 62, www.vikpensjonat.com, EZ/DZ ab 450/800 NOK. Schicke weiße Holzvilla mit Café, Garten und Sonnenterrasse, gemütliche Zimmer; die günstigsten Zimmer haben kein eigenes Bad und WC (jeweils eins für zwei Zimmer); auch Hüttenvermietung.
Naturnah & komfortabel – **Sæbo Camping:** Tel. 53 66 59 27, www.saebocamping.com, Mitte Mai–Mitte Sept., Hütten ab 390 NOK. Nahe dem Hardangervidda Naturzentrum am Ufer des Eidfjordvatnet auf einer großen Wiese gelegen. Der Lachs- und Forellenfluss Bjoreio rauscht direkt vorbei, das Service-Angebot ist umfassend, auch die Hütten sind besser eingerichtet und günstiger als der Durchschnitt.

Aktiv

Das Touristenbüro ist absolut vorbildlich mit Informationsmaterial zu Aktivitäten jedweder Art ausgestattet. So kann man u. a. ein Verzeichnis der möglichen **Wandertouren** nebst topografischen Karten (1 : 50 000) erhalten; geführte Touren, Wanderungen und **Fjordfahrten** werden organisiert. Zu den vielfältigen Aktivitätsangeboten, die man hier direkt buchen kann, gehören auch Rundflüge. Für den Verleih von **Fahrrädern** (200 NOK/Tag), **Kanus** und **Kajaks** (ab 200 NOK/Tag) ist das Büro ebenfalls zuständig; auch Rad-Boot-Kombinationen (200 NOK/Tag) werden angeboten.
Outdoor-Aktivitäten – **FlatEarth Activity Centre:** Sæbøtunet 4, Øvre Eidfjord (im Hochsommer neben dem Hardanger Naturzentrum), Tel. 47 60 68 47, www.flatearth.no. Größter Anbieter verschiedener Touren in der Region, auf dem Programm stehen u. a. verschiedene Mountainbike-Touren (z. B. mit Transport hinauf zum Vøringsfoss und Abfahrt zurück ins Tal, 280 NOK), Wildwasserkajaking (480 NOK), Seekajaktouren für Anfänger (450 NOK), kombinierte Wander-/Klettertouren (250 NOK), Abseiling von 400 m Höhe

(inkl. Halbtageswanderung auf den Berg, 350 NOK), Kletterkurse für Anfänger und Kinder, Gletscher-Expeditionen (690 NOK), Rafting (390 NOK) und anderes mehr.

Infos

Touristeninformation
Eidfjord Turistinformasjon: Ostangvegen 1, Eidfjord, Tel. 53 67 34 00,www.hardangerfjord.com/eidfjord, Mitte Juni–Mitte Aug. Mo–Fr 9–19, Sa, So 11–18, Mai, Sept. Mo–Fr 9–18, sonst 9–16 Uhr. Auch Buchungen von Unterkunft und Aktivitäten.

Verkehr
Bus: Eidfjord ist per Bus mit allen Orten dieser Route verbunden, im Sommer verkehren auch Busse zum Vøringsfoss.
Schnellboote: Mai–Okt. tgl. um 14 Uhr via Kinsarvik (150 NOK) und Utne (130 NOK) nach Norheimsund (280 NOK) mit Busanschluss nach Bergen. Infos über www.norled.no.

Von Eidfjord nach Geilo ▸ D–E 8

»Droben im Ödland hat jede Jahreszeit ihre Wunder« (Knut Hamsun), aber unveränderlich sind die Offenheit nach allen Seiten und ein unablässig wechselnder, von Seewinden bewegter Himmel. Selten nur fegt der Wind alle Wolken fort, insbesondere in der Morgen- und Abenddämmerung sieht man dann die Berge rötlich vor einem Schleier von feinstem Blau schimmern; zartblau strahlen die tausend Seen im hellbraunen und -grünen Tundraland, während das Eis und die Schneefelder – bis tief in den Juli hinein – im sanften Weiß des Elfenbeins erscheinen. Schon das Durchfahren dieses mit

9 000 km^2 flächengrößten Hochplateaus Europas ist ein Erlebnis – ein spektakuläres Vergnügen bietet die 90 km lange Strecke auf der R 7 von Eidfjord nach Geilo freilich nicht.

Wer das sucht, muss es sich erarbeiten, muss zu Fuß die Landschaft erkunden, die gewissermaßen unter Wasser geboren wurde: Vor ca. 600 000 Jahren überflutete das Meer das damalige Gebirge, hobelte es ab und hinterließ eine dicke Sedimentschicht, die später – nach dem Rückzug des Meeres und der Kontinentalhebung – durch Erosion abgetragen wurde. Die Reste dieser Ablagerungen bildeten die Grundlage für die Weidewirtschaft in prähistorischen Zeiten (Teile der Vidda sollen früher dauerhaft bewohnt gewesen sein), und noch heute sind hier mehrere seter (Almen) in Betrieb; im Sommer grasen auf dem Plateau ca. 30 000 Schafe, 2000 Ziegen, 1000 Rinder und 12 000 wildlebende Rentiere, die nur in Notzeiten – z. B. im Zweiten Weltkrieg – domestiziert wurden. Eidfjord war damals Zentrum der Rentierzucht (woran noch heute das Stadtwappen erinnert).

Hardangervidda-Nationalpark ▸ C–E 8–9

Die Hardangervidda ist wie kaum eine andere Region in Norwegen geradezu prädestiniert zum Wandern – auch für Unerfahrene und Untrainierte. Schon 1879 errichtete der Norwegische Wanderverein auf dieser Hochfläche die erste Wanderhütte. Heute verbindet ein dichtes Netz von über 1200 km markierter Wanderwege die mehr als drei Dutzend Wanderhütten miteinander. Der größte Teil dieser hytter, von denen 30 auch bewirtschaftet sind, werden innerhalb des 1981 eingerichteten

237

Über die Hardangervidda in die Telemark

Nationalparks Hardangervidda unterhalten, der eine Fläche von 3430 km² umfasst und ringsum von weiteren Landschaftsschutzgebieten umgeben ist.

Eine reiche Flora

Sie liegen allesamt weit oberhalb der Baumgrenze, liefern aber im Sommer, wenn die Fjellflora ›explodiert‹, keineswegs das Bild einer öden Felssteppe, die man in dieser Höhenlage vermuten könnte. Über 450 Pflanzenarten wurden registriert, darunter auch mehrere arktische Arten, die weiter südlich nicht mehr anzutreffen sind. Allein auf dem ca. 20 km langen Abschnitt zwischen **Litlos** und **Hadlaskar**, der aus botanischer Sicht interessantesten Wanderstrecke, kommen über 200 verschiedene Arten vor, während in dem die **Dyranut-Hütte** umgebenden ca. 100 km² großen Areal 174 Blütenpflanzenarten, 15 Moosarten und Farne aus insgesamt 16 verschiedenen Arten katalogisiert wurden.

Auf einer Wanderung in der Hangangervidda muss man mit solchen Brücken rechnen

Hardangervidda

Land der Lemminge

Viele der 114 registrierten Vogelarten, als deren seltenste die Schnee-Eule gilt, sind im Bereich des Langavassmyra südlich der Bjoreidalshytta zu finden, und nicht weniger als zehn Vogelarten (Gerfalke, Sumpfläufer, Odinshühnchen, Schnee-Eule, Ohrenlerche, Eisente, Spornammer, Temminckstrandläufer, Falkenraubmöwe, Doppelschnepfe) haben mit der Vidda ihre südlichste Verbreitungsgrenze. Die Säugetiere sind in Anbetracht der extrem abiotischen Klimabedingungen im Winter eher spärlich vertreten, nur 26 Arten konnten identifiziert werden. Das Wildren gehört dazu, der äußerst seltene Eisfuchs, Schneehase und Hermelin, Nerz und natürlich auch der Berglemming, der hier in manchen Jahren so zahlreich auftritt, dass die Vidda auch als »Land der Lemminge« bekannt ist. Dieser 14–17 cm kleine, legendäre Nager vermehrt sich etwa alle vier Jahre ›explosionsartig‹, und mit zunehmender Populationsdichte und damit einhergehender Nahrungsknappheit und Stress wandern die Tiere in großen Zügen ab, um sich neue Lebensräume zu suchen. Den Strapazen dieser Wanderungen sind viele Lemminge nicht gewachsen, sie kommen um, und so ist es der Überlebenswille, nicht die Todessehnsucht, wie man früher glaubte, der diese Wühlmaus in die Ferne treibt.

> **Wandertipps**
> Mögliche Ausgangspunkte sind Eidfjord (s. S. 233), der Vøringsfoss (s. S. 234) und Geilo (s. S. 243), aber populärer sind die auf rund 1250 m Höhe an der R 7 gelegene **Dyranut Turisthytte** nebst der **Halne Fjellstova**. In beiden Übernachtungsbetrieben kann man Infos abrufen und Führer mieten, ab Halne werden auf dem Halnefjord (1125 m) auch Bootstouren organisiert.

Übernachten, Essen

Berghotel mit nahen Wanderzielen – **Dyranut Turisthytte**: R 7, Tel. 53 66 57 16, www.dyranut.com, Betten ab 185 NOK, EZ/DZ ab 550/900 NOK. Mit viel Holz rustikal und urgemütlich eingerichtetes Berghotel, das am höchsten gelegene an der R 7. Ein gemütliches Restaurant ist angeschlossen. Auf

Über die Hardangervidda in die Telemark

markierten Wanderwegen gelangt man von hier aus in 20 Min. zum Vogelreservat Bjoreidalen, in dem über 20 seltene Watvögel vorkommen. Ebenfalls 20 Min. dauert der Aufstieg auf den Aussichtsberg Dyranut, von wo aus man direkt zum Hardangerjøkulgletscher hinüberblickt.

Berghotel mit Seeblick – **Halne Fjellstova:** R 7, Tel. 53 66 57 12, www.halnefjellstova.no, Ostern–Anfang Okt., Hütten ab 1000 NOK, DZ ab 650 NOK, Ferienwohnungen ab 975 NOK. Traditionsreiches Berghotel aus den

1930er-Jahren mit atemberaubender Aussicht über den Halnefjord. Vermietet werden recht komfortable Zimmer (mit Bad/WC) sowie Ferienhütten und -wohnungen, auch ein Restaurant ist angeschlossen; Vollpension kostet ab 875 NOK pro Pers.

Für Wanderer und Biker – **Haugastøl Turistsenter:** Tel. 32 08 75 64, www.rallarvegen.com, Betten ab 380 NOK, EZ/ DZ ab 765/980 NOK. Größtes Hochgebirgs-Touristenzentrum auf der Vidda, sehr moderne Ausstattung, auch Ferienhütten und Wohnungen, außerdem Verleih von Fahrrädern und Ausrüstung (Näheres s. u. Rallarvegen).

In der Vidda – **Hotel Finse 1222:** Tel. 56 52 71 00, www.finse1222.no, DZ ab 2700 NOK, der Gegenwert ist miserabel. Hochgebirgshotel, nur per Bahn, per pedes und Fahrrad erreichbar.

Unser Tipp

Zugfahren und Wandern ▶ D 8

Haugastøl, Startpunkt des Rallarvegen (s. S. 241), ist als Ausgangspunkt für Wanderungen ebenfalls bestens geeignet, denn hier stößt die R 7 auf die Bergenbahn (s. S. 242). Es ist ein Erlebnis besonderer Art, im Zug über das Hochgebirge zu fahren, und vor allem die Strecke von Haugastøl ins 30 Minuten entfernte **Finse**, zum höchstgelegenen Bahnhof Nordeuropas, hat es in sich. Etwa neun Stunden dauert ab Finse die markierte und einfache Route zur bewirtschafteten **Krækkjahytta**, der ältesten Wanderhütte des Landes (1875). Von dort sind es auf markierter Strecke noch etwa sieben Stunden bis Haugastøl.

Wer einen weiteren Tag Zeit hat, kann von Finse aus in wenigen Stunden den Gletscherrand des **Hardangerjøkulen** erreichen, den mit etwa 70 km2 sechstgrößten Gletscher Norwegens; der mäßig anspruchsvolle Weg ist markiert und auch ohne Führer zu begehen; für Gletscherwanderungen sind allerdings Führer vorgeschrieben.

Aktiv

Auf der Hardangervidda dreht sich (fast) alles ums Wandern, und Informationen bekommt man an allen Ausgangspunkten für Wanderungen, außerdem in den Touristenbüros in Eidfjord und Geilo sowie über den **Norske Turistforeningen** (Norwegischer Wanderverein, s. S. 32), der u. a. auch organisierte Mehrtageswanderungen über die Hardangervidda im Programm hat; seine Website informiert über alle möglichen Wanderwege und Hütten, man kann auch Karten herunterladen. Für die Wander-Routenplanung empfiehlt sich das Untermenü www.turist foreningen.no/turplanlegger.

Infos

Die zuständigen Touristenbüros sind diejenigen von Eidfjord und Geilo, auch die weiter oben erwähnten Fjellhütten halten Infomaterial bereit.

Hardangervidda

www.dirnat.no/nasjonalparker/
hardangervidda: Diese Website der Nationalparkverwaltung informiert umfassend über die Natur der Hardangervidda; auch wichtige Links sind angegeben, man kann Kartenmaterial und Broschüren herunterladen.

Radwandern auf dem Rallarvegen ▶ D 7/8

Radwandern auf dem Rallarvegen

Rallarvegen ist der Name des alten Transportweges, der während des Baus der Bergenbahn über die Hardangervidda zu Beginn des 20. Jh. angelegt wurde. In den 1970er-Jahren wurde er zu einem Radwanderweg ausgebaut, und seit Mountainbikes in Mode sind, dürfte der Rallarvegen eine der beliebtesten und bekanntesten Bikestrecken in ganz Nordeuropa sein.

Der für den Autoverkehr gesperrte, gut befahrbare Schotterweg verbindet die Stationen **Haugastøl** (23 km westlich von Geilo an der R 7; 990 m ü. NN), **Finse** (1220 m ü. NN; hier lohnt das Rallarmuseum einen Besuch) und **Hallingskeid** (1110 m ü. NN) mit **Vatnahalsen** (780 m ü. NN) und kann durch die Strecke **Myrdal–Flåm** (Fahrweg; ebenfalls Schotterbelag) sowie **Geilo–Haugastøl** verlängert werden. Der Abschnitt zwischen Haugastøl und Flåm am wunderschönen Sognefjord ist 82 km lang, und in Anbetracht des stattlichen Höhenunterschieds ist es ratsam, den Weg auch in diese Richtung zu befahren.

Von Flåm aus kann man mit der **Flåmbahn** bis Myrdal zurückkreisen, zwischen Myrdal und Geilo bzw. Ål (s. S. 245) verkehrt Ende Juni bis Anfang September sogar ein spezieller Fahrradzug, sodass der Rücktransport bequem bewältigt werden kann.

Wenigstens zwei bis drei Tage sind aber dennoch für die Tour Geilo–Flåm–Geilo anzusetzen: Der Weg ist nicht asphaltiert, zudem muss man auf der Etappe Finse–Hallingskeid, wo es bis auf über 1300 m hinaufgeht, immer wieder absteigen und schieben, was weniger der Steigung (die ist problemlos), sondern den ganzjährig anzutreffenden Schneeverwehungen geschuldet ist.

Übernachten

Feste Unterkünfte finden sich in Finse, Myrdal (Hochgebirgshotel), Flåm und in Haugastøl.

Infos

Haugastøl Turistsenter: Tel. 32 08 75 64, www.rallarvegen.com. Hier bekommt man alle die Radtour betreffenden Informationen, Karten etc., auch stehen mehrere hundert Leihräder verschiedener Klassen (auch Kinderräder und Anhänger) bereit: 2 Tage ab 480 NOK (jeder weitere Tag 120 NOK), Fahrradtaschen können für 50 NOK/Tag ausgeliehen werden; der Rücktransport des Fahrrads von Flåm und Myrdal ist im Preis enthalten (einen Fahrradverleih gibt es auch in Geilo, wo die Radmiete allerdings

Über die Hardangervidda in die Telemark

Unser Tipp

Unterwegs mit der Bergenbahn

Dramatisch sind alle Landwege, die nach Bergen führen, und auf keiner Strecke wird man dies besser gewahr als mit der Bergenbahn, die in ihrem 526 km langen Verlauf von Oslo aus rund 200 Tunnel durchquert, über mehr als 300 Brücken und extreme Gefällstrecken führt. Ihre Eröffnung im Jahr 1909 nach 14 Jahren Bauzeit war ein Fest der Nation, und ein Fest für die Sinne ist es, sich auf dieses ›Abenteuer auf festem Gleis‹ einzulassen.

Alle Landschaftsformen Norwegens rauschen wie im Zeitraffer an den Panoramafenstern des supermodernen Expresszuges vorüber: Erst dominiert das hügelige Wald- und Wiesenland des **unteren Hallingdal**, es folgen bald bei **Gol** die dunkelgrünen Berghäupter des **Hemsedal**, bis es durchs **obere Hallingdal** hindurch auf die Kältesteppe der **Hardangervidda** hinaufgeht. Dort liegt **Finse,** die höchstgelegene nordeuropäische Bahnstation auf 1222 m Höhe, umgeben von einer arktischen Wüste, in der einst die Polarforscher Amundsen und Nansen ihre Ausrüstungen getestet haben.

Bald wird **Fagernut,** der mit 1237 m höchste Streckenpunkt erreicht, und von nun an etwa hat der **Hardangerjøkulen** die Tundrasteppe fest im Gletschergriff, bevor man bei **Myrdal** einen extremen Szenenwechsel genießen kann: Durch Lichtöffnungen in einer Tunnelwand fällt der Blick rund 860 m tief ins **Flåmdal** hinunter, aus dem die **Flåmbahn** hinausführt. Dann kommen wieder Wasserfälle und Berge ins Bild, und ab **Voss** wird die Landschaft sanfter, zeigt sich das satte Grün des Fjordlandes, dessen Metropole **Bergen** bald erreicht ist (Die Bergenbahn verkehrt 4–5 x tgl., Informationen und Buchung bei Norske Statsbaner (NSB), www.nsb.no, Tel. 23 15 00 sowie 81 50 08 88, dann die ›9‹ wählen für englischsprachigens Personal; regulärer Preis 815 NOK, mit dem Rabattsystem Minipris ab 249 NOK.

Mit der Bergenbahn von Oslo nach Bergen

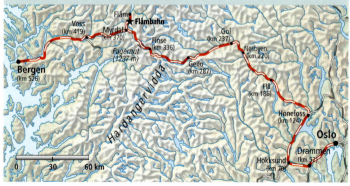

242

erheblich teurer ist). Viele Reisende buchen über das Turistsenter ein *sykkelpakke* (Fahrradpaket). Im Preis von 3200 NOK/Pers. sind zwei Übernachtungen mit Vollpension, die Fahrradmiete für drei Tage sowie das Zugticket für die Rückreise inbegriffen. Wer nur eine Übernachtung in Haugastøl einlegen will, zahlt 1980 NOK. **Flåm Turistinformasjon:** Pb. 42, Flåm, Tel. 57 63 14 00, www.visitflam.com. Hier bekommt man ausführliche Informationen zu Flåm und zur Region des Sognefjords.
www.flaamsbana.no: Website der Flåmbahn, die im Sommer 10 x tgl. zwischen Flåm und Myrdal verkehrt (280 NOK).

Geilo ▸ E 8

Am Rande der Hardangervidda, inmitten eines weiten Wald- und Wiesentals, liegt auf ca. 800 m Höhe Geilo, Norwegens bekannter Wintersportort, der aber auch im Sommer stets einen Aufenthalt wert ist. Wieder einmal sind es Wanderungen, die hierherlocken – geführt oder selbst organisiert –, auch eine Fahrt mit der Bergenbahn ist unvergesslich, Flüsse bieten sich zum Angeln an, der Geilovatn besitzt sogar einen Badestrand. Das von hier nach Osten sich erstreckende Hallingdal ist für viele Abstecher gut, die touristische Infrastruktur ganz ausgezeichnet – der ca. 2500 Einwohner zählende Ort lebt beinahe ausschließlich vom Tourismus.

Geilo Sessellift

Bakkestølvegen, 26. Juni–15. Aug. tgl. 11–16 Uhr, 55 NOK/Fahrt, Tagespass 200 NOK
Unvergesslich ist eine Fahrt mit dem Sessellift auf die 1080 m hohe Geilohöhe, von wo man auf markierten Pfaden u. a. bis zum Hallingskarvet oder nach Geilo zurückwandern kann.

Rundfahrt zum Sognefjord

Das Touristenbüro stellt mehrere Tagestouren per Bus und Zug zusammen; eine der schönsten ist diejenige über den **Aurlandsvegen** (mit dem Bus), der in puncto Berg- und Fjordpanorama als eine der faszinierendsten Straßen des Landes gilt. Bevor aber atemberaubende Natur zu bewundern ist, geht es vorbei an der wunderschön an einem See gelegenen **Stabkirche von Hol** (Juli–15. Aug. Di–So 11–16 Uhr, 40 NOK), die aus dem 13. Jh. stammt. Im weiteren Verlauf steigt die Straße auf eine Höhe von bis zu 1156 m an, und für ca. 40 km geht es direkt an der Grenze des **Hallingskarvet-Nationalparks** entlang, der vom Koloss des 1933 m hohen Folarskardnuten dominiert wird.

Auch dieses Schutzgebiet ist ein Paradies für Wanderer, und durch eine karge Hochfjellwelt zieht sich die bald immer wieder von Tunneln unterbrochene und panoramareiche Straße zum Sognefjord hinunter, dem mit 204 km längsten Fjord der Erde. An seinem Südufer vorbei verläuft die Fahrt via Aurland und Gudvangen nach Flåm, von wo aus die **Flåmbahn** nach Myrland auf die Hardangervidda ansteigt, über die hinweg es mit der **Bergenbahn** zurück nach Geilo geht.

Übernachten, Essen

Für die Zimmervermittlung im Bereich der Gemeinde Geilo ist die Touristeninformation zuständig, über deren Website man auch online buchen kann. Insgesamt stehen hier über 5000 Gästebetten zur Verfügung.
Nobelherberge – **Dr. Holm Hotel:** Tel. 32 09 57 00, www.drholms.com, EZ/DZ ab 1145/1890 NOK. Schmuckvoller

Über die Hardangervidda in die Telemark

Prachtbau aus dem frühen 20. Jh., mit Hallenbad, Restaurant und allem, was der verwöhnte Reisende sucht.
Alpenstil-Mittelklasse – **Geilo Hotel:** Tel. 32 09 05 11, www.geilohotel.no, EZ/DZ ab 945/1490 NOK. Beim Skilift im ›Alpenstil‹ errichtetes Gebirgshotel mit 130-jähriger Tradition und großem Aktivitätsangebot. Zweckmäßig-komfortable Zimmer.
Alles unter einem Dach – **Geilo Vandrerhjem/Øen Turistsenter:** Lienvegen 139, Tel. 32 08 70 60, www.hihostels.no, ganzjährig, Bett ab 290 NOK, EZ/DZ ab 495/685 NOK. Neues Ferienzentrum mit Hütten (ab 350 NOK), Jugendherbergsbetten und großem Angebot an EZ und DZ; auch Camping.

Unser Tipp

Hoch hinaus und steil hinab
Gerade auch in Mountainbiker-Kreisen hat sich die **Geilohöhe** einen herausragenden Namen gemacht – mehr als 50 km lang sind die speziellen ›Freeride Tracks‹. Sind diese auch für Familien tauglich, so bleiben die vier ›Downhill Tracks‹ von der Lifthöhe aus zu Tal ausschließlich den Könnern vorbehalten. Der Sessellift eignet sich auch für den Transport von Fahrrädern, die man direkt an der Talstation ausleihen kann. Pro Tag kostet ein Extrembike 295 NOK inkl. Helm, auch geführte Touren sowie Kurse für Offroad-Novizen werden vom **Geilolia Downhillpark** angeboten. Der Fahrradpark gehört zum **Geilolia Sommerpark**, dem u. a. ein Kletterpark angeschlossen ist (Bakkestølveien 80, Tel. 32 09 00 00, www.geiloskisenter.no, 26. Juni–15. Aug. tgl. 11–16 Uhr, Klettern 145 NOK für Kinder, 245 NOK für Erw.).

Aktiv

Das Touristenbüro ist zuständig für alle Aktivitäten in und um Geilo. Im Angebot sind neben Wanderungen vor allem Gletschertouren (z. B. ein geführter Tagesausflug auf den Hardangerjøkulen, 550 NOK/Pers.), Elchsafaris (jeweils freitags um 20 Uhr, 375 NOK), Kanutouren (4 Std., 545 NOK), Pferdetreks (auch mehrtägig), Rafting (450 NOK für Familien, 650 NOK für Normalurlauber, 850 NOK für Extremsportler), Canyoning und Riverboarding sowie Rappeling. Im Winter dreht sich alles um Skifahren und Snowboarding, Ski-Treks und Hundeschlittentouren.
Wanderungen – Angeboten werden zahlreiche geführte Wanderungen aller Schwierigkeitsgrade (ab 350 NOK/Pers.). Wer auf eigene Faust auf Tour gehen will, sollte im Touristenbüro um die ›Tur og fritidskart‹ mit Routenbeschreibungen bitten. Dort sowie auf der Website sind rund 16 Wanderungen ausführlich vorgestellt, beliebt im Umfeld der Stadt sind u. a. die Umrundung des Ustedalsfjorden (10 km), die Tour zur Tuvaseter (etwa 5 Std.) sowie jene zur Prestholdseter (3 Std.).
Fahrrad – Von Mountainbike-Touren (s. Tipp links) und der Befahrung des Rallarvegen (s. S. 241) abgesehen, bietet sich u. a. die rund 10 km lange Umrundung des Sees Ustedalsfjorden an (Ausgangspunkt im Zentrum von Geilo). Wer etwas Anspruchsvolleres sucht, wähle am besten die Hallingdalsruta Richtung Nesbyen, die bis zu 77 km lang ist, fast ausschließlich über autofreie Wege führt und auch in Etappen aufgeteilt werden kann (z. B. von Geilo nach Ål, ca. 20 km).
Wintersport – Geilo ist eines der größten Wintersportzentren des Nordens, entsprechend umfangreich ist das Angebot. **Geilo Skisenter** (Tel. 32 09

55 15, www.geiloskisenter.no) bietet über 18 Lifte, 59 verschiedene Abfahrten (darunter mehrere schwarze), 220 km an präparierten Langlaufloipen (viele mit Beleuchtung), mehrere Skischulen, einen Snowboardpark sowie Snowkiting. Von den meisten Hotels verkehren Shuttle-Busse zu den Liften.

Ökotourismus aktiv – **Klatrepark Høve Støtt:** Geilovegen 31, Tel. 32 09 14 10, www.hovestott.no. Für sein Engagement in Sachen Natur sowie Ökotourismus wurde der Kletterpark (29 unterschiedliche Routen) von Høve Støtt zum *økobedrift* (Ökobetrieb) ernannt. Auch Gletscher-, Berg- und Kanutouren, im Winter steht außerdem Eisklettern auf dem Programm. **Hardangervidda Fjellguiding:** Tel. 97 54 18 60, www.fjellguiding.no. Dieser Veranstalter wurde 2009 auf die exklusive Liste des Norsk Økoturisme gesetzt. Im Angebot sind rund ein Dutzend Wanderungen in verschiedenen Längen und Schwierigkeitsgraden sowie Schneeschuh- und Skitouren.

Infos & Termine

Touristeninformation
Turistinformasjon Geilo: Veslesløttvn. 13, Tel. 32 09 59 00, www.geilo.no, Sommer Mo–Fr 8.30–18, Sa/So 9–15, sonst Mo–Fr 9–16 Uhr.

Termine
Dutzende Sport- und Kulturveranstaltungen rund ums Jahr; im Winter dreht sich alles um Wintersport, im Sommer locken u. a. Country-&-Western-Tage, Sommer-Markttage, Mountainbike-Rennen und der Hardangervidda-Marathon im August.

Verkehr
Zug: Verbindungen mehrmals tgl. in Richtung Oslo und Bergen (Bergenbahn).

Bus: Geilo ist mit allen größeren Ortschaften zwischen Oslo und Stavanger, Bergen und Kristiansand verbunden, außerdem mit dem Hardanger- und dem Sognefjord, dem Numedal und den Orten der Umgebung.

Bus-Zug-Kombitouren bieten sich von Geilo aus an, das Touristenbüro stellt entsprechende Tagesrundfahrten zusammen.

Oberes Hallingdal

▶ E–F 8

Das Hallingdal erstreckt sich von Geilo aus bis nach Hønefoss vor den Toren von Oslo und wird von der R 7 erschlossen, die parallel zur Bergenbahn verläuft. In landschaftlicher Hinsicht ist die an Feldern, Wiesen und Wäldern reiche und oft weit ausladende Bauerntalung weniger spektakulär als das angrenzende Numedal (s. S. 252), weshalb es von ausländischen Touristen meist nur in Form eines Abstechers besucht wird.

Ål ▶ E 8

Das kleine Städtchen Ål gilt als kulturelles und touristisches Zentrum des oberen Hallingdal und ist alljährlich Ende Mai/Anfang Juni Austragungsort der Norwegischen Volksmusikwoche. Die umgebende Bergwelt eignet sich ausgezeichnet für Wander- und Fahrradtouren, zahlreiche bewirtschaftete Almen können einem das Gefühl vermitteln, irgendwo in den Alpen unterwegs zu sein.

In dem knapp 2500 Einwohner zählenden Ort lohnt das kulturhistorische **Ål Bygdamuseum**, das im Rahmen einer Entdeckungstour ausführlich vorgestellt wird (s. S. 248).

Über die Hardangervidda in die Telemark

Ein weiteres Highlight von Ål ist das im Ål Kulturhus (s. ebenfalls S. 248) eingerichtete **Rolf Nesch Museum**, in dem ca. 80 Werke des deutschen Grafikers ausgestellt sind, der 1933 aus Deutschland geflüchtet war und von 1946 bis zu seinem Tod 1975 bei Ål lebte (Ål Kulturhus, www.aal.kultur hus.no, Mo–Fr 8–16 Uhr, 45 NOK).

Im Hallingdal unterwegs
Das obere Hallingdal gilt als gelobtes Land für den Wanderer, insbesondere das nördlich von Ål gelegene Bergsjøe-Gebiet lässt mit seinen leicht zu erwandernden Gipfeln bis über 1500 m Höhe keine Wünsche offen. Die Berggasthöfe bieten zahlreiche Aktivitäten an, das Touristenbüro gibt eine umfassende Wanderbroschüre heraus, informiert außerdem über Almbesuche, Rad- und Kanutouren sowie Ausritte. Im hier erhältlichen Kletterführer sind 200 Routen mit bis zu neun Seillängen beschrieben.

Übernachten

Nicht die Unterkünfte in Ål selbst sind es, die Besonderes bieten, sondern die Fjellhotels im Hochgebirge.
Gut & günstig in den Bergen – **Nordheim Fjellstue:** Tel. 32 08 46 76, www.nordheim.com, EZ/DZ ab 565/730 NOK. Bei Vats nördlich von Ål oberhalb der Baumgrenze auf 800 m Höhe gelegene Fjellstue aus dem Jahre 1925, in den 1990er-Jahren umfassend renoviert. Die mit Dusche und WC ausgestatteten Zimmer sind ebenso gemütlich wie das Speisezimmer und der Kaminraum. Großes Aktivitätsangebot (u. a. Verleih von Pferden, Kanus, Booten, Fahrrädern), auch Restaurant.
Berggasthof in Seelage – **Bergsjøstølen:** Tel. 32 08 46 18, www.bergsjosto len.no, DZ 1980 NOK. Berggasthof auf 1084 m Höhe in herrlicher Hoch-

gebirgslage direkt am Seeufer des nördlich Ål gelegenen Bergsjøen. Die Preise für Vollpension sind hier relativ moderat (400 NOK pro Tag und Pers.).
Camping am Fluss – **Ål Camping:** 2 km östlich von Ål, Tel. 41 30 03 32, www.aalcamping.no, nur Juni–Ende Aug. Solide ausgestattete Hütten ab 300 NOK. Kleiner Wiesenplatz am Ufer des Hallingdal-Flusses (Forellenangeln 40 NOK/Tag).

Essen & Trinken

Hausmannskost nach Omas Rezepten – **Nordheim Fjellstue:** Jeden Donnerstagabend lädt die Nordheim Fjellstue (s. o.) zum Hallingbord ein, einem aus traditionellen Hallingdal-Speisen bestehenden Buffet. Da gibt es u. a. Rakafisk (geräucherte Forelle), in Gin marinierten Lachs, Schinken und Elchfleisch, Käse und Pfannekuchen sowie, als Dessert, Rømmegrøt, Reispudding und Brisketreak (Süßigkeiten aus Wacholderbeeren). Mit 350 NOK nicht ganz billig, aber dafür ein kulinarisches Erlebnis. Unbedingt rechtzeitig reservieren!

Infos & Termine

Touristeninformation
Ål Turistinformasjon: Ål, Tel. 32 08 10 60, www.al.no, 24. Juni-17. Aug. Mo–Fr 8.30–18, Sa 10–14, sonst Mo–Fr 8.30–15 Uhr, umfassende Informationen zum gesamten oberen Hallingdal; über die Website kann man Broschüren herunterladen.

Termine
Norske Volkemusikkveka: Ende Mai. Die alljährlich in Ål stattfindende ›Norwegische Volksmusikwoche‹ steht im Ruf, das qualitativ beste norwegische Folkfestival zu sein (www.folke musikkveka.no).

Verkehr

Zug: Verbindungen mehrmals tgl. in Richtung Oslo und Bergen (Bergenbahn).

Bus: Ål ist mit allen größeren Ortschaften zwischen Oslo und Stavanger, Bergen und Kristiansand verbunden, auch mit Kongsberg (durch das Numedal) und der Region des Hardangerfjords.

Durch Bauerntalungen nach Kongsberg ▶ E 8–F 10

Etwa 160 km misst die Distanz von Geilo bzw. Ål hinunter nach Kongsberg an der Grenze zur Telemark, drei Bauerntalungen müssen durchfahren werden. Seit alters stellen sie die eigentlichen Siedlungs- und ▷ S. 250

Unser Tipp

Die Torpo-Stabkirche

Nicht nur bis Ål, sondern 12 km weiter bis Torpo sollte man der R 7 folgen, um die Stabkirche von Torpo zu besuchen, von der nur noch der eigentliche Kern, das überhöhte Mittelschiff, erhalten ist (der Chor wurde im 19. Jh. abgebrochen), weshalb der gesamte Bau (12. Jh.) eher an einen Turm erinnert. Von einzigartiger Qualität sind die Drachenornamente am Süd- und Westportal, im Innern beeindrucken insbesondere die Deckengemälde aus dem 13. Jh. sowie die hohen Säulenmasten, die dem Betrachter das Gefühl vermitteln können, in einem heidnischen Tempel zu sein (3579 Ål, www.stavechurch. com, Juni–Aug. tgl. 8.30–18 Uhr, Führungen auch auf Deutsch, 50 NOK; mit dem Bus ist die Kirche sowohl von Geilo wie auch von Ål aus erreichbar).

Auf Entdeckungstour: Von ›Rosen‹ überwuchert – Rosenmalerei in Ål

Es ist die Fülle des Barock, die in der norwegischen Rosenmalerei zum Ausdruck kommt, einem Genre, das seinen Ursprung Mitte des 18. Jh. in Südnorwegen hatte. Eines der Zentren war das Hallingdal, wo sich in Ål zwei Ausstellungen dem Thema widmen.

Reisekarte: ▶ E 8
Infos: Ål Bygdamuseum (3570 Ål, www.hallingdal-museum.no, 1. Juli–12. Aug. Di–So 11–16 Uhr, 60 NOK); Ål Kulturhus (www.aal.kultur hus.no, Mo–Fr 8–16, Sa 12–14 Uhr, Eintritt frei).
Weiterführende Informationen: Weitere Ausstellungen zur Rosenmalerei gibt es unter anderem in Bergen (s. S. 221), in der Stabkirche von Uvdal (s. S. 251), in der Lyngdal-Kirche (s. S. 253) und im Vest Telemark Museum (s. S. 266).

Nirgendwo kann man heute norwegische Volkskunst besser bewundern als in den unzähligen Bygdemuseen (Heimatmuseen), in denen dank unermüdlicher Privatinitiative einzigartige Sammlungen der Öffentlichkeit zugänglich gemacht werden. Ein Musterbeispiel für diese insbesondere im Süden des Landes so reichhaltige Museumslandschaft ist das Ål Bygdamuseum im oberen Hallingdal. Es umfasst 35 bis zu 350 Jahre alte Bauzeugen der traditionsreichen Hallingdaler Bauernkultur. Kleinod der Sammlung aber sind mehrere originalgetreu erhaltene Zimmer, die im Stil der Rosenmalerei gehalten sind: Herausragend hier insbesondere die im frühen 19. Jh. entstandenen Arbeiten des aus Ål stammenden Künstlers Nils Bæra in der Settungsgardstugu sowie die in den 1780er-Jahren entstandenen Werke von Herbrand Sata, die den Holte-Loftet ausschmücken: Über Betten, Tische und Stühle, Wände, Täfelungen, Truhen und Musikinstrumente, sogar Küchenlöffel und Bierschalen, ja eigentlich über alles Holzwerk, breiten sich Blumen und Ranken in Gelb, Rot, Blau und Ocker aus; dazwischen entdeckt man biblische Motive, aber auch Figuren und exotische Fabeltiere. Wirkliche Rosen findet man eher selten, denn mit dem Ausdruck *rose* war im ländlichen Dialekt jede Art von Blume, aber auch Ornament und Muster gemeint.

Barocke Pracht

Nach den Jahrhunderten der Armut im frühen Mittelalter und nach Überwindung der Pest im 13. Jh. erwarben die Bauern vor allem im Hallingdal (sowie auch in der Telemark) durch die zunehmende Holzbewirtschaftung einen gewissen Wohlstand und schufen so die Voraussetzung für das Entstehen einer reichen Volkskunst, deren barocke Fülle im Genre der Rosenmalerei ihren adäquaten Ausdruck fand. Vom Hallingdal breitete sich die Rosenmalerei etwa ab 1750 über weite Teile Norwegens aus. Die Künstler in den einzelnen Regionen und Dörfern entwickelten die Motive meist ganz ohne fachliche Ausbildung auf eine selbstständige und originelle Art weiter, bis gegen Ende des 19. Jh. zehn ganz eigene Stilrichtungen der Rosenmalerei existierten.

Rosenmalerei der Weltklasse

Etwa ab 1850 setzte der Niedergang der Rosenmalerei ein (Formen und Farben werden herbstlicher), ab 1910 war sie passé ›Winter‹. Dann kam die Holzvertäfelung in Mode, und mit dem Aufkommen des Jugendstils begann man auch hier, die Stubenwände weiß zu streichen, wobei so manch farbenfrohes Werk überpinselt wurde. Ausgestorben ist die Kunst noch nicht, sie ist ein beliebtes Hobby vieler Norweger geblieben, doch fehlt ihr jetzt die frühere Kraft und Originalität, was man auch den Gefäßen der Andenkenindustrie ansieht, in der die ›Künstler‹ den alten Stil kommerziellen Gesichtspunkten geopfert haben.

Von diesem Stilwandel kann man sich in Ål ebenfalls ein Bild machen, im dortigen Kulturhus nämlich, nur etwa 1,5 km vom Heimatmuseum entfernt im Ortszentrum. Die Dauerausstellung ›Hallingrosa‹ umfasst Dutzende Exponate zur *rosemaling*, die den Zeitraum zwischen dem 18. und 20. Jh. abdecken. Alle Künstler, deren Werke ausgestellt sind, hatten ihre Wurzeln im Hallingdal, und so schlicht und einfach sich die Malereien oft im Ål Bygdamuseum präsentieren, so künstlerisch wertvoll hier in der Hallingrosa, der man Weltklasse nachsagt.

Über die Hardangervidda in die Telemark

Kulturinseln zwischen den fast menschenleeren Wald- und Fjellregionen im Osten der Hardangervidda dar, und noch bis zu Beginn des vergangenen Jahrhunderts waren das Skur- und Seter-, Uv- und Numedal vom Rest des Landes relativ abgeschlossen. Dieser Isolation ist es auch zu verdanken, dass sich hier eine eigene und noch heute fassbare Bauernkultur entwickeln konnte, deren offensichtlichste Ausprägung die unzähligen und teils jahrhundertealten Gehöfte sind, die mit ihren Speichern, Ställen und Schuppen insbesondere die sonnenexponierten Hanglagen der Täler schmücken. Von den etwa 200 authentisch erhaltenen mittelalterlichen norwegischen Blockbauten finden sich heute allein 44 im Uvdal und im Numedal, und obendrein liegen gleich vier sehenswerte Stabkirchen am zudem auch sehr schönen Weg.

Dagali ▶ E 8

Wir verlassen Geilo bzw. das Hallingdal, passieren noch mehrere idyllisch gelegene Campingplätze und Hüttenanlagen und kurven auf serpentinenreicher Strecke wieder bis auf 1100 m Höhe hinauf, sodann hinunter ins muldenförmige **Skurdal**, dessen dichter Waldbestand zwei romantisch gelegene Seen verbirgt. Auch der Weg aus dem Tal hinaus führt über eine Passhöhe (1063 m), auf der sich das komplett zum Naturschutzgebiet erklärte **Seterdal** öffnet, dessen Waldflanken in sanftem Schwung aus dem Wiesengrund aufsteigen, in der Mitte blaues Wasser und die verstreut liegenden Gehöfte des etwa 150 Einwohner zählenden Dorfes Dagali.

Der angenehme Urlaubsort bietet sich als Ausgangspunkt für Wanderungen und Mountainbike-Touren an und lockt obendrein mit überaus spannenden Riverrafting-Touren. Wer eher kulturhistorisch interessiert ist, wird das **Dagali Bygdetun** besuchen, ein kleines Freilichtmuseum mit 15 malerisch anzuschauenden Gehöften und Speicherhäusern aus dem 17. und 18. Jh. (Bygdevegen, www.halling dal-museum.no, 1. Juli–12. Aug. Di–So 11–16 Uhr, 60 NOK).

Übernachten, Essen

Sympathisch und aktiv – **Dagali Hotel:** R 40, Dagali, Tel. 32 09 37 00, www. dagalihotel.no, EZ/DZ ab 720/1000 NOK, mit Halbpension 400 NOK/Pers. extra. Schöne Lage mit Blick auf Dagali, sehr großzügiger Komplex mit Aufenthalts- und Kaminraum, Sauna, Bar, Restaurant, Fitnesscenter, Sportangebot, außerdem Verleih von Mountainbikes.

Komfortcamping – **Hallandtunet:** Dem Dagali Hotel angeschlossener Drei-Sterne-Platz mit ausgezeichneter Ausstattung; alle Einrichtungen des Hotels können benutzt werden, außerden stehen mehrere Hütten zur Vermietung (ab 700 NOK).

Aktiv

Abenteuer zu Wasser und zu Lande – **Dagali Opplevelser:** Tel. 32 09 38 20, www.dagaliopplevelser.no (Buchung und Information auch über das Touristenbüro in Geilo). Veranstalter zahlreicher Aktivitäten, u. a. mehrerer Wildwasser-Raftingtouren (3–4 Std.) in vier Schwierigkeitsgraden von der Familientour (450 NOK) bis hin zur Extremtour (850 NOK); außerdem Riverboarding (4 Std., 850 NOK) und Rappeling an einer 40-m-Wand (650 NOK), auch ATV-Fahrten auf einem Offroad-Trail (2 Runden 500 NOK) und anderes mehr.

Infos

Touristeninformation: Über Skurdal und Seterdal informiert das Touristenbüro in Geilo (s. S. 245).
www.dagali.no: dem Ort und seiner Umgebung gewidmete Website.
Bus: Es bestehen Verbindungen Richtung Geilo und Kongsberg.

Über das Dagalifjell

Von Dagali aus führt die Straße bald aus dem Seterdal hinaus auf die kahle Hochebene des Dagalifjells, auf der, in einzigartig abgeschiedener Panoramalage, mehrere Hochgebirgshotels um die Gunst von Sommer- und Wintergästen werben. Bei **Vasstulan**, dem mit 1100 m höchsten Punkt der Straße, genießt man eine weite Aussicht auf diese sanft gewellte und von zahlreichen Seen, Teichen und Tümpeln durchglitzerte Kältesteppe, die in einen Rahmen aus vielgestaltigen Bergen gespannt ist.

Ein Stück weiter öffnet sich in der Tiefe der langgestreckte Trog des **Uvdal**, und steil geht es nun in den nur noch 460 m hoch gelegenen Talgrund hinab, der mit einer überaus idyllischen Wald- und Wiesen-, Feld- und Flusslandschaft gefällt.

Im Uvdal ▸ E/F 8

Auch Uvdal, der Zentralort des gleichnamigen Talzugs, präsentiert sich, zumindest aus der Ferne, wie ein Überbleibsel einer längst vergangenen Epoche: Über hohe Bäume hinaus ragt der schindelgedeckte und mit Drachenköpfen geschmückte Turm der **Uvdal Kirke**. Beim Näherkommen offenbart sich, dass das Gotteshaus nur im stabkirchenähnlichen Stil erbaut, keineswegs aber mittelalterlich ist (1893).

Ein Schild – ›Stavkirke‹ – weist gegenüber den Hang hinauf zur hoch über dem Tal aufragenden (echten) **Stabkirche von Uvdal**. Sie ist dem Uvdal-Freilichtmuseum mit seinen 13 bis 400 Jahre alten Gebäuden angeschlossen und beeindruckt vor allem mit ihrer herrlichen Panoramalage hoch über dem von bewaldeten Bergen umschlossenen Tal. Die Kirche stammt aus dem 12. Jh., wurde umgebaut und erweitert, bevor man sie schließlich im 18. Jh. mit Rosenmalereien (s. Entdeckungstour s. S. 248) reich verziert hat (Uvdal Stavkirke og Bygdetun: 3632 Uvdal, www.stavechurch.com, Juni–Aug. tgl. 9–18 Uhr, 60 NOK).

Übernachten, Essen

Gemütlichkeit in der Kältesteppe – **Torsetlia Fjellstue:** R 40/Dagalifjell, Tel. 32 74 36 81, www.torsetlia.no, DZ ab 1100 NOK. 1044 m über dem Meer auf dem Dagalifjell gelegene Ferienanlage mit weiter Aussicht über den Torsetvann und schön in die Natur integrierten Hütten sowie über 20 Zimmern. Auch Halb- und Vollpension, außerdem ein umfassendes Aktivitätsangebot.

Budgetschonend in historischem Ambiente – **Uvdal Vandrerhjem:** Uvdal, Tel. 32 74 30 20, www.hihostels.no, 17. Juni–1. Sept., Betten ab 190 NOK, EZ/DZ ab 570 NOK, Frühstück 70 NOK extra. Gemütliche Zimmer in historischem und traditionsreichem Ambiente eines Amtmannshofes aus dem Jahr 1906. Eine der günstigsten Jugendherbergen im ganzen Land.

Flussufer-Camping – **Uvdal Camping:** Uvdal, Tel. 32 74 31 08, www.uvdal-camping.no, große Auswahl an Hütten ab 300 NOK. Wiesenareal zwischen Straße und Fluss, 20 schön am

251

Über die Hardangervidda in die Telemark

Flussufer gelegene Hütten in verschiedenen Komfortstufen. Gemütlicher Aufenthaltsraum und Kaminzimmer, und im angeschlossenen Restaurant werden Pizza und Pasta serviert (ab 185 NOK); außerdem Kanu- und Fahrrad-Verleih.

Aktiv

Wandern, Angeln (u. a. Forelle, Saibling und Hecht) und Fahrradfahren sind die drei touristischen Hauptaktivitäten, es informieren das Touristenbüro und die Unterkünfte.

Infos

Touristeninformation
Turistkontoret i Uvdal: Uvdal Alpinsenter, Uvdal, Tel. 32 74 13 90, www. visituvdal.no, Mo–Fr 10–16.30, Sa bis 14 Uhr, für das Uvdal und das obere Numedal zuständig.
www.visitmiddelalderdalen.no: Diese Website ist vor allem der mittelalterlichen Architektur im Uvdal und Numedal gewidmet.

Verkehr
Bus: Es bestehen Verbindungen Richtung Geilo und Kongsberg.

Das Numedal ▶ F 8–9

Bei **Rødberg**, nur wenige Kilometer südlich der Ortschaft Uvdal gelegen, geht der Talzug ins ca. 100 km lange Numedal über. Mit seinen zahlreichen Zeugnissen einer alten Bauernkultur und seiner landschaftlichen Schönheit zählt es zu den attraktivsten Urlaubslandschaften des Königreichs. Bis nach Kongsberg hinunter ist der (überaus lachs- und forellenreiche) Numedalslågen (auch: Lågen) von nun an ständiger Begleiter. Mal ist er schmal und

wild, dann wieder ein breiter Strom oder langgestreckter See.

Oberes Numedal

Der Numedalslågen setzt der Landschaft das i-Tüpfelchen auf und ist die prächtige Kulisse für die schindelgedeckte **Stabkirche von Nore**, die 2 km abseits der R 40 an der parallel verlaufenden Westuferstraße liegt. Haupt-attraktion dieser 1992 restaurierten Kirche aus dem 12. Jh. ist die runenverzierte Mittelsäule, um die der einschiffige Raum angeordnet ist. Die Zwischendecke wurde im 18. Jh. eingezogen und ist, wie das gesamte Innere, vollständig bemalt (3632 Nore, 25. Juni–4. Aug. tgl. 10–17 Uhr, 50 NOK).

Entlang dem Rollagvegen

Von der Nore-Stabkirche aus bietet es sich an, auch weiterhin der Rollagvegen genannten Westuferstraße zu folgen. Sie führt vorbei an mehreren jahrhundertealten, teils auch heute noch bewohnten Häusern, die allesamt unter Denkmalschutz stehen. Bei Åsly, nach ca. 8 km erreicht, mündet sie wieder in die R 40 ein, an der, 9 km weiter, das 13 Gebäude umfassende **Rollag Freilichtmuseum** erreicht wird (Rollag Bygdetun: 3626 Rollag, 23. Juni–5. Aug. tgl. 12–17/ 18 Uhr, 50 NOK).

Benachbart lädt die nur eher selten von Touristen besuchte **Stabkirche von Rollag** ein, die im 13. Jh. erbaut und 1697 umgebaut wurde; das Kirchenschiff ist original erhalten (3620 Flesberg, 23. Juni–12. Aug. Mo–Sa 11–17, So ab 12 Uhr, 50 NOK).

Unteres Numedal

Wer Rollag nicht besuchen möchte, sollte auch weiterhin dem **Rollagvegen** folgen, der in seinem weiteren Verlauf bis Stærnes von zahlreichen

Das Numedal

alten Hofgebäuden und Speicherhäusern gesäumt wird.

Dann ist der kleine Ort Flesberg mit der **Flesberg-Stabkirche** erreicht, die im 12. Jh. als Stabkirche errichtet, doch 1735 zur Kreuzkirche umgebaut wurde. Sehenswert ist insbesondere das alte Drachenportal an der Westseite (25. Juni–10. Aug. tgl. 12–17 Uhr, 50 NOK); im Juli ist das Gotteshaus meist tgl. 10–16 Uhr geöffnet.

Ebenfalls einen Besuch wert ist die etwas außerhalb gelegene, aus dem späten 17. Jh. stammende **Lyngdal Kirke**, deren Inneres reich mit Rosenmalerei verziert ist (3624 Flesberg, Öffnungszeiten wie Flesberg Kirke).

Lågdalsmuseum

Tillichbakken 8–10, 22. Juni–8. Aug. tgl. 10–16, Führungen um 11, 12, 14 und 15 Uhr, sonst Di–Fr 11–15 Uhr, 50 NOK

Kurz bevor die R 40 bei Kongsberg auf die Europastraße stößt, liegt dieses Freilichtmuseum am Weg. 35 historische Gebäude aus dem Numedal sind hier zu besichtigen, originale Laden- und Werkstatteinrichtungen sowie Trachten sind ausgestellt; im Juli werden täglich alte Handwerkstechniken demonstriert. Im selben Gebäude befindet sich Norwegens einziges Museum für Brillen und optische Geräte.

Aktiv im Tal

Auf den Schienen der stillgelegten Numedalsbahn kann man auf der 30 km langen Strecke zwischen Veggli und Rødberg zu **Draisine-Fahrten** starten. Informationen über das Touristenbüro sowie den Veranstalter Veggli Vertshus (s. u.); 1 Std. kostet 40 NOK für 1 Pers., Tagesmiete 265 NOK.

Über **Kanufahrten, Ausritte** und **Pferdetreks** sowie **Wander- und Trekkingtouren** informiert das Touristenbüro.

Einfach tierisch

Etwa 29 km von Rødberg Richtung Nesbyen liegt der panoramareiche **Langedrag Naturpark**, in dem u. a. Polarfüchse, Luchse und ein Wolfsrudel leben. Wer den Wölfen und Luchsen nahekommen will, muss an geführten Touren in die beiden Freilichtgehege teilnehmen. Sie dauern je 1 Stunde bzw. 30 Minuten, kosten 500 NOK (Wölfe) bzw. 350 NOK (Luchse), ein Kombiticket gibt es für 750 NOK. Auch Ausritte für Kinder (40 NOK) sowie Kutschfahrten ins schöne Umland werden angeboten (Langedrag Naturpark, Tunhovd, 3540 Nesbyen, Tel. 32 74 25 50, www.langedrag.no, tgl. 10–18 Uhr, 190 NOK, Kinder 150 NOK, Familienticket 650 NOK, Fütterung der Elche tgl. um 13, der Wölfe, Luchse, Polarfüchse und Rentiere um 14 Uhr).

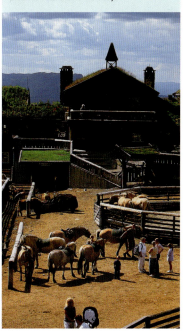

Über die Hardangervidda in die Telemark

Zum **Radfahren** ist das Numedal wie geschaffen, zumal nun auch die Numedal-Radroute fertiggestellt ist, die zwischen Larvik und Geilo verläuft (280 km); es wird ein eigener Fahrradführer herausgegeben. Im Numedal kann man an sieben Stellen Räder ausleihen. Infos beim Touristenbüro und über www.numedal.net/numedalsruta.

Übernachten

Zeitgemäß – **Rødberg Hotel:** Rødberg, Tel. 32 74 16 40, www.rodberg.no, DZ ab 1090 NOK. Dreigeschossiger Holzbau mit 34 modern ausgestatteten Komfortzimmern, auch Restaurant und Bar, mit Außenterrasse.

Guter Gasthof – **Veggli Vertshus:** Veggli, Tel. 32 74 79 00, www.veg gli-vertshus.no, EZ/DZ 690/890 NOK. Acht einfach eingerichtete Zimmer in einem insbesondere bei Familien beliebten Gasthof.

Camping am Lågen – **Fjordgløtt Camping og Hyttesenter:** Rødberg, Tel. 32 74 13 35, www.fjordglott.net, ganzjährig geöffnet, Hütten ab 400 NOK. Schön auf einer Wiese am Fluss gelegene Anlage; mit Sauna, Badeplatz, Angelmöglichkeit, Bootsverleih.

Essen & Trinken

Mittelalter kulinarisch – **Veggli Vertshus:** s. o. Im Sommer wird hier als Spezialität des Hauses *middelaldermat* in einem ausrangierten, aber nett herausgeputzten Zugwaggon serviert. Das ›Mittelalteressen‹ umfasst drei Traditionsgerichte (u. a. Elchgulasch) und kostet 370 NOK.

Infos & Termine

Touristeninformation
Zuständig für die Region ist das Büro in Uvdal (s. S. 252). Die ›Mittelalter-

woche‹ (Ende Juli/Anfang Aug.) ist das wichtigste Kulturereignis des Numedal und lädt zu zahlreichen Veranstaltungen sowie Aktivitäten für Jung und Alt ein. Programminfos über das Touristenbüro in Uval sowie www.vi sitmiddelalderdalen.no.

Verkehr
Bus: Verbindungen bestehen u. a. Richtung Geilo, Kongsberg sowie Larvik.

Kongsberg ▸ F 10

Es war einmal ein Ochse, der stocherte mit seinen Hörnern im Boden herum und legte dabei eine Silberader frei – so geschehen 1623, zumindest der Legende nach. Ein Jahr später, dies ist verbürgt, erfolgte an dieser Stelle die offizielle Gründung der Stadt Kongsberg durch Dänenkönig Christian IV. Grube um Grube wurde nun in die Erde getrieben – insgesamt über 300 Stück, eine gar bis in 1070 m Tiefe –, und bald schon wurden über 8 t reines Silber pro Jahr gefördert.

Mitte des 18. Jh. hatte sich Kongsberg, dem Status nach eine freie Bergstadt, mit ca. 10 000 Einwohnern zur zweitgrößten Stadt des Landes (nach Bergen) entwickelt und war gleichzeitig diejenige mit dem größten Anteil deutschstämmiger Bewohner. Die Bergleute aus dem sächsischen Raum, vom König wegen ihrer hohen Qualifikation ins Land geholt, stellten über Jahrzehnte hinweg sogar den Bürgermeister. So mancher Grubenname – etwa ›Gottes Hülfe‹, ›Haus Sachsen‹ – erinnert noch an jene Zeit, in der aber bereits der Niedergang begann, da die Ergiebigkeit der Minen abnahm. Insgesamt wurden hier bis zur Stillegung der Gruben im Jahre 1957 ca. 1350 t Silber gefördert.

Kongsberg

Norwegisches Bergwerksmuseum

Hyttegata 3, www.norsk-bergverks-museum.no, 18. Mai–Aug. tgl. 10–17, sonst Di–So 12–16 Uhr, 80 NOK

1957 waren die Silbervorkommen von Kongsberg erschöpft. Die Geschichte der Gruben und der Verarbeitung des Edelmetalls dokumentiert das in der alten Schmelzhütte untergebrachte Norwegische Bergwerksmuseum, in dem eine eigene Abteilung für die Königliche Münze eingerichtet und eine umfangreiche Münz- und Medaillensammlung zu betrachten ist.

Auch Mineralien sind ausgestellt, und im angeschlossenen Skimuseum wird die Geschichte des norwegischen Skisports anschaulich nachgezeichnet – Kongsbergs Skispringer galten einst als die besten der Welt. Das Waffenmuseum schließlich konzentriert sich auf die Geschichte der Waffenfabrik von Kongsberg.

Kongsberg Kirche

Kirketorget, 21.Mai–Aug. Mo–Fr 10–12, sonst Di–Do 10–12 Uhr, 40 NOK

Oberhalb des Museumskomplexes, der am Weg nach Notodden liegt, lädt die weithin sichtbare Kirche, einer der größten Barockbauten Norwegens, zum Besuch ein. Sie wurde nach Plänen des deutschstämmigen Oberberghauptmanns Joachim Andreas Stukenbrock errichtet, und so schlicht sich der Backsteinbau von außen auch präsentiert, so aufwendig stellt sich sein ganz im Stil des Rokoko gestaltetes Inneres dar. Bis in die hohe Decke hinein, wo Norwegens schönste Kristalllüster zu bewundern sind, zieht sich das Figurenwerk.

Übernachten

Kongsberg ist ein ziemlich teures Pflaster, wesentlich günstiger übernachtet man im Numedal. Vergünstigungen bringt das ›Sommerpaket‹ (s. u.).

Was das Herz begehrt – **Quality Grand Hotel:** Chr. Augustsgt. 2, Tel. 32 77 28 00, www.grandkongsberg.no, EZ/DZ ab 980/1180 NOK. Beton-und-Glas-Komplex, ansprechende Komfortzimmer; Restaurant, Bar, Hallenbad. ▷ S. 259

Saggrenda – in den Bauch des Silberbergs

Etwa 7 km außerhalb von Kongsberg, am ausgeschilderten Weg nach Notodden (dem auch diese Route folgt), macht der Wegweiser ›Kongens gruve‹ auf die wichtigste Sehenswürdigkeit des Ortes aufmerksam: In die ca. 1 km entfernte Sølvgruvene (Silbermine), einst im Besitz des Königshauses, kann man per Grubenbahn innerhalb von zehn Minuten 2,3 km weit einfahren. Dort unten, in 342 m Tiefe, herrscht eine Temperatur von ca. 7 °C (warme Sachen nicht vergessen). Im Rahmen einer Führung gewinnt man ein anschauliches Bild von der Geschichte der Silberförderung. Auch die historische hölzerne »Fahrkunst« (der erste Aufzug des Bergwerks) ist ausgestellt, ebenso Maschinen und Werkzeuge.

Alles in allem ist die anderthalb Stunden dauernde Tour den nicht geringen Eintrittspreis unbedingt wert. Wartezeiten kann man sich an einem ca. 500 m entfernten Badesee (mit Rutschbahn, Liegewiese und Sandstrand) vertreiben (Bergmannsveien, www.norsk-bergverksmuseum.no, der Grubenzug startet Mitte Mai–Ende Juni sowie Aug. tgl. um 10, 12 und 14 Uhr, im Juli stdl. von 11 bis 16 Uhr, 150 NOK).

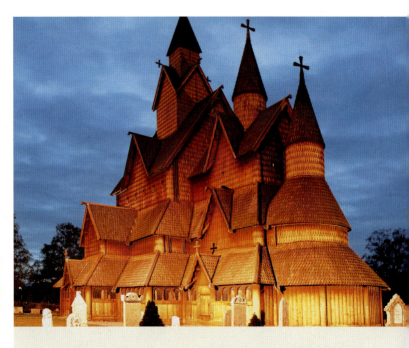

Auf Entdeckungstour: Ein Himmelsschiff vor Anker – die Stabkirche von Heddal

Die Stabkirchen sind Norwegens originärer Beitrag zur Weltgeschichte der Baukunst. An der Heddal-Stabkirche lässt sich die Verschränkung frühchristlicher und germanisch-heidnischer Formensprache wunderbar studieren.

Reisekarte: ▶ F 10

Heddal Stavkirke: Heddalsvegen 412, Tel. 35 01 39 90 u. 92 20 44 35, www.heddalstavkirke.no, 20. Mai–19. Juni, 21. Aug.– 10. Sept. tgl. 10–17, im Hochsommer 9–19 Uhr, So Gottesdienst um 11.30 Uhr, 60 NOK.

Stabkirchen im Web: www.stavechurch.org ist die fundierteste Website zum Thema, etwas weniger ausführlich ist www.norwegische-stabkirchen.de.

Genial müssen sie gewesen sein, die Zimmermänner aus der Frühzeit des Christentums in Norwegen, denn schon aus der Distanz betrachtet manifestiert sich in der Stabkirche von Heddal mit ihren kaskadenförmig übereinandergestaffelten und mit Schindeln gedeckten Dächern eine Holzbaukunst von einzigartiger Schönheit. In herrlicher Klarheit und Harmonie gibt dieses um 1250 errichtete und Mitte des 19. Jh. sowie 1939 umfassend restaurierte Gotteshaus mit seinem freien, fast fröhlich-asiatisch wirkenden Spiel der Formen ein Abbild der umgebenden Natur. Eindrucksvoll unterstreichen drei aufgesetzte Spitztürme die himmelstürmende Dynamik dieses gewaltigen Baus, der mit rund 20 m Länge und 26 m Höhe der größte seiner Art in Norwegen ist. Kunsthistoriker sehen in ihnen phallische Symbole, und auch die mit klaffenden Drachenköpfen verzierten Firste haben eindeutig etwas Heidnisches. Sie hatten die Aufgabe, böse Kräfte und Mächte abzuwehren, und zeugen davon, wie eng in dieser frühen Epoche das gewaltsam eingeführte Christentum mit heidnischen Glaubensvorstellungen verzahnt war.

Außen wie innen
Das Äußere ist immer auch Ausdruck eines Inneren, und was hätte näher gelegen, als der gerade erst bekehrten Nordmännern ihre alte Symbolik zu lassen, um so den neuen Glauben nach und nach in den stolzen und trotzigen Nachfahren der Wikinger zu verwurzeln. Der Geist des germanischen Heidentums blieb in den Stabkirchen lebendig und so verwundert es nicht, dass die Heddal-Stabkirche der Sage nach über einem alten Kultplatz von einem Troll im Laufe dreier Tage errichtet wurde.

Germanische Mythologie im Schnitzwerk
Wie kraftvoll der Glaube an den Hauptgott Odin, an den Donnergott Thor, die Göttermutter Freya und an all die anderen germanischen Gottheiten, Geister und Dämonen in den Menschen jener Epoche noch gewesen sein muss, zeigen gerade auch die überreichen Schnitzwerke an den Portalen dieser Stabkirche. Vor allem das Westportal, das als eines der bedeutendsten Schnitzarbeiten aus jener Epoche überhaupt gilt, beeindruckt mit einem tief ausgeschnittenen Rankenwerk voller Symbolik. Auf den ersten Blick hin scheint alles nur wild verflochten; tritt man näher, findet man plötzlich verschlungene Leiber der Midgård-Schlange, dämonische Fabeltiere, sich umherringelnde Drachenbrut sowie ein drohend über dem Eingang wachendes Drachenhaupt.

Auch die Schnitzarbeiten des Südportals mit seinen sich wild überdeckenden Kreisen abgeflachter Schlangenkörper, in deren Mitte am rechten Portalrand ein menschgestaltiger Pfahlgott herauswächst, dienten der Abschreckung von Dämonen, wie auch all die geisterhaften Gesichter, Masken und Tierköpfe, die das Südportal der Sakristei schmücken, alles Böse fernhalten sollten. Die Edda, das aus Heldengesängen und Götterliedern bestehende Hauptwerk der altnordischen Literatur, ist hier im Schnitzbild lebendig geblieben. So gar nicht christlich muten auch die schmiedeeisernen Türen mit ihren Rankenmotiven an.

Kathedrale aus Holz
Betritt man den Innenraum der Kirche, wird leicht verständlich, weshalb die

Heddal-Stabkirche auch als »gotische Kathedrale aus Holz« bezeichnet wird. Hier, wo der Mensch im Geist der Epoche über alles Irdische herausgehoben werden sollte, herrscht der Wohlklang strenger Formen. Durch winzige Plankenlöcher fallen gelbe Lichtbündel schräg in den hohen Raum – tanzende Muster auf hölzernen Säulen, fahles Licht auf Knaggen und Kehlbalken, Streben und Sparren in der Höhe des Dachstuhls, der von seiner Konstruktion her den Eindruck eines Rippengewölbes hervorruft. Man ist schlicht begeistert und kann plötzlich nachempfinden, wie sehr dieser Raum die frühen Christen beeindruckt haben muss, als der Glaube an Thor und Odin, an Geister und Dämonen noch tief in den Menschen verwurzelt war.

Omen est nomen

Darüber hinaus wird die Herkunft der Bezeichnung ›Stabkirche‹ evident: Vertikal aufgestellte Masten (*stav* = Mast) nämlich sind es, die sich von mächtigen, auf Steinfundamenten ruhenden Bodenschwellen erheben, so den rechteckigen Kirchenkern umrahmen und das obere Satteldach des überhöhten Mittelbaus tragen. Solche Konstruktion wird entsprechend als stavverk bezeichnet (im Gegensatz zum *lavverk* der Profanarchitektur: horizontal geschichtete Stämme), woraus sich dann der Ausdruck *stavkirke* entwickelte.

Stabkirchen wurden aber auch als »Himmelsschiffe vor Anker« bezeichnet – welch poetische Umschreibung, und doch alles andere als ein bloßes Schwelgen in schönen Bildern! Klug durchdachte Anordnungen von Klemmbalken, Rahmenhölzern und Andreaskreuzen stabilisieren das bauliche Gefüge – Konstruktionselemente mithin, die auch im traditionellen Schiffsbau der Wikinger begegnen.

Vom Untergang bedroht

Ja, sie müssen wirklich genial gewesen sein, die Zimmermänner des Mittelalters, oder, in den Worten des norwegischen Malers J. C. C. Dahl: »Selten wohl hat die Baukunst in Holz über das Nothdürftige hinaus und zu höherer Schönheit und Zierde sich entwickelt, seltener noch haben aus uralter Zeit Denkmale dieser Art bis auf uns sich erhalten« – so nachzulesen in seinem Werk »Denkmale einer ausgebildeten Holzbaukunst aus den frühesten Jahrhunderten in den inneren Landschaften Norwegens«: In seinen weiteren Ausführungen weist er darauf hin, dass »der Geist der Änderung und Neuerung auch diese Art von Denkmalen gegenwärtig mit nahem Untergang bedroht. Denn viele, die ich noch im Jahre 1826 gesehen, fand ich bei meiner Heimreise 1834 abgerissen.«

Als diese Schrift 1837 erschien und das Interesse an den uralten Kulturdenkmälern weckte, gab es landesweit nicht einmal mehr 100 Stabkirchen, eine geringe Zahl, wenn man bedenkt, dass sich um 1350 unter den 1200 bis 1500 Kirchen des Landes ca. 800–1000 Stabkirchen befanden, die alle innerhalb der relativ kurzen Zeitspanne ab Beginn der Christianisierung (11. Jh.) errichtet worden waren. Um die Mitte des 14. Jh. setzte die Pest der Bautätigkeit ein Ende, und als 200 Jahre später wieder gebaut wurde, entstanden die neuen Kirchen in einem von der Reformation inspirierten Stil. Die alten Bauten verfielen, allein im 18. Jh. wurden über 100 abgerissen, im 19. Jh. fielen fast 70 weitere Kirchen der Axt zum Opfer. Heute sind nur noch ca. 30 erhalten, die meisten wiederholt umgebaut, und lediglich etwa zwei Dutzend befinden sich an ihrem angestammten Platz, die übrigen sind an anderen Orten wieder aufgebaut worden.

Jugendherberge tiptop – **Kongsberg Vandrerhjem:** Vinjesgt. 1, Tel. 32 73 20 24, www.kongsberg-vandrerhjem.no, ganzjährig, Betten ab 350 NOK, EZ/DZ 750/970 NOK. Moderne Drei-Sterne-Anlage in schöner Umgebung; beachtlich ist der für eine Jugendherberge hohe Komfort.

Preishit – **Pikerfoss Camping:** Svendsplassveien 2 (an der R 88 gelegen, 6 km außerhalb des Zentrums Richtung Bevergrenda), Tel. 91 19 07 41, www.pikerfoss.no, ganzjährig. Netter Wiesenplatz, nichts Besonderes, aber preislich unschlagbar: Stellplatz für das Zelt kostet für 2 Pers. 140 NOK, Hütten ab 250 NOK für 1 Pers., 300 NOK für 2 Pers.

Essen & Trinken

Für Schlemmermäuler – **Opsahlgården:** Kirkegt. 10, Tel. 32 76 45 00, www.opsahlgarden.no, Mo–Sa ab 17 Uhr, Vorspeisen ab 140 NOK, Hauptgerichte 300–350 NOK. Ein sehr stilvolles Gourmetrestaurant in einem Haus aus dem 19. Jh.; schön auch zum Draußensitzen.

Prima Pizzen – **Jonas B. Gundersen:** Nymoens Torg 10, Tel. 32 72 88 00, www.jbg.no, tgl. ab 14 Uhr, Pizzen ab 156 NOK. Leckere italienische Küche, Terrasse, im Sommer abends oft softer Live-Jazz.

Infos & Termine

Touristeninformation
Kongsberg Turistservice: Hyttegata 3, Tel. 32 29 90 50, www.visitkongsberg. no, in der Sommersaison Mo–Fr 9–17, Sa 10–14, sonst Mo–Fr 9–16 Uhr.

Termine
Seit rund 50 Jahren gilt das **Kongsberg-Jazzfestival** als eines der anspruchsvollsten Skandinaviens. Dut-

zende Größen aller Jazzrichtungen aus dem In- und Ausland lassen hier Anfang Juli vier Tage lang von sich hören. Weitere Informationen: Tel. 32 73 31 66, www.kongsberg-jazzfestival. no. Billig aber kommt man nicht in den Genuss des Ohrenschmauses, denn 800 NOK kostet eine Tageskarte, ein Ticket für alle Veranstaltungen gar 2200 NOK.

Verkehr
Zug: Kongsberg liegt an der Bahnstrecke Oslo–Kristiansand–Stavanger mit mindestens fünf Verbindungen tgl. in jede Richtung, außerdem stdl. zum Flughafen Gardermoen/Oslo.
Bus: Verbindungen vom Busbahnhof/ Bahnhof im Zentrum mit allen größeren Orten Südnorwegens.
Mietwagen: u. a. über Avis (Tel. 32 28 45 00), am preiswertesten über Kongsberg Bilutleie (Kirkegårdsveien 45, Tel. 32 28 45 00).

Die Telemark ▶ D–F 9–11

Die Region Telemark gilt als der ›norwegischste‹ aller Bezirke des Landes, bietet er doch auf einer Fläche von ca. 15 000 km² einen Querschnitt durch nahezu alle Formen der Naturschönheiten des Königreichs. Ganz unten im Süden ein Küstenkeil zwischen Oslofjord und Sørland mit Holmen und Schären, Sunden und Buchten; im Norden die endlosen Weiten der Hardangervidda, an der die Telemark ebenfalls teilhat; dazwischen erstrecken sich die von Bergen gesäumten fruchtbaren Täler mit einsamen Dörfern, Nadel- und Birkenwäldern, kleinen und großen Seen, Flüssen, Bächen und Wasserfällen. Gewässer bedecken hier etwa 7 % des Landes – norwegischer Rekord. Die landwirtschaftlichen

259

Über die Hardangervidda in die Telemark

Nutzflächen hingegen machen gerade mal 2 % aus.

Weit über die Grenzen hinaus wurde diese Provinz zudem als »Wiege des Skisports« bekannt. Auch die Rosenmalerei ist hier beheimatet, und wie es heißt, werden nirgendwo sonst in Norwegen (außerhalb des Setesdal) die traditionellen Handwerkstechniken so sehr gepflegt wie in der Telemark, die wegen ihrer Vielfalt an Landschaftsformen auch als ›Norwegen in miniature‹ bekannt ist und durch die seit alters die Haupt-Überlandverbindung zwischen Oslo und Bergen verläuft.

Heute markiert die E 134 die kürzeste und schnellste Strecke zwischen dem Østland sowie dem Vestland. Aber die landschaftlich eindrucksvollste ist sie zumindest in ihrem ersten Abschnitt nicht, und so empfiehlt sich ein Schlenker entlang der **Tuddalsstraße** und der R 37 (s. u.).

Infos

Telemarkreiser: Nedre Hjelleg. 18, Skien, Tel. 35 90 00 20, www.visittelemark.com. Diese Infostelle ist für die gesamte Telemark zuständig; man kann auch online buchen und Broschüren von der Website herunterladen.

Von Kongsberg nach Sauland ▶ F 10

Hinter Kongsberg findet man sich bald in waldreicher Mittelgebirgslandschaft wieder, die nach Notodden überleitet, einem Zentrum der holzverarbeitenden Industrie, von wo es nur noch ein 10 km langes Wegstück bis zur weltberühmten **Stabkirche von Heddal** ist. Sie wird als eine der bedeutendsten Sehenswürdigkeiten Norwegens

gepriesen, ist die größte Stabkirche des Landes und wird im Rahmen einer Entdeckungstour auf S. 256 ausführlich vorgestellt.

Zügig geht es über die Europastraße weiter durch eine reizvolle Waldlandschaft nach **Sauland**. Hier bedarf es der Entscheidung, ob man weiterhin der E 134 in Richtung Åmot folgen möchte (ca. 91 km) oder via Rjukan der Tuddalsstraße/R 37. Dieser Weg ist knapp 30 km länger, aber auch wesentlich eindrucksvoller und soll hier nachfolgend vorgestellt werden.

Tuddalsstraße ▶ E/F 9–10

Die in Sauland nach Norden abzweigende Tuddalsstraße ist zwar teils recht schmal, aber gut ausgebaut und auch von Gespannen befahrbar. Sie führt an der Flanke des Tuddal hoch über der Talsohle gen Norden und erreicht nach ca. 22 km den Einödort **Tuddal**. 8 km weiter lädt das am Bjårvatn gelegene **Tuddal Bygdetun** mit mehreren alten Bauernhäusern zu einem Besuch ein, aber auch im Tal selbst finden sich zahlreiche historische Gebäude, deren ältestes (ein Speicherhaus) angeblich aus dem 14. Jh. stammt (3697 Tuddal, www.museumaust.no, Ende Juni–Anfang Aug. tgl. 12–18 Uhr).

Nun beginnt die eigentliche Gebirgsstrecke: In weiten Serpentinen windet sich die lediglich 4–5 m breite Straße auf eine von kahlen Buckelbergen gesäumte Hochebene hinauf. Wenig später wird die Baumgrenze überschritten, und Schneefelder säumen die nur noch von Flechten, Moosen und Heidekrautgewächsen bestandene Felsweite der Hardan-

Holzhaussiedlung in der Telemark nahe Drangedal

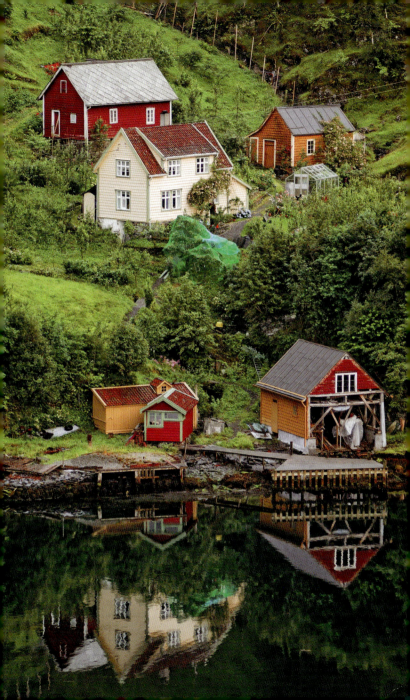

Über die Hardangervidda in die Telemark

Wanderung zum Gaustatoppen

gervidda, an deren Südrand man sich hier befindet. 33 km hinter Sauland ist dann am **Flintstjønnskaret** der mit 1275 m höchste Punkt der Strecke erreicht, und so faszinierend das Panorama auch ist, es gibt noch eine Steigerung: Dorthin, zum **Gaustatoppen** nämlich, führt allerdings keine Straße, sondern nur ein **Wanderweg**, an dessen Startpunkt es bald vorübergeht.

Infos

Tuddal Turistinformasjon: Bøen kiosk og kafé, Tuddal, Tel. 91 58 72 91 und 35 02 41 20, www.visittuddal.no.

Gaustatoppen ▶ E 9

Nicht weniger als ein Sechstel der gesamten norwegischen Landmasse soll man bei klarer Sicht vom Gipfel des 1883 m hohen Gaustatoppen überblicken können. Das Wahrzeichen sowohl von Rjukan als auch der Telemark und der Hardangervidda gilt vielen als der schönste Berg Norwegens. Insbesondere frühmorgens, spätabends oder frühnachts, wenn der Gipfel noch bzw. schon wieder im Sonnenschein liegt, während die wellenförmige Vidda in pastellene Schatten gehüllt ist, sind die Eindrücke unvergesslich und reicher Lohn für die eher geringen Mühen, die mit der Besteigung verbunden sind.

Der Wanderweg

Höchstens zwei Stunden ist man bei normaler Kondition pro Strecke unterwegs. Bester Ausgangspunkt für die auch für Familien taugliche Wanderung ist **Stavsro**, das 1173 m hoch am ausgeschilderten Weg von Rjukan zum Gaustatoppen bzw. auch Gaustablikk Høyfjellhotel liegt (großer Parkplatz mit Kiosk und Toiletten). Hier beginnt der zum Gipfel führende und deutlich markierte Wanderweg (rotes T), der Jahr für Jahr von mittlerweile über 30 000 Wanderern genommen wird.

Bald schon wird der Fuß des Berges erreicht, steil zieht sich der Weg in die Höhe zu einem Sattel zwischen den Erhebungen Stavsronuten und Gaustaråen. Nach insgesamt etwa 1 Stunde passiert man zwei kurz hintereinander liegende Abzweigungen, doch der Hauptweg zieht sich deutlich markiert auch weiterhin in gerader Linie auf den vorausliegenden Berg zu. Dieser Wegabschnitt ist steil, wird teils durch Geröll behindert und würde wohl als langweilig eingestuft, gäbe es nicht das Panorama, das von Höhenmeter zu Höhenmeter prächtiger wird.

Schließlich gelangt man auf die von einem Funkmast gekrönte Höhe. Hier oben kann man nicht nur die Fernsicht bis hinüber nach Schweden und hinunter bis auf den Skagerrak genießen, sondern auch Kaffee und Waffeln, kleinere Gerichte und was sonst noch in der über 100 Jahre alten **Gaustatoppen Turisthytte** auf 1860 m Höhe serviert wird. Auch Übernachtungen sind hier nach Vorbestellung möglich (9 Betten, inkl. Halbpension 1500 NOK pro Pers., Tel. 35 09 41 50, www.gaustatoppenturisthytte.no, 22. Juni–6. Sept.).

Die Gaustabahn

Noch einen anderen Weg aber gibt es auf den Gipfel, und der führt 860 m weit waagerecht und sodann 1040 m hoch steil durchs Innere des Berges, wo sie seit 1958 eine vom Militär genutzte Kabelbahn verläuft. Seit 2004 ist diese Bahn auch für Touristen freigegeben. Startpunkt für die Gaustabahn ist beim ausgeschilderten Rjukan Skisenter (Longefonn, 3660 Tinn, 2 km von Stavsro entfernt, Tel. 45 50 22 22 und 95 10 49 25, www.gaustabanen. no, ganzjährig Sa/So 10–13 und 14–17 Uhr, Juni–Aug tgl., 350 NOK hin und zurück).

Rjukan! ▶ E 9

Wie Geilo das nördliche, so ist das ca. 3500 Einwohner große Städtchen Rjukan das südliche Tor zur Hardangervidda. Es liegt im Saum bis knapp 2000 m hoher Berge im tief eingeschnittenen Vestfjorddal. Seine Geschichte begann 1907, als die Firma Norsk Hydro hier eine Kunstdüngerfabrik errichtete. Rechtzeitig mit Fertigstellung des energieintensiven Betriebs im Jahre 1911 konnte Vemork ans Netz gehen, das mit einer Leistung von 108 MW seinerzeit stärkste Wasserkraftwerk der Welt, das 33 Jahre später sozusagen Weltgeschichte machte: Außer Strom wurde hier nämlich auch schweres Wasser (Deuteriumoxid) hergestellt, ein für die Kernenergieforschung wichtiger Stoff, und als deutsche Forscher während des Zweiten Weltkrieges von hier Nachschub für die Entwicklung der Atombombe beziehen wollten, gelang norwegischen Widerstandskämpfern die Versenkung der Eisenbahnfähre ›Hydro‹, die mit über 100 000 Litern schweren Wassers auf dem Tinnsjø unterwegs war.

»Der Kampf um das schwere Wasser« ist eines der Hauptthemen, die im rund 7 km westlich des Zentrums gelegenen Kraftwerk Vemork, heute das **Norwegische Industriearbeitermuseum**, behandelt werden (3660 Rjukan, www.visitvemork.com, Anfang Mai– Mitte Juni und Mitte Aug.–Ende Sept. tgl. 10–16, im Hochsommer 10–18 Uhr, sonst Di–Fr 12–15, Sa/So 11–16 Uhr, 80 NOK)

Im Ortskern lohnt das **Rjukan og Tinn Museum** einen Besuch. Anhand von 22 Gebäuden wird hier die Entwicklung der Bautechnik vom Mittelalter bis ins 19. Jh. dokumentiert (Sam. Eydesg 299, www.visitvemork. com, Mitte Juni–Mitte Aug. tgl. 12–17 Uhr, 40 NOK).

Die Krossobahn

Kraftledningsveien 1, www.krossobanen.no, 25. Juni–Ende Aug. tgl. 9–20, sonst 10–16 Uhr, 50 NOK/Weg
Nicht entgehen lassen sollte man sich eine Fahrt mit der am westlichen Ortsrand gelegenen **Krossobahn**, die den Rjukanern schon 1928 von der Kraftwerksgesellschaft gestiftet wurde, auf dass sie zwischen Oktober und Mitte März, wenn der Ort stets im Schatten liegt, dennoch ab und an die Sonne sehen können. Sie gilt als die erste in Skandinavien für den Personentransport errichtete Seilbahn und führt innerhalb 5 Minuten zur 890 m hoch gelegenen Bergstation Gvepseborg, wo man eine weite Aussicht genießen und vor allem auch zu herrlichen Wanderungen und Fahrradtouren über die Hardangervidda aufbrechen kann.

Über die Hardangervidda in die Telemark

Rjukan aktiv
Rjukan ist für kleine und große **Wanderungen** ein geradezu prädestinierter Ausgangspunkt, das Touristenbüro informiert ausführlich über die zahlreichen Touren und bietet zudem organisierte Wanderungen an, z. B. entlang der sogenannten Saboteurs-Route (8 km, 200 NOK), die zur Zeit des Zweiten Weltkriegs von den norwegischen Partisanen genutzt wurde.

Auch in Sachen **Fahrradtouren** ist Rjukan eine erste Adresse – eine der beliebtesten führt von der Bergstation der Krossobahn aus zur Berghütte

Wanderer bei Rjukan, unterwegs zum Gaustatoppen

Nach Åmot

Kalhovd, von wo aus man per Rad oder Bus nach Rjukan zurückkehren kann. Fahrradverleih über das Touristenbüro, das sogar ein ›Radpaket‹ inkl. Transport, Übernachtung und Halbpension anbietet (990 NOK).

Bootstouren werden auf dem Mårvatn und dem Møsvatn angeboten, auch **Kanus** stehen zum Verleih, mehrere **Klettersteige** warten darauf, bezwungen zu werden; in Sachen **Eisklettern** gilt Rjukan als Top-Revier in Skandinavien.

Übernachten

Der Lage wegen – **Gaustablikk Høyfjellhotel:** Rjukan, Tel. 35 09 14 22, www.gaustablikk.no, EZ/DZ ab 975/1380 NOK. Traumhaft auf 960 m Höhe gelegenes Hochgebirgs- und Panoramahotel mit umfassendem Sportangebot und exklusiven Zimmern und Apartments (ab 510 NOK).

Budgetschonend im Zentrum – **Rjukan Gjestegård** (ehemalige Jugendherberge): Birkelandsgt. 2, Tel. 35 08 06 50, www.rjukangjestegard.no, Betten ab 235 NOK, EZ/DZ ab 385/580 NOK, Frühstück 80 NOK extra. Mitten im Zentrum gelegener neuer Betonbau der eher unschönen Art mit 78 Betten in schlichten 2- und 4-Bett-Zimmern, die mit Waschbecken ausgestattet sind

Almschöne Jugendherberge – **Rjukan – Kvitåvatn Vandrerhjem:** Kvitåvatn, Tel. 35 09 20 40, www.hihostels.no und www.kvitaavatn.no, ganzjährig, nur EZ/DZ ab 400/500 NOK, Frühstück 95 NOK extra. 16 km außerhalb Rjukan am Kvitåvatn auf 950 m Höhe gelegene ›Alm‹-Anlage aus alter Zeit (teils urige Blockhäuser), ansprechend renoviert. Das Frühstück ist inklusive, Lunchpakete können geordert werden, zudem gibt es eine Gästeküche und gemütliche Aufenthaltsräume. Von der Herberge aus blickt man auf den Gaustatoppen, den man von hier aus besteigen kann.

Camping und Hütten mit Bergblick – **Rjukan Hytte- og Caravanpark:** Gaustavn. 78, Tel. 35 09 63 53, www.rjukanhytte.com, Mai–Okt., Hütten 425 –1350 NOK , einfache Zimmer 325 NOK. Großer Wiesenplatz an der R 37 8 km östlich Rjukan mit Gaustatoppen-Panorama, guten sanitären Einrichtungen und 16 gemütlichen Holzhütten in verschiedenen Komfortstufen und Größen.

Infos

Touristeninformation
Turistkontoret Rjukan: Rjukan, Torget 2, Tel. 35 08 05 50, www.visitrjukan.com, 22. Juni–15. Aug. Mo–Fr 9–19, Sa, So 10–18, sonst Mo–Fr 9–15.30 Uhr.

Verkehr
Bus: Verbindungen mehrmals tgl. u.a. mit dem Rjukanekspressen via Notodden und Skien nach Porsgrunn, außerdem via Kongsberg und Drammen nach Oslo; im Sommer sind zudem Busse in die Umgebung von Rjukan und nach Åmot im Einsatz.

Nach Åmot ▶ E 9–D/E 10

Die in Richtung Åmot ausgeschilderte R 37 markiert den weiteren Weg ab Rjukan; ca. 3 km nach Passieren des Vemork-Parkplatzes, direkt vor der Einfahrt in einen Tunnel, steuern wir einen Parkplatz an, um zum wenige hundert Meter entfernten Aussichtspunkt **Maristuvet** oberhalb des teils gezähmten Rjukanfossen zu gehen, der hier einst 105 m im freien Fall herabdonnerte.

Nach ein paar Fahrminuten geht es an die Ausläufer des ca. 1,1 Mrd. m^3 Wasser fassenden Stausees **Møsvatn**

Über die Hardangervidda in die Telemark

heran, auf dem im Sommer Motor-boote zur Mogen Turisthytta (einem weiteren Ausgangspunkt für Wan-derungen über die Hardangervidda) verkehren. Dann steigt die Straße an, und nach 28 km (ab Rjukan) ist der mit 1004 m höchste Punkt dieser Strecke erreicht. Das Land ist karg und nur von Fjellbirken bestanden. Via **Krossen,** wo zahlreiche Kunsthand-werksläden ihre Waren feilbieten und die schöne R 362 nach Edland an der E 134 abzweigt, geht es nach **Åmot.**

Infos

Touristeninformation
Rauland Turist AS: Tel. 35 06 26 30, www.visitvinje.info und www.visit-rauland.com, ganzjährig Mo–Fr 9–16 Uhr, im Sommer tgl. geöffnet.

Verkehr
Bus: Von Åmot aus bestehen Verbin-dungen Richtung Oslo, Bergen und Haukeligrend/Edland, wo man per Bus Anschluss Richtung Kristiansand hat.

Nach Dalen ▶ D/E 10
Rabenschlucht

Åmot liegt an der E 134, der wir nach Westen folgen wollen – nicht sofort al-lerdings, denn ein lohnender Umweg über Høydalsmo und Dalen bietet sich hier an: So folgen wir der E 134 nach links und sollten, wenn es die Zeit zu-lässt, dem nach 4 km am Straßenrand stehenden Wegweiser ›Liosvingen‹ nach rechts (Schotterstraße) bis zum etwa 7 km entfernten Schild **Ravneju-vet** folgen. Von dort sind es nur noch 200 m, bis man über einer gewaltigen Schlucht, eben der ›Rabenschlucht‹, zum Stehen kommt. 350 m tief fällt sie ab – ein idealer Ort für Hexen, die sich

hier, der Sage nach, in Vollmondnäch-ten zum Flug treffen. Der Blick hinun-ter ist beeindruckend, und welchen Ursprung die Hexenmär hat, ist ein-fach herauszufinden, denn wirft man leichte Gegenstände wie Papier in die Schlucht, so werden sie von aufstei-genden Luftströmen erfasst und in die Höhe getragen.

Eidsborg-Stabkirche

3880 Dalen, www.vest-telemark. museum.no, Mitte Juni–Mitte Aug. tgl. 9–18, Mai–Mitte Juni und Mitte Aug.–Sept. tgl. 10–17, sonst Mo–Fr 10–15.30, Sa/So 11–17 Uhr, 70 NOK für Stabkirche und Museum

Auf die E 134 zurückgekehrt, sind es noch 12 km bis **Høydalsmo,** wo die R 45, der wir nun folgen, nach rechts abzweigt. Wild und urwüchsig prä-sentiert sich die waldreiche Land-schaft, die eine prächtige Kulisse für die nach 13 km erreichte **Stabkirche von Eidsborg** abgibt. Das Gottes-haus wurde um 1250 errichtet, wahrschein-lich auf einem ehemals heidnischen Opferplatz, und fügt sich, ganz mit Spanschindeln verkleidet, malerisch in die Natur ein. Auch wird sie, in Rela-tion zu anderen Stabkirchen, nur von recht wenigen Touristen besucht und steht nicht auf der Liste der geführten Touren, sodass man hier allerbeste Gelegenheit hat, in Ruhe die Details zu betrachten (insbesondere die ver-witterten Tierfiguren an den Portal-pfosten) und zu bestaunen, welche Fähigkeiten im Umgang mit Holz die hiesigen Altvorderen hatten.

Gleich nebenan informiert das ca. 35 historische Gehöfte umfassende **Vest Telemark Museum** (3880 Dalen, gleiche Öffnungszeiten) u. a. über die alten Handwerkstraditionen und die Rosenmalerei.

Lieblingsort

Am Bandak-See – die ›Seele baumeln lassen‹ ▶ E 10
Bunte Wildblumen sind ins Wiesenufer eingestickt, alte Bäume hängen ihre Äste ins durchsichtige Blau des glasklaren Wassers, und die Sonne leuchtet in zartem Gelb. Dazu eine vollkommene Stille, nur unterbrochen durch das rhythmische Eintauchen der Paddel, die das Kanu in den leuchtenden Sommertag hinausführen. Nach all den Landschafts-›Kathedralen‹ am Weg um die Hardangervidda herum ist der Bandak Balsam für die Seele (s. S. 268).

Über die Hardangervidda in die Telemark

Dalen

Unterhalb der Stabkirche lädt ein kleiner See mit Steg zum Baden ein, für die ganz Kleinen gibt es einen Spielplatz. Auf der etwa 5 km langen Strecke bis nach Dalen zieht sich die Straße mit 12 % Gefälle in sieben Serpentinen in die Tiefe. Den schönsten Ausblick auf Dalen mit dem **Bandak-See** (s. S. 267) genießt man von der obersten Kehre aus, und alles in allem präsentiert sich dieser Ort derart schön und lieblich in die so ungeheuer wald- und wasserreiche Landschaft eingebettet, dass wohl unweigerlich der Wunsch aufkommt, hier einige Tage zu entspannen. Die Voraussetzungen sind optimal, die Infrastruktur lässt keinerlei Wünsche offen, und da hier auch der berühmte **Telemarkkanal** (s. Entdeckungstour S. 138) endet bzw. beginnt, steht einer Schiffs- oder Kanufahrt von den Bergen bis ans Meer nichts entgegen.

Lediglich 21 km sind nun von Dalen aus über die R 38 bis Åmot zurückzulegen, dem Ausgangspunkt für die weitere Reise auf der E 134 gen Westen.

Übernachten

Historischer Prachtbau – **Hotel Dalen:** Tel. 35 07 90 00, www.dalenhotel.no, EZ ab 1500 NOK, DZ ab 2100 NOK, im Hochsommer teils auch mehr als doppelt so teuer! Der Hotelkette ›De Historiske Hotel‹ angeschlossener Prachtbau im Schweizer Stil (Baujahr 1894), vielleicht das prachtvollste Hotel von ganz Norwegen. Komfortable (aber nicht eigentlich luxuriöse) Zimmer in Pastellfarben und mit Rattanmobiliar; die historischen Zimmer hingegen halten auch bezüglich des Interieurs, was man sich von diesem Prachthotel verspricht. Klassisches vom Feinsten präsentieren der Herrensalon, der Damensalon, der Gartensalon sowie das Kaminzimmer und die Halle.

Alles am Seeufer – **Buøy Camping Dalen:** Tel. 35 07 75 87, www.buoy-camping.com, Mai–Sept., EZ/DZ ab 375/425 NOK, Hütten ab 495 NOK. Komfortabler Platz in Zentrumsnähe und doch herrlicher Uferlage; Bootsverleih. Ansprechende Blockhütten in verschiedenen Größen sowie schlichte Zimmer.

Aktiv

Das Touristenbüro informiert ausführlich über Fahrrad-, Kanu- und Bootsfahrten, Angeln, Fahrten auf dem Telemarkkanal.

Infos

Touristeninformation
Turistkontor Tokke Komune: Dalen, Tel. 35 07 56 56, www.visitdalen.com, Mai–Mitte Aug. Mo–Fr 9–19, Sa, So 10–17 Uhr, sonst Mo–Fr 9–15.30 Uhr.

Verkehr
Bus: Verbindungen mehrmals tgl. u. a. in Richtung Åmot und Skien/Porsgrunn.
Schiff: Zwischen Mitte Mai und Mitte September verkehren historische Fluss-Schiffe über den Telemarkkanal bis nach Skien.

Von Åmot nach Haukeliseter ▸ D 9/10

Über die 40 km lange Strecke von **Åmot** nach Haukeligrend braucht man nicht viele Worte zu verlieren, denn in ständigem Auf und Ab geht es hier durch eine ausgesprochen malerische bis wild-romantische Berg-, See- und Waldlandschaft, die man in all ihrer Schönheit nur erleben, schwerlich jedoch beschreiben kann. Zahlreiche Campingplätze, Hütten und Zimmer laden auf diesem Wegstück zum Verbleib ein, und es lohnt sich, ihren Verlockungen zu erliegen, denn herrliche Ausflugs- und Wandermöglichkeiten tun sich hier auf. Zum einen ist die Hardangervidda nur einen Katzensprung entfernt, und nicht zuletzt ist das Hochland der Setesdalsheia mit dem sich anschließenden Setesdal (s. S. 272), wohin sich eine Fahrt unbedingt lohnt.

Am Südrand der Hardangervidda ▶ D 9/10

Ausgangspunkt für die Fahrt zum Setesdal ist **Haukeligrend**, von wo aus die E 134 nun steil ins Gebirge ansteigt. Anfangs präsentiert sich die Landschaft (jedenfalls an schönen Sommertagen) noch lieblich, bald jedoch wird die Baumgrenze überschritten und schließlich bei **Vågslid** der Südrand der Hardangervidda erreicht. Dieser 900 m hoch gelegene Ort ist ein beliebtes Wintersportzentrum, und wer hier Anfang Juni unterwegs ist, kann ein zweites Mal den Winter erleben: Die Seen liegen noch unter einer Eisdecke, die Berghänge sind weiß verschneit.

Bei der Prestegård Turisthytta passiert man den ersten Tunnel auf dieser Strecke, die bald nach **Haukeliseter** führt, einem beliebten Ausgangspunkt für Wanderungen Richtung Norden (über die Hardangervidda) und Süden (zur Ryfylke- und Setesdalsheia). Zahlreiche Beherbergungsbetriebe laden für die Nacht ein, klassischer Wanderertreff ist die bewirtschaftete Haukeliseter Fjellstove, wo man alle erforderlichen Informationen für kleine und große Touren bekommen kann.

Nach Røldal ▶ C 9

Kurz hinter Haukeliseter überqueren wir die Grenze zwischen dem zum Landesteil Østland gehörenden Bezirk Telemark und dem westnorwegischen Hordaland und sehen bald voraus den Eingang zum etwa 5,7 km langen **Haukeli-Tunnel**. Es schließt sich der **Svandalsflona-Tunnel** an, jenseits dessen der Abstieg nach Røldal beginnt. Aber die neue Strecke ist durch Tunnel entschärft und bietet deshalb keinen Nervenkitzel. Wer ihn sucht, mag auch hier der alten Trasse folgen, die 3,4 km lang ist, zwischen 3,5 und 5 m breit (nicht für Gespanne geeignet!) und sich in sieben extremen Spitzkehren in die Tiefe schraubt. Dann ist **Røldal** (s. S. 197) erreicht und damit das Ende dieser Route.

Unser Tipp

Die alte Haukelistraße

Direkt vor dem Portal des Haukeli-Tunnels (s. o.) besteht die Möglichkeit, auf die alte Haukelistraße einzubiegen, die zwischen 1869 und 1889 erbaut wurde, aber mit festem Belag versehen ist (dennoch nicht für Gespanne geeignet) und über den 1148 m hohen Dyrskar-Pass führt, bevor sie die E 134 direkt am Westportal des Tunnels auf 1058 m Höhe wieder erreicht. Diesen kleinen Umweg sollte man sich, zumindest bei gutem Wetter, nicht entgehen lassen: Das Panorama ist schlicht umwerfend, und so viele Stellen, wo man Ende Juli noch an geschlossenen Schneefeldern vorbeifährt, sind selbst in Norwegen nicht zu finden.

Das Beste auf einen Blick

Das Setesdal

Highlight!

Setesdal: Norwegen als Augenweide – im Setesdal ist es in Vollendung zu genießen. Hier haben sich uralte Traditionen bewahrt, und so präsentiert sich das ›Märchental des Südens‹ als ein Zauberreich aus grasgedeckten Bauernhöfen und lebendiger Volkskultur, eingebettet in einen Rahmen mal furchteinflößend wilder, mal lieblicher Landschaften. S. 272

Auf Entdeckungstour

Die Hofanlage von Rygnestad: Das Rygnestadtunet ist eine der ältesten und am besten erhaltenen historischen Hofanlagen des Landes und vermittelt einen Einblick in die Lebensbedingungen der Bauern des Setesdal vom Mittelalter bis ins 20. Jh. S. 278

Kultur & Sehenswertes

Freilichtmuseen gehören zum Setesdal wie die Fjorde zu Norwegen: Die Blockhäuser sind zum Teil über 700 Jahre alt. S. 276, 277, 283.

Kristall-Sightseeing: Lange Stollen führen zu den Schätzen der Berge, die im Rahmen eines ›Mineralienpfades‹ bewundert werden können. S. 286

Aktiv unterwegs

Outdoor-Abenteuer: Rafting, Canyoning, Mountainbiking, Ausritte, Kajak-Touren etc. – das Setesdal bietet für jeden etwas. S. 273, 287

Badefreuden: Unzählige Halbinseln liegen im glasklaren Wasser des Byglandsees; auch an den Ufern der Otra lässt sich bestens baden. S. 281, 284.

Felsklettern: Mit mehr als 200 Granitwandrouten ist das Setesdal das ›Climbers Paradise‹ in Südnorwegen. S. 282

Genießen & Atmosphäre

Per Sessellift zum Nos: Eine Fahrt mit dem Sessellift auf die Spitze des 1119 m messenden Nos ist ein Höhepunkt im wahrsten Sinne des Wortes. S. 273

Genuss-Camping: Sowohl im mittleren als auch unteren Setesdal finden sich malerisch an Fluss- oder Seeufern gelegene Komfort-Camps, die alle auch Campinghütten vermieten, z. B. S. 276, 282, 284

Silber-Shopping: Seit den Wikingertagen wird im Setesdal die Kunst des Silberschmiedens hochgehalten, und wer den Schmieden bei ihrer Arbeit zuschauen oder auch Silberwaren erstehen möchte, findet dafür keinen besseren Platz als hier. S. 284

Abends & Nachts

Von einem Nachtleben im eigentlichen Sinne kann im Setesdal keine Rede sein.

Vom Bergland an die Küste – durch das Setesdal !

Mit ca. 230 km Länge gehört das sich von den Hochfjellweiten der Setesdalsheia Richtung Süden bis nahezu Kristiansand hin öffnende Setesdal zu den großen norwegischen Bauerntalungen, die schon seit uralter Zeit die Siedlungs- und Kulturinseln zwischen den fast menschenleeren Gebirgs- und Waldregionen des Landesinnern sind. Heute zählen sie aufgrund ihrer teils noch lebendigen Traditionen, ihrer zahlreichen Zeugnisse einer alten Bauernkultur sowie ihrer Naturschönheiten zu den attraktivsten Landschaften des Königreichs. Mit seinem mal breit und träge, mal seeartig verbreiterten, mal auch wild dahinschäumenden Fluss Otra, den bewaldeten, von Wiesen und Feldern besetzten Höhen und stillen Seitentälern stellt der Talzug eine Urlaubslandschaft wie aus dem Bilderbuch dar. Für Kulturreisende präsentiert er sich als ein zauberhaftes Quartett aus grasgedeckten Bauernhöfen, Trachten, Volkstanz und Volksmusik. So ist es kein Wunder, dass das Setesdal das meistbesuchte Tal des Südens ist.

Infobox

Touristeninformation
www.setesdal.com: Diese Website versteht sich als Reiseportal für das gesamte Setesdal, aber wer schriftliches Infomaterial anfordern möchte, muss sich an eines der drei regionalen Informationsbüros wenden, die es im Tal gibt: Hovden (s. S. 276), Valle (s. S. 282) und Evje (s. S. 287).

Verkehrsmittel
Informationen zum Verkehrsnetz: Alle nachfolgend vorgestellten Städte sind untereinander sowie mit Oslo, Kristiansand, Stavanger und Bergen durch zahlreiche Buslinien verbunden. Telefonische Infos bekommt man für die Gesamtregion unter der Nummer Tel. 177, im Internet helfen www.177-ag der.no, www.rutebok.no und www.setesdal-bilruter.no.

Über die Setesdalsheia ▸ D 10

Ausgangspunkt der ca. 240 km langen Strecke durch das Setesdal bis Kristiansand ist **Haukeligrend** (s. S. 269), Endpunkt der Fahrt um die Hardangervidda sowie von Røldal (s. S. 197), dem Ziel des Ryfylkevegen, nur ca. 20 km entfernt. Ein Schild ›Evje‹ weist dort den Weg, und die R 9, die von nun an und bis ans Ende der Route die Richtung markiert, zeigt sich sofort von ihrer reizvollsten Seite. Sie ist in die Steilflanke des Grungedals gesprengt und zieht sich steil empor. War man gerade noch vom engen Tal umschnürt, so umgibt einen bald grenzenlose Weite, die vom **Sessvatn** (s. S. 275) aus, dem mit 917 m höchsten Punkt der Strecke, in Vollendung zu genießen ist.

Der Gamlevei

Etwa 100 m nach dem Abzweig von der E 134 weist rechts an der R 9 eine

Infotafel auf den ›Alten Weg‹ hin, einen an steilen Felswänden vorbeiführenden Stiegenweg, der bis zur Fertigstellung der heutigen Straße im Jahr 1939 die einzige Verbindung aus dem Setesdal heraus nach Norden darstellte. In ca. 4 km führt er bis auf die Höhen der Setesdalsheia. Eine Wanderung auf diesem uralten Handels- und Viehtriftweg, der oben auf die Straße stößt (über die es dann wieder 5 km bis zum Ausgangspunkt zurück sind), vermag einen Eindruck davon zu vermitteln, wie beschwerlich das Reisen hier einst war.

Hovden ▸ D 10

Sanft und kaum merklich flacht sich die Heia ab, und nach ca. 20 km kann man im Süden die in den Fels gemeißelte Kerbe des Setesdal ausmachen, über der bis zu 1400 m hohe Bergbuckel im blauen Äther zu schwimmen scheinen. In solch exponierter Lage erstreckt sich das Wintersportzentrum Hovden, das zwischen November und Mai als absolut schneesicher gilt und Abfahrten aller Schwierigkeitsgrade sowie über 150 km markierte Loipen bietet. Das Gebiet ist perfekt erschlossen, und die Grenzen des ökologisch Vertretbaren sind – wie manche meinen – bereits erreicht. Doch es wird weitergebaut, jährlich kommen neue Pisten und Schlepplifte hinzu, was dem weit auseinandergezogenen Hotel- und Hüttendorf zumindest im Sommer eine gewisse Tristesse verleiht.

Outdoor-Aktivitäten

Hovden ist eines der beliebtesten Outdoor-Zentren des Südens. Zuständig für die meisten Aktivitäten ist das Touristenbüro (s. u.), über das man in der Regel auch die passenden Angebote buchen kann: z. B. Elch-Safaris (Di/Fr/So ab 22 Uhr, 380 NOK), Raftingtouren (Minirafts für 2 Pers., bis Schwierigkeitsgrad 3), Canyoning (mitsamt Abseilen, Seilbrückenqueren und Schwimmen), Klettertouren (auch Kletter- und Abseilkurse) sowie Helikopter-Rundflüge (ab 450 NOK/Sitz).

Dutzende markierte **Wanderungen** in allen Schwierigkeitsgraden und bis zu mehreren Tagen Länge beginnen in Hovden, ihre populärsten sind in einer Wanderbroschüre vorgestellt (Download unter www.hovden.com). Wer nur wenig Zeit hat, aber hoch hinaus und dabei möglichst weit sehen will, wähle den (Sessellift-)Weg zum Nos (s. u.), die etwa einstündige Tour zum 1105 m hohen Hartevassnutane oder gar die Tour zum 1202 m hohen Galten, was hin und zurück gut 6 Stunden in Anspruch nimmt.

Wasserratten vergnügen sich im **Badeland** (Tel. 37 93 93 93 Juni–Aug. tgl. 13–20 Uhr, 130 NOK), einer modernen ›Tropamare‹-Anlage mit Rutsche, Wasserfall, Whirlpool und Sauna.

Für alles, was mit Wintersport zu tun hat, ist das **Hovden Skisenter** zu-

---

Der Nos für Wanderer und Biker
Eine Fahrt mit dem Sessellift auf die Spitze des 1119 m messenden Nos sollte selbst bei einem nur kurzen Aufenthalt in Hovden unbedingt unternommen werden (29. Juni–4. Aug. tgl. 11–14 Uhr, bis 1. Sept. nur Mi, Sa, So, 100 NOK). Wanderwege führen von dort aus nach Hovden zurück (ca. 4 Std.). Auch Mountainbikern können diese Pfade ein Höchstmaß an Abfahrtsfreuden bieten. Ein Lift-Tagespass für Biker kostet 260 NOK, ein Miet-Bike 150 NOK (eine Radtour-Broschüre kann man über www.hovden. com herunterladen).

Lieblingsort

Sessvatn, dem Himmel nah
▶ D 10
In alle vier Himmelsrichtungen spannt sich eine transparente Leinwand aus Sommerblau, auf der die Bergbuckel der Hardangervidda im Norden, der Setesdalsheia im Süden, der Frolandsheia im Osten und des Haukelifjell im Westen wie gemalt wirken. Hirtenlose Schafe bimmeln vorüber, ein stetiger Wind rauscht durch die Kronen uralter Kiefern, riffelt die Oberfläche von Seen und Tümpeln – würdiges Debüt für ein Märchental, und wer Zeit hat, sollte zumindest eine Nacht hier oben im Zelt verbringen, wo sommers erst gegen 23 Uhr die Abenddämmerung beginnt.

Das Setesdal

ständig (Tel. 37 93 94 00, www.hovdenskisenter.no), Schneeskooter kann man nur über das Touristenbüro ausleihen.

Hovden Jernvinnemuseum
Hegni 4755 Hovden, www.setesdalsmuseet.no, 23. Juni–11. Aug. tgl. 11–17 Uhr, Eintritt frei
Diese Ausstellung ist der Eisengewinnung gewidmet, denn hier, im Hochland der Setesdalsheia, war es, wo die Wikinger vor über 1000 Jahren daran gingen, Eisen aus Sumpferz zu gewinnen. Spannende Inszenierungen wollen in diese Zeit zurückversetzen, und der ›Wikinger‹ erzählt seine Geschichte auch auf Deutsch.

Übernachten, Essen

Alle Unterkünfte kann man telefonisch und online über das Büro der Touristeninformation buchen.
Zeitgemäß – **Hovdestøylen Hotel & Lodge:** Hovden Resort AS, Pb. 24, Tel. 37 93 88 00, www.hovdenresort.com, EZ ab 413 NOK, DZ ab 750 NOK. Hervorragendes Hotel; angeschlossen sind u. a. ein Hallenbad und eine Sauna sowie gleich drei rustikale Restaurants.
Außen pfui, innen hui – **Hovden Høyfjellshotel:** Hovden Resort AS, Pb. 24, Tel. 37 93 88 00, www.hovdenresort.com, DZ ab 745 NOK/Pers. Vor Kurzem komplett renoviert, von außen etwas steril wirkender Betonbau, aber mit sehr komfortablen Zimmern und einem umfassenden Service-Angebot, u. a. Hallenbad, Sauna, Kaminzimmer, Aktivitäts-Zentrum.
Budgetschonend – **Haugly Gjesteheim:** Tel. 37 93 95 27, ww.hauglygjesteheim.no, ab 315 NOK/Pers. Im Ortszentrum, mit einfachen Doppel- und Familienzimmern, Gemeinschaftsbädern, -aufenthaltsraum und -küche.

Alles unter einem Dach – **Hovden Vandrerhjem og Fjellstoge:** Lundane, Hovden Tel. 37 93 95 43, www.hovdenfjellstoge.no und www.hihostels.no, ganzjährig, Betten ab 250 NOK, EZ 400 NOK, DZ ab 590 NOK, Hütten ab 535 NOK, Frühstück 80 NOK. Jugendherberge, Campingplatz und Hüttenvermietung in einem; moderne Ausstattung und großes Aktivitätsangebot.

Infos

HovdenFerie Turistinformasjon: Pb. 18, Hovden, Tel. 37 93 93 70, www.setesdal.com und www.hovden.com, 23. Juni–11. Aug. Mo-Fr 9–17, Sa 10–14, So 12–16, sonst Mo–Fr 9–16, Sa 10–15 Uhr.
Bus: Verbindungen bestehen 2–4 x tgl. nach Oslo, Bergen, Richtung Kristiansand und Haukeligrend.

Unser Tipp

Huldreheimen
An dem Hinweisschild ›Huldreheimen‹, kurz vor Bykle, sollte man nicht achtlos vorüberfahren, denn es führt zu einem etwa 1,2 km entfernt am Hang über der Talsohle gelegenen Freilichtmuseum. Blockbauten aus dem Spätmittelalter (14.–16. Jh.) sind zu betrachten, das älteste Haus stammt gar aus dem 13. Jh. 2009 wurden die meisten Gebäude aufwendig restauriert. Aber ebenso eindrucksvoll wie der Blick auf und in die grasgedeckten Katen ist der hinab in die klaffende Kerbe des oberen Setesdal (4754 Bykle, www.setesdalsmuseet.no, 23. Juni–11. Aug. tgl. 11–17 Uhr, Eintritt frei).

Entlang der Otra

▶ D 10

Fährt man von Hovden aus südwärts, ist die Otra – erst Bach, dann Wildbach, schließlich Fluss – ständiger Begleiter. Etwa bei Kilometer 43, nahe Berdalen, kann man nach links zum etwa 4 km entfernten Damm des **Vatnedalvatn** abbiegen, der mit 125 m Höhe einer der größten seiner Art in Norwegen ist und die Otra zwecks Energiegewinnung staut.

Hier oben wirkt die Flussregulierung noch nicht störend, aber 12 km weiter, wo das Tal schon deutlich ausgeprägt ist und sich zur schmalen Schlucht verengt, würde ein Wasserkraftprojekt nicht nur die traditionsreiche Siedlung Bykle, sondern auch eine der eindrucksvollsten Regionen des Setesdal zerstören. Geplant ist die Anlage, aber bis heute trug der Landschaftsschutzgedanke den Sieg davon und das Projekt liegt derzeit auf Eis.

Bykle ▶ D 10

Das ›Zentrum‹ von Bykle ist bei der **Bykle gamle Kyrkje** erreicht, die bis zum Sommer 2004, als das benachbarte neue Gotteshaus eingeweiht wurde, die Hauptkirche des Ortes war. Sie wurde um 1619 im Blockbaustil errichtet, 1997 vollständig restauriert und beeindruckt insbesondere mit ihrer reichen Rosenmalerei aus dem 19. Jh. (Kyrkjebygda, 4754 Bykle, 23. Juni–11. Aug. tgl. 11–17 Uhr, Eintritt frei).

Unmittelbar oberhalb zeigt das **Freilichtmuseum Lisletog** elf bis zu 400 Jahre alte, authentisch eingerichtete Gebäude; auch eine Mühle und eine Schmiede sind zu besichtigen, und ein kleines Restaurant lädt zu Kaffee und Waffeln ein (4754 Bykle, ▷ S. 281

Nichts für schwache Nerven: Rafting auf der Otra

Auf Entdeckungstour:
Die Hofanlage von Rygnestad

Der Rygnestadtunet ist eine der ältesten und am besten erhaltenen Hofanlagen des Landes; Besucher erhalten einen Einblick in die Lebensbedingungen der Bauern des Setesdal, vom Mittelalter bis ins 20. Jh.

Reisekarte: ▶ D 11

Infos: Rygnestadtunet, 4747 Valle, www.setesdalsmuseet.no, 23. Juli– 11. Aug. tgl. 11–17 Uhr.

Anfahrt: Von der Reichsstraße 9 aus, 9 km nördlich des Ortszentrums von Valle ausgeschildert (noch 2 km).

Von den baulichen Zeugnissen der uralten norwegischen Bauernkultur ist in der freien Landschaft des Königreichs nicht mehr viel geblieben, und desto bemerkenswerter ist der in einem Seitental des Setesdal gelegene Rygnestadtunet, der heute vom Setesdalsmuseum betreut wird. Diese bis 1917 bewirtschaftete Hofanlage (*tunet* = Hof), bei der alle Bauten noch an ihrem ursprünglichen Platz stehen, ist eine der ältesten und am besten erhaltenen des Landes überhaupt und ermöglicht so einen authentischen

Blick zurück in jene Zeit, als hier jeder Bauernhof noch eine autarke Insel der Zivilisation im Ozean der übermächtigen norwegischen Natur war.

Schon die etwa 2 km lange Fahrt hinein ins liebliche Tal von Rygnestad ist beeindruckend, doch nichts im Vergleich zum Anblick der Hofanlage selbst, die sich auf grüner Wiese malerisch an den Rand dunkler Wälder schmiegt. Wie das norwegische Gehöft in historischen Zeiten nie ein Einzelhaus gewesen ist, so kann man auch hier eine Gruppe von insgesamt neun Häusern besichtigen. Sie bestehen aus waagerecht übereinander angeordneten (Kiefern-)Stämmen, die mit Hilfe des Breitbeils zu Kanthölzern behauen wurden. Das sieht archaisch aus, und auch die mit Grassoden belegten Dächer fügen sich passend in dieses Bild aus uralter Zeit ein.

Die Wohnstätte

Das größte Haus der Anlage ist das *våningshus* oder *stovehus*, die in zwei Bereiche unterteilte Wohnstätte des Bauern. Linker Hand liegt die *årestue*, auch *gammelstog* genannt, die ›alte Stube‹, deren rustikaler Blockbau auf das 14. Jh., teilweise sogar auf das 12. Jh. datiert werden konnte. So ist es in der Tat das älteste Gebäude der Hofanlage, und auch im Innern, mit einer offenen Feuerstelle (*åre*) im Zentrum, fühlt man sich ins Mittelalter zurückversetzt. Einen Kamin gibt es nicht, denn der Rauch zog unter die Decke, wo er durch ein im Dach offen gebliebenes Loch entweichen konnte. Diese Art von ›Herdfeuer‹ war im Mittelalter in ganz Norwegen üblich, und nur im Setesdal soll es noch bis ins 19./20. Jh. in Gebrauch gewesen sein, genauer gesagt bis ins Jahr 1919 hinein, dem Jahr, in dem der Rygnestad-Hof von seinen Bewohnern verlassen wurde.

Rechts angrenzend an die *gammelstog* dann entsprechend die *nystog*, also ›neue Stube‹, die als Neuerung einen Schornstein trägt, der um 1800 eingebaut wurde. Von jener Zeit an war dies der eigentliche Koch- und Wohnraum, während nebenan nur noch die groben Kocharbeiten erledigt wurden. Direkt angeschlossen an diesen Wohnbereich war der Speicher *trihågloptet*, der wegen seiner dreigeschossigen Bauweise norwegenweit als Unikat gilt.

Das Speicherhaus

Die verschiedenen Ställe der Hofanlage und die Scheune schließen sich unterhalb des Wohnhauses an, etwas weiter entfernt finden sich die Schmiede und die Badestube, die auch zum Trocknen von Getreide und zum Räuchern von Fleisch benutzt wurde. All diese Gebäude stammen aus dem 18./19. Jh. Besondere Beachtung verdient der in der Mitte zwischen Wohnhaus und Schmiede gelegene Speicher *(loft)*, der in seinen Formen fast schweizerisch anmutet. Der Rygnestadloft ist landesweit der letzte seiner Art.

Er wurde um 1590 errichtet und besteht im Kern aus einem rustikalen,

279

zweigeschossigen Blockbau. Im Untergeschoss wurden die Vorräte gelagert, und da von ihnen das Wohl und Wehe des ganzen Hofes abhing, präsentiert sich der loft außerordentlich wehrhaft – erkennbar an den unerhört massiven Außenwänden sowie an einer Falltür, die zu einem Geheimgang führt, der weiter oben am Hang seinen Eingang hat. Dem 1844 erschienenen Buch »Skizzen aus Norwegen« von Theodor Mügge verdanken wir eine schöne Beschreibung eines solchen Speicherzimmers: Dort »... standen ungeheure Stöße von Haferbrot, getrocknetes Rindfleisch hing in ganzen Seiten an den Wänden, daneben Speck und Hammelschinken; kurz, es war hier genug vorhanden, um die Familie auf Jahr und Tag hinaus vor Hunger zu sichern«.

Von diesem Vorratsraum aus führt eine Treppe hinauf und dort zuerst in den verschalten *svalgang* (Laufgang) hinein, durch schlichte Arkadenfolge erhellt. Hier, im Obergeschoss, wurden Kleidung und Wäsche aufbewahrt; die prächtige Kollektion der Trachten ist noch heute zu bewundern. Dieser Oberraum wurde einem geehrten Gast als Schlafraum eingeräumt, hier wurde mitunter auch eine flügge gewordene Tochter untergebracht – wie es ähnlicher Brauch auch in Österreich und der Schweiz war.

Bleibt als letzte Sehenswürdigkeit der kleine Anbau auf der Rückseite des Laufgangs, der im ganzen Setesdal kein Gegenstück kennt. Er wird auf geführten Rundgängen als *hemmelighet* vorgestellt, und ein Blick hinein lüftet das ›Geheimnis‹: Hier befindet sich ein Plumpsklo, letzter Schrei des späten 15. Jh. in Norwegen und zu jener Zeit eigentlich nur in den Städten bekannt.

Stallgebäude und das Wohnhaus (rechts) des Rygnestadtunet

Valle

www.setesdalsmuseet.no, Öffnungszeiten wie die Kirche, Eintritt frei).

Wandern

Direkt beim Museum nimmt der alte Reitweg **Ålmannvegen** seinen Anfang, der bereits seit dem frühen
Mittelalter und bis Ende des 19. Jh.
als Verkehrsweg genutzt wurde. Erst
dann wurde im Tal die heutige Straße
gebaut. Wer auf alten Pfaden wandern möchte, kann dem Ålmannvegen auf einer Länge von 7 km bis hinunter nach Byklestøylane folgen.

Bleibt schließlich der 5 km südlich
von Bykle-Zentrum an der R 9 ausgeschilderte **Byklestigen**. Die Straße
schneidet hier durch eine wildromantische Landschaft aus Fluss, natürlich
entstandenem See und steilem Fels,
an dem sich der alte Pfad, noch bis vor
100 Jahren einzige Verbindung zum
oberen Setesdal, in schaurige Höhe hinaufzieht. Heute ist er gesichert und
kann im Rahmen einer ca. 45-minüti-
gen Wanderung begangen werden;
eine Infotafel berichtet aus alter Zeit.

Übernachten, Essen

Typisch für das Setesdal – **Bykle Hotell:**
Tel. 37 93 89 99, www.byklehotell.
no, EZ/DZ 950/1300 NOK, Wohnungen ab 850 NOK. Langgestreckter
Hotelbau im Setesdalstil mit modernem Anbau; die Zimmer sind ebenso
praktisch wie gemütlich mit typischem
Setesdalsinterieur eingerichtet (teils
u. a. mit Alkovenbetten). Die Vorspeisen im angeschlossenen Restaurant
kosten 85/95 NOK, die Hauptgerichte
205/265 NOK.

Valle ▶ D 11

Südlich von Bykle und der Schlucht,
durch die sich die Otra schäumend

ergießt, wird der Fluss breit und das
Tal weit, von kahlen Bergen umrahmt.
Die geschwungenen Flanken sind teils
tannendunkel, teils aber auch wiesen-
grün, da sie als Almen bewirtschaftet
werden. Solcherart ist auch die Landschaft bei den Örtchen Flateland und
Valle, den Zentren im Setesdal, die
auch im Tourismus eine Schlüsselstel-
lung innehaben.

Kurz bevor das Ortsschild Flateland
erreicht wird, sollte man nach links
zum **Rygnestadtunet** abbiegen, der im
Rahmen einer Entdeckungstour ausführlich beschrieben wird (s. S. 278).

Direkt südlich des kleinen Ortskerns bildet der über 200 Jahre alte,
zweigeschossige Blockbau des **Tveitetunet** mit mehreren historischen
Gebäuden den perfekten Rahmen für
die *Valleutstillinga*, eine Ausstellung
volkstümlichen Kunstgewerbes (u. a.
Trachten, Gemälde, Messer, Porzellan,
Silber-, Web- und Strickarbeiten), die
teils auch käuflich erworben werden
können (4747 Valle, www.setesdals
museet.no, bei Redaktionsschluss wegen Renovierungsarbeiten geschl.,
für Sommer 2014 Wiedereröffnung
geplant: 23. Juni–11. Aug. tgl. 11–17
Uhr).

Elche und Strände

Was Hovden auf der Höhe, ist Valle im
Tal – Zentrum für Outdoor-Aktivitäten
jeder Art. Das Touristenbüro informiert umfassend, organisiert zudem
dreimal wöchentlich **Elchsafaris**.

Zu **Badefreuden** lädt das Setesdal
um Valle ebenfalls ein – der populärste Badeplatz am Fluss ist Honnevje, ca.
2 km nördlich des Ortskerns gelegen
und mit Toiletten ausgestattet.

Wandern

Wanderwege gibt es dutzendweise,
ganz besonders schön ist der ca. 4 km
lange **Kvernhusvegen**, der am Park-

281

Das Setesdal

Felsklettern

Die Granitwände der Umgebung von Valle gelten als Top-Highlight für Felskletterer in Südnorwegen: Über 200 Routen laden ein, Dutzende Routen sind gebolted, und wer sich umfassend informieren will, sollte sich schon zu Hause den Kletterführer von Hans Weninger besorgen, der im Panico Verlag in Deutschland erschienen ist; empfehlenswert ist auch die Website des Autors (www.kletterninnorwegen.de), die die populärsten Routen im Setesdal vorstellt.

platz des Schulzentrums von Valle beginnt und via Tveitetunet (s. o.) vorbei an kleinen Mühlenhäuschen und Gehöften und über ›Almwiesen‹ zum Ausgangspunkt zurückführt.

Highlight von Valle aber ist der 9 km nördlich des Ortes an der R 9 gelegene höchste Wasserfall des Setesdal, **Gloppefossen**. Über 230 m fällt der Fluss Veiåni über eine Felskante ins Tal. Auf dem ab dem Lunden Camping ausgeschilderten und markierten Weg ist man etwa zwei Stunden bis dorthin unterwegs, eine Tour, die ältere Kinder durchaus bewältigen können.

Auch die markierten **Wanderwege im Bergland** rings um Valle sind größtenteils familienfreundlich. Zahlreiche Übernachtungshütten laden dort ein, die meisten sind auch bewirtschaftet (Verkauf von Proviant), und die Abstände von Hütte zu Hütte liegen zwischen drei und fünf Stunden; in einem Verzeichnis der Touristeninformation sind sie alle aufgeführt.

Übernachten, Essen

Vielseitig im Zentrum – **Valle Motell:** Tel. 37 93 77 00, www.valle-motell.no,

Campinghütten ab 400 NOK, Komforthütten ab 875 NOK, EZ ab 625 NOK, DZ ab 790 NOK. Mitten in Valle beim Fluss gelegenes Haus in landestypischer Bauweise mit Grasdach aus den 1930er-Jahren; gemütliches Restaurant, Aufenthaltsraum mit offenem Kamin; auch Camping.

Idyllisch und urig – **Flateland Camping:** Flateland (6 km nördlich von Valle), Tel. 95 00 55 00, www.flatelandcamping.no, Hütten ab 350 NOK. Idyllische Campingwiese am Fluss mit 17 grasgedeckten Hütten in verschiedenen Komfortklassen und Größen (350–500 NOK); am idyllischsten wohnt man in ›Stabbur‹, einem traditionellen Speicherhaus nachgebildet (500 NOK).

Für Wohnmobile – **Sanden Sare:** 8 km nördl. von Valle, Tel. 91 17 62 13, td lunden@gmail.com, Mitte Juni–Mitte Aug., Stellplatz 200 NOK. Speziell für Wohnmobile ausgestattet. Naturplatz an der Otra.

Einkaufen

Valle ist eines der Kunsthandwerkszentren des Setesdal, vom o. g. Tveitetunet abgesehen, bietet sich folgende Adresse zum Shopping an:
Typisches aus dem Setesdal – **Setesdal Husflidsentral:** Tel. 37 93 73 08, Mo–Fr 9–16, Sa 10–14, im Juli Mo–Fr 10–17, Sa bis 14, So 12–17 Uhr. Souvenirs im Allgemeinen, Trachten und Trachten-Pullover im Besonderen, und wer es ganz typisch mag, kaufe hier eine ›Setesdalskofte‹ (Strickjacke).

Infos & Termine

Infos

Valle Turistkontor: 4747 Valle, Tel. 37 93 75 29, www.setesdal.com, Anfang Juni–Mitte Aug. Mo–Fr 10–17, Sa bis 14, sonst Mo–Fr 9.30–15 Uhr.

Rysstad

Innenraum der Kirche von Rysstad – heute nahezu wieder im Originalzustand von 1839

Termine
Setesdals kappleik (Ende Juli): Folk-Festival mit Fidelspiel und Maultrommelmusik, Volkstanz und -gesang.

Verkehr
Bus: Etwa stdl. Verbindungen durch das Setesdal, mehrmals tgl. werden u. a. Oslo, Bergen, Arendal und Kristiansand angefahren.

Das untere Setesdal

Rysstad ▶ D 11

Mehr und mehr Gehöfte nach alter (und auch neuer) Art hängen nun über den Feld- und Wiesenfluren des Tals – ähnlich wie im Berner Oberland. Dann geht es zum letzten Mal durch eine schmale Schlucht, und es öffnet sich der Blick aufs zarte Türkis eines langgestreckten Sees, in den die Otra bei Rysstad mündet. Auch dieser Ort ist Mittelpunkt des Kunstgewerbes im Setesdal, außerdem Standort des **Bygland-Museum** (Hauptabteilung des Setesdalsmuseum), das bereits 1938 gegründet wurde und mit seiner großen Freilichtabteilung traditioneller Setesdalshäuser sowie mit mehreren Themenausstellungen beeindruckt: »Frå vogge til grav« lädt zu einer Reise durch das Brauchtum des Setesdal ein und informiert gerade auch über die Trachten. Aber auch der Kraftwerksbau im Setesdal mit seinen sozioökonomischen Folgen wird vorgestellt; ein 1000 Jahre altes Wikingerschwert ist zu sehen und eine ›Schatzkammer‹ mit herausragenden Exponaten aus dem Setesdal.

In den Sommermonaten sind stets diverse Kunstausstellungen angeschlossen (4748 Rysstad, www.setesdalsmuseet.no, 23. Juni–11. Aug. tgl. 11–17 Uhr).

Das Setesdal

Zum Byglandssee

Breit liegt nun der See im Tal, kleine Wiesen- und Birkeninseln setzen liebliche Akzente, und sogar Sandstrände kommen vor und verlocken zu einem Bad im See, der hier nicht gar so kalt ist. Sodann geht es vorbei an dem Dörfchen Helle und dem 200 m hohen Wasserfall **Reiårfoss**, zu dessen höchstem Punkt ein mautpflichtiger Weg führt. Auch zwei malerisch auf sandgerahmten Halbinseln gelegene Campingplätze liegen beim Örtchen **Ose** am Weg. Dann wird der See noch einmal zum Fluss, durchströmt eine Schleusenanlage von 1869 und ergießt sich in den **Byglandssee**, der aufgrund seiner Form auch Byglandsfjord genannt wird.

Übernachten, Essen

Hoher Standard, günstige Preise – **Sølvgarden Hotell og Feriesenter:** Rysstad, Tel. 37 93 61 30, www.rysstadferie.no. Neue Hotel- und Campinganlage unweit vom Zentrum in der Nähe schöner Badeplätze. Es erinnert von außen an ein typisches Gebirgshotel, innen ist es z. T. mit Antiquitäten aus der Silbertradition des Setesdal geschmückt (das Hotel hat eine eigene Silberschmiede). Ausgezeichnete Zimmer, auch die Campinghütten (450 NOK) sind ihr Geld wert, ebenso die Komforthütten (ab 790 NOK) und die großen Motelzimmer (EZ 850 NOK, DZ 1180 NOK); außerdem kann man campen (Stellplatz 250 NOK). Das angeschlossene Restaurant bietet typische Gerichte dieses Tals.

Von Wasser umgeben – **Reiårsfossen Camping:** Ose, Tel. 37 93 41 00, www.reiarsfossen.no, Mai–Sept., Hütten ab 450 NOK. Wunderschön auf einer Halbinsel gelegener großer Wiesenplatz mit eigenem Badeplatz am See, der angeblich der wärmste Norwegens ist. Geschäft, Café, Verleih von Booten und Angelausrüstung.

Unser Tipp

Es ist nicht alles Gold, was glänzt
Seit den Wikingertagen wird im Setesdal die Kunst des Silberschmiedens hochgehalten, und wer möchte, kann hier den Schmieden bei ihrer Arbeit zuschauen: Am Weg zum Byglandssee sind gleich zwei Schmieden ausgeschildert: In der **Sylvbui** entstehen traditioneller Silberschmuck wie auch Stücke in modernem Design (Tel. 37 93 61 30, www.rysstadferie.no, Mo–Fr 9–16, Sa bis 13, im Juli Mo–Fr 9–18, Sa bis 15, So 12–18 Uhr). Die Schmiede **Sylvartun** bietet landesweit die größte Auswahl an handgearbeitetem Silberschmuck, u. a. werden hier »die ornamentalen Gestaltungstraditionen der Wikingerzeit und des Mittelalters in geschmackvolle Schmuckkunst verwandelt«, wie es in der Selbstdarstellung heißt (Nomaland/Rysstad, Tel. 37 93 63 06, www.sylvartun.com, Mai–Sept. tgl. 10–17 Uhr). In Valle liegt die **Hasla sylvsmie**, eine Silberschmiede mit angeschlossenem Souvenirladen. Sie stellt ebenfalls Silberschmuck in traditionellem wie modernem Design her (Tel. 37 93 73 80, www.hasla.no, Mitte Juni–Mitte Aug. Mo–Fr 10–16.30, Sa 11–16 Uhr).

Byglandsfjord ▶ D 12

Hunderte von Halbinseln mit Wiesen- oder Sandufer liegen verstreut im glasklaren Wasser dieses gut 35 km langen und 40 km² großen ›Fjordsees‹ und bieten sich zum Baden und Bootfahren, Angeln und Wandern an. Entsprechend groß ist die Zahl der Übernachtungsbetriebe am Ufer – bis hinunter zum gleichnamigen Ort **Byglandsfjord**, dem Zentrum des unteren Setesdal. Herausragende Sehenswürdigkeiten gibt es hier zwar keine, aber die gesamte Gegend ist ein wahres Urlaubsparadies, sogar Sandstrände laden am Fjord ein. Wer vor allem Baden und Bootfahren sowie Angeln im Sinn hat, wird sich hier wohlfühlen, auch Kanus, Kajaks sowie Windsurfbretter werden ausgeliehen.

Wanderungen

Im Umland des Byglandsfjords laden Dutzende Wandertouren ein, darunter auch mehrtägige. Eine spektakuläre Panoramatour hat die rund 300 m hoch über dem Talboden klaffende Grotte **Tjuvhola** zum Ziel. Der Weg (hin und zurück ca. 2 Std.) ist an der R 9 südlich vom unübersehbaren Neset-Campingplatz (s. u.) ausgeschildert; es geht sehr steil bergauf, was bei Nässe nicht ungefährlich ist. Das mit Abstand beeindruckendste Panorama aber genießt man vom 762 m hoch gelegenen Aussichtsberg **Årdalsknappen** aus, der ebenfalls beim Neset-Campingplatz beginnt und hin und zurück etwa 3–4 Stunden Zeit in Anspruch nimmt.

Übernachten

Modern am See – **Revsnes Hotell:** Tel. 37 15 39 00, www.revsneshotell.no, EZ/DZ 890/1100 NOK. Modernes Hotel auf einer Halbinsel im See mit komfortablen Zimmern (meist mit Seeblick), schönen Badeplätzen, Garten und Bootsverleih.

Top-Camping – **Neset Camping:** Tel. 37 93 40 50, www.neset.no, ganzjährig. Auf einer großen Wiesen-Halbinsel (1,6 km Strandlinie) gelegener Komfortplatz mit etwa 30 Hütten (ab 550 NOK), Geschäft, Café und Verleih von Kanus, Kajaks, Ruderbooten und Surfbrettern; auch Kletterkurse.

Infos

Touristeninformation: Zuständig ist die Informationsstelle in Evje (s. S. 287).

Verkehr: Bus: Etwa stdl. bestehen Verbindungen durch das Setesdal, mehrmals tgl. werden u. a. Oslo, Bergen, Arendal und Kristiansand angefahren.

Evje ▶ D 12

Etwa 11 km südlich von Byglandsfjord liegt das ca. 2200 Einwohner zählende Städtchen Evje. Einst eine bedeutende Grubenstadt, ist es heute das Dienstleistungs- und Versorgungszentrum im Setesdal und genießt international bei Mineralogen und Geologen hohes Ansehen: In den Pegmatitschichten unter der Erde kommen Mineralien zum Vorschein, die im Hinblick auf Vielfalt und Größe ihresgleichen suchen. Madame Curie bezog die Mineralien für ihre Experimente mit radioaktiver Strahlung aus Evje.

Hier verabschiedet sich das Setesdal. Gut 60 km sind noch bis hinunter an die Küste nach Kristiansand zurückzulegen, doch so schön die Landschaft mit Seen und Wäldern, Wiesen und Feldern auch ist – nach Durchfahren der bisherigen Strecke bietet sie keine Höhepunkte mehr.

Das Setesdal

Kristall-Sightseeing

In touristischer Hinsicht dreht sich in Evje fast alles um Kristall-Sightseeing, das sich nirgends spannender darstellt als im rund 6000 m2 großen **Setesdal-Mineralpark**. Er erstreckt sich tief unter der Erde in bis zu 175 m langen ehemaligen Grubengängen, in denen die kristallen funkelnden Schätze der Berge in ihrer natürlichen Umgebung zu betrachten sind (Mineralvegen, www.mineralparken.no, 10. Mai–30. Juni und 17. Aug.–27. Sept. Mo–Sa 10–16, So bis 17 Uhr, im Hochsommer tgl. 10–18 Uhr, Eintritt 130 NOK).

Interessant ist auch der 2,5 km lange **Mineraliensti** (Mineralienpfad), der fünf ehemalige Gruben miteinander verbindet und in dessen Verlauf man an Lagerstätten diverser Mineralien vorbeispaziert. Die direkt beim Mineraliensti gelegene **Flaat Nickelgrube,** ursprünglich Europas größte Nickelgrube, reicht bis über 400 m tief in die Erde hinein und kann ebenfalls besichtigt werden (www.mineralstien.flaatgruve.com, 1. Juli–15 Aug. tgl. 11–16 Uhr, Eintritt 85 NOK für Sti und Grube). Einen Besuch wert ist außerdem das **Evje og Hornnes Museum,** in dem Berylle, Amazonite, Bergkristalle und Dutzende andere Mineralien ausgestellt sind (Fennefoss bru, 23. Juni–Ende Aug. tgl. 11–17 Uhr).

Übernachten, Essen

Bürgerlich am Fluss – **Dølen Hotel:** Tel. 37 93 02 00, www.hoteldolen.no, EZ/DZ ab 995 NOK. Schmucker Holzbau aus den 1920er-Jahren, im Zentrum und doch ruhig am Flussufer in den Wiesen gelegen; die Terrasse bietet ebenfalls einen schönen Flussblick und das Restaurant ist für gutbürgerliche norwegische Küche bekannt.

Traumlage – **Evje Vandrerhjem:** Troll Aktiv, Tel. 37 93 11 77, www.hihostels.no, April–Sept., Betten ab 200 NOK, EZ/DZ ab 430 NOK, Frühstück 90 NOK extra, ca. 7 km außerhalb des Zentrums gelegene Jugendherberge, vorbildlich ausgestattet und *das* Outdoor-Zentrum Südnorwegens (s. u.).

Camping ortsnah – **Odden Camping:** Tel. 37 93 06 03, www.oddencamping.no, Hütten ab 425 NOK. Ruhiger und außerordentlich idyllischer Campingplatz nur 500 m vom Ortszentrum auf einer schattenreichen Wiese am Otra-Ufer. Die Ausstattung ist vom Feinsten, Hütten in 6 verschiedenen Größen und Komfortstufen.

Camping am See – **Hornnes Camping:** Hornnes (6 km südl. von Evje), Tel. 37 93 03 05, www.hcamp.no, Mitte

Evje: Adressen

Mai–Mitte Sept. Vor über 70 Jahren gegründeter Campingplatz mit gepflegten Sanitäranlagen, viel Natur und einem 700 m langen Sandstrand mit sicheren Badeplätzen; auch Boots- und Kanuverleih.

Aktiv

Outdoor-Aktivitäten – **Troll Aktiv:** Tel. 37 93 11 77, www.trollaktiv.no. Das der Jugendherberge (s. o.) angeschlossene Aktivitätszentrum ›Troll Aktiv‹ gilt als eines der größten im Norden. Im Angebot stehen u. a. Rafting-Touren (3 Std., 450 NOK), Familien-Rafting-Touren (3 Std., 350 NOK), River-Boarding (3 Std., 450 NOK), geführte Kanutouren (3 Std., 350 NOK), Klettertouren (3 Std., 450 NOK), auch eine Kletterwand lädt ein (1 Std 250 NOK); es werden Wildwasser-Kajakkurse für Anfänger und Fortgeschrittene abgehalten (ab 450 NOK), Biber- und Elchsafaris organisiert (4 Std. für 320 NOK).

Infos

Nedre Setesdal Informasjonssenter: Evje, Tel. 37 93 14 00, www.setesdal.com, Juni–15. Aug. Mo–Fr 9–18, Sa bis 15, So 10–16 Uhr.
Bus: Gute Verbindungen Richtung Oslo, Bergen, Kristiansand, Arendal und Haukeligrend (durch das Setesdal).

Farbenspiele im ›Märchental des Südens‹

Sprachführer

Besonderheiten

Es gibt zwei norwegische Sprachen: Bokmål und Nynorsk, die sich aber ähnlich sind. Die meisten Westnorweger sprechen Nynorsk. Englisch spricht fast jeder.

Im Norwegischen werden die bestimmten Artikel an das Hauptwort angehängt, in der Einzahl: -en (männl.), -a oder auch -en (weibl.) und -et (sächl.), z. B.: en fjord = ein Fjord; fjord-en = der Fjord; ei hytte = eine Hütte; hytt-a = die Hütte; et fjell = ein Berg/Gebirge; fjell-et = der Berg/das Gebirge. Für die unbestimmte Mehrzahl wird bei allen Geschlechtern -er an das Wort gehängt, für die bestimmte Mehrzahl -ene: hytt-er = Hütten, hytt-ene = die Hütten.

Keine ganz leichte Sache ist die Aussprache der Norwegischen. Das o wird häufig wie ein deutsches u (z. B. Oslo, [uslu]), manchmal aber auch o (z. B. konge, König) ausgesprochen. Das u wird meistens wie ü ausgesprochen, bisweilen aber auch wie u.

Aussprache

Das norwegische Alphabet hat drei Buchstaben, die es im Deutschen nicht gibt: æ gesprochen wie ä, ø wie ö, å offenes o wie in ›hoffen‹. In den norwegischen Wörter-büchern stehen æ, ø und å am Ende des Alphabets nach z.

Aussprache der Konsonaten:

g	vor i und y wie j, sonst wie g
gj	wie j
k	vor i und j wie ch in ›ich‹
kj	ch wie in ›ich‹
s	scharfes s wie in ›nass‹
sj, skj	wie sch
sk	vor i und y wie sch
v	wie w
y	zwischen ü und i

Allgemeines

ja	ja
nein	nei
nicht	ikke
und	og
danke/	takk/
tausend Dank	tusen takk
Danke fürs Essen	Takk for maten
Entschuldigung!	Unnskyld!
deutsch	tysk
Deutschland	Tyskland
Norwegen	Norge
bitte	vær så god
Wo ist …?	Hvor er …?
Wieviel Uhr ist es?	Hva er klokka?
Wann …?	Når …?
Um 2, 3, 4 … Uhr	Klokka 2, 3, 4 …
gestern	i går
heute	i dag
morgen	i morgen

Begrüßung/Verabschiedung

Guten Tag!	God dag!
Guten Morgen!	God morgen! (morn)
Guten Abend!	God kveld!
Gute Nacht!	God natt!
Hallo!	Hei!
Ich heiße …	Jeg heter …
Wie heißt du?	Hva heter du?
Tschüss!	Ha det (bra)!
Wir sehen uns.	Vi sees.

Unterkunft

Übernachtung	overnatting
Hotel	hotell
Zimmer	rom/værelse
Einzelzimmer	enkeltrom
Doppelzimmer	dobbeltrom
Hast du ein freies Zimmer?	Har du et ledig værelse/rom?
Wieviel kostet das Zimmer?	Hvor mye koster værelset/rommet?
Ich bleibe eine	Jeg blir en

288

Nacht (... Tage, ... Wochen)	natt (... dager, ... uker)
Campingplatz	campingplass
Hütte	hytte
Wohnmobil	bobil
Zelt	telt
Bett	seng
Dusche	dusj
Toilette	toalett

Im Restaurant
(s. auch kulinarisches Lexikon S. 291)

Frühstück	frokost
Mittagessen	lunsj
Abendessen	middag
Kaltes Abendessen	kveldsmat
Café	kaffe
Imbissstube	snackbar, gatekjøkken
Gasthaus	gjestgiveri
Restaurant	restaurant
Salz/Pfeffer	salt/pepper
Messer/Gabel	kniv/gaffel
Flasche	flaske
Glas	glass
Tasse	kopp
gebacken	bakt
gekocht	kokt
geröstet	ristet
gesalzen	saltet
gebraten	stekt
Ich bin allergisch gegen ...	Jeg er allergisk mot ...
Ich bin Vegetarier.	Jeg er vegetar.

Einkaufen
(s. auch kulinarisches Lexikon S. 291)

Supermarkt	supermarked
Wie viel kostet das?	Hva koster det?
Kannst du mir ... geben?	Kan du gi meg...?
Hast du ...?	Har du ...?
Brot/Brötchen	brød/rundstykke
Butter	smør
Käse	ost
Aufschnitt	pålegg
Marmelade	syltetøy
Milch	melk
Vollmilch	H-Melk
Buttermilch	kulturmelk
Sahne	fløte

Post

Wo ist das nächste Postamt?	Hvor er nærmeste postkontor?
Wo ist ein Briefkasten?	Hvor er det en postkasse?
Was kostet ein Brief nach ...?	Hva koster et brev til ...?
Postkarte	postkort
Briefmarke	frimerke

Unterwegs

nach rechts	til høyre
nach links	til venstre
geradeaus	rett fram
Benzin/Diesel	bensin/diesel
Bitte volltanken!	Full tank, takk!

Die wichtigsten Sätze

In Norwegen duzt man sich, gesiezt wird nur der König.

Allgemeine Floskeln

Entschuldigung!	Unnskyld!
Ich verstehe nicht.	Jeg forstår ikke.
Ich spreche kein/ etwas Norwegisch	Jeg snakker ikke/ litt norsk
Sprichst du Deutsch/Englisch?	Snakker du tysk/ engelsk?

Auf der Straße

Ich will nach ...	Jeg skal til ...
Wo kann man ... kaufen?	Hvor kann man ... kjøpe ...?
Wo ist hier eine Apotheke?	Hvor er det et apotek?
Welcher Bus geht nach ...?	Hvilken buss går til ...?
Wo gibt es/sind die Toiletten?	Hvor er toalettene?

Autowerkstatt	bilverksted
Parken verboten	parkering forbudt
Mautstraße	bomvei
Wo ist/liegt ...?	Hvor er/ligger ...?
der/die/das nächste ...	nærmeste
... Touristeninformation	... turistinformasjon
... Tankstelle	... bensinstasjon
Wie weit ist das?	Hvor langt er det?

Öffentliche Verkehrsmittel

Fähre	ferge, ferje
Fahrkarte	billet
Fahrplan	ruteplan, rutebok
Bahnhof	stasjon
Zug	tog
Bus/Expressbus	buss/ekspressbuss
Abfahrt	avgang (avg.)
nach	til
von	fra
Ich möchte ...	Jeg vil gjerne ha ...
... eine Hinfahrkarte	... en enkeltbillet
eine Hin- und Rückfahrkarte	... tur-returbillet
Wo muss ich umsteigen in den Zug/Bus nach ...?	Hvor må jeg bytte tog/bus til ...?
Wann geht der	Når går

Zahlen (Ordnungszahlen bis 12)

1, 1.	en, første	13	tretten
2, 2.	to, andre	14	fjorten
3, 3.	tre, tredje	15	femten
4, 4.	fire, fjerde	16	seksten
5, 5.	fem, femte	17	sytten
6, 6.	seks, sjette	18	atten
7, 7.	sju, sjuende	19	nitten
8, 8.	åtte, åttende	20	tjue
9, 9.	ni, niende	21	tjueen
10, 10.	ti, tiende	100	hundre
11, 11.	elleve, ellevte	200	tohundre
12, 12.	tolv, tolvte	1000	tusen

nächste Zug/	neste tog/
Bus/Flug	buss/fly
nach ...?	til ...?
Flugplatz	flyplass

Wetter

Es wird schlechtes/gutes	Det blir dårlig/pent
Wetter	vær
Wetterbericht	værmelding
Unwetter	uvær
Es ist kalt/warm	Det er kaldt/varmt
Es regnet	Det regner
Es stürmt	Det blåser
Die Sonne scheint	Sola skinner
bewölkt	skyet
Schnee	snø
Nebel	tåke

Landschaftsbezeichnungen
s. S. 51

Im Krankheitsfall

Arzt/Zahnarzt	lege/tannlege
Kinderarzt	barnelege
Wo kann ich einen Arzt finden?	Hvor kan jeg finne en lege?
Unfallstation	legevakt
Krankenversicherung	sykeforsikring
Ich habe Schmerzen.	Jeg har smerter.

Wochentage

zeitl. Begriffe mit den Abkürzungen (bokmål/nynorsk) auf Fahrplänen:

Montag	mandag (ma/må)
Dienstag	tirsdag (ti/ty)
Mittwoch	onsdag (on)
Donnerstag	torsdag (to)
Freitag	fredag (fr)
Samstag	lørdag (lø/la)
Sonntag	søndag (sø/su)
werktags	hverdager (hvd/kvd)
täglich	daglig (dgl.)
außer (Sa)	uten (u. lø)

290

Kulinarisches Lexikon

fisk	**Fisch**	**kjøtt**	**Fleisch**
abbor	Barsch	elg	Elch
blåskjell	Miesmuschel	fåre	Hammel
brosme	Lumb	hjorte	Hirsch
hellefisk	Heilbutt	kalkun	Pute, Truthahn
hummer	Hummer	kalv	Kalb
hvitting	Weißling	kylling	Hähnchen
hyse, kolje	Schellfisch	lamm	Lamm
laks	Lachs	okse	Rind
lange	Lengfisch	pølse	Würstchen
makrell	Makrele	rein	Ren
pale	Seelachs	svin	Schwein
piggvar	Steinbutt	vilt	Wild
reker	Garnelen		
rødsprette	Scholle	**frukt**	**Obst**
sei	Seelachs/Köhler	blåbær	Blaubeere
sild	Hering	bringebær	Himbeere
sjøtunge	Seezunge	eple	Apfel
skrei, torsk	Kabeljau, Dorsch	jordbær	Erdbeere
steinbitt	Steinbeißer	kirsebær	Kirsche
ørret	Forelle	moltebær	Multebeere
østers	Austern	plommer	Pflaumen
ål	Aal	tyttebær	Preiselbeere

grønnsaker	**Gemüse**	**drikke**	**Getränke**
agurk	Gurke	kaffe/te	Kaffee/Tee
blomkål	Blumenkohl	saft	Saft
bønner	Bohnen	vann, vatn	Wasser
erter	Erbsen	brennevin	Branntwein
gulrøtter	Mohrrüben	hvitvin/rødvin	Weißwein/Rotwein
kål	Kohl	toddy	Glühwein
sopp	Pilz	vin	Wein
løk	Zwiebel	øl	Bier

Die wichtigsten Sätze

Im Restaurant

Ist hier besetzt?	Er det opptatt?	Noch etwas?	Litt mer?
Herr Ober!	Kelner!	Nein danke,	Nei takk,
Fräulein!	Frøken!	nicht mehr.	ikke mer.
Was wünschst du/ihr?	Hva ønsker du/dere?	Kann ich die Rechnung bekommen?	Kann jeg få regningen?
Ich möchte gerne …	Jeg vil gjerne ha …	Behalten Sie den Rest.	Behold resten.
Bitte die Speisekarte!	Menuen, takk!	Danke für das Essen!	Takk for maten!
Guten Appetit!	Velbekomme!	(sagt man nach dem Essen)	
Prost!	Skål!		

Register

Agatunet 211
Aktivurlaub 30
Ål 245, 248
Åmot 265, 268
Amundsen, Roald 96
Åna-Sira 163
Angeln 30, 157, 159
Anreise 22
Apotheken 36
Apps 18
Aquakultur 55
Årdal 189
Årdalsfjord 189
Arendal 147
Ärztliche Versorgung 36
Åsgårdstrand 127
Aurlandsvegen 243
Ausrüstung 21
Aust-Agder 136
Autofahren 24

Bæra, Nils 249
Bærø 141
Bandak-See 267, 268
Bauerntalungen 247
Behinderte 37
Bergen 14, 214, 242
– Aussichtsberg Fløy-
  en 222
– Bergen Aquarium 222
– Bergenhus 218
– Bergen-Museum 221
– Bergenskortet 229
– Bergens Kunstfo-
  rening 221
– Bergens Seefahrts-
  museum 221
– Bryggens Museum 219
– Fantoft Stabkirche
  222
– Gamle Bergen 222
– Håkonshalle 219
– Hanseatisches Muse-
  um 220
– Hanseviertel Tyske
  Brygge 219
– Kunstgewerbe-
  museum 221

– Lysverket 217
– Marienkirche 220
– Nationale Scene 221
– Rasmus Meyers Sam-
  ling 221
– Rosenkrantztår-
  net 218
– Stenersen Samling 221
– Torget 214
– Troldhaugen 223
– Ulriken 222, 226
– Vågen 214
Bergenbahn 242
Bergener Festspiele 77
Bergsteigen 30
Bevölkerung 43
Bjørnson, Bjørnstjer-
  ne 77
Bjørnstadskip 124
Blåsjø 191
Blindleia 149
Bondhus-Gletscher 201
Borre 127
Borrehaug 127
Brattlandsdal 193
Brimnes 233
Bruravik 233
Brusand 165
Buarbreen 202
Bull, Ole 78
Byglandsfjord 285
Byglandssee 284
Bykle 277

Camping 26

Dagali 250
Dagalifjell 251
Dahl, Christian
  Clausen 79
Dalen 139, 268
Dalsland-Kanal 117
Diplomatische Vertre-
  tungen 36
Dømmesmoen 148
Draisine 162
Drammen 126
Drøbak 125

Dyranut Turisthytte 238,
  239

Egersund 163
Eidfjord 233
Eidsborg, Stabkirche
  266
Eigerøy 164
Einkaufen 29
Einreisebestimmun-
  gen 22
Elvadalen 208
Erdöl 58, 174
Erfjord 191
Essen und Trinken 27
Evje 285

Fagernut 242
Fauna 51
Feiertage 36
Felszeichnungen 44, 123
Ferienhäuser 26
Feste 34
Finnøy 179, 189
Finse 240, 241, 242
Fjell 53
Fjordland 134
Flåm 241
Flåmbahn 241, 242, 243
Flåmdal 242
Flekkefjord 159
Flekkefjordbahn 162
Flesberg, Stabkirche
  253
Flora 51
Folgefonn-Gletscher
  198, 212, 213
Folgefonn-National-
  park 54, 199
Folgefonn-Tunnel 201
Fredrikstad 117, 123
Fredriksten 115
Fremdenverkehrsäm-
  ter 19

Gamlebyen 120
Gamlevei 272
Garbarek, Jan 78

292

Register

Gaustabahn 263
Gaustatoppen 262
Geilo 243
Geilolia Sommer-
park 244
Geld 36
Geografie 42, 49
Geschichte 42, 45
Gjeving 147
Gletscher 49
Glomma 117, 121
Gol 242
Granvin 233
Grieg, Edvard 75, 78,
208, 223
Grimstad 147
Groosebekken Vandre-
park 149
Gude, Hans 79
Gullingen Turistsen-
ter 191
Gunnarstorp 124

Hadlaskar 238
Hæreid 233
Håkon VII. 46, 72
Halden 114
Halden-Kanal 117
Hallingdal 242, 245
Hallingskarvet-National-
parks 243
Hallingskeid 241
Hamsun, Knut 77
Hanse 45, 218
Harald Hårfagre 44
Harald V. 72
Hardanger 14
Hardangerfjord 196
Hardanger Fruktsti 208
Hardangerjøkulen 232,
240, 242
Hardangervidda 14,
208, 230, 232, 242,
269
Hardangervidda-Natio-
nalpark 54, 237
Hardangervidda Natur-
zentrum 234

Hardanger Volks-
museum 211
Haugastøl 240, 241
Hauge 163
Haukeligrend 269
Haukeliseter 269
Heddal, Stabkirche 256,
260
Helleren 163
Hellvik 165
Heyerdahl, Thor 96
Hidra 159
Hjelmeland 189
Hjølmodal 234
Hol, Stabkirche 243
Hordabrekkene 198
Hordaland 14, 194
Hornnes 124
Horten 125
Hovden 273
Høydalsmo 266
Huldreheimen 276
Hunn 124
Husedalen 209
Hvaler 120

Ibsen, Henrik 77, 88,
147
Informationsquellen 18
Internet 36

Jæren 165
Jedermannsrecht 67
Jeløy 125
Jomfruland 141
Jondal 212
Jondalstunnel 205
Jøsenfjord 190
Jøssingfjord 163
Jugendherbergen 26

Kap Lindesnes 158
Karl Johan 85
Kinsarvik 208
Kittelsen, Theodor 75
Kjeåsen 234
Kjerag 185, 186
Kolbeinstveit 193

Kongsberg 254
Kongsten Fort 120
Krækkjahytta 240
Kragerø 137
Kristiansand 151
– Sørlandspark 151
– Vest-Agder Fylkemuse-
um 151
Krossen 266
Krossobahn 263
Kunst 76
Kvinnherad 200

Lågdalsmuseum 253
Landa 182
Langedrag Natur-
park 253
Langfoss-Wasserfall 198
Låtefoss 198
Lauvvik 181
Lesetipps 19
Lillesand 149
Lindesnes Fyr 158, 161
Litlos 238
Lofthus 208
Lund 140
Lyngør 147
Lysebotn 181
Lysefjord 181
Lysefjordsenteret 182
Lysefjord-Straße 181
Lysne, Geir 78

Måbø 236
Mandal 156
Maristuvet 265
Maurangerfjord 200
Medien 37
Mittsommer 34
Moss 125
Møsvatn 265
Mosvatnet 191
Munch, Edvard 76,
79, 97
Myrdal 241, 242

Nachtleben 35
Nansen, Fridtjof 96

293

Register

Nationale Touristenstraßen 165, 181, 196
Nationalfeiertag 70
Nationalparks 54
Nautasund 164
Nesch, Rolf 246
Nisser 73
Nobel, Alfred 91
Nordsjøveien 136, 156
Nore, Stabkirche 252
Norheimsund 232
Nos 273
Nøstvet-Kultur 44
Notruf 37
Numedal 252
Oanes 181, 182
Odda 198, 202
Odderøya Live 155
Öffnungszeiten 37
Oggevatn 151
Olav Haraldsson 44
Olav Tryggvason 44
Olav VI. 45
Oldtidsveien 121, 122
Osebergstien 130
Oslo 15, 45, 82
– Aker Brygge 58, 91
– Akershus-Festung 95
– Akershusstranda 91
– Astrup Fearnley Museum für moderne Kunst 91
– Badebucht Huk 97
– Bygdøy 92, 95
– Dom 88
– Eidsvollpark 89
– Forsvarsmuseet 95
– Fram-Museum 96
– Grand Hotel 89
– Henie Onstad Kunstsenter 102
– Historisches Museum 90
– Hjemmefrontmuseet 95
– Holmenkollen 101
– Karl Johans gate 85
– Königliches Schloss 90

– Kon-Tiki-Museum 96
– Marka 101
– Munch-Museum 97
– Nationalgalerie 90
– Nationaltheater 90
– Nobel-Friedenszentrum 91
– Norsk Folkemuseum 96
– Norsk Maritimt Museum 97
– Opernhaus 95
– Oslo-Pass 111
– Rathaus 90
– Storting 88
– Studenterlunden 89
– Tjuvholmen 91
– Tusenfryd 101
– Universität 89
– Vigeland-Museum 98, 100
– Vigeland-Park 16, 98
– Wikingerschiff-Museum 92
Oslofjord 15, 112
Østfold 114
Otra 277
Øysang 143

Preikestolen 183

Rabenschlucht 266
Radwandern 31
Rallarvegen 241
Ravneberget 124
Reiårfoss 284
Reinaknuten 189
Reisekosten 28, 37
Reisezeit 20
Reisezeiten 20
Rennesøy 179
Risør 142
Rjukan 263
Rødberg 252
Rogaland 14, 166
Røldal 181, 197, 269
Røldalsvatnet 193
Røldaltunnel 198

Rollagvegen 252
Rosendal 201, 206
Rosenmalerei 248
Ryfylke 168
Ryfylkevegen 180
Rygnestad 278
Rysstad 283

Saggrenda 255
Sand 191
Sandefjord 131
– Walfangmuseum 131
Sata, Herbrand 249
Sauland 260
Schären 137
Sessvatn 272, 275
Setesdal 14, 181, 270
Setesdalbahn 152
Setesdalsheia 181, 272
Sicherheit 38, 108
Silberschmieden 284
Simadal 233
Sirdal 158
Skåtøy 141
Skien 138, 139
Skien/Porsgrunn 137
Skjærhalden 119, 120
Skjeberg 123
Sognefjord 243
Solbergtårnet 123
Søndre Sandøy 119
Sørfjord 205
Sørland 15, 134
Souvenirs 38
Spartipps 39
Spirale 126
Sprache 43
Sprachführer 289
Stabkirchen 45, 197, 231, 247, 251, 252, 253, 256, 266
Stangholmen 143
Stavanger 168
– Domkirche 170
– Gamle Stavanger 172
– Leedal 173
– Norwegisches Konservenmuseum 173

294

Register

- Norwegisches Ölmuseum 170, 174
- Seefahrtsmuseum 173
- Stavanger Museum 173
- Vågen 172
- Villa Breidablikk 173
Stavsro 262
Steckbrief Südnorwegen 43
Strand 184
Strømsfoss 117
Suldal 193
Suldalslågen 193
Svandalsflona-Tunnel 269

Taiga 52
Tau 188
Tax-free-System 38
Telefonieren 38
Telemark 14, 259
Telemarkkanal 138, 268
Tidemand, Adolph 79
Tistedal 117

Tjøme 130, 131
Tønsberg 129
Torpo, Stabkirche 247
Trøe 150
Trolle 73
Trollzunge (trolltunga) 49, 199
Tuddalsstraße 260
Tvedestrand 146
Tysdalsvatnet 188
Tysfjord 191

Übernachten 25
Ulefoss 140
Ullensvang 208
Umweltschutz 66
Undset, Sigrid 77
Ustedalsfjorden 244
Utne 211
Uvdal 251

Vågslid 269
Valle 281
Vasstulan 251
Vatnahalsen 241

Vatnedalvatn 277
Vedalsfossen 234
Verdens Ende 130
Verkehrsmittel 23
Vest-Agder 136
Vestfold 114
Vigeland, Gustav 98
Vøringsfoss 209, 234, 236
Voss 242

Wandern 32
Wassersport 32
Wetter 20
Wikinger 44, 92
Wintersport 33
Wirtschaft 43, 58

Ytre Hvaler-Nationalpark 54, 120

Ziegenkäse 197
Zollvorschriften 22

Das Klima im Blick — atmosfair

Reisen bereichert und verbindet Menschen und Kulturen. Wer reist, erzeugt auch CO_2. Der Flugverkehr trägt mit einem Anteil von bis zu 10 % zur globalen Erwärmung bei. Wer das Klima schützen will, sollte sich für eine schonendere Reiseform (z. B. die Bahn) entscheiden – oder die Projekte von *atmosfair* unterstützen. *Atmosfair* ist eine gemeinnützige Klimaschutzorganisation. Die Idee: Flugpassagiere spenden einen kilometerabhängigen Beitrag für die von ihnen verursachten Emissionen und finanzieren damit Projekte in Entwicklungsländern, die dort den Ausstoß von Klimagasen verringern helfen. Dazu berechnet man mit dem Emissionsrechner auf www.atmosfair.de, wie viel CO_2 der Flug produziert und was es kostet, eine vergleichbare Menge Klimagase einzusparen (z. B. Berlin – London – Berlin 13 €). *Atmosfair* garantiert die sorgfältige Verwendung Ihres Beitrags. Klar – auch der DuMont Reiseverlag fliegt mit *atmosfair!*

Abbildungsnachweis/Impressum

Die Autoren: Michael Möbius und Annette Ster arbeiten als freie Reisejournalisten, denn Reisen und Schreiben, und zwar in dieser Reihenfolge, sind ihre großen Leidenschaften. So haben sie in den vergangenen 35 Jahren Dutzende Länder auf allen Kontinenten kennengelernt, vorzugsweise mit Fahrrad, Kajak und per pedes. Doch selbst als ›manisch Reisende‹ brauchen sie immer wieder einen Ruhepunkt, den sie auf den Lofoten im hohen Norden Norwegens fanden, dem in ihren Augen schönsten Land auf Erden.

Abbildungsnachweis

Bilderberg, Hamburg: S. 247 (Boisvieux)
DuMont Bildarchiv, Ostfildern: S. 7, 16/17, 24, 38, 40/41, 52/53, 59, 66, 71, 74/75, 80/81, 166 re., 169, 184, 194 re., 200/201, 253, 264, 270 re., 277, 283 (Nowak)
Bildagentur Huber: Garmisch-Partenkirchen: S. 82 re., 88/89 (Da Ros Luca); 48, 85, 12 o. li., 135 li., 160/161, Umschlagklappe vorn (Gräfenhain); 73 (Spiegelhalter)
iStockphoto, Calgary, Kanada: S. 230 re., 238/239 (Trötscher)
laif, Köln: S. 11 (Boisvieux); 31, 167 li., 172 (Galli); 55, 235 (Grabka); 45 (hemis.fr, Rieger); 56 (Heuer); 79 (Jonkmanns); 153 (Le Figaro, Fautre); 112 li., 115 (Modrow); 62 (New York Times/ Redux); Titelbild, 142 (Plambeck)
Look, München: S. 12 u. re., 226/227 (age fotostock)
Mauritius-Images, Mittenwald: S. 65 (Gavrilov); 134 re., 145 (Harding); 51 (Layer); 210 (Loken); 133, 261, 271 li., 286/287 (Zwerger-Schoner)
Aaron Möbius, Kabelvaag: S. 6, 269
Nordiske Festspillene/Helge Skadvin, Bergen: S.76
picture alliance, Frankfurt a.M.: S. 9 (NTB scanpix)
Transit, Leipzig: S. 12 o. re., 12 u. li., 13 (4x), 82 li., 83 li., 92, 94, 98, 100, 104/105, 110, 112 li., 112 re., 113 li., 118/119, 122, 134 li., 138, 166 li., 174, 186/187, 194 li., 195 li., 202, 204, 206/207, 215, 218, 220, 230 li., 231 li., 248, 256, 267, 270 li., 274/275, 278, 280 (Härtrich)
Hanna Wagner Reisefotografie, Wörth: S. 128, 150

Kartografie

DuMont Reisekartografie, Fürstenfeldbruck
© DuMont Reiseverlag, Ostfildern

Umschlagfotos

Titelbild: Der Leuchtturm Lindesnes Fyr am Südkap Norwegens
Umschlagklappe vorn: Lofthus am Sørfjord

Hinweis: Autoren und Verlag haben alle Informationen mit größtmöglicher Sorgfalt geprüft. Gleichwohl erfolgen alle Angaben ohne Gewähr. Bitte schreiben Sie uns! Über Ihre Rückmeldung und Verbesserungsvorschläge freuen wir uns: **DuMont Reiseverlag,** Postfach 3151, 73751 Ostfildern, info@dumontreise.de, www.dumontreise.de

3., vollständig überarbeitete Auflage 2014
© DuMont Reiseverlag, Ostfildern
Alle Rechte vorbehalten
Redaktion/Lektorat: Michael Konze, Henriette Volz, Susanne Pütz
Grafisches Konzept: Groschwitz/Blachnierek, Hamburg
Printed in China